徹底攻略 仏検 2級

これさえあればすべてわかる！

大場静枝 / レナ ジュンタ /
余語毅憲 / 太原孝英

SURUGADAI-SHUPPANSHA

Design: dice

公益財団法人フランス語教育振興協会許諾出版物

はじめに

　本書『徹底攻略仏検2級　これさえあればすべてわかる!』は，仏検2級合格のための受験参考書で，徹底攻略仏検シリーズの第2弾となります．おかげさまで『徹底攻略仏検準2級　これさえあればすべてわかる!』は，初版の刊行以来ご好評をいただき，早くから他の級での刊行のご要望をいただいておりました．この度，ようやくこのシリーズの2級の版をお届けすることができます．

　本書は，過去の問題を徹底的に分析して，設問ごとに必要な事項を整理し，それに対する十分な量の練習問題と詳細な解説を載せています．練習問題は過去問の再録だけではなく，そのレベルの分析から，2級で出題される可能性がある語句や表現を精査して提示していますので，本文を読んだうえで，練習問題を解き，解答・解説を参照して，解き方のポイントと重要表現を覚える，ということを繰り返せば，試験への備えは万全となるでしょう．

　著者たちは，長年，仏検の受験対策の指導をして来た経験から，実際に仏検2級を受けようとする方が，自力では勉強しにくい点や不安に感じやすいところをよく知っています．本書ではそうしたところに特に焦点を当て，わかりやすく解説しています．

　また，この徹底攻略仏検シリーズは，筆記問題だけではなく，書き取り問題，聞き取り問題，2次試験対策にも力を入れています．特に2次試験の対策は，自学自習ではなかなか難しいものです．そこで，過去のデータに基づいた数多くの練習問題を用意し，試験場で役に立つ解答例には音声も付しています．ですので，全くの独学でも十分な対策が取れることでしょう．

　そして，この徹底攻略仏検シリーズの最大の特徴は，練習問題の解答と解説を，別冊にしていることです．実際に練習問題を解いたあとに，別冊になっている解答・解説と照らし合わせれば，きっとその使いやすさを実感されることでしょう．また，別冊は独立して作られていますので，別冊だけ持ち歩いても，それで十分学習できるようになっています．

　本書は，「この程度を押さえておけば，受かるかもしれない」というような安直な発想ではなく，「これをやっておけば必ず受かる」ことを目標に掲げています．本書をマスターすれば，仏検2級合格はもちろん間違いなく，さらに上の級に進むための基礎固めもしっかりできます．

本書の合い言葉は, 副題にある通り,「これさえあればすべてわかる！」です. さあ, これから仏検 2 級の合格を目指して頑張りましょう.

著者一同

「実用フランス語技能検定試験」について

　「実用フランス語技能検定試験」（仏検）は，国内のフランス語教育関係者によって，在日フランス大使館文化部の協力のもとで 1981 年に創設されました．以来，その実績はわが国の外国語学習の分野で高い評価を受けています．

　フランス語は，フランス本国だけでなく，多くの国・地域・国際機関で使われている言語です．また，学術的，芸術的な分野で普遍的な価値を担い，独創的な文化を作り上げている言語でもあります．そして観光大国であるフランスには毎年多くの日本人が訪れています．このように学術面，芸術面，観光面においてフランス語を使いこなせれば，より豊かな経験ができるということは言うまでもありません．

　仏検は，そうした日本の学習者を対象として，フランス語の能力を客観的に測るために始められた日本独自の検定試験です．試験は，1 級，準 1 級，2 級，準 2 級，3 級，4 級，5 級の 7 段階で，1 級と準 1 級を除いて年 2 回実施され，1981 年の創設以来，すでにのべ 85 万人もの人が受験しています．

　現在は，学校で学ぶフランス語の学習成果の判定の基準としても用いられ，単位修得や編入学試験の資格認定の条件となるケースも年々増加し，2013 年より，仏検 1 級合格者には，国家資格「通訳案内士」の外国語筆記試験（フランス語）が免除されています．

　仏検を主催している APEF（フランス語教育振興協会）の公式サイトには，仏検の詳しい情報が載っています．本書の対象となる 2 級について最新の情報を入手したい方は，このサイトにアクセスしてみて下さい．

https://apefdapf.org

公益財団法人　フランス語教育振興協会

〒102-0073　東京都千代田区九段北 1-8-1　九段 101 ビル
TEL.03-3230-1603　FAX.03-3239-3157

2 級の程度と内容

程　度

　日常生活や社会生活を営むうえで必要なフランス語を理解し，一般的なフランス語を読み，書き，聞き，話すことができる．ヨーロッパ言語共通参照枠（**CEFR**）の **B1** にほぼ対応しています．

標準学習時間：400 時間以上

試験内容

読　む	一般的な事柄についての文章を読み，その内容を理解できる．
書　く	一般的な事柄について，伝えたい内容を基本的なフランス語で書き表わすことができる．
聞　く	一般的な事柄に関する文章を聞いて，その内容を理解できる．
話　す	日常生活のさまざまな話題について，基本的な会話ができる．
文法知識	前置詞や動詞の選択・活用などについて，やや高度な文法知識が要求される．

語彙：約 3,000 語

試験形式

1 次試験（100 点）

筆　記	問題数 7 問，配点 68 点．試験時間 90 分．マークシート方式，一部記述式．
書き取り	題数 1 題，配点 14 点．試験時間（下記聞き取りと合わせて）約 35 分．
聞き取り	問題数 2 問，配点 18 点．語記入，マークシート方式．

2 次試験（30 点）

個人面接試験	日常生活に関する質問に対して，自分の伝えたいことを述べ，相手と対話をおこなう．試験時間約 5 分．

目　次

2 筆記試験

1 前置詞を選択する問題

第1問は示されたフランス語文の（　）内に入れるのに最も適切な前置詞を下に与えられた選択肢の中から選ぶ問題です．問題数は4，選択肢数は8で，配点は1問1点となっています．

過去問題

次の (1) ～ (4) の（　）内に入れるのにもっとも適切なものを，下の①～⑧のなかから1つずつ選び，解答欄のその番号にマークしてください．同じものを複数回用いることはできません．　　　　　　　　　　（配点4）

(1) Faute (　　　) pain, elle a mangé une pomme pour le petit déjeuner.

(2) Il faut mettre la carte (　　　) le bon sens, sinon la machine ne marchera pas.

(3) Mon père fait toujours passer son travail (　　　) sa famille.

(4) Vous gardez (　　　) vous ce que vous pensez.

| ① avant | ② dans | ③ de | ④ depuis |
| ⑤ dès | ⑥ pendant | ⑦ pour | ⑧ sur |

解答番号	解　答　欄
(1)	① ② ③ ④ ⑤ ⑥ ⑦ ⑧
(2)	① ② ③ ④ ⑤ ⑥ ⑦ ⑧
(3)	① ② ③ ④ ⑤ ⑥ ⑦ ⑧
(4)	① ② ③ ④ ⑤ ⑥ ⑦ ⑧

(2019 年度春季)

(1) ③　　(2) ②　　(3) ①　　(4) ⑦

(1)　③ Faute (de) pain, elle a mangé une pomme pour le petit déjeuner.
「パンがなくて，彼女は朝食にリンゴを 1 つ食べた.」
　« faute de ＋無冠詞名詞 » で「～がないので，～がなければ」の意味になります.
faute は現代では「過ち，誤り，落ち度」の意味で使われるのが一般的ですが，古い
使い方に「欠如，不足」という意味があり，現在では，この意味で使われるのはこう
した成句表現だけです.　ここは de が対象を示して，それが欠けている状態を表し
ていると考えられます.　« pourvu de ＋名詞 » で「～を備えた」，« dépourvu de ＋名
詞 »「～がない」などの de も同様のものと考えられます.　同じような意味を持つ表
現に，« à défaut de ＋名詞 »，« par manque de ＋名詞 » があります.

(2)　② Il faut mettre la carte (dans) le bon sens, sinon la machine ne marchera pas.
「カードは正しい向きに入れなければいけません.　そうしなれば機械は作動しませ
ん.」
　sens は大きく分けて「感覚，意味，分別」の意味と「方向，進行方向」の意味が
あります.　この le bon sens は「良識」ではなく，la carte「カード」，la machine「機
械」の文脈から「正しい向き」であると判断できます.　方向・方角を表す前置詞は
dans で（en も使われますが，通例無冠詞），dans le bon sens で「正しい向きに，よ
い方向に」ということになります.　dans tous les sens では「あらゆる方向に，徹底
的に」という意味ですね.

(3)　① Mon père fait toujours passer son travail (avant) sa famille.
「私の父は常に家族より仕事を優先させる.」
　passer の後に avant ～がつくと，「～より上位に」という意味で，avant 以下より
優先順位が優っていることを表します.　faire passer X avant ～で「～より X を優先
させる」となりますが，faire がない形では，例えば L'intérêt du travail passe avant
le salaire. で「給料より仕事の面白さのほうが大事である.」となります.　反対に
passer X après ～であれば，après 以下のほうが優先されることになるので，après を
用いて文例と同じ内容を表すと Mon père fait toujours passer sa famille après son
travail. となります.

(4)　⑦ Vous gardez (pour) vous ce que vous pensez.
「お考えになっていることは黙っていてください（黙っていたほうがよいですよ）.」
　Vous gardez の直説法現在を相手に対するやんわりとした命令と考えるか，単に相
手に自分の見解を述べているものと考えるかで訳が変わりますが，garder はしばし
ば pour vous を伴って「（秘密などを）漏らさない」という意味で使われます.　ここ
は直接目的語が ce que vous pensez「あなたが思っていること」なので，「思ってい
ることを漏らさない」ということになり，やんわりした命令と考えれば，上記のよ
うな訳文となります.　Gardez cela pour vous.「このことは内密にしておいてくださ
い，あなたの胸にしまっておいてください.」のような表現でも使われます.

この問題は，4つの問題の空欄に，下に示されている8つの選択肢の中から適切な前置詞を選んで入れるものです．準2級の第1問より選択肢は2つ増えており，前置詞の用法の難易度も上がっています．

　過去10年間で出題された前置詞は，以下のとおりです．

> à, de, en, sous, dans, pour, sur, avec, par, entre, après, dès, malgré, sans, selon, vers, chez, avant

　第1問の攻略法は，前置詞の持つ基本的な意味を理解したうえで，特にその前置詞を用いた慣用表現・成句表現を覚えていくことです．この章に挙がっている用法と表現をしっかり確認し，練習問題をやりながら，頭に入れるようにしてください．なお，第2問の「日常よく使われる表現の問題」でも，前置詞を用いた表現が多く出題されますので，そちらに挙がっている表現と例文（p.43〜46）も参照するようにしてください．第1問，第2問を連動させて学習すれば，記憶が強化されて，必ず実力がついてきます．

　それでは出題頻度の多い順に，覚えていきましょう．

à, de, en, sous

　この中で特に出題回数が多いのはà, de, en, sousです．まずはこの4つの前置詞の用法の確認から入りますが，特にsousの出題が多いことに注意をしましょう．

1) à

　àは2級では最も多く出題されます．「時間・場所の一点」「方向（に向かって）」が基本の用法ですが，2級では特に以下の用法に注意が必要です．

à l'extérieur	戸外では（場所・位置）
Donnez-moi à boire.	何か飲み物をください．（目的）
servir à boire ＊à boire は quelque chose à boire「何か飲むもの」の省略	飲み物を提供する（目的）
une tasse à café	コーヒーカップ（用途）
une brosse à dents	歯ブラシ（用途）
du papier à lettres	便箋（用途）
à grands pas ＊pas は「一歩，歩幅」の意味	大股で，長足の（手段・様態）
à voix haute	大声で（手段・様態）
une tasse à fleurs	花模様のカップ（付属・付帯）
une veste à carreaux	チェックの上着（付属・付帯）

4

une chambre **à** deux lits	ツインルーム（付属・付帯）
seul **à** seul	一対一で
pas **à** pas	一歩一歩
face **à** face	向かい合って（対応・対立）
voler A **à** B	B から A を盗む（分離・離脱）
emprunter A **à** B	B から A を借りる（分離・離脱）
être **à** ＋人	（人）のものである（帰属）
Ce vélo est **à** moi.	この自転車は私のものだ．
tenir **à** ce que ＋接続法	～であることを強く望む
à fond	徹底的に
＊au fond, dans le fond　結局のところ	
à droite [gauche] de ～	～の右側［左側］に（方向・方角）
à la tête de ～	～を率いる地位に
à la rencontre de ＋人	人を出迎えに
à part ～	～を除いては，～は別として
à présent	今は

2) de

de も 2 級では「～から，～の，～について」のような基本的な意味での用法はほとんど出題されません．特に以下の用法を押さえておいてください．

不定代名詞／数量表現＋ de ＋形容詞の形に注意	
quelque chose **d'**intéressant	何か面白いこと（不定代名詞と形容詞を結ぶ）
Il n'y a rien **de** neuf.	新しいことは何もない．（不定代名詞と形容詞を結ぶ）
J'ai trois jours **de** libres. ＊前の名詞 jours に合わせて形容詞に s をつけます．	3 日間空いている日がある．（数量表現とともに）
Il y en a deux **de** cassés.	そのうちの 2 つは割れている．（代名詞 en とともに）
＊en が複数名詞を受けているので形容詞（分詞）に s をつけます．	

de bon cœur	快く，喜んで（様態・性質）
de bonne humeur	上機嫌で（様態・性質）
de bonne heure	朝早く，（いつもより）早い時間に（時）
Il est plus âgé que moi **de** trois ans.	彼は私より 3 つ年上だ．（差）

un drôle **de** type	変なやつ（同格の 2 つの名詞を結ぶ）
cet imbécile **de** mec	あのふざけた野郎（同格の 2 つの名詞を結ぶ）
changer A **de** B	A の B を変える
changer sa voiture **de** place	車の置き場を変える
faire A **de** B / faire **de** B A	B を A にする
Nous ferons **de** notre fils un médecin.	私たちは息子を医者にするつもりです.
se souvenir **de** ～	～を覚えている
s'approcher **de** ～	～に近づく
s'amuser **de** ～	～をからかう
se garder **de** ～ ［＋不定詞］	～を用心する［～しないように注意する］

3) en

　en は「場所」「状態」の用法が基本ですが，2 級では以下の用法がよく出題されます. en は原則として後に続く名詞が無冠詞になりますが，一部例外的な用法がありますので，それも覚えておいてください.

en ville	街で（場所） (dans la ville だと「市内で」のニュアンス)
en prison	刑務所に（場所）
en masse	大勢で，一斉に（状態）
en entier	全部，完全に（状態）
en rouge	赤い色をした，赤い服を着た（状態）
en vacances	休暇中（状態）
en grève	ストライキ中で（状態）
en cours	授業を受けて（状態）
du lait **en** poudre	粉ミルク（物質の状態）
une chaise **en** bois	木製の椅子（材質）
être **en** réunion	会議中である（状態）
parler **en** ami	友人として話す（資格）
payer **en** yens	円で支払う（手段）

特に，ある特定の名詞・その他の表現とともに

en tout cas	とにかく，いずれにせよ
ne 〜 **en** aucun cas	いかなる場合にも〜しない
en cours de ＋無冠詞名詞	〜の途中で
en plein(e) ＋無冠詞名詞	〜のただ中で，〜の真ん中に（p.48 参照）
en pleine rue	道の真ん中で
en plein jour	白昼に
en l'espace de 〜	〜の間に，〜の期間に（時間・期間）
en votre absence	あなたの留守中に（時間・期間）
se mettre 〜 **en** mémoire	〜を記憶にとどめる（抽象的場所・領域）
avoir des idées **en** tête	考えがある（抽象的場所・領域）

4) sous

　sous は 2 級ではよく出題されます．もともと「〜の下に」という意味から，あるものの支配や影響のもとに置かれる場合，あるものに従属する場合，また「〜に基づいて」というように，条件や根拠を表す場合にも使われることを注意してください．

mettre une lettre **sous** enveloppe	手紙を封筒の中に入れる（位置）
un village **sous** la neige	雪に覆われた村（位置）
être [passer] **sous** la douche	シャワーを浴びている [浴びる]（位置）
sous un pseudonyme	偽名を使って（名目・形状）
sous un faux nom	偽名で（名目・形状）
sous le nom de X	Xという名で（名目・形状）
sous prétexte que 〜 [de ＋名詞]	〜の口実のもとに（名目）
sous ses ordres	自分の指揮下に（支配・保護）
sous la direction de 〜	〜のもとに，〜の指導のもとに（支配・保護）
sous l'influence de 〜	〜の影響で（影響・作用）
sous l'eau	水中に（内部）
sous terre	地下に（内部）
sous (la) forme de 〜	〜の形状の（外観・体裁）

次の (1) 〜 (12) の （ ） 内に入れるのに最も適切なものを，下の①〜
④の中から 1 つずつ選びなさい．同じものを複数回，用いることができ
ます．

- -

(1) Isabelle a arraché le jeu vidéo (　　　　) son fils.

(2) Les prix ont augmenté (　　　　) deux pour cent.

(3) Il ne sort pas (　　　　) prétexte de maladie.

(4) On s'habille (　　　　) noir aux funérailles au Japon.

(5) Qu'est-ce qu'il a fait, son idiot (　　　　) fils ?

(6) J'ai été cambriolé (　　　　) plein jour.

(7) J'ai réservé un restaurant (　　　　) le nom de mon directeur.

(8) Asseyez-vous (　　　　) ma droite.

(9) Le match sera annulé (　　　　) cas de pluie.

(10) De temps en temps, elle change les meubles (　　　　) place.

(11) J'étudie Balzac (　　　　) la direction du professeur Castex.

(12) Passe-moi une cuillère (　　　　) café.

　　① à 　　② de 　　③ en 　　④ sous

dans, pour, sur, avec

1) dans

　dans も 2 級では比較的よく出題されます．もともと「〜の中に」という意味
から，位置関係において，特に「すっぽりと中に包み込まれる」イメージの場合
や「明確に区分された空間の内部」つまり「範囲」を表す場合に用いられます．
以下の用法をよく頭に入れてください．

s'asseoir **dans** un fauteuil	ひじ掛け椅子にすわる（すっぽりと中に包み込まれた位置）
＊chaise（ひじ掛けのない椅子）の場合は sur を用いる　s'asseoir sur une chaise	
Ce n'est pas **dans** mes projets.	それは私の計画には入っていない．（範囲）
dans l'ensemble	おおむね（範囲）
dans ce qu'il écrit	彼が書いたものには（範囲）
Il travaille **dans** l'informatique.	彼はコンピューター関係の仕事をしている．（分野）
rentrer **dans** ～	（車が）～にぶつかる（中にはまり込むイメージ）
＊rentrer に「入る，はまり込む，ぶつかる」の意味がある．	
dans la joie et la bonne humeur	喜んで（状態）
dans les huit jours	1 週間以内に（期間）
＊**dans** huit jours　1 週間後に	
dans peu (de temps)	まもなく（期間）
vivre **dans** le luxe	贅沢に暮らす（状態）
dans l'objectif [le but] de ＋不定詞	～する目的で
dans l'attente de ～	～を期待して

2) pour

　pour の基本の意味は方向を示す「～に向かって」で，そこからいくつかの意味に派生して行きますが，2 級で特に気をつけたいのは，「予定の期間」「代価」「資格・特性」「原因・理由」「利害・判断の対象」を表す用法です．

pour deux ans	2 年間の予定で（予定の期間「～の間，～の予定で」）
pour le moment	今のところ，さしあたり（予定の期間）
Ma fille va venir **pour** les vacances.	もうすぐ娘がバカンスでやってきます．（予定の期間）
Le médecin lui a donné un médicament **pour** un mois et demi.	
	医者は彼に 1 か月半分の薬を与えた．（予定の期間）
passer **pour** intelligent	頭がよいとみなされている（資格・特性）
pour résultat	結果として（主題）
Pour ma part, je suis d'accord.	私としては賛成です．（資格）
Tant pis **pour** toi.	お気の毒さま（君にとって残念だ）．（資格）
acheter ～ **pour** cent euros	～を 100 ユーロで買う（代価「～を支払って」）
prendre A **pour** B	A を B とみなす，A を B と取り違える（交換）

se prendre **pour** X	自分を X と思い込む（交換）
On l'a puni **pour** sa faute.	彼は過ちのために罰せられた．（原因・理由）
Il l'a épousée **pour** son argent.	彼が彼女と結婚したのは金のためだ．（原因・理由）
avoir **pour** but [objectif] de 〜	〜することを目的とする（資格）
Il fait chaud **pour** cette saison.	この季節にしては暑い．（対比）

3) sur

　sur は基本的には位置関係を示し，2 級では「〜に支えられて，〜に基づいて」のような「支え・基礎」の意味，「〜を身につけて，〜に接して」のような「所持・近接」の意味，「〜に対して，〜に向かって」のイメージから「対象・目標・方向」の意味，そして sur の前後に同じ名詞を重ねて，「累積・反復」の意味がよく問われます．

se précipiter **sur** 〜	〜に跳びかかる（対象「〜に対して，〜に向かって」）
embrasser 〜 **sur** le front	〜の額にキスをする（対象）
avoir des droits **sur** 〜	〜に対して権利を持つ（優位・支配）
prendre l'avantage **sur** 〜	〜に対して優位に立つ（優位・支配）
être **sur** ma route	私の道中に（対象・目標・方向）
être **sur** le chemin du retour	帰り道（の途中）に（対象・目標・方向）
sur le dos	仰向けに（支え・基礎）
copier A **sur** B	A を B から丸写しする（基礎）
coup **sur** coup	立て続けに，矢継ぎ早に（反復・累積）
recevoir visite **sur** visite	ひっきりなしの訪問を受ける（反復・累積）
les uns **sur** les autres	積み重ねて（反復・累積）
juger **sur** ses apparences	外見で判断する（理由・根拠）
prélever 5 pour cent **sur** les salaires	給与から 5% 天引きする（基礎・対象）

4) avec

　avec は「〜と一緒に，〜を持って」というように，何かをプラスするということが基本の意味ですが，そこから 2 級では，他のものや人との関わり，関係の意味になるものがよく出題されます．

comparer A **avec** B	A を B と比較する（合致・比較）
confondre A **avec** B	A を B と混同する（合致・比較）
s'accorder **avec** 〜	〜と一致する，〜と調和する（合致）
avec l'accord de son médecin	主治医の同意［許可］を得て（合致）
se réconcilier **avec** 〜	〜と和解する（相手・関係「〜と，〜に対して」）
être lié(e) **avec** 〜	〜と関係がある（関係）
avoir de bonnes relations **avec** 〜	〜とよい関係にある（関係）
avec le temps	時が経つにつれて（同時・比例）
vivre **avec** son temps	その時代に合わせて生きる（同時・比例）
avec tout cela	それにもかかわらず（対立・譲歩）
Avec lui, on sera sept.	彼を入れて，私たちは 7 人になる．（付加・包含）

練習問題 **2**

次の (1) 〜 (8) の（　）内に入れるのに最も適切なものを，下の①〜④
の中から 1 つずつ選びなさい．文頭に来るものも小文字で示してありま
す．同じものを複数回，用いることができます．

(1) Jacques se montre actif (　　　) les milieux politiques.

(2) (　　　) votre permission, je me retire.

(3) Ils ont loué cette villa (　　　) deux mois.

(4) La plage s'étend (　　　) dix kilomètres.

(5) Je n'ai rien à voir (　　　) son mensonge.

(6) Il était assis (　　　) un fauteuil.

(7) Il a fumé cinq cigarettes coup (　　　) coup.

(8) Le musée municipal est fermé (　　　) réparations.

　　① dans　　② pour　　③ sur　　④ avec

11

⟳ par, entre, après, dès

1) par

par は「〜を通って」（通過する場所）と「〜によって」（動作主）という基本
の意味から，2 級では，手段や方法を表す名詞と共に用いられる用法，また無冠
詞名詞とともにさまざまな副詞句を作る場合に注意してください.

par quel moyen	どんな方法で（手段・方法）
par tous les moyens, **par** n'importe quel moyen	
	どんな手段を使っても（手段・方法）
page **par** page	ページ毎に（配分「〜ずつ，〜ごとに」）
jour **par** jour	日ごとに（配分「〜ずつ，〜ごとに」）
acheter **par** douzaine(s)	ダースで買う（配分「〜単位で」）
par bonheur	幸いにも，運よく
par conséquent	したがって
par hasard	偶然に，ひょっとして
par là	そこを通って，そのあたりに，それによって
par endroits	ところどころ（に）
par impulsion(s)	衝動的に
par les temps qui courent	現状では
prendre ＋ 人 ＋ **par** le bras	人の腕をつかむ
Que voulez-vous dire **par** là ?	それはどういう意味ですか？

2) entre

entre「〜の間に（で）」の意味で，2 者間の「関係」を示す場合が基本ですが，
3 者以上の間での「範囲」を示す場合も出題されます.

choisir **entre** plusieurs solutions	たくさんの解決策の中から選ぶ
dîner **entre** amis	友達だけで食事をする（〜の間だけで）
(soit dit) **entre** nous	ここだけの話ですが（外部の者を入れない，というニュアンス）
entre autres (choses)	中でも，とりわけ
lire **entre** les lignes	行間を読む
parler **entre** ses dents	ボソボソと（口の中でもぐもぐ）話す

3) après

après はもちろん「〜の後に」が基本ですが，après A で空間的に「A の後に行く」ということは，つまり「A に向かって」行くことになり，その意味で用いられる場合があります．以下のような限られた動詞とともに使われますので，注意してください．また「〜に次いで」の意味でも用いられます．

courir **après** 〜	〜を追いかけ回す（après 〜「〜に対して，に向かって」）
aboyer **après** 〜	〜に吠えかかる
pleurer **après** 〜	〜をうるさくせがむ，〜を求めて泣きつく
passer **après** 〜	〜の後から行く，〜に劣る（順位）

La carrière doit passer **après** la vie privée.

仕事より個人の生活の方を優先する．

注：passer の後に après がつくと，それより優先順位が劣ることを表します．passer avant 〜であれば反対に，「〜に先行する，〜より重要である」ということになりますね．「過去問題の解答と解説」p.3 を参照してください．

après cela	そういうわけで，そうなると
après coup	後になって，遅ればせに
après tout	結局のところ，いずれにせよ
après tout ce qui [que] 〜	〜にもかかわらず
après tout ce que tu m'as fait	君がぼくにしたことはともかくとして
jour **après** jour	毎日毎日，来る日も来る日も
les uns **après** les autres	次々と，かわるがわる

4) dès

dès は「早くも〜から，〜からすぐに」という意味が基本です．また，「場所・序列」を表して，「〜のところからすぐに」という使い方があるので，この 2 つの用法に注意をしておきましょう．

dès lors	その時から
dès le début	初めから
dès l'enfance	早くも幼少の時から
dès à présent, dès maintenant	今からすぐに
dès l'instant [le moment] où 〜	〜するとすぐに
dès que possible	できるだけ早く

13

On entend bien la musique **dès** la porte d'entrée.

　　　　　　　　　　　　　　　　　入口から早くも音楽がよく聞こえてくる.

Dès Yokohama, il s'est mis à pleuvoir.　　横浜あたりでもう雨が降り出した.

　　次の (1) ～ (4) の (　) 内に入れるのに最も適切なものを，下の①～④
の中から 1 つずつ選びなさい.　文頭に来るものも小文字で示してありま
す.　同じものを複数回用いることはできません.

(1) Il court toujours (　　　　) les filles.

(2) (　　　　) nous, il fait une grosse erreur.

(3) Il est devenu célèbre comme violoniste (　　　　) l'enfance.

(4) Entrez un (　　　　) un dans la banque.

　　① par　　　② entre　　　③ après　　　④ dès

malgré, sans, selon, vers, chez, avant

1) malgré

　malgré は①「～にもかかわらず」と②「～の意に反して，不本意ながら」の
意味が基本ですが，2 級では特に②の意味での出題に気をつけてください.

malgré tout	是が非でも，それでもなお，やはり
malgré soi	思わず，いやいやながら
malgré les années qui passent	年月を経てもなお
malgré l'apparence	見かけとは異なり，見かけとは裏腹に

2) sans

　sans は「～ (すること) なしに」という意味が基本ですが，単純未来・条件
法現在・命令法とともに「～がなければ」という仮定を表す場合と，以下のよう
な慣用的によく用いられる表現に注意しましょう.

sans méthode	手順を踏まなければ，でたらめにやれば（条件・仮定）
Sans toi，je serais mort.	君がいなかったら，ぼくは死んでいたよ．（条件・仮定）
sans arrêt	休みなく
sans égal	比類のない
sans façon	気取らずに
sans faute	必ず，間違いなく
sans ménagement	容赦なく，手心を加えずに
sans merci	情け容赦なく
sans réserve	無条件に，全面的に，遠慮なく
cela va **sans** dire	それは言うまでもない
sans dire un mot	一言も言わずに

3) selon

selon は「～に従って，～に応じて」の意味での用法が出題されます．

selon les circonstances	状況次第で
varier **selon** les pays	国によって異なる
selon les cas	場合によって
selon moi	私の考えでは

4) vers

vers が 2 級で出題されるのは，時間についての「～頃に」より，方向や場所を表す「～のほうへ（に）」の用法で，特にこの 10 年間では se diriger とともに複数回出題されています．また「あたりで，近くで」の意味で使われることもあります．

se diriger **vers** ～	～へ向かう，～に向かって進む（場所，職業の進路等）
tourner son regard **vers** ～	視線を～に向ける
La façade de ce musée regarde **vers** la place.	この美術館の正面は広場に向いている．
On s'est retrouvés **vers** la sortie.	私たちは出口のあたりで再会した．

5) chez

chez は人を示す名詞・代名詞の前に置かれて，「～の家に（で）」の意味が基本ですが，店主や医者の前に置かれれば，「～の店に（で），～の医院に（で）」

ということになり，また固有名詞を伴って，勤務先を表したり，レストラン等の
屋号として用いられることがあります．また，chez は代名詞を伴って，国や地
域を表すこともあります．

acheter une baguette **chez** le boulanger	パン屋でバゲットを買う
aller **chez** le dentiste	歯科医院［歯医者］に行く
travailler comme ingénieur **chez** Renault	ルノー社でエンジニアとして働く
dîner au restaurant « **Chez** Matsumoto »	レストラン「シェ松本」で夕食をする
On parle espagnol **chez** nous.	わが国ではスペイン語が話されています．

6) avant

avant は時間における「〜より前」という用法より，passer とともに用いて，「〜
より優先して」という用法に注意しておきましょう．また，場所の前置詞として
使われる時には，「〜より手前に」という意味になります．

passer **avant** 〜	〜に先行する，〜より重要である
faire passer X **avant** 〜	〜より X を重視する，優先させる
avant une semaine	1 週間以内に
avant peu	まもなく
Vous voyez l'église là-bas ? La bouche de métro se trouve juste **avant**.	
あそこに教会が見えますか？　地下鉄の入口はそのすぐ手前にあります．	

次の (1) 〜 (6) の （　） 内に入れるのに最も適切なものを，下の①〜⑥の中から１つずつ選びなさい．同じものを複数回用いることはできません．

・・・

(1) Elle a consenti (　　　　) elle.

(2) Quand il a un problème, il se tourne toujours (　　　　) moi.

(3) La santé passe (　　　　) tout.

(4) Dépêchez-vous, (　　　　) quoi vous serez en retard.

(5) Elle fait toujours du shopping (　　　　) Dior.

(6) Les coutumes varient (　　　　) les pays ou les peuples.

　① malgré　　② sans　　③ selon　　④ vers
　⑤ chez　　　⑥ avant

17

次の (1) 〜 (4) の ( ) 内に入れるのに最も適切なものを，下の①〜⑧の中から 1 つずつ選びなさい．文頭に来るものも小文字で示してあります．同じものを複数回用いることができません．

- -

(1) Il parle toujours (　　　　) voix haute.

(2) Il y a eu vingt voyageurs (　　　　) blessés.

(3) (　　　　) quel but allez-vous faire des études en France ?

(4) Il y avait des victimes (　　　　) centaines.

① en	② à	③ dans	④ vers
⑤ chez	⑥ de	⑦ selon	⑧ par

次の (1) 〜 (4) の ( ) 内に入れるのに最も適切なものを，下の①〜⑧の中から 1 つずつ選びなさい．同じものを複数回用いることができません．

- -

(1) Il a reçu un coup (　　　　) la tête.

(2) Les routes étaient (　　　　) mauvais état.

(3) Elle s'entend bien (　　　　) ses beaux-parents.

(4) Il s'est approché (　　　　) la fenêtre.

① en	② à	③ dans	④ par
⑤ de	⑥ avec	⑦ sur	⑧ sous

 **総合練習問題❸**

　次の (1)〜(4) の（　）内に入れるのに最も適切なものを，下の①〜⑧の中から1つずつ選びなさい．同じものを複数回用いることができません．

- -

(1) Tu devrais vivre (　　　) tes moyens.

(2) Il a acheté (　　　) quatre euros de pommes.

(3) Il est tombé malade, parce qu'il faisait passer son travail (　　　) sa santé.

(4) Il aide son père (　　　) diriger l'entreprise familiale.

　　① à 　　② avant 　　③ dans 　　④ pour
　　⑤ de 　　⑥ selon 　　⑦ après 　　⑧ en

総合練習問題❹

　次の (1)〜(4) の（　）内に入れるのに最も適切なものを，下の①〜⑧の中から1つずつ選びなさい．文頭に来るものも小文字で示してあります．同じものを複数回用いることができません．

- -

(1) L'armée révolutionnaire a combattu (　　　) le drapeau tricolore.

(2) Je m'intéresse, (　　　) autres, au style baroque du XVIIᵉ siècle.

(3) (　　　) ce mauvais temps, on ne peut pas sortir.

(4) J'ai eu deux accidents (　　　) l'espace d'un mois.

　　① à 　　② en 　　③ entre 　　④ sur
　　⑤ avec 　　⑥ sous 　　⑦ dans 　　⑧ de

次の (1) 〜 (4) の （ ） 内に入れるのに最も適切なものを，下の①〜⑧の中から 1 つずつ選びなさい．同じものを複数回用いることができません．

- -

(1) Elle a pris rendez-vous (　　　　) demain.

(2) Venez chez moi à six heures (　　　　) faute.

(3) Elle est (　　　　) ce travail depuis six mois.

(4) Il a mis sa lettre (　　　　) enveloppe.

 ① de ② sans ③ sur ④ pour

 ⑤ devant ⑥ chez ⑦ sous ⑧ malgré

次の (1) 〜 (4) の （ ） 内に入れるのに最も適切なものを，下の①〜⑧の中から 1 つずつ選びなさい．同じものを複数回用いることができません．

- -

(1) Je veux me marier avec elle, (　　　　) tout.

(2) Les élèves marchent deux (　　　　) deux.

(3) Cette maladie a ôté toute son énergie (　　　　) sa fille.

(4) Elle a accepté (　　　　) bon cœur.

 ① de ② à ③ chez ④ pour

 ⑤ par ⑥ avec ⑦ sous ⑧ malgré

総合練習問題 **7**

次の (1) 〜 (4) の （ ） 内に入れるのに最も適切なものを，下の①〜⑧の中から１つずつ選びなさい．文頭に来るものも小文字で示してあります．同じものを複数回用いることができません．

(1) La façade de ma maison regarde (　　　　) le sud.

(2) Je l'ai lu (　　　　) le journal.

(3) Elle passait (　　　　) la douche quand le grand séisme s'est produit brusquement.

(4) (　　　　) le moment où il l'a rencontrée, il est tombé amoureux d'elle.

| ① dans | ② à | ③ vers | ④ de |
| ⑤ avec | ⑥ par | ⑦ sous | ⑧ dès |

総合練習問題 **8**

次の (1) 〜 (4) の （ ） 内に入れるのに最も適切なものを，下の①〜⑧の中から１つずつ選びなさい．同じものを複数回用いることができません．

(1) Ce salon de coiffeur est (　　　　) cours d'aménagement.

(2) Aujourd'hui, je vais aller (　　　　) le dentiste.

(3) Nous avons passé la soirée (　　　　) amis.

(4) Il s'est classé deuxième (　　　　) Jean au dernier examen.

| ① entre | ② à | ③ de | ④ en |
| ⑤ après | ⑥ par | ⑦ chez | ⑧ avant |

　語彙力を問う記述式の穴埋め問題です．日本語に合わせて（　）内に最も適切なフランス語を1語入れて，フランス語文を完成させる問題です．部分点はありませんので，つづりは正確に書く必要があります．

過去問題

　次のフランス語の文 (1) 〜 (5) が，それぞれあたえられた日本語の文が表わす意味になるように，（　）内に入れるのにもっとも適切な語（各1語）を解答欄に書いてください．　　　　　　　　　　（配点 10）

(1) « Défense d'(　　　　　) »

　「貼り紙禁止」

(2) Elle n'a rien de (　　　　) avec sa sœur.

　彼女は姉に似たところがまったくない．

(3) Le chef changera d'avis d'(　　　　) demain.

　あしたまでにはボスは意見を変えるんじゃないかな．

(4) Les maisons sont (　　　　) de prix à Tokyo.

　東京の一戸建ては高すぎるよ．

(5) Tu ne l'aurais pas fait exprès, par (　　　　) ?

　まさかわざとやったんじゃないよね．

(1)		(4)	
(2)		(5)	
(3)			

(2019 年度春季)

(1) afficher　　　(2) commun　　　(3) ici　　　(4) hors　　　(5) hasard

(1)　« Défense d'(afficher) » 「貼り紙禁止」

　　注意書きのフレーズはよく出題されます．défense の動詞 défendre は « défendre à ＋人＋ de ＋不定詞 » の形で「人に〜することを禁じる」の意味になり，その名詞形 défense に de ＋不定詞がついて « Défense de ＋不定詞 » の形で「〜（することを）禁止」となります．空欄には「掲示する，張り紙をする」という意味の動詞 afficher を入れます．うっかり名詞の affiche を入れてはいけません．Défense de fumer「禁煙」もよく使われます．ほかに Prière を使う表現もあり，« Prière de ＋不定詞 »「〜してください」，« Prière de ne pas ＋不定詞 »「〜しないでください」も覚えておきましょう．

(2)　Elle n'a rien de (commun) avec sa sœur.
「彼女は姉に似たところがまったくない．」

　　「似る」というとまず動詞 ressembler が思いつきますが，前に n'avoir rien de 〜という否定の不定代名詞があることから，ここに形容詞が入ることに気づけるとよいですね（quelque chose や rien のような不定代名詞に形容詞をつけたい時は de を間に入れるという規則があります）．「似たところ」は「共通のもの」と考えられれば，「共通の」を意味する commun を思いつけるはずです．この « n'avoir rien de commun avec 〜 »「〜と似たところがまったくない」は慣用句のように用いられます．commun を使った熟語として en commun「共同で，みんなで」，hors du commun「非凡な，並々ならぬ」も覚えておきましょう．

(3)　Le chef changera d'avis d'(ici) demain.
「あしたまでにはボスは意見を変えるんじゃないかな．」

　　« d'ici (à) ＋時点［期間］» で，「今から〜までに」の意味になります．ici は場所としての「ここ」ではなく「現時点」ということで，本来，場所を表す語が時間での用法に転じたり，逆に時間に関する語が場所の用語に用いられたり（depuis など）することはよくあります．d'ici là も，「今からその時までに」の意味で用いられます．

(4)　Les maisons sont (hors) de prix à Tokyo.「東京の一戸建ては高すぎるよ．」

　　prix は「値段，価格」，複数形で「物価」，さらに抽象的に「価格，値打ち」の意味ですが，それを否定して n'avoir pas de prix は，「価値がない」ではなく「価値で測れない」ということで，「値段がつけられないほど価値がある」という意味になります．ここでは，それと同じ考え方で「外れた，脱した」の意味になる hors を入れて hors de prix で「通常つけられる値段から外れた」ということから，「法外な値段で，ひどく高い」の意味となります．prix は気をつけなければいけない名詞で，prix を含む慣用表現はほかに，à tout prix「どんな代償［犠牲］を払っても，ぜひとも」，« au prix de 〜 »「〜の値段で，と引き換えに」，« ne 〜 à aucun prix »「どんな犠牲を払っても〜ない，絶対に〜ない」なども覚えておきましょう．

(5)　Tu ne l'aurais pas fait exprès, par (hasard)？「まさかわざとやったんじゃないよね．」

　　par（　　）を除けば，これは条件法過去で，過去に対して断定を避ける文で「あなたはそれをわざとやらなかったのでしょう？」となり，それだけでほぼ意味が成立しています．ここは hasard が正解で，par hasard は「偶然」の意味ですが，疑問

文で使われると「もしかして，ひょっとして」，あるいはもっと強めて「まさか」というニュアンスになります．ここはこの par hasard の疑問文中での用法を知っているかがポイントになります．hasard はほかに au hasard「適当に，行き当たりばったりに」も覚えておきましょう．

　この問題は，語彙力を問う問題ですが，**与えられる日本語訳がこなれた表現になっているので，それを見て空欄に当てはまるフランス語が想定できるかがポイント**になります．問われる語が特殊な場面でしか用いられないような専門用語であることは決してありません．しかし，正答になる単語そのものは知っていても，辞書に出ている定訳を覚えているだけでは，正答を書くことができない場合が多く出て来ます．

　対策としては，まず，これまでの出題傾向から**問われやすい表現を整理して，使い方を覚えていくことが必要**になります．そのうえで，実際の問題文を読み，日本語で表されている内容を表すのに，自分が身につけた語彙のストックから当てはめていく練習をしてください．

　その際，**文法的にも正確を期す必要があります．**動詞の場合の活用語尾，形容詞や分詞の性・数の一致はもちろん，前後をよく見て品詞の選択を間違えないようにしなければなりません．

　このところ，**第2問は以前より難化傾向にあり**，5つの問題の平均正答率が20%を割ることも珍しくありません．ですので，過去問をやってみて初めはあまりできなくても気にせず，むしろ，本書で十分な対策をして高得点を上げられるようになれば，合格に大きく近づけると考えてください．

　以下，過去の出題傾向から見て，項目別に狙われる表現を掲げています．問われる語の品詞は，動詞，名詞，代名詞，前置詞，形容詞，副詞，そして分詞と，多岐に渡っています．まず，各項目の表現例をじっくり頭に入れてから，練習問題を解き，解答・解説を見ながら，必要な事項を覚えていってください．

🔄 無生物主語をとる動詞

appeler ＋人＋à 〜［＋不定詞］　（物事が）人に〜を［することを］求める
Sa compétence l'a appelé à ce poste.
彼の能力からすればこの地位に就くのは当然だった．

dire 〜 à ＋人　（物事が）〜を人に訴えかける，〜の気を引く
L'informatique ne me dit rien.　情報科学には全く興味がありません．

opposer　（物事が）人を対立させる，敵対させる
Des problèmes d'argent les opposent.　彼らは金銭問題で対立している．

permettre à ＋人＋ de ＋不定詞　（物事が）人に〜することを可能にさせる

Ses moyens lui permettent de voyager.　彼の財政状態なら旅行ができる.

rappeler 〜 à ＋人　（物事が）人に〜を思い出させる

Cette photo me rappelle mon enfance.

この写真を見ると子どものころを思い出す.

revenir à ＋人　（物事が）人の記憶によみがえる

Son nom ne me revient pas.　彼の名前が思い出せない.

revenir à ＋物　（物事が）〜に帰着する，結局〜になる

Cela revient au même.　結局は同じことだ.

tromper　（物事が）人の判断を誤らせる

Ma mémoire peut me tromper.　私の記憶違いかもしれません.

練習問題

あたえられた日本語の文が表わす意味になるように（　　　）内に最適な語を書き入れて下さい.

(1) Son projet ne me (　　　　　　　　) rien.

　　彼の計画は気乗りがしないな.

(2) Le problème de frontière (　　　　　　) ces deux pays.

　　この両国は国境問題で対立しています.

(3) Cela ne (　　　　　　　) personne.

　　そんなことは見え見えです.

(4) Ta santé ne te (　　　　　　　) plus de voyager.

　　君の健康状態では，もう旅行は無理だよ.

(5) Cela (　　　　　　) à une question de goût.

　　それは結局は好みの問題です.

否定形とともによく使われる動詞

ne pas admettre [accepter] de ＋不定詞 [que ＋直説法]
〜を容認できない，〜を我慢できない

Je n'admets pas d'être traité ainsi.

私はそんな扱いを受けることに我慢がならない．

ne pas empêcher que ＋接続法　　それでも〜であることに変わりはない

Cela n'empêche pas que vous ayez tort.

それでもあなたは間違っています．

ne pas hésiter à ＋不定詞　　いつでも〜する，ためらわず〜する

Si vous avez besoin de moi, n'hésitez pas à venir me voir.

必要ならいつでも［遠慮せずに］会いに来てください．

ne pas manquer de ＋不定詞　　間違いなく〜する，十分〜がある

Ne manquez pas de venir.　　必ず来て下さい．

ne pas perdre courage　　くじけない，やる気をなくさない

Malgré les difficultés, il ne perd pas courage.

彼はどんな困難にもくじけない．

ne pas tarder à ＋不定詞　　すぐに〜する

Elle n'a pas tardé à avertir la police.　　彼女はすぐ警察に通報した．

n'en pouvoir plus　　もうだめである，力尽きている

J'ai tout essayé, et je n'en peux plus.　　すべてやってみたが，もうだめだ．

ne faire aucun doute　　〜は明らかだ，〜は疑いの余地がない

Cela ne fait aucun doute.　　それは疑いの余地がない．

ne rien perdre à ＋不定詞　　〜して何の損もしない

On ne perdra rien à manquer ce cours.

その授業を休んだって，どうっていうことはないさ．

non moins que 〜　　〜に劣らず，〜と同様に

Il mérite des éloges, non moins que son frère.

彼は兄に劣らず賞賛に値する．

ce n'est un secret pour personne que 〜　　〜は公然の秘密である

Ce n'est un secret pour personne.　　みんな知ってるよ．

名詞＋à ne pas perdre　　逃してはならない，絶好の

C'est une occasion à ne pas perdre.　　絶好の機会だ

Il n'est pas rare de ＋不定詞 [que ＋接続法]
〜するのは珍しいことではない［よくあることだ］

Il n'est pas rare qu'il arrive en retard.　　彼が遅刻するなんてよくあることだ．

26

あたえられた日本語の文が表わす意味になるように (　　　) 内に最適な語を書き入れて下さい.

(1) Il ne va pas (　　　　　　).

彼はもうすぐ来ます.

(2) Il n'est pas (　　　　　　) qu'il rentre après minuit.

彼が深夜 0 時過ぎに帰宅するなんてよくあることさ.

(3) Je n'en (　　　　　　) plus de fatigue.

もうどうにもならないほど疲れています.

(4) Ça ne pouvait pas (　　　　　　).

案の定, そうなった.

(5) Tu n'as pas vu ce film ? Tu n'y (　　　　　　) rien.

あの映画を見てないって? 見てなくても別にどうってことはないよ.

🌀 laisser を用いた表現

laisser 〜 froid　〜を冷静なまま［無関心に］にさせておく, 〜に興味をもたらさない

Ça me laisse froid.　私には関係がないよ.

laisser 〜 indifférent　〜に興味をもたらさない

Le théâtre me laisse indifférent.　私は演劇には興味がわかない.

laisser 〜 tranquille　〜をそっとしておく, 〜の邪魔をしない

Laisse tes sœurs tranquilles.　お姉ちゃんたちの邪魔をしちゃだめよ.

laisser [tenir] A dans l'ignorance de B　A に B を知らせないでおく

Il m'a laissé dans l'ignorance de ce projet.

彼は私にその計画を知らせなかった.

laisser 〜 dans l'obscurité　〜に触れないでおく

laisser aller les choses　物事を成り行きに任せる

laisser échapper [passer] 〜　〜を逃す, 〜を取り逃がす

Il a laissé échapper une bonne occasion.　彼は絶好のチャンスを逃した.

筆記試験

2

語彙力・表現力を問う問題

laisser tomber 〜　〜を落とす，〜を見捨てる，〜をやめる
  　J'ai laissé tomber le golf.　私はゴルフはやめてしまった．

laisser passer 〜　〜を通す，〜を大目に見る，〜を見逃す
  　Il a laissé passer des fautes dans le texte.　彼は原稿の誤りを見落とした．

laisser　〜と別れる，〜と離れる，〜を降ろす
  　Laissez-nous.　私たちだけにしてください．

あたえられた日本語の文が表わす意味になるように (　　　) 内に最適な語を書き入れて下さい．

(1) Elle m'a laissé dans l'(　　　　　　) de votre retour.
   彼女はあなたが帰って来たことを私に教えてくれませんでした．

(2) J'ai laissé (　　　　　) des fautes dans mon texte.
   私は書いた文の誤りを見落としてしまった．

(3) Il a laissé (　　　　　) un soupir.
   彼は溜め息を漏らした．

(4) Les jeux Olympiques me (　　　　　) complètement indifférent.
   オリンピックなんて私には全くどうでもよかった．

(5) Moi, je laisse (　　　　　) la physique.
   ぼくは物理学の単位はあきらめた．

faire を用いた表現

faire partir 〜 　〜を消す，〜を落とす

> Cette lessive fait partir les taches de graisse.
>
> この洗剤は油汚れを落とします．

faire penser à 〜 ［＋不定詞］　〜を［することを］思わせる，想起させる

> Faites-moi penser à poster cette lettre.
>
> この手紙を投函することを私が忘れないように注意してね．

faire penser à ＋人＋ que 〜　人に〜を思い起こさせる

> Ça me fait penser que je dois passer à la librairie.
>
> それで思い出したけれど，私は本屋に寄らなければならない．

faire sentir 〜 à ＋人　人に〜を（それとなく）わからせる，感知させる

faire valoir 〜　〜を引き立たせる，価値を発揮させる

faire voir 〜 à ＋人　人に〜をわからせる，示す

faire (un) bloc　結束する，団結する

> Ils ont fait bloc contre les envahisseurs.
>
> 彼らは侵略者に一丸となって立ち向かった．

faire semblant de ＋不定詞　〜するふりをする

faire signe à ＋人＋ de ＋不定詞　人に〜するよう合図する

> Quand tu auras fini ton travail, tu me feras signe.
>
> 君の仕事が終わったら，私に知らせてくれ．

faire impression sur 〜　〜に感銘を与える

faire part à ＋人＋ de 〜　人に〜を知らせる

faire preuve de 〜　〜を（態度などで）示す

筆記試験 2

語彙力・表現力を問う問題

あたえられた日本語の文が表わす意味になるように (　　　) 内に最適な語を書き入れて下さい.

- -

(1) Je te fais (　　　　　　　) de ma reprise.
　　仕事に復帰したことをお知らせします.

(2) Son succès a fait (　　　　　　　).
　　彼の成功は大いに注目を集めました.

(3) Il a fait (　　　　　　　) de courage pour protéger sa femme.
　　彼は妻を守るために勇気のあるところを見せました.

(4) Nous devons faire (　　　　　　　) contre le terrorisme.
　　私たちは一丸となってテロに立ち向かわなければなりません.

(5) Les effets du médicament commencent à se faire (　　　　　　　).
　　薬の効果が現れ始めている.

特に注意すべき動詞 (1)

accepter　受け入れる
　　Vous n'acceptez pas la carte ?　クレジットカードで支払えませんか？

exagérer　度を過ごす，（節度をわきまえずに）勝手に振る舞う
　　Il ne faut pas exagérer.　ほどほどにしなさい（度を過ぎてはいけない）.

insister　言い張る，執拗に言う
　　N'insiste pas !　くどくど言うな！　しつこいぞ！

finir par 〜　最後に〜する
　　Tout finira par s'arranger.　すべて最後はまるく収まるものだ.

finir　言い終える；食べつくす
　　Nous avons fini une bouteille de vin.　我々はワインを一瓶飲み干した.

payer　（物事が主語で）利益が出る
　　C'est un métier qui paie bien.　それは金になる商売だ.

penser　思う，考える

 penser à autre chose　 うわの空である，ぼうっとしている

 Pense-tu！/ Pensez-vous！　（強い否定）とんでもない！　冗談じゃない！

Que voulez-vous [veux-tu] que ＋接続法 ？　～をどうしようと言うのか？

 Que veux-tu que je fasse ？　私にどうしろって言うんだい？

練習問題 ⑤

 あたえられた日本語の文が表わす意味になるように (　　　) 内に最適な語を書き入れて下さい．

(1) Ne t'inquiète pas de ce que (　　　　　　) les autres.

 周囲の目など気にするな．

(2) N'(　　　　　) pas, tu n'auras rien !

 うるさく言ってもだめだ．君にはあげないよ！

(3) Il est encore en retard ! Il (　　　　　　).

 あいつはまた遅刻か！　あんまりだ．

(4) C'est un effort qui (　　　　　　).

 この努力は報われる．

(5) Est-ce que les taxis (　　　　　) la carte ?

 タクシーはクレジットカードでも大丈夫でしょうか？

特に注意すべき動詞 (2)

avancer	～を前に出す，～の時期を繰り上げる
annuler	(約束，注文など) を取り消す，キャンセルする
anticiper	前もって [予定より早く] する
compter sur ～	～を当てにする
y compter	それを当てにする

convenir à 〜	〜にふさわしい
correspondre à 〜	〜に一致する，〜に釣り合う，〜に適合する
couler	（血や鼻水などが）流れ出る
couper	切る，止める，（話などを）遮る，（交通などを）遮断する
coûter	値段が〜する
déposer ＋人	人を車から降ろす
déranger ＋人	人の邪魔をする，人に迷惑をかける
détacher	〜を外す，〜をほどく
détenir	〜を保持する，〜を所持する
échapper	〜から逃げる；〜の理解を越える，〜に忘れられる
Son nom m'échappe.	彼（女）の名前が思い出せない．
excéder	〜を上回る
gagner	〜を稼ぐ，〜を得る；（試合など）に勝つ

あたえられた日本語の文が表わす意味になるように（　　）内に最適な語を書き入れて下さい．

(1) Comment (　　　　　　　) ma réservation ?

予約のキャンセルはどのようにすればよいでしょう？

(2) Ne me (　　　　　　) pas la parole !

私の話を遮らないでくれ！

(3) Je ne trouve pas le mot qui (　　　　　　).

私には適切な言葉が見つかりません．

(4) Ma fille a le nez qui ne cesse de (　　　　　　).

娘の鼻水が止まらないんです．

(5) Il (　　　　　) sa vie en écrivant ?

彼は文筆で生計を立てているのだろうか？

◯ 特に注意すべき動詞 (3)

louer	〜を賃貸し［賃借り］する
manquer à 〜	〜に寂しい思いをさせる
manquer de 〜	〜が欠けている
marquer	〜に印をつける，〜の跡を残す，〜の刻印を残す
marquer 〜 de son influence	〜に影響を与える
mettre 〜 de côté	〜を脇にのけておく，別にとっておく
mettre de l'argent de côté	貯金する
mettre 〜 dehors	（人）を追い出す，解雇する
mettre 〜 en valeur	（才能など）を活用する，〜を引き立たせる
négliger	おろそかにする
porter sur 〜	〜を対象とする
prendre	取る；乗せる；雇う；手に入れる；（他人のものを）奪う

練習問題 7

あたえられた日本語の文が表わす意味になるように（　　）内に最適な語を書き入れて下さい.

(1) La discussion (　　　　　　　　) sur l'éducation des enfants.

討論は子どもの教育をめぐって行われている.

(2) Si tu (　　　　　　) ta santé, tu tomberas malade.

健康に注意しないと，病気になりますよ.

(3) Il nous (　　　　　　) beaucoup.

彼がいなくて私たちはとても寂しいです.

(4) Elle est vraiment mise en (　　　　　　) dans cette robe bleue.

彼女はこの青いドレスを着ると本当に引き立ちます.

(5) Pourriez-vous mettre cette robe de (　　　　　　) ?

このドレスを取り置きしていただけますか?

ôter	（着ているもの）を脱ぐ	

Ôtez votre manteau.　コートを脱いでください.

priver A de B	A から B を奪う

Ils ont été privés de leurs droits civiques.　彼らは市民権を剥奪された.

rendre service à ～	～に役立つ，～に貢献する

rendre compte de ～	～の報告をする，～の説明をする

soigner	～の世話をする，～の手当てをする，～の看護をする

Il s'est fait soigner les dents.　彼は歯の治療を受けた.

subir	（被害，影響など）を被る，（治療など）を受ける

Elle a subi un examen médical.　彼女は健康診断を受けた.

suivre	～に付き従う，～を規則的に行う，（授業，講義）を受ける

Je suis quatre cours de français.　私はフランス語の授業を4つ受けている.

tenir à ～	～を強く望む，～を大切にしている，～に愛着を持っている

Il tient à nous inviter.　彼は私たちをどうしても招待したがっている.

tenir de ～	～の血筋を引いている，～に似ている，～に等しい

Elle tient de son père.　彼女は父親似だ.

traîner	～をひきずる，～を（無理に）連れて行く

Il a traîné sa fiancée au concert.

彼は婚約者をコンサートに無理やりつき合わせた.

tomber bien	タイミングがよい，うまい時にやってくる

tomber mal	タイミングが悪い，都合が悪い時にやってくる

あたえられた日本語の文が表わす意味になるように ( ) 内に最適な語を書き入れて下さい.

(1) L'accident l'a ( ) d'un bras.

彼は事故で片腕を失ってしまいました.

(2) J'ai fait beaucoup de progrès en ( ) ces cours de

peinture.

この絵画のレッスンを受けてとても進歩しました.

(3) Pouvez-vous me rendre ( ) ?

力を貸していただけますか?

(4) Il ( ) à nous inviter.

彼は私たちを何としても招待したがっています.

(5) Ça tombe vraiment ( ), cette panne !

こんな時に故障とは, 本当にタイミングが悪い!

○ 狙われやすい代名動詞 (1)

s'abstenir de ～	～を控える
s'accorder	調和する, 合う
s'aggraver	(病気などが) 悪化する, 重くなる
s'améliorer	改善する, (病気などが) 回復する
s'arranger	うまくいく, 仲よくやる
se compter	数えられる
se conformer à ～	～に従う, ～に順応する
se déranger	(わざわざ) 席を立つ, 仕事を中断する
se détourner (de ～)	進行方向を変える, (～から) それる
se donner rendez-vous	(互いに) 会う約束をする
s'entendre avec ～	～と仲よくする

筆記試験 2

語彙力・表現力を問う問題

se faire attendre	手間取る，なかなか来ない，遅刻する
se faire du souci pour ～	～を心配する
se forcer	無理をする，我慢する

あたえられた日本語の文が表わす意味になるように（　　　）内に最適な語を書き入れて下さい．

(1) L'état du malade s'est (　　　　　　).

患者の病状は悪化してしまいました．

(2) Je me fais du (　　　　　　) pour toi.

あなたのことが気がかりです．

(3) On se (　　　　　　) rendez-vous au restaurant à 8 heures !

8時にレストランで待ち合わせましょう！

(4) Si tu n'as pas envie d'y aller, ne te (　　　　　　) pas !

行きたくないのなら，無理しないでいいわ！

(5) (　　　　　　)-vous d'alcool pour votre santé.

健康のためにお酒は控えてください．

⌒ 狙われやすい代名動詞 (2)

s'inquiéter de ～	～を心配する，～を気にする
se lancer	思い切ってやってみる，（事業などに）身を投じる
se mettre ～	～に身を置く，～の状態になる
se mettre à table	食卓につく
se mettre à l'aise [à son aise]	くつろいだ格好をする
se mettre en colère	怒り出す
se passionner	熱中する

se promettre	期待する，予定する，当てにする
se rendre compte de 〜	〜に気づく，わかる
se soigner	健康に気をつける，養生する
se passer de 〜	〜なしで済ます
se prendre pour 〜	自分を〜だと思う
s'en prendre à ＋人	人を責める
s'en tenir à 〜	〜で満足する，〜にとどめておく
s'y prendre	取りかかる，手をつける
s'y mettre	仕事に取りかかる，（相方に）加勢する

練習問題 ⑩

あたえられた日本語の文が表わす意味になるように (　　) 内に最適な語を書き入れて下さい.

(1) Vous avez l'air enrhumé. (　　　　　　)-vous bien.
　風邪を引いているようですね. お大事に.

(2) Je me (　　　　　　) de revenir l'année prochaine.
　私はまた来年来るつもりです.

(3) Elle s'en est (　　　　　　) à moi.
　彼女は私を非難しました.

(4) Je me (　　　　　　) de café ce soir.
　今晩はコーヒーは飲まないでおくことにします.

(5) Mon fils se (　　　　　　) pour la photo.
　息子は写真に夢中です.

bases (*f.*) （複数形で）基本

Tu n'as pas de bases solides en anglais. 君は英語の基本ができていない.

bout (*m.*) 端，終わり，果て

jusqu'au bout 終わりまで，徹底的に

cas (*m.*) 場合，ケース，事例；立場；事態

Ce n'est pas le cas. 実はそうではない.

courant (*m.*) （水，空気などの）流れ；（時の）経過；通じていること；電流

courant d'air すきま風　　dans le courant de la semaine 今週中に

au courant de ～ ～を知っている　　panne de courant 停電

coup (*m.*) 一撃，打撃，急激な作用

coup d'œil 一瞥　　coup de foudre 一目惚れ

coup de théâtre 大どんでん返し，あっと驚く出来事

fidélité (*f.*) 忠誠，忠実さ，1つのことを続けること

Merci de votre fidélité.

ご愛顧に感謝します［番組をご覧いただきまして，ありがとうございます］.

fortune (*f.*) 財産，資産；運命

avoir de la fortune 金持ちである　　payer une fortune 大金を払う

faire fortune 一財産作る；出世する

froid (*m.*) 寒さ，寒気

attraper [prendre] froid 風邪を引く

idée (*f.*) 思いつき，着想，考え

venir à l'idée （物事が）人の頭に浮かぶ，思いつく

issue (*f.*) 出口，排水口

rue sans issue 袋小路　　à l'issue de ～ ～の後に，～の結末に

mal (*m.*) 悪，苦労，痛み，病気

avoir du mal à ＋不定詞 ～するのが困難だ，～するのに苦労する

faire du mal à ～ ～に害を与える

mal de mer 船酔い　　tant bien que mal どうにかこうにか

ni bien ni mal まあまあ，よくも悪くもなく

あたえられた日本語の文が表わす意味になるように（　　）内に最適な語を書き入れて下さい.

- -

(1) La situation me paraît sans (　　　　　　).

状況は行き詰まりのように見える.

(2) Pourras-tu jeter un (　　　　　　) d'œil sur cette brochure ?

このパンフレットに目を通してくれますか？

(3) Tenez-moi au (　　　　　　) de vos projets.

あなたの計画については今後も引き続きお知らせください.

(4) Je le croyais timide, mais ce n'était pas le (　　　　　　).

彼は気が弱いと思っていましたが，実はそうではなかったです.

(5) J'ai du (　　　　　　) à y croire.

それはちょっと信じられないな.

🔹 注意しておきたい名詞 (2)

manque (*m.*)　　不足，欠乏	
manque de vivres　食糧不足　　manque de sommeil　睡眠不足	
ordre (*m.*)　　順序，秩序，整頓；命令	
par ordre　順を追って　　par ordre de ～　～の順で；～の命により	
mettre ～ en ordre [de l'ordre]　～を整頓する	
C'est dans l'ordre des choses.　それは当然の成り行きだ.	
parole (*f.*)　　言葉，発言，約束	
couper la parole de ＋人　人の言葉を遮る	
passer la parole à ＋人　人に発言してもらう	
donner sa parole　約束をする　　avoir sa parole　人の約束を得る	
parcours (*m.*)　　行程，道のり	

part (*f.*) 分け前, 部分；分担金

    de la part de ＋人　人から(の), 人の側に, 人の代理で

    de part et d'autre　両側に, 両方に, 互いに

    faire part à ＋人＋ de 〜　人に〜を知らせる

    autre part　他の所に［で］　　**nulle part**　どこにも（〜ない）

parti (*m.*) 党派；解決策；決心

    prendre le parti de ＋人　人の側に立つ, 味方をする

peine (*f.*) 苦労, 骨折り, 苦痛, 心痛；刑罰

    Ce n'est pas la peine de ＋不定詞　〜するには及ばない

    prendre la peine de ＋不定詞　わざわざ〜する

    valoir la peine de ＋不定詞　〜する価値がある

    ne pas valoir la peine de ＋不定詞　〜しても無駄だ, 〜するまでもない

    peine de mort　死刑　　**peine d'amende**　罰金刑

    sous peine de 〜　（違反すれば）〜の刑に処するものとして

    avec peine　苦労して　　**sans peine**　やすやすと

pied (*m.*) 足, （家具などの）脚, （山などの）麓, （木の）根元

    à pied　歩いて, 徒歩で

    au pied de 〜　〜の最下部に, 〜の麓に

    habiter au pied de la butte Montmartre　モンマルトルの丘の下に住む

plein (*m.*) いっぱい, 充満, 最大限

    faire le plein　ガソリンを満タンにする

    à plein　最大限で, 満員で

pression (*f.*) 圧力, プレッシャー

prix (*m.*) 値段, 価値；犠牲, 代償

    à tout prix　どんな代価［犠牲］を払っても, ぜひとも

    au prix de 〜　〜の値段で, 〜と引き換えに

    n'avoir pas de prix, être sans prix
    値がつけられないほどの価値がある, とても貴重だ

queue (*f.*) 列

    faire la queue　行列を作る, 並んで待つ

sens (*m.*) 感覚；意味；意識；方向, 向き

    avoir le sens de l'humeur　ユーモアのセンスがある

    manquer de sens moral　道徳観念が欠けている

    bon sens　良識, 分別, 常識；正しい向き　　**sens unique**　一方通行

あたえられた日本語の文が表わす意味になるように（　　　）内に最適な語を書き入れて下さい.

(1) Il y a de la méfiance de (　　　　　) et d'autre.

　　双方に不信感があるんですよ.

(2) Elle a le (　　　　　) de la danse.

　　彼女は踊りの筋がいい.

(3) Ce joueur était sous (　　　　　) juste avant la finale.

　　その選手は決勝戦を前にしてプレッシャーが掛かっていた.

(4) M. Roche a pris la (　　　　　) de venir me voir.

　　ロッシュ氏がわざわざ私に会いに来られました.

(5) Il s'est assis au (　　　　　) d'un arbre.

　　彼は木の根元に腰をおろした.

◯ 注意しておきたい名詞 (3)

sérieux (*m.*)　まじめさ
　　prendre 〜 au sérieux　〜を真に受ける

soin(s) (*m.*)　気配り, 手当, 看護, 治療, 世話
　　manquer de soin dans sa tenue　身なりに無頓着である
　　donner les premiers soins à un blessé　けが人に応急手当をする
　　prendre soin de ＋不定詞［que ＋接続法］　〜するよう気をつける
　　prendre soin de 〜　〜に気を配る, 〜の面倒を見る

taille (*f.*)　身長, サイズ, ウエスト, （物の）大きさ
　　Tu vois cette femme de taille moyenne ?
　　あの中背の女性が見えるかい？
　　taille courante　普通サイズ

筆記試験 2

語彙力・表現力を問う問題

tenue (*f.*)	服装，身なり，行儀，姿勢
	avoir une bonne tenue 　行儀［姿勢］がよい
	manquer de tenue à table 　食事のマナーが悪い
tort (*m.*)	間違い，誤り，損害
	avoir tort 　間違っている 　　donner tort à ＋人 　人に非があるとする
tour (*m.*)	一周，回転，順番
	attendre son tour 　自分の順番を待つ
vert (*m.*)	緑，緑色，青信号（bleu ではない）
	Le feu est vert. 　青信号である．
vie (*f.*)	生，生命，生涯，一生；生計；物価，生活費
	gagner sa vie 　生活費を稼ぐ 　　à vie 　終身の，生涯の
vue (*f.*)	視覚，視線，見ること，眺め
	à perte de vue 　見渡す限り，延々と

 練習問題 13

　あたえられた日本語の文が表わす意味になるように (　　) 内に最適な語を書き入れて下さい．

(1) Cette jupe n'est pas à ma (　　　　　　).
　　このスカートは私のサイズに合わない．

(2) Prenez (　　　　　　) que tout soit prêt ce soir.
　　今晩にはすべての準備が整っているようご配慮ください．

(3) La (　　　　　　) du sang me donne mal au cœur.
　　血を見ると気持ちが悪くなります．

(4) Un peu de (　　　　　　)！
　　もう少し行儀よくしなさい！

(5) Tout le monde lui donne (　　　　　　).
　　みんなが彼を非難しています．

à と de を用いた表現

à bord	乗車して，乗船して，搭乗して
à crédit	ローンで
à l'avance	早めに，前もって
à mi-chemin	途中に［で］
à part	（副詞句）別に，他と離して，脇に （形容詞句）例外的な，変わった
à part 〜	〜は別として，〜を除いて
à 〜 près	〜を除いて，〜の差で
au hasard	行き当たりばったりに，でたらめに
au passage	途中で
au [du] temps de 〜	〜の時代に
de bonne heure	朝早く
de face	正面から
d'ici ＋時点［期間］	今から〜（までに）
d'ici peu	まもなく
de long en large	行ったり来たり，縦横に；あらゆる角度から
de nouveau	再び，また
de nos jours	現代では，今日では
de passage	一時的な，つかの間の，行きずりの
de secours	非常用の
de suite [d'affilée]	続けて，連続して，一気に
de trop	余分の，余計に，（人などが）邪魔である

練習問題 14

あたえられた日本語の文が表わす意味になるように（　　）内に最適な語を書き入れて下さい．

- -

(1) Tu travailles vingt heures de (　　　　　　　) ? C'est impossible !
　　20 時間ぶっ通しで働いてるって？　ありえないよ！

(2) Nagoya se situe à (　　　　　　) entre Tokyo et Osaka ?
　　名古屋は東京と大阪の中間にあるのですか？

(3) À (　　　　　) toi, personne n'est au courant.
　　君以外には誰もそのことを知らないんだ．

(4) À dix minutes (　　　　　　), tu l'aurais rencontré.
　　10 分違えば，君は彼に会えていたのに．

(5) Mes parents sont de (　　　　　) à Toulouse.
　　私の両親が一時的にトゥールーズに滞在しています．

en と par を用いた表現

en cours	進行中の
en désordre	無秩序な，散らかった
chambre en désordre	散らかっている部屋
en hausse	上昇して
Le baromètre est en hausse.	気圧計は上昇している．
en marche	進行中の，動いている
mettre la machine à laver en marche	洗濯機のスイッチを入れる
en moyenne	平均して
en personne	自分で，自ら
en place	しかるべき状態に，準備が整って
en public	ひと前で
en long et en large	縦横に，あらゆる角度から

44

par dedans [dehors]	内側［外側］から
par douzaine(s)	ダース単位で
par terre	地面に，床に
par cœur	暗記して，そらで，完全に
par degrés [par étapes]	段階を追って
expliquer par étapes	順序立てて説明する
par derrière	背後から，陰で
par hasard	偶然，もしかして
par pitié	お願いだから，同情心から

練習問題 15

あたえられた日本語の文が表わす意味になるように (   ) 内に最適な
語を書き入れて下さい．

(1) Elle dit toujours du mal de lui par (   ).
   彼女はいつも陰で彼の悪口を言っています．

(2) Je n'aime pas parler en (   ).
   ひと前で話すのは好きじゃないの．

(3) Le Président est venu en (   ).
   大統領が自ら来ました．

(4) Je connais tout ça par (   ).
   そんなことはぼくは完璧に知っているよ．

(5) Ta chambre est terriblement en (   ).
   君の部屋はひどく散らかってるね．

その他の前置詞を用いた表現

avant peu	すぐに
avant tout	何よりもまず
avec effort	骨を折って，苦労して
avec intérêt	興味を持って
comme d'habitude	いつもどおり
comme prévu	予定どおり，打ち合わせどおり
entre autres	とりわけ，なかんずく
entre nous	内輪だけの，ここだけの
hors (de) pair	並ぶもののない，比類のない
hors de prix	ひどく高い，法外な値段の
hors (de) service	使えない状態の，故障中の，使用停止の
pour ainsi dire	いわば
pour la vie	永久に，終生の
pour ma part	私は，私の方では
sur demande	注文に応じて
livrer sur demande	注文に応じて配達する
sur mesure	寸法を合わせた，オーダーメイドの
sur place	その場で，現地で
sur quelques kilomètres	数キロにわたって

あたえられた日本語の文が表わす意味になるように ( ) 内に最適な語を書き入れて下さい.

(1) Il est revenu avant ( ).
彼はすぐに戻って来ました.

(2) Ça reste ( ) nous.
これはここだけの話にしておいてね.

(3) ( ) ma part, je n'ai rien à dire.
私としては何も言うことなどないわ.

(4) Cet ascenseur est ( ) service ?
このエレベーターは動いてないのですか?

(5) Tout s'est passé comme ( ).
すべて予定どおりに行きました.

注意しておきたい形容詞・副詞

ancien(ne)	先輩の, 古参の
autrement (que 〜)	(〜とは) 違う仕方で
bas(se)	(声・音が) 低い, 小さい;(年齢, 価値, 身分が) 低い

à voix basse 小声で　　à bas prix 安価で
enfant en bas âge 幼児

commun(e)	共通の, ありふれた, 共用の

peu commun 珍しい　　biens communs (夫婦の) 共有財産

disposé(e)	配置された, する気になった

être disposé à ＋不定詞 〜する気になっている

droit(e)	垂直な, まっすぐな
entier(ère)	全体の, 無傷の
faute de ＋無冠詞名詞	〜がないので, 〜がなければ

faute de mieux やむを得ず, 仕方なく

47

fidèle　　　　　　　　忠実な，誠実な，態度を変えない
　　fidèle client　なじみ客，常連　　　ami fidèle　いつまでも変わらぬ友

haut(e)　　　　　　　高い，（声が）大きい

heureux(*se*)　　　　幸福な，好都合な
　　C'est heureux pour moi.　それは私には好都合だ．

lent(e) à ＋不定詞　　　～するのに時間がかかる
　　lent(e) à comprendre　のみこみが悪い

loin de ～　　　　　　～どころではない
　　loin de là　それどころではない，全く反対だ

libre　　　　　　　　自由な，拘束されない，暇がある；無料の；ゆったりとした
　　être libre de ＋名詞　　自由に～できる
　　　　Vous êtes libre de vos décisions.　決定はあなた次第です．
　　être libre de ＋無冠詞名詞　～から解放されている，～がない
　　　　Il est libre de tout préjugé.　彼には全く偏見がない．
　　avoir du temps libre　空いた時間がある
　　taxi libre　空車のタクシー
　　cheveux libres　束ねていない髪

mixte　　　　　　　　混成の，男女混合の
　　double mixte　（テニスなどの）混合ダブルス

petit(e)　　　　　　　ささいな，ちょっとした

plein(e)　　　　　　　（形容詞）（中身で）いっぱいの
　　en plein(e) ～　　～のただ中の
　　un travail à plein temps　　フルタイムの仕事
　　⇔ un travail à mi-temps　　パートタイム（アルバイト）の仕事

prêt(e) à ～ ［＋不定詞］　　～の［～する］心づもりができている

réduit(e)　　　　　　割引きの
　　à tarif réduit　割引料金で

seul(e)　　　　　　　ただ一つの，単独の，孤独な
　　tout(e) seul(e)　助力なしで，ひとりで，ひとりでに
　　seul à seul　一対一で，差し向かいで

tendu(e)　　　　　　緊張した，緊迫した

mensonge pur et simple　全くのうそ，真っ赤なうそ

bel et bien　　　　　まさに，本当に，全く

48

あたえられた日本語の文が表わす意味になるように (　　) 内に最適な語を書き入れて下さい.

(1) Il est toujours (　　　　　　　　) à ses promesses.
　　彼は必ず約束を守る人ですよ.

(2) Tu es tout à fait (　　　　　　) d'accepter ou pas.
　　承知するもしないも，全く君の勝手だ.

(3) Les pommes sont (　　　　　　　) à être récoltées.
　　リンゴはもう収穫できる状態になっている.

(4) Ne buvez pas en (　　　　　　) rue.
　　道の真ん中でお酒を飲まないでください.

(5) Il appartient à la chorale (　　　　　　) municipale.
　　彼は市立の混声合唱団に所属している.

その他の熟語表現

ainsi que 〜	〜のように，のとおりに；と同時に，と，および，ならびに
avoir hâte de ＋不定詞	急いで〜する，早く〜したい
étant donné que 〜	〜なので，〜だから
être tenté par 〜 [de ＋不定詞]	〜（すること）に乗り気になる
il est temps de ＋不定詞	今〜する時間である
il n'est jamais trop tard pour ＋不定詞	〜するのに遅すぎることはない
il n'y a rien de plus ＋形容詞＋ que de ＋不定詞	〜することより…なものは何もない
ne rien valoir	何の価値もない
(il n'y a) rien de neuf	変わったことは何もない
un de ces jours	近々
une fois pour toutes	これを最後に，決定的に

あたえられた日本語の文が表わす意味になるように (　　) 内に最適な語を書き入れて下さい.

----

(1) Étant (　　　　　　　　) que tu es malade, tu ne dois pas aller à l'école.

病気なんだから, 学校に行ってはいけません.

(2) J'ai (　　　　　　) de le voir.

早く彼に会いたいわ.

(3) Mon frère, (　　　　　　　) que mon père, travaillent dans une banque.

私の兄は, 父と同様に銀行で働いています.

(4) Il n'est jamais trop tard (　　　　　　　) se corriger.

過ちを改めるのに, 決して遅すぎるということはないよ.

(5) Au revoir, à un de ces (　　　　　　).

さよなら, また近いうちに.

Priorité à droite	右側優先
Priorité aux piétons	歩行者優先
Sens interdit	車両進入禁止
Sens unique	一方通行
Passage interdit	通行禁止
Parking [Stationnement] interdit	駐車禁止
Accès interdit	立入禁止
Entrée libre	入場無料
Entrée interdite	立入禁止
Défense d'entrer	立入禁止
Défense d'afficher	貼り紙禁止
Défense de fumer	禁煙
Défense de passer	通行禁止
Défense de stationner sous peine d'amende	駐車禁止．違反者は罰金に処する
Prière d'attendre ici	こちらでお待ちください．
Prière de ne pas fumer	喫煙はご遠慮ください．
Prière de ne pas déranger	（ホテルなどで）起こさないでください．
Peinture fraîche	ペンキ塗り立て
Tenue de soirée de rigueur	必ず夜会服着用のこと
Bienvenue à bord.	ご搭乗［乗船］いただきありがとうございます．
Merci de votre fidélité.	毎度ありがとうございます［ご愛顧に感謝します］．
Merci de votre attention.	ご静聴ありがとうございます．

筆記試験2

語彙力・表現力を問う問題

あたえられた日本語の文が表わす意味になるように (　　) 内に最適な語を書き入れて下さい.

(1) Elle s'est fait faire une robe sur (　　　　　).

彼女はオーダーメイドで服を作りました.

(2) Je (　　　　　) par me fâcher.

しまいには怒るよ.

(3) On n'a jamais (　　　　) de faire ça !

そんなことをするなんて考えられないわ!

(4) C'est un bon garçon. Mais ça n'(　　　　) qu'il a aussi ses défauts.

あいつはよい男だが, それでも欠点はある.

(5) Vous pouvez y (　　　　).

それは当てにしてくださって大丈夫です.

あたえられた日本語の文が表わす意味になるように (　　) 内に最適な語を書き入れて下さい.

(1) Ce projet ne (　　　　　　) pas d'intérêt.

　　この計画はなかなか興味深い.

(2) J'ai eu le (　　　　　　) de foudre pour sa petite sœur.

　　私は一目で, 彼の妹に参ってしまいました.

(3) Ce produit fait (　　　　　　) les taches de graisse.

　　この製品は油汚れを落とします.

(4) Ne réponds pas à la question au (　　　　　　) !

　　質問に当てずっぽうに答えてはいけないよ！

(5) La fatigue (　　　　　　) son visage.

　　彼の顔には疲労の色が見える.

あたえられた日本語の文が表わす意味になるように（　　）内に最適な語を書き入れて下さい。

....

(1) Il a abandonné son poste. Tu te rends (　　　　　　)！
    彼が職場を放棄したのよ。ひどいでしょう！

(2) Ce qui lui arrive me (　　　　　　) froid.
    彼の身に何があろうと、私は痛くもかゆくもないよ。

(3) Cette coiffure te va (　　　　　　).
    その髪型は君には似合わないよ。

(4) Il est hors (　　　　　　) dans le domaine du génie civil.
    彼は土木工学の分野では他の追随を許しません。

(5) Il faut que tu aies fini d'(　　　　　　) vendredi.
    金曜日までには終わらせないといけないよ。

あたえられた日本語の文が表わす意味になるように (   ) 内に最適な語を書き入れて下さい.

(1) Ça me fait (   ) que je dois téléphoner à ma mère.

それで思い出したけれど，私は母に電話をかけなくちゃいけない.

(2) Il a échappé à la mort, cela (   ) du miracle.

彼は死なずに済みましたが，それは奇跡に近いことです.

(3) Il a fait (   ) de ne pas me voir.

彼は私のことを気づかないふりをしたのよ.

(4) (   ) d'entre eux ne m'a répondu.

彼らは誰一人として私に返事をしてくれなかった.

(5) Il faut à tout (   ) que je sois demain à Paris.

私はどうしても明日はパリにいないといけないの.

あたえられた日本語の文が表わす意味になるように (　　) 内に最適な語を書き入れて下さい.

(1) Ah, voilà, ça me (　　　　　　) !
ああ, そうか. 思い出した !

(2) Essaie de te mettre à ma (　　　　　).
私の身にもなってくれよ.

(3) Le résultat se fait (　　　　　).
なかなか結果が来ないんです.

(4) « Défense de stationner sous (　　　　　　) d'amende »
「駐車禁止　違反者は罰金に処する」

(5) (　　　　　) de vin, on boit de l'eau ?
ワインがないので, 水でも飲みましょうか ?

あたえられた日本語の文が表わす意味になるように (　　) 内に最適な
語を書き入れて下さい.

(1) Je l'ai rencontrée par un (　　　　　　　) hasard.
　　私は偶然に恵まれて彼女と出会いました.

(2) Tu as laissé (　　　　　　) le moment favorable.
　　君は好機を逸してしまったね.

(3) Elle travaille en (　　　　　) sept heures par jour.
　　彼女は平均して1日7時間働きます.

(4) Il se (　　　　　) pour un génie.
　　彼は自分を天才だと思っています.

(5) « Prière de ne pas (　　　　　) »
　　(ホテルのドアの札で)「起こさないでください」

第3問は，提示された2つの文，AとBの一方に動詞を1つ加えることで，両者をほぼ同じ意味にする問題です．選択肢として与えられている動詞を適切な形にして，Bの空欄に入れます．問題は5つ，選択肢は準2級の時よりも1つ増えて8つとなり，難易度が上がっています．配点は1問につき2点です．

過去問題

次の (1) 〜 (5) について，A，Bがほぼ同じ意味になるように，（　）内に入れるのにもっとも適切なものを，下の語群から1つずつ選び，必要な形にして解答欄に書いてください．ただし，同じものを複数回用いることはできません．

(配点 10)

(1) A C'est le voisin qui a volé mes fleurs ? Ça ne m'étonne pas.

　　B Je (　　　) bien que c'était le voisin qui avait volé mes fleurs.

(2) A Comme elle n'est pas là, les vêtements traînent un peu partout.

　　B Si elle était là, les vêtements (　　　).

(3) A Laisse tomber, c'est inutile d'y penser encore.

　　B (　　　) ce qui a été fait : ça ne sert à rien de regretter.

(4) A Mon mari a perdu son travail la semaine dernière.

　　B Mon mari (　　　) la semaine dernière.

(5) A Paul et moi, nous nous connaissons depuis 60 ans.

　　B Nous (　　　) pour la première fois il y a 60 ans, Paul et moi.

finir	licencier	mettre	oublier
ranger	se douter	se prendre	se rencontrer

(1)		(4)	
(2)		(5)	
(3)			

筆記試験

3

同じ意味の文を作る問題

過去問題の解答と解説

(1) me doutais　　(2) seraient rangés　　　　(3) Oublie
(4) a été licencié　　(5) nous sommes rencontrés

　まず，選択肢の動詞の一般的な意味を確認しましょう.

finir：終える，終わる　　　　　　 licencier：解雇する
mettre：置く；入れる　　　　　　　oublier：忘れる
ranger：片づける　　　　　　　　　se douter：〜ではないかと思う
se prendre：つかまれる；奪い合う　 se rencontrer：知り合う，出会う

　では，各問の解説にうつりましょう.

(1)　A　C'est le voisin qui a volé mes fleurs ? Ça ne m'étonne pas.
　　 B　Je (me doutais) bien que c'était le voisin qui avait volé mes fleurs.
　　 A　うちの花を盗んだのはお隣さんですって？　そうだろうと思っていました.
　　 B　うちの花を盗んだのは隣の人ではないかと（思っていました）.
　　　Aの前半の文とBの後半の que の節内は，その動詞の時制の面で，直説法現在形が半過去形（C'est → c'était）に，複合過去形が大過去形（qui a volé → qui avait volé）に，となってはいますがほぼ同じなので，Aの後半の文である Ça ne m'étonne pas「そうだろうと思った」と，Bの前半部にあたる Je （　　） bien que... を比較します.すると A の主語である Ça が B の que 以下の内容と対応し，また A の étonner「驚かせる」の目的語 me (m') が B の主語 Je に対応しているうえ，A が否定文で B が肯定文であることから，この両文は主語と目的語が入れ替わっているタイプに当てはまることがわかります.よって「驚かない」という意味の動詞を選択肢の中から探すと，« se douter que ＋直説法［de ＋不定詞］»「〜ではないかと思う」の se douter が適切でしょう.あとは，A が複合過去を基調とした文なので，B もこれに合わせて過去時制にしなければなりません.B の que の節内が大過去を基調とした文であることから，se douter は半過去形になります.ちなみに étonner を使った日常的な表現として « Ça m'étonne que ＋接続法 »「〜とは驚きだ」もあるので，覚えておいてください.

(2)　A　Comme elle n'est pas là, les vêtements traînent un peu partout.
　　 B　Si elle était là, les vêtements (seraient rangés).
　　 A　彼女がいないので，服があちこちに放りっぱなしになっている.
　　 B　もし彼女がいれば，服は（片づけられているだろうに）.
　　　A の前半部 Comme elle n'est pas là「彼女がいないので」と B の前半部 Si elle

59

était là「もし彼女がいれば」を比べると，A の前半部では主節の内容の理由が述べられているのに対し，B の前半部では主節に対する条件節（「もし〜ならば」）となっています．Si の節内の動詞が半過去形になっていることも考え合わせると，B は A の内容に対する反実仮想の文であることが予想でき，空欄の動詞は条件法現在形になっていると考えられます．そして A と B の後半部は同じ構造なので，traînent un peu partout「服があちこちに放りっぱなしになっている」と反対の状況を想定すればよいでしょう．「服が散乱している」＝「服が片づけられていない」ということになるので，ranger「片づける」が使えそうだとわかります．主語は les vêtements ですのでこれを受身形にし，主語に性・数一致させたうえで条件法現在形にすれば正解となります．最後に，un peu partout「あちこちに」は日常会話でよく使われる表現ですのでしっかりと押さえておきましょう．

(3) A Laisse tomber, c'est inutile d'y penser encore.
    B (Oublie) ce qui a été fait : ça ne sert à rien de regretter.
    A 気にしなさんな，あれこれ考えても無駄ですよ．
    B 済んだことは（忘れなさい）．後悔しても意味がありませんよ．

   A の後半部では « C'est [Il est] inutile de ＋不定詞 [que ＋接続法]»「〜しても無駄だ，〜するには及ばない」が使われ，B の後半部でも « Ça [Il] ne sert à rien de ＋不定詞 »「〜しても無駄だ」という，A とほぼ同じ意味の構文が用いられています．また，A の y penser encore が「それについてまだ考えている」＝「まだあきらめがつかない」という意味の表現で，これも B の regretter「悔やんでいる」に相当していることから，両者の後半部は内容的にも対応しているのがわかります．双方の前半部を比較すると，A が Laisse tomber「気にするな，放っておけ」と，tu を意味上の主語にした命令文が使用されているのに対し，B は文の冒頭に空欄があり，かつ主語らしきものも見当たらず，「済んだことは（　　）」という内容になっています．よって，B の空欄には「気にしない，放っておく」といった意味の動詞が tu の命令形で入ると想像できます．選択肢の中では oublier「忘れる」が最適でしょう．あとはこれを tu の命令形にする時，語末の s を省くのを忘れないでください．ちなみに，« laisser tomber ＋人［もの］» となると「〜を見捨てる，〜を落とす」といった意味になります．

(4) A Mon mari a perdu son travail la semaine dernière.
    B Mon mari (a été licencié) la semaine dernière.
    A 先週，私の夫は職を失った．
    B 先週，私の夫は（解雇された）．

   A と B がほぼ同じ構造であることから，A の perdre son travail「職を失う」と同義の動詞を探すことになります．選択肢の中では licencier「解雇する」が最適ですが，このまま空欄に入れてしまうと，「私の夫」が誰かを「解雇する」ことになりますし，そもそもこれは直接目的語が必要な他動詞なので，空欄の直後に la semaine dernière「先週」しかないこのケースでは適切とは言えません．しかしこれを受動態の文として考え直せば，A の内容と同じにすることが可能なので，licencier を受身形にしましょう．さらに A が複合過去の文であることから，être licencié の être を複合過去形，つまり a été licencié として正答となります．

(5) A Paul et moi, nous nous connaissons depuis 60 ans.
    B Nous (nous sommes rencontrés) pour la première fois il y a 60 ans, Paul et moi.

A　ポールと私は 60 年前からの知り合いだ.

B　ポールと私は 60 年前に初めて（出会った）.

　　A の文頭と B の文末に登場する Paul et moi は nous の同格表現ですから, 両文がほぼ同じ構造であることはすぐにわかるでしょう. よって空欄には, A の se connaître「知り合う」と同義の動詞が入ると想像できます. 選択肢の中から se rencontrer「知り合う, 出会う」を選び, 時制を A に合わせなければなりませんが, 少し注意が必要です. A は現在時制で語られているのに対し, B では pour la première fois「初めて」や, il y a 60 ans「60 年前に」という表現があることから, 過去時制が使用されている可能性があります. 実際, A の文末にある depuis は, 過去のある時点を起点として, 現在にまで継続している行為に対して使用するため, se connaître は現在形となっています. これに対して B では, 現在を基準として「（今から）〜前に」という意味で用いられる il y a が用いられており, B の文ならば「今から 60 年前」の出来事が語られているということになるため, A の文と同じ意味にするには se rencontrer を複合過去形にする必要があります. その際, se との性・数一致にも気を配らねばなりません. この場合, se は直接目的語で, かつその内容は nous, つまり「ポールと私」です. ポールは男性ですので, 仮に「私」が女性であっても過去分詞 rencontré に複数の s は必ずつきますが, 女性の e がつくことはありません. あとは代名動詞の複合過去形の助動詞が être であることを忘れず, nous nous sommes rencontrés とすれば正解です.

　　まずは解答になる動詞について見てみましょう. 2009 年度春季〜 2021 年度春季の過去 24 回の試験において, 各問題の B の文の（　　）に入る候補として登場した動詞のうち, 複数回出題されているものは以下のとおりです.

出題回数：

3 回：donner, tenir

2 回：échapper, manquer, mettre, partager, rendre, se faire, revenir, suivre

　　これらの動詞は熟語表現や名詞を含む定形表現などで主に使われているので, まずはこれらの動詞の用法を, 第 2 問の用例も参照しながらしっかり押さえてください. 複数回出題された動詞が限られているということは, A の文も含めて, 基本的なものから使用頻度がさほど高くないものまで, さまざまなレベルの動詞表現が用いられているということです. 以下, この章で挙げるような動詞や熟語表現を地道に覚えていきましょう.

［時制と法］

　　過去 24 回で出題された時制の頻度は以下のとおりです.

直説法複合過去　　　25

直説法現在　　　　　20

直説法単純未来　　　18

直説法半過去　　　　16

接続法現在	15
命令法	10
条件法現在	9
不定詞（複合形）	3
条件法過去	3
不定詞（受身形）	2
接続法過去	1

　接続法現在は 15 回出題されていますが，そのほとんどが il faut que や il est possible que, pour que などのような接続法が登場する典型的なケースです．以下に出題例をまとめておきますので確認してください．

pour que ＋接続法	〜するように（目的）
bien que ＋接続法	〜であるのに，〜にもかかわらず
douter que ＋接続法	〜かどうかは疑わしい
vouloir que ＋接続法	〜してもらいたい，〜を望んでいる
avant que ＋接続法	〜する前に，〜するまでに
s'étonner que ＋接続法	〜だなんて意外だ，〜なので驚く
il faut que ＋接続法	〜しなければならない，〜に違いない
il est possible que ＋接続法	〜かもしれない
il est inutile que ＋接続法	〜しても無駄だ
il vaut mieux que ＋接続法	〜するほうがよい

接続法現在の語尾変化の特徴と代表的な動詞を以下に示しておきます．

接続法現在

ほとんどの動詞の語尾変化				aimer	
je	-e	nous	-ions	j'aime	nous aim**ions**
tu	-es	vous	-iez	tu aim**es**	vous aim**iez**
il / elle	-e	ils / elles	-ent	il / elle aime	ils / elles aim**ent**

être		avoir	
je **sois**	nous **soyons**	j'**aie**	nous **ayons**
tu **sois**	vous **soyez**	tu **aies**	vous **ayez**
il / elle **soit**	ils / elles **soient**	il / elle **ait**	ils / elles **aient**

aller

j'aille	nous allions
tu ailles	vous alliez
il / elle aille	ils / elles aillent

venir

je vienne	nous venions
tu viennes	vous veniez
il / elle vienne	ils / elles viennent

finir

je finisse	nous finissions
tu finisses	vous finissiez
il / elle finisse	ils / elles finissent

faire

je fasse	nous fassions
tu fasses	vous fassiez
il / elle fasse	ils / elles fassent

savoir

je sache	nous sachions
tu saches	vous sachiez
il / elle sache	ils / elles sachent

vouloir

je veuille	nous voulions
tu veuilles	vous vouliez
il / elle veuille	ils / elles veuillent

　条件法現在は過去に 9 回出題されています．重要なこととして，まず活用語尾のミスに十分に注意してください．例えば，entrer や préférer のような -rer で終わる動詞の不定詞の語尾を，-rerais にしないで，-rais だけにしてしまう，というような単純なミスが多いようです．また，条件法過去が出題される可能性もあります．

　命令法についても，つづりのミスに起因する失点が多いので気をつけてください．例えば，2 人称単数の命令形については，直説法現在形が -es で終わるもの（主に -er 動詞）や aller (tu vas) の語末の s をとることを忘れるケースも多く見られます．また，代名動詞の肯定命令文については代名詞の部分が強勢形になり後置されることにも注意が必要です．

　不定詞については，複合形を問うものが中心で，準 2 級のような単なる不定詞の使用を問うものは，近年ほとんど出題されていません．いずれの場合も前置詞の直後に使用されるケースが多く問われているので，空欄の直前に前置詞があった時は要注意です．不定詞の受身形を問う問題に関しては，性・数の一致に気をつけましょう．不定詞の複合形を問う問題に関しては，主たる動詞が表している行為と，不定詞の複合形が表している行為の時系列をしっかりと把握し，それを反映させるように解答してください．

　代名動詞は，過去に 24 回出題されています．そのうち，直説法複合過去とともに扱われたのが 7 回，接続法現在とともに扱われたのが 5 回となっています．

se faire や se tenir といった基本的な代名動詞がよく出題されていますので，その用法や意味を整理しておきましょう．また，複合過去形になった場合の性・数の一致の有無にも注意を払ってください．代名動詞の命令法もしばしば出題されますので，肯定・否定の両ケースに対応できるようにしておいてください．

　なお，本設問は自分で動詞の活用を書かなければなりません．活用形やそのつづりを間違えると 0 点になります．**動詞の活用を決して侮らないでください．**せっかく正しい選択をしたのに，活用を間違ってしまってはつまらないですね．この設問の得点率が平均で 20 ％〜 30 ％と低いのもつづりのミスによるものが含まれるからで，本問で 1 つでも多く正解できるように動詞のさまざまな時制の活用形（特に条件法，接続法，命令法）を基本に立ち返って確認しておきましょう．

　第 3 問は A と B の 2 つの文が与えられ，両者の内容がほぼ同じものとなるように，適当な不定詞を選んで B の文中にある空欄を補うものなので，A と B の双方の時制は原則として「同じ」になります．そのうえで，準 2 級の第 3 問と同じく，A と B の 2 つの文が「どのように違うか」をしっかりと見極めることが，本設問の攻略のカギとなります．ここではまず代表的なタイプを大まかに 3 つ，提示していきます．

◌ A と B の主語が同じ場合

1) A と B がともに肯定文，あるいは否定文の場合

　A と B の両文が構造的にほぼ同じ場合，A と B に共通する語句を取り除き，2 つの文の違いを見極めて B の動詞を選ぶことになります．動詞の同義表現の知識をどれだけストックしているかが，正解を導き出すカギとなるでしょう．また，辞書に掲載された語義をそのまま暗記しているだけでは正解を選びにくい問題も出題されています．例文を目にした時に，日本語として「より自然な」訳文に言い換えられるように普段から習慣づけておくとよいでしょう．

　それでは，以下に代表的な例を挙げておきます．

> ・revenir à ＋金額「〜の費用がかかる」— coûter ＋金額「〜の金額がかかる」
> Ce menu (revient) à 5 000 yens par personne.
> Ce menu (coûte) 5 000 yens par personne.
> そのコースメニューは 1 人につき 5000 円かかる．

revenir の後の à は省略されることもあります．

・ressembler à ＋人「〜に似ている」— tenir de ＋人「〜に似ている」
　Dans l'avenir, ce bébé (ressemblera) à son grand-père.
　Ce bébé (tiendra) plus tard de son grand-père.
　この赤ん坊はのちのち，お爺さんに似ることになるだろう．

　上の Dans l'avenir と下の plus tard がほぼ同義であることがわかれば，残りの部分は前置詞の違いだけであることに気づけますね．

　過去の出題例をもとに，この設問に備えて覚えておきたい同意表現を以下にまとめておきます．

coûter	（値段が）〜する	rembourser	（金額）を払い戻す
revenir à	（値段が）〜かかる	rendre	（金額）を返す
se méfier de	用心する	tenir de	似ている
faire attention à	〜に気をつける	ressembler à	
s'installer	身を落ち着ける	donner du souci à	心配をかける
habiter	住む	inquiéter	心配させる
rendre visite à	訪問する	partager l'idée de	〜の考えに賛成する
faire une visite à	会いに行く	être d'accord avec	〜と意見が合う
aller voir		être de l'avis de	〜と見解を同じくする
tenir compte de	考慮に入れる	résoudre	解決する
prendre 〜 en considération	考慮する	trouver la solution	解決法を見つける
maigrir	痩せる	en vouloir à	恨む
perdre du poids	体重が減る	être fâché(e) contre	腹を立てる
		avoir de la rancune contre	恨みを抱く
se servir de	利用する	approuver	賛成する
utiliser	使う	consentir à	同意する
employer		être d'accord pour	
se débarrasser de	やめる	recevoir	迎える
abandonner	捨てる	accueillir	もてなす
jeter	放棄する	avoir la visite de	訪問を受ける
connaître un grand succès	大成功を収める	réunir	集める
se vendre bien	よく売れる	rassembler	集合させる

65

avoir beau ＋不定詞　〜しても無駄である 動詞＋ en vain 動詞＋ sans succès　　無駄に〜する	se retirer　　　　　身を引く，引き下がる laisser tomber　　やめる 　　　　　　　　　　放り出す
mettre à l'abri protéger　　　　　保護する préserver　　　　守る	s'informer de [sur]　問い合わせる se renseigner sur　調べる
se tenir au courant de se mettre au courant de connaître　　　　事情に通じている 　　　　　　　　知る	
ne pas regarder n'avoir rien à voir avec　〜には関係ない ne pas concerner　　　〜とは何の関係もない n'avoir aucun rapport avec	

それでは，このタイプの練習問題に挑戦していきましょう．

A，Bがほぼ同じ意味になるように，下の語群から1つずつ選び，必要な形にして（　）内に書き入れてください．同じものは1度しか使えません．

‥‥‥‥‥‥‥‥‥‥‥‥‥‥‥‥‥‥‥‥‥‥‥‥‥‥‥‥‥‥‥‥‥

(1) A Ayant clairement exprimé sa volonté, il en est très satisfait.

  B Il est très satisfait d'(　　　　　　) sa volonté de manière explicite.

(2) A À quoi correspond la croix sur cette carte ?

  B Que (　　　　　) la croix sur cette carte ?

(3) A J'étais décidé à démissionner au besoin.

  B J'étais prêt à (　　　　　) mon poste si nécessaire.

(4) A Tu dois te conformer à certaines traditions qu'on maintient jusqu'à nos jours dans cette région.

  B (　　　　　) certaines traditions qui vivent dans cette région jusqu'à notre temps !

(5) A Ce bâtiment est si solide qu'il supporterait un fort séisme.

  B Ce bâtiment (　　　　　) à un fort tremblement de terre.

  représenter   tenir   résister   manifester
  respecter   quitter se croire   se laisser

A, B がほぼ同じ意味になるように，下の語群から 1 つずつ選び，必要な形にして（　）内に書き入れてください．同じものは 1 度しか使えません．

(1) A　Vous feriez mieux de ne pas abandonner vos études.

　　B　Il est préférable que vous ne (　　　　　) pas à vos études.

(2) A　Il a consacré toute son énergie à réaliser son projet.

　　B　Il a fourni tous les efforts nécessaires pour (　　　　　) en œuvre son projet.

(3) A　Avant, vous étiez entièrement d'accord avec nous.

　　B　Autrefois, vous (　　　　　) totalement nos idées.

(4) A　Depuis dix ans, ils habitent dans un grand appartement à Paris.

　　B　Ils (　　　　　) dans un grand appartement à Paris il y a dix ans.

(5) A　Je passerai vous voir dans deux semaines.

　　B　Je vous (　　　　　) visite dans quinze jours.

partager	renoncer	faire	rendre
tomber	mettre	se douter	s'installer

A，B がほぼ同じ意味になるように，下の語群から 1 つずつ選び，必要な形にして（ ）内に書き入れてください．同じものは 1 度しか使えません．

(1) A Le projet municipal s'est heurté à l'opposition générale des habitants de ce quartier.

    B Le projet municipal (　　　　　　　) l'opposition générale des habitants de ce quartier.

(2) A Sans incidents, ce navire pourra arriver au port après-demain.

    B Ce navire (　　　　　　) le port dans deux jours, si tout se passe bien.

(3) A Mes parents sont indulgents pour mes enfants.

    B Mes parents (　　　　　　) généreux envers mes enfants.

(4) A Mon épouse me contredit sur tous les sujets.

    B Ma femme (　　　　　　) toutes mes idées.

(5) A Elle a fait beaucoup d'efforts pour passer le baccalauréat avec succès.

    B Elle (　　　　　　) du mal pour avoir son baccalauréat.

arriver	tenir	contester	gagner
rencontrer	opposer	se donner	se montrer

A, B がほぼ同じ意味になるように，下の語群から 1 つずつ選び，必要な
形にして（ ）内に書き入れてください．同じものは 1 度しか使えません．

• •

(1) A Son redoublement à l'université inquiétera ses parents.

　　B Son redoublement à l'université (　　　　　) du souci à ses
　　　　parents.

(2) A Elle n'a pas le courage d'annoncer cette mauvaise nouvelle à
　　　　son mari.

　　B Elle n'(　　　　　) pas apprendre cette mauvaise nouvelle
　　　　à son mari.

(3) A Je vous assure que vous réussirez à ce concours.

　　B Je vous (　　　　　) la réussite à ce concours.

(4) A Ma mère a abordé une dame dans la rue pour demander son
　　　　chemin.

　　B Dans la rue, ma mère (　　　　　) à une dame pour
　　　　s'informer de son chemin.

(5) A Elle n'était pas sans savoir où son père était né.

　　B Elle n'(　　　　　) pas où son père était né.

> savoir   ignorer   causer   trouver
> garantir   oser   s'adresser   se mettre

2) 一方が肯定文で，他方が否定文の場合

　AとBの2つの文で使われる動詞表現が，いわゆる対義表現になっていて，
どちらか一方が否定文になることで，両者がほぼ同じ意味をなす場合です．した
がって，Bの空欄に入る動詞を選ぶには，Aで用いられている動詞表現と反対の
意味を持つものを選択肢の中から選ぶことになります．

・oser ＋不定詞「思い切って~する，~する勇気がある」― ne pas hésiter à ＋不定詞「ためらうことなく~する」

Elle (a osé) dire la vérité à sa mère.
Elle n'a pas (hésité) à dire la vérité à sa mère.
彼女は思い切って母に真実を語った.

上の文では oser「思い切って~する」が使用されているのに対し，下の文ではその対義的な意味を持つ hésiter「躊躇する」が使われています．しかし否定文中であるため「躊躇しない」という意味になり，上の文とほぼ同じ内容になっています．

・être étonné de ＋名詞［不定詞］／ que ＋接続法「~に驚いている」
― ne pas s'attendre à 「~を予期，期待，覚悟していない」

Nous (sommes étonnés) que vous ayez donné votre démission.
Nous ne (nous attendions) pas à votre démission.
私たちはあなたの辞職を予期していませんでした.

上の文が肯定文で「私たちは~だったことに驚いている」とある一方，下の文では否定文となっています．上下の文の内容をほぼ同じにするには，「驚いている」ことと同内容を否定形で表すことを考えて，s'attendre à の否定形を用いて「予期していなかった」とします．

このタイプの問題に備えて，過去に登場した動詞表現の組み合わせを中心に，以下にまとめておきます．

baisser la voix		se décider à	~することに決める
ne pas parler fort	声を落とす	ne pas hésiter à	
ne pas parler à voix haute	大声で話さない		ためらわずに~する
parler à voix basse			
continuer		échouer	失敗する
poursuivre	継続する	ne pas réussir	うまくいかない
ne pas laisser tomber	放棄しない		
ne pas abandonner			
faire face à	立ち向かう	être étonné(e) de	
ne pas reculer	たじろがない	s'étonner de	驚く
		être surpris(e) de	予期していない
		ne pas s'attendre à	

se sentir chez soi	くつろぐ
ne pas se gêner	遠慮しない
se mettre à l'aise	気兼ねしない
se détendre	
manquer de confiance en	自信がない
ne pas être sûr(e) de	確信が持てない
laisser 〜＋不定詞	〜に…させておく
ne pas forcer 〜 à ＋不定詞	〜に…を強いない
oser ＋不定詞	思い切って〜する
ne pas avoir peur de ＋不定詞	恐れず〜する
décevoir	失望させる
ne pas répondre à l'attente de	期待に応えられない

それでは以下の問題を解いていきましょう.

A, B がほぼ同じ意味になるように，下の語群から 1 つずつ選び，必要な形にして（ ）内に書き入れてください．同じものは 1 度しか使えません．

(1) A Comme elle travaille avec zèle, il est certain qu'elle ne décevra pas ses parents.

B Elle (　　　　　　) sûrement ses parents par son travail acharné.

(2) A Si tu faisais un peu plus d'efforts, tu ne pourrais pas échouer.

B Avec un peu plus d'efforts, tu (　　　　　　) assurément.

(3) A Dans la crainte de nous entendre, baissons un peu plus la voix.

B Nous n'allons pas (　　　　　　) la voix pour qu'on ne nous entende pas.

(4) A Ils n'ont pas retrouvé, par le mauvais temps, le chemin pour rentrer au camp de base.

B À cause du mauvais temps, ils (　　　　　　) sur le chemin de retour au camp de base.

(5) A Il serait inutile de discuter davantage.

B Il ne (　　　　　　) à rien de discuter davantage.

consentir	satisfaire	réussir	servir
élever	augmenter	se perdre	se plaire

A，B がほぼ同じ意味になるように，下の語群から 1 つずつ選び，必要な
形にして（　）内に書き入れてください．同じものは 1 度しか使えません．

(1) A Ne vous gênez pas. Faites comme chez vous.

　　 B J'aimerais que vous (　　　　　　) à l'aise chez moi.

(2) A Je n'ai pas eu peur de m'exprimer en français.

　　 B J'(　　　　　　) m'exprimer en français.

(3) A Il faut continuer vos recherches.

　　 B Il est nécessaire que vous ne (　　　　　　) pas tomber vos

　　　　 recherches.

(4) A Elle est portée à ne pas accepter les faits réels.

　　 B Elle a tendance à (　　　　　　) à regarder la réalité en face.

(5) A Nous ne pourrons pas éviter une situation difficile.

　　 B Nous (　　　　　　) face à une situation difficile.

abandonner	prendre	représenter	laisser
faire	oser	se refuser	se mettre

74

AとBの主語が異なる場合

　ともに肯定文，あるいは否定文である2つの文の間で，空欄の前後の語句が入れ替わっている場合です．例えば，一方の文で目的語などだったものが，他方の文で主語になったりする場合ですが，目的語などが代名詞になって動詞の直前に移動している場合には特に注意してください．

　このケースは3つのパターンに分類することができます．これから1），2），3）のパターンを解説していきますので，よく理解したうえで，パターン別にそれらに該当する動詞表現の組み合わせを覚えましょう．

1) 同じような意味を持つ動詞表現の組み合わせが用いられる場合

> ・être content(e) de「〜に満足している」— plaire à ＋人「〜の気に入る，〜に喜ばれる」
>
> 　　Les spectateurs (étaient) contents de ce nouveau numéro.
> 　　観客はこの新しい演目に満足した．
>
> 　　Ce nouveau numéro (a plu) aux spectateurs.
> 　　この新しい演目は観客に気に入られた．

　上の文で être content「満足している」に続く (de) ce nouveau numéro「この新しい演目」が，下の文の主語になって同じ内容を成してます．ここで使われている plaire は「事柄」を主語として，« plaire à ＋人 »「〜の気に入る」という動詞表現でよく用いられ，ここでは a plu aux spectateurs「（この新しい演目は）観客の気に入るものとなった」となっています．

　このように一方では人を主語とする文とし，もう一方では plaire のような無生物を主語とする動詞を用いて，人を目的語など（ここでは間接目的語）にする場合が1）のタイプです．日本語と異なり，フランス語では特に，人の心の動きや感情を表す場合に無生物を主語とする動詞が多く，人を主語とする文との書き換えを練習していくとよいでしょう．

　過去に出題されたものを中心に，このようなタイプの組み合わせを提示しておきます．

exprimer	表現する	se souvenir de	思い出す
se traduire par	表現される	revenir à	記憶によみがえる
satisfaire	満足させる	fâcher	怒らせる
être content(e) de	満足している	se mettre en colère	怒り出す

supprimer	削除する	aimer	好む
enlever	取り除く	plaire à	気に入られる
disparaître	消える	être content(e) de	満足している

arrêter	逮捕する，捕まえる
se faire arrêter (par)	〜に逮捕される，捕まる（« se faire ＋不定詞 »「〜される，〜させる，〜してもらう」）

manquer à	さびしい思いをさせる，懐かしむ
se sentir triste	悲しい思いをする

oublier	忘れる
échapper à	記憶から漏れる

2) 同じような意味を持つ動詞表現の受動態を用いる場合

・sauver (la vie de ＋人)「(〜の命) を救う」— être rétabli(e)「(命［健康］) を取り戻す」

Un médecin très renommé (a sauvé) la vie de ma grand-mère.
大変名の知れたお医者さまが私の祖母の命を救った.

Ma grand-mère (a été rétablie) par les soins d'un médecin très renommé.
大変名の知れたお医者さまの治療により，私の祖母は健康を取り戻した.

　これは受動態を用いて書き換えるパターンです．上の文は「有名な医者が祖母の命を救った」という内容で，ma grand-mère「私の祖母」が下の文の主語となり，さらには空欄の直後に par があります．よって受動態の文を作ればよいと考えられるわけです．しかし問題の性質上，同じ動詞をそのまま使うことはありませんので，同義表現の受動態に置き換える，ということがポイントです．

　上の文は sauver la vie de という動詞表現の能動態の文ですから，これを受動態にすれば être sauvé という基本形ができます．そして sauver la vie de とほぼ同じ意味を持つ rétablir「〜の健康を回復させる，〜の命を取り戻させる」に置き換えて être rétabli とし，それを複合過去形にしたうえで，主語 ma grand-mère に性・数一致させて，a été rétablie としたものが下の文というわけです．

　2 級において出題されるこのパターンは，本問のように A と B の内容がほぼ同じとなることを優先させる傾向にあるので，能動態と受動態の比較的シンプルな書き換えを求める準 2 級よりも複雑な形をとることが多々あります．しかし，基本的な解法の手順と考えかたは同じですので，A と B の文章の内容をしっかりと把握することを，まずは心掛けてください．このパターンでむしろ注意しな

ければならないのは，空欄の動詞の時制をＡの時制に合わせることと，過去分詞の性・数一致の２点でしょう．これらのミスが元となって失点するケースが大変多く見受けられるので，時制のチェックと過去分詞の性・数一致の確認を常に怠らないようにしてください.

それでは，過去に出題されたものを中心に，このようなパターンにあてはまる動詞表現の組み合わせを，以下にいくつか挙げておきます.

guérir	治す	regarder	関わる
être sauvé(e) par	助けられる	avoir rapport à	
		être concerné(e) par	関係がある
toucher	心を打つ	gêner	困らせる
être ému(e)	感動する	être embarrassé(e)	手こずらされる,
			戸惑う
mettre à la porte	出て行ってもらう		
être renvoyé(e)	解雇される		
contenter	納得させる	rendre public	公表する
être satisfait(e)	満足する	être publié(e)	発表される
obliger ～ à ＋不定詞	～に…することを強いる		
être condamné(e) à ＋不定詞	～することを余儀なくされる		

3) 対になる意味を持つ動詞表現を用いる場合

1) では同じような意味を持つ動詞表現の組み合わせが用いられ，かつ無生物名詞を主語とするもの，2) ではその一方が受動態となっているものを見てきました．3) では，ＡとＢがともに肯定文，あるいは否定文で，主語と目的語などが入れ替わった時に，対の意味を持つ動詞表現を使用する場合を見ていきましょう.

・laisser ＋人＋ payer ～「人に（お金など）を払わせる」― inviter ＋人「～を食
事に招く，～に食事をおごる」

Tu me (laisseras payer) l'addition la prochaine fois.
次回はぼくに払わせてくれよ.

C'est moi qui t'(inviterai) la prochaine fois.
次回はぼくが君におごるよ.

上の文では，« laisser ＋人＋不定詞 »「～が…するがままにさせておく，～に…させてやる」という構文を使って「（次回，君は）ぼくがお金を出すことにさせておく」という内容になっています．これに対して，下の文では強調構文が用

いられてはいますが，意味上の主語が「ぼく」になり，（君を）「招待する，招く」という意味の inviter を使用しています．この inviter は「～を食事に招く，～に食事をおごる」という意味で日常生活においてよく使用されます．

　このように，基本的には「人」同士が相手と「物」や「行為」などのやり取りをする時，各々の立場や視点によって，使用される動詞が変化する場合があります．過去に出題されたものを中心に，注意すべき動詞表現の組み合わせを以下にいくつか挙げておきます．

remettre	渡す	annoncer	告げる
recevoir	受け取る	apprendre	知る
prêter	貸す	avoir des difficultés à	苦労する
emprunter	借りる	donner du mal à	苦労をかける
rendre visite à	訪問する	se faire du souci pour	心配する
accueillir	迎える	donner [causer] du souci à	心配をかける
recevoir	受け入れる		
mettre ～ à profit	利用する		
aider à	役立つ		
servir à			

　以上の A と B の主語が異なる場合の 3 つのパターンとそれらを組み合わせたパターンの書き換えを実践する，以下の練習問題に挑戦してみましょう．

A, B がほぼ同じ意味になるように，下の語群から 1 つずつ選び，必要な形にして（ ）内に書き入れてください．同じものは 1 度しか使えません．

(1) A Ses paroles nous ont contraints au silence.

    B Nous (   ) nous taire à cause de ses paroles.

(2) A Tu ne comprendras peut-être pas la raison pour laquelle je me suis comporté ainsi à ce moment-là.

    B Les motifs de mon comportement d'alors t'(   ) sans doute.

(3) A Si on vous explique la situation actuelle, vous en serez pleinement satisfaits.

    B Nos explications sur la situation actuelle vous (   ) pleinement.

(4) A Nous avons été émues par ces tableaux.

    B Ces tableaux nous (   ).

(5) A Nous avons été embarrassées par le comportement de ton fils.

    B Le comportement de ton fils nous (   ).

toucher	devoir	gêner	contenter
empêcher	échapper	se fâcher	s'imposer

A, B がほぼ同じ意味になるように，下の語群から 1 つずつ選び，必要な形にして（ ）内に書き入れてください．同じものは 1 度しか使えません．

(1) A Il y a combien de pièces dans cet appartement ?

   B Cet appartement (   ) combien de pièces ?

(2) A Je vous demande pardon, mais je ne me rappelle plus le nom de votre chien.

   B Le nom de votre chien ne me (   ) plus. Je suis vraiment désolé.

(3) A : Cette histoire ne regarde pas ma fille.

   B : Ma fille n'a rien à (   ) avec cette histoire.

(4) A Ma sœur aime bien qu'on la laisse tranquille au cours de son travail.

   B Ma sœur a horreur d'(   ) pendant son travail.

(5) A Une négligence serait à l'origine de ce grave accident sur l'autoroute.

   B Ce grave accident sur l'autoroute (   ) par une négligence.

comprendre	lier	intervenir	déranger
revenir	voir	se rappeler	s'expliquer

練習問題 ❾

A，B がほぼ同じ意味になるように，下の語群から 1 つずつ選び，必要な
形にして（　）内に書き入れてください．同じものは 1 度しか使えません．

(1) A Ils craignent qu'on enlève leur nom de la liste.

　　B Ils ont peur que leur nom (　　　　　) de la liste.

(2) A Et l'employé en question ? — Lui ? On l'a mis à la porte il y
　　　　a deux semaines.

　　B Et l'employé en question ? — Lui ? Il (　　　　　) depuis
　　　　deux semaines.

(3) A Il n'y a peut-être pas beaucoup de monde qui achètera son
　　　　prochain livre.

　　B Il est peu probable que son prochain livre (　　　　　)
　　　　bien.

(4) A Mes parents se faisaient tout le temps du souci pour moi.

　　B Je (　　　　　) toujours du souci à mes parents.

(5) A Grâce aux subventions de l'État, je n'ai aucune difficulté à
　　　　faire mes recherches.

　　B Mes recherches ne me (　　　　　) aucun mal grâce aux
　　　　subventions de l'État.

| renvoyer | donner | quitter | causer |
| supprimer | disparaître | se vendre | se faire |

筆記試験 *3*

同じ意味の文を作る問題

> · interprétation「演奏，演技」— jouer「(曲を) 演奏する，(役を) 演じる」
>
> Son (interprétation) des *Jeux d'eau* de Ravel était brillante.
> 彼女によるラヴェルの『水の戯れ』の演奏は出色の出来だった.
>
> Elle (a joué) brillamment les *Jeux d'eau* de Ravel.
> 彼女はラヴェルの『水の戯れ』を見事に演奏した.

　上の文の主語である interprétation には，「解釈」という意味の他に「演奏，演技」という意味があります．この名詞をひとまず動詞形にすれば interpréter「～を演奏する，～を演じる」という基本形ができます．そして，これとほぼ同じ意味を持つ jouer「(曲を) 演奏する，(役を) 演じる」に置き換えて，さらに複合過去形にしたものが下の文というわけです．

　このパターンの他にも例えば，A の文中にある副詞句や副詞節，あるいは主語や目的語などであった名詞を，B の文でそれとほぼ同じ意味を持つ動詞に書き換えさせるような問題が過去にいくつか出題されています．ただこれも冷静に A と B の文意を把握し，各語句，表現の対応関係をちゃんと把握できてさえいれば対処することができます．過去に出題されたものを中心にこのパターンの組み合わせを提示しておきます．

signifier	～を意味する	jouer	～を演奏,演技する
un sens	意味	une interprétation	演奏，演技
je te [vous] jure	本当だよ，言っておくけど	quelqu'un qui se plaint	不平を言う人
franchement	率直に言うと	les mécontents	不満分子
entendre dire ～ que ＋直説法	～から聞いたところ…ということだ	marcher	歩く，進む
d'après		une marche	歩くこと，行進
selon	～によると (…ということだ)		
augmenter [diminuer]（単純未来形）	～が増える [減る] ことになる		
il y aura plus [moins] de	～がさらに存在する [いなくなる] ことになる		
quelqu'un qui a perdu son travail	職を失った人		
un chômeur	失業者		

　それでは，このパターンの練習問題にチャレンジしましょう.

A，B がほぼ同じ意味になるように，下の語群から 1 つずつ選び，必要な形にして（ ）内に書き入れてください．同じものは 1 度しか使えません．

(1) A Le nombre de chômeurs est très important dans ce quartier.

   B Dans ce quartier, il y a beaucoup de gens qui (　　　　　　　) leur travail.

(2) A Tous mes efforts pour régler cette affaire n'ont abouti à rien.

   B J'(　　　　　) en vain de régler ce problème.

(3) A D'après lui, son père laissera tomber d'ici peu ses affaires.

   B Je l'(　　　　　) dire que son père abandonnerait bientôt ses affaires.

(4) A Tu connais ce type ? Il est franchement désagréable.

   B Tu connais ce type ? Je t'(　　　　　) qu'il est désagréable.

(5) A Après une demi-journée de marche, ils sont enfin arrivés au pied de la montagne.

   B Après (　　　　　) une demi-journée, ils ont enfin gagné le pied de la montagne.

tenter	dire	perdre	entendre
marcher	assurer	s'exprimer	se laisser

総合練習問題

A, B がほぼ同じ意味になるように，下の語群から 1 つずつ選び，必要な
形にして（ ）内に書き入れてください. 同じものは 1 度しか使えません.

・・

(1) A Sa mort soudaine nous a empêchés de faire avancer notre
       travail.

     B Nous (　　　　　　　) plus loin notre travail, s'il n'était pas
        soudainement mort.

(2) A C'est trop tard, vous ne pouvez plus lui donner un coup de
       main.

     B À présent, il est inutile que vous lui (　　　　　　) votre
        aide.

(3) A La moto de Julien se trouve le long du trottoir.

     B Julien (　　　　　　　) sa moto le long du trottoir.

(4) A Il se peut que ce scandale financier n'ait aucun rapport à son
       entreprise.

     B Il est peu probable que son entreprise (　　　　　　) par ce
        scandale financier.

(5) A J'ai insisté pour rien sur la nécessité d'une réforme financière
       pour la faire comprendre à tout le monde.

     B J'(　　　　　　　) beau insister sur la nécessité d'une réforme
        financière, personne n'a rien compris.

concerner   pousser   offrir   avoir
arrêter   pouvoir   se faire se lier

A，Bがほぼ同じ意味になるように，下の語群から1つずつ選び，必要な
形にして（　）内に書き入れてください．同じものは1度しか使えません．

(1) A Son prochain roman se vendra sans doute très bien.

    B Il est possible que son prochain roman （　　　　　） un
grand succès.

(2) A Tu me rendras mon parapluie dans les meilleurs délais.

    B （　　　　　）-moi mon parapluie le plus tôt possible.

(3) A Je suis très triste de ne pas pouvoir aller à Paris à cause de la
pandémie.

    B Paris me （　　　　　） beaucoup, car la pandémie nous
interdit d'y aller.

(4) A Il n'aura pas besoin d'un grand studio pour habiter à Paris.

    B Un petit studio lui （　　　　　） pour s'installer à Paris.

(5) A Sa conduite très imprudente les a fâchées.

    B Elles （　　　　　） en colère parce qu'il a eu un
comportement irréfléchi.

      prêter   manquer   rapporter   suffire
      réussir   connaître   se mettre   se rendre

A，B がほぼ同じ意味になるように，下の語群から 1 つずつ選び，必要な
形にして（ ）内に書き入れてください．同じものは 1 度しか使えません．

. . . .

(1) A Tu veux marcher sur les pelouses, mais c'est défendu.

   B Lorsque tu marcheras sur les pelouses, on t'en (   ).

(2) A En raison de l'opposition de ses parents, le projet d'Anne-
       Marie n'aura pas de suite.

   B Anne-Marie (   ) à son projet, face à l'opposition de
      ses parents.

(3) A J'ai manqué de me noyer dans la mer.

   B J'(   ) me noyer dans la mer.

(4) A Il faut protéger toutes les espèces en voie de disparition.

   B Les espèces en voie de disparition doivent toutes (   )
      à l'abri.

(5) A Il faut que tu fasses attention à ses paroles !

   B (   ) de ses paroles !

donner	mettre	empêcher	abandonner
faillir	renoncer	se méfier	se sauver

A，B がほぼ同じ意味になるように，下の語群から 1 つずつ選び，必要な形にして（ ）内に書き入れてください．同じものは 1 度しか使えません．

(1) A　Habillez-vous sans vous hâter.

　　B　(　　　　　　　　) votre temps pour vous habiller.

(2) A　La sommelière a mis une bouteille de vin dans une carafe.

　　B　La sommelière (　　　　　　　) une bouteille de vin dans une carafe.

(3) A　Il est possible qu'elle ait de la rancune contre son supérieur.

　　B　Elle pourrait en (　　　　　　) à son supérieur.

(4) A　Vous pouvez toujours disposer de mon ordinateur.

　　B　(　　　　　　　　) de mon ordinateur n'importe quand.

(5) A　Le directeur ne me demandera pas avec insistance d'expliquer cette affaire.

　　B　Le directeur n'insistera pas pour que je lui (　　　　　　) compte de cette affaire.

rendre	vouloir	arriver	prendre
utiliser	vider	s'employer	se servir

第 4 問では，新聞の雑報 variétés もしくは社会面の記事で目にするような，さまざまなテーマを扱った文章が出題されます．総ワード数が 200 〜 250 語くらいの文章の途中に 5 箇所の空欄が設けられており，その空欄にふさわしいものをそれぞれ 3 つの選択肢の中から答えます．問題数は 5 つ，選択肢数はそれぞれ 3 つで，配点は 1 問 2 点の合計 10 点となっています．

過去問題

次の文章を読み，（ 1 ）〜（ 5 ）に入れるのにもっとも適切なものを，それぞれ右のページの①〜③のなかから 1 つずつ選び，解答欄のその番号にマークしてください． (配点 10)

Cet été, la ville de Champagne-sur-Seine propose pour la sixième année son programme « Apprenons à nager ». Avec ce programme, des enfants peuvent apprendre à nager gratuitement. « Savoir nager, c'est comme savoir lire et écrire, c'est indispensable », affirme Mathilde, （ 1 ） le nombre de noyades* de cet été. Fin juillet, on comptait déjà plus de 200 morts par noyade en France, dont 15 en Île-de-France. Mathilde a donc inscrit sa fille Léa, sept ans, au programme proposé par la mairie.

180 enfants de Champagne-sur-Seine en profitent chaque année. « Nous voulons ainsi （ 2 ） accidents, parce que la Seine présente un danger même si la baignade y est interdite », insiste la mairie. « （ 3 ）, on fait baisser les risques. »

Quand on ne sait pas nager, on hésite toujours à entrer dans l'eau, même dans une piscine. « Au début, j'avais peur d'aller dans le grand bain », dit Léa. « Mais maintenant, （ 4 ） de pouvoir avancer dans l'eau. »

Comme Léa, après quelques exercices, les apprentis nageurs se sentent plus à l'aise, ce qui leur permet （ 5 ） lorsqu'ils s'éloignent du bord de l'eau. « C'est la panique** qui entraîne le plus souvent les noyades », affirment les maîtres nageurs***.

*noyade : 水死
**panique : パニック
***maître nageur : 水泳指導員

(1) ① rassurée profondément par
　　② très marquée par
　　③ un peu douteuse sur

(2) ① être indifférents aux
　　② éviter au maximum les
　　③ profiter des

(3) ① Avec ce que les enfants apprennent ici
　　② Malgré cette interdiction
　　③ Malgré tous nos efforts

(4) ① il est encore difficile pour moi
　　② je m'inquiète
　　③ je trouve ça amusant

(5) ① de ne pas avoir peur
　　② de rester imprudents
　　③ d'être sur les nerfs

解答番号	解　答　欄
(1)	① ② ③
(2)	① ② ③
(3)	① ② ③
(4)	① ② ③
(5)	① ② ③

(2019 年度春季)

筆記試験 *4*

長文穴埋め問題

過去問題の解答と解説

(1) ②　　(2) ②　　(3) ①　　(4) ③　　(5) ①

　子どもたちの水難事故を防ぐためにシャンパーニュ＝シュル＝セーヌ市が企画する
「泳ぎを習おう」という水泳教室について，マチルドという女性やその娘のレア，さら
には市の職員と思われる人物へのインタビューも交えながら紹介する，3 人称を基調と
した文章で，総ワード数が 210 ほどの比較的短めのテキストです．
　まずは簡単に解きかたの流れを示しておきます．
❶まずは空欄にこだわらず，メモを取りながら 1 回通読し，おおよその話の筋を押さ
　えます．

89

❷次は選択肢の語句をチェックし，これに簡単な訳を書き込んでおきます．

❸2回目の通読の時に選択肢の語句をあてはめていきます．空欄の前後の語句だけでなく，その前後にある文の関係性に注意してください．

❹先にとったメモを見ながら，内容全体の論理的な流れも併せて確認してください．

では，文章の空欄を気にせずに大意を把握することから始めます．

「シャンパーニュ＝シュル＝セーヌ市が『泳ぎを習おう』という水泳教室を開催して，今夏で6年目になる．水泳教室を通じて水に慣れてもらうことにより子どもたちを水死の危険性から遠ざけたい，というのが市の意向である．マチルドの娘レアもこれに参加し，泳ぎを習ったことで水への恐怖心を持たなくなった．水に入ることに慣れていないために引き起こされるパニック状態が水死の主な原因なのだ，と水泳指導員も実際に語っている」といった感じでしょう．

それでは，空欄が含まれる文を1つずつ見ていきましょう．

(1)　② « Savoir nager, c'est comme savoir lire et écrire, c'est indispensable », affirme Mathilde, (très marquée par) le nombre de noyades de cet été.

「『泳げるというのは，読み書きができるのと同じく，必要不可欠なことなのです』と，今夏の水死件数（が記憶に焼きついて）いるマチルドは主張する．」

第1段落では，今夏で6年目となるシャンパーニュ＝シュル＝セーヌ市主催の水泳教室に，自分の娘レアを参加させるマチルドの話が取り上げられています．空欄にはマチルドが自分の娘を水泳教室に参加させることを決めたその判断理由ないし根拠に関わる語句が入ると，前後関係から想定できます．

空欄の直前では泳ぎを習うことの必要性が語られていて，その直後では海に面してもいない内陸であるはずのイル＝ド＝フランス地方における水死件数の高さ（数値的には全国の水死件数の1割近くを占めている）が述べられています．というわけで，このことが判断材料となって，彼女は娘のレアに泳ぎを習わせようと決めたと考えられるでしょう．

選択肢を見ると，① rassurée profondément par「（水死の件数）に心底から安心して」，② très marquée par「（水死の件数）が記憶に焼きついて」，③ un peu douteuse sur「（水死の件数について）少々懐疑的で」とあります．①は内容的に選べません．③については，douteuse と女性形になっていてわかりにくいのですが，この女性形に対応する男性形には douteux「疑わしい，怪しげな」と douteur「懐疑的な」の2つの可能性があります．しかしどちらにしても①と同様，内容的に選択できないでしょう．以上のことから，最適なのは②です．marquer には「示す，マークする」の他に，精神的な意味で「痕跡を残す，記憶に焼きつく」といった意味もあります．

(2)　② « Nous voulons ainsi (éviter au maximum les) accidents, parce que la Seine présente un danger même si la baignade y est interdite », insiste la mairie.

「『我々はこのようにして事故（をできる限り避け）ようとしているのです，なぜなら，たとえ遊泳が禁止されているセーヌ川であっても危険というものは存在するからです』と市は力説する．」

第2段落では，シャンパーニュ＝シュル＝セーヌ市が水泳教室を毎年企画している理由が，市側の人間の発言を通じて述べられています．問題の空欄はその発言の中にあります．

空欄の直前を見ると，Nous voulons ainsi「我々はこのようにして～しようとして

いるのです」とあり，水泳教室を企画する市側の意図が空欄以降に書かれていると予想できます．その空欄以降を見てみると，parce que la Seine présente un danger même si la baignade y est interdite「なぜなら，たとえ遊泳が禁止されているセーヌ川であっても危険というものは存在するからです」と企画理由が語られています．シャンパーニュ＝シュル＝セーヌ市は内陸に位置するため，海水浴による水の事故は存在しないはずです．この地域を流れるセーヌ川にしても baignade interdite「遊泳禁止」となっていて，川遊びによる水の事故も原則はあり得ないわけですが，それでも何かしらの水の危険ないし不慮の水難事故（accidents）は起こり得ると考えて，市は水泳教室を企画推進している，ということでしょう．

そのような市の意向を想定したうえで，空欄の直後にある accidents をあてはめながら選択肢を見ていきましょう．① être indifférents aux「（水難事故）に無関心である」，② éviter au maximum les「（水難事故）をできる限り避ける」，③ profiter des「（水難事故）を利用する」とあります．空欄の前後の文脈から考えれば，①と③は考えにくいでしょう．正解は②となります．

ちなみに選択肢で使用されている，①の être indifférent à「〜に無関心な」，②の au maximum「最大限に，できる限り」，③の profiter de「〜を利用する」はどれも基本的な表現ですから，しっかり押さえておいてください．

(3) ① « (Avec ce que les enfants apprennent ici), on fait baisser les risques. »

「（子どもたちがここで泳ぎを習うことをもってすれば），その危険性が下がります．」

空欄は引き続き，第２段落の後半の市の職員と思われる人物の発言の中にあります．空欄の直前までは，どこにでもある水死の危険性から子どもたちを遠ざけたいという意図から「泳ぎを習おう」という企画を市は推進していると語られていました．空欄の直後では on fait baisser les risques「その危険性が下がる」とあります．「危険性」とは，ここまでの文脈から水難事故やその結果としての水死のことであるはずです．これらを考え合わせると，「（水難事故や水死の）危険性が下がる」ための条件や仮定の表現が空欄に入るのではないかと予想できます．

選択肢を見ると，① Avec ce que les enfants apprennent ici「子どもたちがここで習うことをもってすれば」，② Malgré cette interdiction「この禁止にもかかわらず」，③ Malgré tous nos efforts「我々の最大限の努力にもかかわらず」とあります．②の cette interdiction「この禁止」はおそらくセーヌ川の遊泳禁止のことなのでしょうが，それにしても空欄の前後関係からいって適切だとは言えないでしょう．③では tous les efforts「全力」がありますが，malgré によって直後の文 on fait baisser les risques と逆接的な関係となってしまい，ふさわしいとは思えないでしょう．①ならば「ここ（＝市の水泳教室）で習うこと」と言えば「水泳」なわけですから，前後の文脈に合致しますので，これが正解となります．

正解の①で使用されている avec にはいくつかの用法があります．原因や理由の「〜によって，〜のおかげで」だけでなく，今回見たような条件の「〜をもってすれば」もあるので気をつけましょう．

なお，空欄の後ろにあった faire baisser 〜 は「（主語）により〜が下がる」または「〜を下げる，〜を落とす」という意味で，他動詞の diminuer の同義表現です．

(4) ③ « Mais maintenant, (je trouve ça amusant) de pouvoir avancer dans l'eau. »

「でも今は水の中を進んでいける（のが楽しいわ）．」

第３段落ではまず，泳ぐことができなければ，たとえプールであっても入るのを

躊躇するものだ，ということが述べられています．続いてその実例をマチルドの娘レアが語っているのですが，空欄は彼女の言葉の中にあります．

Au début, j'avais peur d'aller dans le grand bain「最初は大人用のプールに行くのが怖かった」とレアが語った後に，空欄の直前には Mais maintenant「でも今は」とあります．空欄の後ろを見てみると，(de) pouvoir avancer dans l'eau「水の中を進んでいくことができる」とあります．つまり前半の文はネガティブな内容で，後半はポジティブな内容となっています．このように空欄の前後の内容が，Mais maintenant をはさんで逆接の関係にあることを押さえたうえで，選択肢を検討してみましょう．

①il est encore difficile pour moi「私にはまだ難しい」，②je m'inquiète「私は不安になる」，③je trouve ça amusant「私はそれを楽しいと思う」となっています．①と②では空欄の前後の関係性が成り立たなくなってしまいますので，正解は③ということになります．

(5) ① Comme Léa, après quelques exercices, les apprentis nageurs se sentent plus à l'aise, ce qui leur permet (de ne pas avoir peur) lorsqu'ils s'éloignent du bord de l'eau.
「レアのように何度か練習すると，水泳の初心者たちはさらに余裕を感じられるようになる．そうしたことにより初心者たちは，岸辺から遠ざかっても（怖がらない）ようになるのだ．」

最終段落では，水泳指導員の言葉も（後半部で）引用されつつ，水死の主な原因が水に入ることに慣れていないために引き起こされるパニック状態にあると説明されています．

空欄を含む冒頭の一文の前半で，Comme Léa, après quelques exercices, les apprentis nageurs se sentent plus à l'aise「レアのように何度か練習すると，水泳の初心者たちはさらに余裕を感じられるようになる」と述べられた後で，« ～ , ce qui... » という構文が見られます．これは ce でそれまでの内容を受け，かつ次に続く関係節内の文の主語となるもので，「そういったことが…」という意味になります．さらに qui の節の中には，« permettre (à ＋人［もの]) ＋ de ＋不定詞 »「(…に) ～するのを許す［可能にする］」の permettre が用いられています．つまり，ce「そういったこと」(＝水に慣れてしまうこと) により de 以下のことが可能になる，または de 以下のようになり得る，と続いていくことがわかります．

それではその空欄以降がどうなっているかと言うと，lorsqu'ils s'éloignent du bord de l'eau「岸辺から遠ざかる時」とあり，« ce qui permet (　　) » の条件を表しているのではないかと考えられます．

以上を踏まえたうえで選択肢を見ると，①de ne pas avoir peur「怖がらない」，②de rester imprudents「不用意のままでいる」，③d'être sur les nerfs「ぴりぴりしている」となっています．②と③ではこれまでの内容と矛盾してしまいますが①だと，泳げるようになることで岸辺から遠ざかっても「怖がらなくなる」となり，前後の文脈がスムーズにいきます．というわけで①が正解となります．

最後に，本文中の à l'aise [son aise]「くつろいで，のびのびと」は重要な表現ですのでしっかりと覚えておきましょう．また，選択肢の②の imprudent は「軽率な，不用意な」，③の être sur les nerfs は「ぴりぴりしている」という意味になります．

それでは以下に，全訳を示しますので，最後にもう一度，テキストの内容を確認しましょう．

〈全訳〉

　シャンパーニュ゠シュル゠セーヌ市は今夏，開催して 6 年目となる「泳ぎを習おう」という企画を予定している．この企画に参加すれば，子どもたちが無料で泳ぎを習うことができる．「泳げるというのは，読み書きができるのと同じく，必要不可欠なことなのです」と，今夏の水死件数が記憶に焼きついているマチルドは主張する．フランス国内での水死件数は 7 月末ですでに 200 件以上を数えたが，そのうちの 15 人はイル゠ド゠フランス地方でのものだった．そのようなわけで，マチルドは 7 歳になる自分の娘レアを市が予定しているこの企画に参加させた．

　シャンパーニュ゠シュル゠セーヌ市の子ども 180 人が毎年この企画を利用している．「我々はこのようにして事故をできる限り避けようとしているのです，なぜなら，たとえ遊泳が禁止されているセーヌ川であっても危険というものは存在するからです」と市は力説する．「子どもたちがここで泳ぎを習うことをもってすれば，その危険性が下がります．」

　人は泳げないと水に入るのを，プールでさえも入るのを常にためらうものである．「最初は大人用のプールに行くのが怖かったの」とレアは言う．「でも今は水の中を進んでいけるのが楽しいわ．」

　レアのように何度か練習すると，水泳の初心者たちはさらに余裕を感じられるようになる．そうしたことにより初心者たちは，岸辺から遠ざかっても怖がらないようになるのだ．「水死はたいていの場合，パニックにより引き起こされるんですよ」と水泳指導員は主張している．

〈選択肢和訳〉

(1) ① （水死の件数）に心底から安心して
　　② （水死の件数）が記憶に焼きついて
　　③ （水死の件数について）少々懐疑的で

(2) ① （水難事故）に無関心である
　　② （水難事故）をできる限り避ける
　　③ （水難事故）を利用する

(3) ① 子どもたちがここで習うことをもってすれば
　　② この禁止にもかかわらず
　　③ 我々の最大限の努力にもかかわらず

(4) ① 私にはまだ難しい
　　② 私は不安になる
　　③ 私はそれを楽しいと思う

(5) ① 怖がらない
　　② 不用意のままでいる
　　③ ぴりぴりしている

いかがでしたか．2級の長文の読解問題では準2級で出題される問題に比べて，より広範な語彙力が求められ，当然ながらそこには単語量だけではなく，成句的な表現も含まれます．また，長文の文意を短時間に読み取る能力も必要になります．取り上げられるテーマと描写の視点についてですが，以前は1人の人物に焦点が当てられていることが多かったものの，ここ数年は人の少し変わった習慣や特殊な状況，珍しい事件などを，客観的な視点で話題にした文章も時々登場しています．文章中の動詞の時制はテーマによってまちまちで，直説法現在や同複合過去など，1つの時制が多く登場することもあります．

　空欄に入る語句の種類は多様ですが，どの選択肢も文法的には正しく該当箇所に入り得るようになっています．ですので，空欄の前後だけを読んで解答しようとすると落とし穴にはまる可能性があります．空欄の付近には選択肢を選ぶためのヒントが必ず存在しますので，これを手掛かりにして正解の目星をつけましょう．そのうえで空欄の前後を読み直し，かつ文章全体の論理展開に合致するかどうかを吟味するようにしてください．

　この問題全体の得点率は，選択肢があらかじめ与えられていて，長文の大意と論理展開をしっかりと把握していればそれほど困難もなく解いていけるためか，平均して6割前後，近年では7割を超えることも珍しくなく，比較的得点率の高い問題となってきています．2級の場合，複雑な構文が出題されることはあまりなく，例えば関係詞ないし接続詞を1つだけ含んだ複文が解釈できること，過去分詞の修飾関係などを把握することができていればよい，と言えます．

　空欄に入るものの内容を統計的に見てみると（2009年春季〜2021年春季の計24回），動詞を含む語句の出題と文またはその一部の出題がそれぞれ4割近くを占め，残りの2割前後を形容詞，副詞，接続詞の出題で分け合っています．特に近年では動詞を含む語句の出題と文またはその一部の出題がほとんどを占め，形容詞や副詞，接続詞に関する出題が減少の傾向にあります．いずれにせよ，数字のうえからも，長文の大意および論理展開の把握能力がいかに問われているかがわかることでしょう．したがって，長文の中に知らない単語がいくつか出てきても，これらにあまりこだわることなく文章の大意や論理の流れを把握することを優先して読む練習を日頃から心がけることが，第4問の対策の1つとして有効でしょう．もちろん語彙力（単語だけでなく，熟語，特殊表現，構文なども含めて）の増強は必須です．本書や過去問などを使ってしっかりと語彙力を高めましょう．

　最後に，文章の論理の流れを把握するのに重要な語句を，過去に出題された長文の中で登場したものを中心に，以下にまとめておきますのでしっかり確認してください．

動詞を中心とした注意しておきたい表現

avoir des soucis	心配事がある	déposer une plainte	告訴する
se mettre à ＋不定詞	～し始める	être prêt(e) à ＋不定詞	
se rendre compte de	～がわかる		～できる状態にある
faire des économies	貯金をする	mettre ～ en vente	～を売りに出す
faire valoir	～を強調する	tenir compte de	～を考慮に入れる
prendre du recul	距離をとる	avoir un sens	意味がある
faire confiance à	～を信頼する	faire du bien à	～のためになる
être à sa place	所定の位置につく	faire le tour de	～を一周する
prendre ～ au sérieux		donner raison à	～が正しいと認める
	～を真に受ける	remettre ～ en question	
avoir envie de ＋不定詞	～したい		～を再び問題にする
mettre ～ en place	～を配置する	dans le but de ＋不定詞	
mettre ～ en colère	～を怒らせる		～するために
laisser place à	～を許容する	donner de l'importance à	
donner tort à	～を非難する		～を重視する
entendre parler de		il vaut mieux ＋不定詞	
	～について話すのを聞く		～するほうがよい
faire face à	～に立ち向かう	afin de ＋不定詞	～するために
au lieu de ＋不定詞	～しないで		
mettre ～ à profit			
	～を有効に利用する		

prendre soin de ＋不定詞	～するように心がける
il est courant de ＋不定詞	～するのはよくあることだ
prendre le temps de ＋不定詞	～をする時間をとる
être sur le point de ＋不定詞	まさに～しようとしている
sous prétexte de ＋不定詞	～することを口実にして
avoir conscience de ＋不定詞	～することを自覚している
se donner du mal pour ＋不定詞	～するのに苦労する
ce n'est pas la peine de ＋不定詞	～するには及ばない
ça m'est égal de ＋不定詞	～するかどうかはどうでもいい
l'essentiel est de ＋不定詞	肝心なのは～することである
tenir à ＋不定詞	どうしても～したいと思う
avoir pour but de ＋不定詞	～するのが目的である

節を伴った注意しておきたい表現

alors que ＋直説法	～なのに	il est prouvé que ＋直説法	
bien que ＋接続法	～にもかかわらず		～なことは明白だ
tandis que ＋直説法	～する一方で	pour que ＋接続法	
même si ＋直説法	たとえ～だとしても		～するために，～するように
quel(le)(s) que soit [soient]		au moment où ＋直説法	
	～はどうあれ		～する時
dès que ＋直説法	～するやいなや	quoi que ＋接続法	
			何を [何が] ～しようと

l'important est que ＋接続法　　　重要なのは～だ
ça fait ～ que ＋直説法　　　…してから～（期間）になる
c'est ainsi que ＋直説法　　　そんなわけで～
d'autant plus ～ que ＋直説法　　　…なだけにいっそう～である
si [tellement] ～ que...

　　　とても～なので…である（que 節内は，主節が肯定の時は直説法か条件法，疑問か否定の時は
　　　接続法）

sinon que ＋直説法　　　～以外は，～を除いては
on dirait [aurait dit] que ＋直説法　　　まるで～のようだ [のようだった]
au fur et à mesure que ＋直説法　　　～に応じて，～につれて
malgré que ＋接続法　　　～にもかかわらず

その他の注意しておきたい語句

à mains nues	素手で	du coup	その結果，それで
plus que jamais	かつてないほど	par hasard	偶然に
à tout prix	是が非でも	sans aucun doute	確かに，必ず
à la suite de	～に続いて，～の結果	à l'origine de	～の原因である
à l'aise	くつろいで, 気兼ねなく	à part	～を別に [除いて]
en forme	元気な	à l'heure	定刻に，時間どおりに
à peine	ほとんど（～ない）	avec l'aide de	～の助けを借りて

tout au long de　　　～の間中
de [d'une] manière ＋形容詞　　　～な仕方で；～のように
au besoin　　　必要な場合には
en vain　　　無駄に，むなしく
pour rien　　　無駄に；無意味に；無料で
sans doute　　　おそらく
dans les meilleurs délais　　　なるべく早く
le plus tôt possible　　　できるだけ早く

à l'époque	当時
A comme B	A も B も，A ならびに B
faute de ＋無冠詞名詞	〜がないので
pour raison de ＋無冠詞名詞	〜の理由で
en dépit de	〜にもかかわらず
propice à	〜に適した，〜に好都合な
en outre	そのうえ，さらに
du reste	さらに
de plus	加えて
en plus	加えて
par conséquent	したがって
par suite de	〜の結果

ここで読解の手順を示しておきます．

1) まずは空欄を気にせず，最後まで目を通す．その際，メモを取りながら
　長文のおおよその文意を汲み取る．
2) 選択肢の語句を，わかる範囲で和訳する．
3) 2回目に長文を読みながら，選択肢の語句を当てはめていく．
　・空欄の前後の文の関係性に気を配る（順接・逆接・理由・条件・展
　　開・結論など）．
　・空欄の前後にある語句（前置詞，接続詞，句読点など）にも気を配る．
　　—［:］英語の「コロン」に相当．説明や言い換え，引用の前に使わ
　　れる．
　　—［;］英語の「セミコロン」に相当．《,》と《.》の中間的なもので，
　　小休止のように使われる．
4) 最後に，選択した答えが長文の文意にふさわしいか，論理の流れに沿っ
　ているかどうかの見直しをする．

　次の練習問題に挑戦して語彙力が不足していると感じたら，第1問〜第3問
の章に戻って復習してください．本問で役に立つ語句や表現が必ず見つかるはず
です．

次の文章を読み，（ 1 ）〜（ 5 ）に入れるのにもっとも適切なもの
を，それぞれ以下の①〜③のなかから 1 つずつ選んでください．

· ·

Il est 9 heures. Le jardin du Luxembourg s'éveille. Les jardiniers
installent les fameuses chaises vertes dans les allées. Les gendarmes
et les employés se saluent. À 10 heures, la caissière du Théâtre des
Marionnettes se hâte pour faire entrer les enfants (1) la
représentation de « Pinocchio ». « Ils avaient déjà commencé à faire
la queue quand je suis arrivée ! » (2) en riant.

Le Théâtre des Marionnettes du jardin du Luxembourg a été
fondé en 1933 par Robert Desarthis. C'est son fils Françis-Claude
qui le dirige à présent. Aujourd'hui, il s'agit du plus grand théâtre
de ce genre en France : il peut accueillir jusqu'à 275 spectateurs.
Savez-vous qu'il y a (3) ? Le théâtre en dispose 2 500 toutes
fabriquées dans ses ateliers.

« Papy, dépêche-toi ! » Un petit garçon arrive en courant avec son
grand-père pour assister à la représentation des « Trois petits
cochons ». Ils viennent presque tous les jours pendant les vacances
scolaires. Serge, 72 ans, a connu les marionnettes quand il était
petit. « J'aurais aimé les faire découvrir à mes propres enfants mais
nous (4) à l'époque. Maintenant que j'habite à Paris, je veux
absolument que mon petit-fils connaisse la magie des marionnettes
du jardin du Luxembourg » explique-t-il. Les marionnettes ont
toujours autant de succès. Elles amusent (5) et continueront
certainement à émerveiller d'autres générations d'enfants, de parents
et de grands-parents.

(1) ① qui joueront dans
    ② qui attendent impatiemment
    ③ qui ont déjà assisté à

(2) ① se plaint-elle
    ② se dit-elle
    ③ s'exclame-t-elle

(3) ① beaucoup de montreurs de marionnettes
    ② différentes sortes de marionnettes
    ③ d'autres théâtres de ce genre

(4) ① travaillions jour et nuit
    ② n'avions pas de télé
    ③ vivions en province

(5) ① les petits comme les grands
    ② toujours les téléspectateurs
    ③ pas mal de touristes étrangers

次の文章を読み, (1)〜(5)に入れるのにもっとも適切なもの
を, それぞれ以下の①〜③のなかから1つずつ選んでください.

・・・

Devant la salle de classe d'un lycée public à New York, George
accueille chaque matin ses élèves avec un grand sourire. Il les salue
par leur prénom en anglais mais aussi en espagnol, en français et en
arabe car ce sont (1) qui sont récemment arrivés aux États-
Unis. Ces jeunes ne maîtrisent pas forcément l'anglais. Cela fait 10
ans que George enseigne la littérature dans ce lycée. Sa devise* est
une citation de Nelson Mandela : « L'éducation est l'arme la plus
puissante qu'on puisse utiliser pour changer le monde. »

Né en Gambie** où il a grandi dans des conditions difficiles,
George est arrivé sur le sol américain à 16 ans. Il a très mal vécu sa
scolarisation*** dans un lycée où il était (2). À l'origine, il
pensait faire des études d'économie. Cependant, en première année
d'université, sa petite sœur qui était restée en Gambie, est décédée
subitement d'une grave maladie. Il décide alors d'aider les jeunes
immigrés (3) leur éducation.

Avant l'arrivée de George dans cet établissement, beaucoup de
lycéens abandonnaient leurs études (4). Aujourd'hui, le taux
de réussite est de 85 %. George nous confie son secret : « La réussite
des élèves (5) la relation de confiance que j'établis avec eux.
N'oublions pas qu'il est difficile de les aider ou de rendre un cours
intéressant si on ne sait pas d'où ils viennent ou s'ils ont des
problèmes à la maison. »

*devise : 座右の銘
**Gambie : ガンビア共和国 (アフリカ西部の国)
***scolarisation : 就学, 在学していること

(1) ① tous des émigrés
　　② tous des immigrés
　　③ tous des touristes étrangers

(2) ① le seul immigré
    ② enseignant de littérature
    ③ beaucoup plus âgé que les autres

(3) ① en se consacrant à
    ② en s'inquiétant de
    ③ en négligeant

(4) ① à cause de leur comportement
    ② faute de soutien
    ③ pour raison de santé

(5) ① s'expliquerait par
    ② ne dépendrait pas de
    ③ n'aurait rien à voir avec

5 質問文の穴埋め問題

第5問は，ジャーナリストと取材を受ける人との間の対話文を読み，ジャーナリストのパートにある空欄に入る文を，7つの選択肢から選ぶ問題です．空欄は5箇所で，いずれも質問文が入ります．配点は10点です．

過去問題

次の文章は，Capucine に対するインタビューの一部です．インタビューアーの質問として（ 1 ）〜（ 5 ）に入れるのにもっとも適切なものを，右のページの①〜⑦のなかから1つずつ選び，解答欄のその番号にマークしてください．

(配点 10)

....

La journaliste : Vous êtes championne nationale d'équitation*.
(1)

Capucine : Un jour, mes parents m'ont emmenée à un club d'équitation. Et là, ils ont vu que j'étais heureuse avec les chevaux.

La journaliste : (2)

Capucine : Non, je n'aimais pas le sport. Mais, à cheval, j'essayais toujours d'aller plus vite.

La journaliste : (3)

Capucine : Pas du tout, ce que disent les autres ne m'influence pas.

La journaliste : C'est un milieu encore très masculin. (4)

Capucine : Non, cela ne me pose aucun problème. Les cavaliers** me parlent vraiment d'égal à égal.

La journaliste : (5)

Capucine : Beaucoup de petites filles veulent savoir comment j'en suis arrivée là. Mais on peut y arriver simplement en aimant les chevaux !

*équitation : 馬術，乗馬
**cavalier : 騎手

① Avez-vous suivi des conseils de quelqu'un ?

② Est-ce que ça vous gène ?

③ Êtes-vous contente de votre résultat ?

④ Étiez-vous sportive à l'époque ?

⑤ Qu'est-ce que vous diriez aux jeunes filles passionnées d'équitation ?

⑥ Qu'est-ce qui vous a poussée à ce sport ?

⑦ Voulez-vous faire d'autres sports ?

解答番号	解　答　欄
(1)	① ② ③ ④ ⑤ ⑥ ⑦
(2)	① ② ③ ④ ⑤ ⑥ ⑦
(3)	① ② ③ ④ ⑤ ⑥ ⑦
(4)	① ② ③ ④ ⑤ ⑥ ⑦
(5)	① ② ③ ④ ⑤ ⑥ ⑦

(2019 年度春季)

過去問題の解答と解説

(1) ⑥　　(2) ④　　(3) ①　　(4) ②　　(5) ⑤

　第5問は，空欄を除くと平均113語程度の長さの対話文です．対話文はジャーナリストと取材を受ける人との間のインタビュー形式の文章で，ジャーナリストの質問5つと取材を受ける人の応答5つから構成されています．取材を受ける人は職業人か特殊な趣味や技能を持つ人，あるいは稀有な人生経験をした人で，過去には「絵の贋作師」「気象学者」「笑いの名人」「自動車コレクター」「エッフェル塔を徒歩で登る競争の優勝者」「更生した元犯罪者」などが取り上げられています．空欄はすべてジャーナリストのパートにあり，空欄にはジャーナリストがした質問文が入ることになります．5箇所の空欄に対して，7つの選択肢が与えられています．

　実際に問題を解く時の手順ですが，まずは一度，（　　）を気にせず，話のだいたいの流れをつかむつもりで全体を読みます．適切な質問文を選ぶためには，取材を受ける人の応答を理解する必要があるので，特に（　　）の後ろにある応答文に注意して，文意をメモしておきましょう．例えば，応答文が Oui や Non，あるいは Si などから始まっているか，期間や時期，数量，場所，理由，形態・様子などが書かれているかに注意しながら，疑問文が疑問詞のない疑問文か疑問詞のある疑問文なのかを予想しておきましょう．ここで注意しておきたいのは，Pas du tout!「ぜんぜん違うよ！」，C'est possible.「ありうるね。」などが Oui, Non, Si の代わりになっている場合があることです．また，疑問詞のある疑問文では，疑問代名詞の場合は人を尋ねているのか，物を尋ねているのか，疑問副詞の場合は，時間，場所，方法，理由等の何を尋ねているのかを

考えておく必要があります．

　次に，選択肢に挙げられている質問文を読みます．取材を受ける人は，かなり特殊な来歴，職業，趣味・特技を持つ人なので，選択肢の中によく出てくる質問があります．例えば，職業 métier, travail を選んだ理由，その職業で気に入っている点，手がけていることの目的 but や内容・コンセプト concept についての質問，将来の希望・目標や今後の計画 projet についての質問です．また，選択肢の質問文の中に le, les, eux, en などの代名詞が使われている場合は，それを指すものが直前の文にあると考えましょう．それぞれ何を尋ねる質問なのかをメモしておくと，実際に空欄を埋める作業をする時に役に立ちます．

　最後に，対話文を丁寧に読んでいきます．この時に，想定した質問文に合致するものを選択肢の中から選び，どの質問文が最も適切かを見極めます．

　この手順を踏めば，第5問は難しい問題ではありません．しかし，インタビューは特殊な職業や特技，趣味，稀有な人生経験に関する話なので，広範な語彙力とともに，慣用表現や独特な言い回しに精通していることも求められます．日ごろからインターネット等を利用して様々なインタビュー記事を読んで，この形式の文章に慣れておくとよいでしょう．では，以上の点に気をつけながら，それぞれの（　　）に入る語句について検討していきましょう．

　空欄を除いた語数が約113語と従来よりは短い，インタビュー形式の対話文です．第5問を解くカギは，対話全体の流れをつかむことと空欄の後の取材をされる人の応答文を確実に理解することです．これは，ジャーナリストと全国馬術大会で優勝したキャプシーヌとの対話文で，キャプシーヌが馬術を始めた経緯，馬術界という男性社会についての考えや後進に与える言葉について，主に je と vous を用いて話をしています．文法的にも語彙の点でも，さほど難しくありません．動詞の時制は，直説法の現在形・複合過去形・半過去形，条件法現在形です．

(1)　⑥ Qu'est-ce qui vous a poussée à ce sport ?
　　　「あなたは，何がきっかけでこのスポーツを始めましたか？」
　　まずは，（　　）の後の応答文を見てみましょう．Un jour, mes parents m'ont emmenée à un club d'équitation. Et là, ils ont vu que j'étais heureuse avec les chevaux.「ある日，私の両親が私を乗馬クラブに連れて行ってくれました．そこで，両親は私が馬たちといて幸せだということがわかったのです．」とあります．ここで語られているのは，キャプシーヌがなぜ騎手になったか，そのきっかけです．このような応答に対する質問には，しばしば votre parcours「あなたのこれまでの歩み」や motiver「決め手となる，理由を挙げる」，pousser à「～するように仕向ける，～の背中を押す」などの言葉や pourquoi, quel, qu'est-ce qui などの疑問詞が使われるので，頭に入れておくとよいでしょう．

　　次に，選択肢を見てみましょう．きっかけや経緯を尋ねる質問文を探すわけですが，選択肢の中にこうした文言が使われているものは1つだけです．⑥の Qu'est-ce qui vous a poussée à ce sport ? です．この文を逐語訳すると「あなたに，このスポーツをするように仕向けたのは何ですか？」となります．つまりこれは，「何がきっかけであなたはこのスポーツを始めたのか？」と尋ねる文となります．馬術を始めたきっかけを語っている応答文に合致しますね．したがって，この設問の正答は⑥となります．

(2) ④ Étiez-vous sportive à l'époque ?
「当時，あなたはスポーツ好きだったのですか？」

（　）の後の応答文は，Non, je n'aimais pas le sport.「いいえ，私はスポーツは好きではありませんでした．」です．この応答文は Non から始まっていますので，質問文は疑問詞のない疑問文でなくてはいけません．そしてスポーツが好きではなかったと答えていますので，質問文はスポーツが好きかを尋ねている文ということになりそうです．

それでは，選択肢を見てみましょう．疑問詞のない疑問文でスポーツに言及している質問文は 2 つだけです．それは，④の Étiez-vous sportive à l'époque ?「当時，あなたはスポーツ好きだったのですか？」と⑦の Voulez-vous faire d'autres sports ?「他のスポーツをしたいと思いますか？」です．④の質問文では sportif「スポーツ好きな，スポーツマンの」という意味の語を用いて，半過去形で過去においてキャプシーヌがスポーツウーマンだったか，スポーツが好きだったかを尋ねています．一方の⑦の質問文は，時制は現在で，今，他のスポーツをしたいかを尋ねています．応答文が半過去形で，かつスポーツが好きではなかったことを言っているので，質問と応答の整合性を考慮すると，この設問の正答は④であると判断できます．

(3) ① Avez-vous suivi des conseils de quelqu'un ?
「あなたは誰かの助言にしたがったのですか？」

（　）の後の応答文は，Pas du tout, ce que disent les autres ne m'influence pas.「まったくありません．私は他の人たちの言うことに影響されません．」です．まずここで注目したいのは，Pas du tout です．これは Non に代わる応答ですので，質問文は疑問詞のない疑問文であると見当をつけることができます．次に構文ですが，この文の主語は ce que disent les autres「他の人たちが言っていること」で，述語は ne m'influence pas「私に影響を与えない」です．このことから，質問文はキャプシーヌが他の人たちの言動を気にしているかを尋ねる疑問文であることが想定できますね．

この想定をもとに選択肢を見てみると，①が最もふさわしいと判断できるでしょう．なお，« suivre le conseil de ＋人 »「〜の忠告にしたがう」という表現を覚えておくとよいですね．

(4) ② Est-ce que ça vous gène ?
「それで困ることはありませんか？」

（　）の後の応答文は，Non, cela ne me pose aucun problème. Les cavaliers me parlent vraiment d'égal à égal.「いいえ，何の問題もありません．騎手たちは私に対等に話しかけてくれます．」です．まず注目したいのが，応答文が Non で始まっていて質問文が疑問詞のない疑問文であること，そして時制が現在であることです．そして内容を見ると，poser un problème「問題を生じさせる」という表現が ne 〜 aucun を使った否定文になり，何の問題も生じていないことが述べられています．その後に続くのは，d'égal à égal「対等に」という表現を用いて，騎手たちがキャプシーヌに分け隔てなく接していることです．

この想定をもとに選択肢を見てみると，最も可能性があるのは②の Est-ce que ça vous gène ?「それで困ることはありませんか？」だと想定できます．とは言え，ça「それ」が何を指しているかがわからないと，これが正答であるかは確信が持てませんね．ça が何を指しているかは，空欄の前の文を見る必要があります．空欄の前の文

は C'est un milieu encore très masculin. 「馬術の世界はまだまだ強い男性社会ですね。」です。つまりこの ça は un milieu encore très masculin ということになります。このように考えると、男性社会で困ることはないかと尋ねる質問文であれば、キャプシーヌの応答に何の齟齬も生じません。したがって、この設問は②が正答となります。

　　なお，milieu には「環境；境遇；業界；〜界」の意味があることを覚えておきましょう。

(5)　⑤ Qu'est-ce que vous diriez aux jeunes filles passionnées d'équitation ?
　　「馬術に熱中している女の子たちに何と言ってあげたいですか？」

　　（　　）の後の応答文は，Beaucoup de petites filles veulent savoir comment j'en suis arrivée là. Mais on peut y arriver simplement en aimant les chevaux !「多くの女の子たちがどうやって私がここまで到達したかを知りたがっています。でもただ，馬を愛してさえいれば，ここまで来られるものなのです！」です。ここでキャプシーヌが話しているのは，どうやって彼女が全国大会で優勝したのかを女の子たちが知りたがっているということであり，秘訣は馬を愛することだということです。つまりここでは，後進への言葉があるということです。それをもとに質問文を考えると，後に続く女の子たちへのアドバイスは何かという内容になりそうです。

　　ここで選択肢を見てみると、「後進の女の子たち」の言及があり、その子たちにアドバイスを与えるという内容の質問文は１つだけです。⑤の Qu'est-ce que vous diriez aux jeunes filles passionnées d'équitation ?「馬術に熱中している女の子たちに何と言ってあげたいですか？」です。この文は馬術に熱中している女の子たちに会ったとしたらという仮定を前提に、その時に何と言ってあげたいですかということで条件法現在が使われています。この質問文とテキストの応答文に齟齬はありません。したがって、この問題の正答は⑤となります。

　最後に対話文の全訳と選択肢の日本語訳を確認しましょう。

〈全訳〉

ジャーナリスト：あなたは全国馬術大会で優勝しましたね。あなたは何がきっかけでこのスポーツを始めましたか？

キャプシーヌ　：ある日，私の両親が私を乗馬クラブに連れて行ってくれました。そこで、両親は私が馬たちといて幸せだということがわかったのです。

ジャーナリスト：当時、あなたはスポーツ好きだったのですか？

キャプシーヌ　：いいえ、私はスポーツは好きではありませんでした。でも、馬に乗ると、いつも私はもっと早く走らせようとしました。

ジャーナリスト：あなたは誰かの助言にしたがったのですか？

キャプシーヌ　：まったくありません。私は他の人たちの言うことに影響されません。

ジャーナリスト：馬術の世界はまだまだ強い男性社会ですね。それで困ることはありませんか？

キャプシーヌ　：いいえ、何の問題もありません。騎手は私に対等に話しかけてくれます。

ジャーナリスト：馬術に熱中している女の子たちに何と言ってあげたいですか？

キャプシーヌ　：多くの女の子たちが、どうやって私がここまで到達したかを知りたがっています。でもただ、馬を愛してさえいれば、ここまで来られるものなのです！

〈選択肢和訳〉

① あなたは誰かの助言にしたがったのですか？
② それで困ることはありませんか？
③ あなたはご自身の結果に満足していますか？
④ 当時，あなたはスポーツ好きだったのですか？
⑤ 馬術に熱中している女の子たちに何と言ってあげたいですか？
⑥ あなたは，何がきっかけでこのスポーツを始めましたか？
⑦ 他のスポーツをしたいと思いますか？

2009 年春季〜 2021 年春季までに出題された計 168 の質問文のうち疑問詞の
ない疑問文は約 4 割で，疑問詞のある疑問文が約 6 割でした．このように疑問
詞が多用されていますので，練習問題に移る前に改めて疑問詞のおさらいをして
おきましょう．

疑問代名詞（単一形）

1) 前置詞のない場合

対象	働き	主語	直接目的語
人	単純形	qui	qui
	複合形	qui est-ce qui	qui est-ce que (qu')
もの	単純形	—	que (qu')
	複合形	qu'est-ce qui	qu'est-ce que (qu')

2) 前置詞のある場合

対象	働き	間接目的語・状況補語
人	単純形	前置詞＋ qui ：à qui, de qui, pour qui, avec qui など
もの	単純形	前置詞＋ quoi ：à quoi, de quoi, pour quoi, en quoi など

以上の疑問代名詞のうち，実際に出題されたのは qu'est-ce qui 及び qui が 10
回，qu'est-ce que (qu') 及び que が 8 回と比較的多く，それ以外は前置詞つきの
疑問代名詞 en quoi, de quoi, pour quoi faire, à qui が 1 回ずつでした．

疑問代名詞（複合形）

形	働き	主語	直接目的語	間接目的語・状況補語・前置詞とともに
単数	男性	lequel	lequel	auquel, duquel, par lequel
	女性	laquelle	laquelle	à laquelle, de laquelle, par laquelle
複数	男性	lesquels	lesquels	auxquels, desquels, par lesquels
	女性	lesquelles	lesquelles	auxquelles, desquelles, par lesquelles

注：「人」「もの」の区別はありませんが，常に文中の名詞を受けてその性・数に一致します．なお，これまでにこの疑問代名詞が出題されたことはありません．

疑問副詞

combien	いくつ／いくら	quand	いつ
combien de ＋名詞	何人の／いくつの	pourquoi	なぜ／何のために
où	どこ	comment	どのような(に)／どうやって

　疑問副詞はまんべんなく出題され，準2級に比べて難易度が上がっています．comment や pourquoi の出題が増え，応答がより複雑になっています．実際に出題された疑問副詞は comment が16回，où が10回（うち d'ou が8回）pourquoi が7回，combien が6回（うち combien de が1回），quand が3回です．特に覚えておいてほしい表現として，D'où vous est venue l'idée de ～ ?「あなたはどのようにして～という考えを持ったのですか？」があります．d'où で始まる疑問文はほぼこの表現になっています．

疑問形容詞

	単数	複数
男性	quel	quels
女性	quelle	quelles

付加的用法：「どんな？」「どの？」
　　　　　　（quel(le)(s) ＋名詞の形で尋ねるもの）
属詞的用法：「何ですか？」「誰ですか？」「どのような～ですか？」
　　　　　　（quel(le) est [quel(le)s sont] ～の形で尋ねるもの）

疑問形容詞は過去に 28 回使用されており，属詞的用法が 19 回，付加的用法が 9 回でした．付加的用法では前置詞＋疑問形容詞の形も出題されます．実際に出題された回数は 5 回で，それぞれ dans quelle voiture が 1 回，à quel âge が 1 回，pour quelle raison が 3 回でした．

　これから練習問題に挑戦します．ここで学んだやり方を実践し，（　　　）に入る語を予測しながら，対話文を読んでいきましょう．

次の文章は，Fanny に対するインタビューの一部です．インタビュア
ーの質問として（ 1 ）～（ 5 ）に入れるのにもっとも適切なものを，
右のページの①～⑦のなかから１つずつ選んで下さい．

La journaliste : Vous avez gagné le concours national de pâtisserie.
(1)

Fanny : Quand j'étais petite, j'adorais faire des gâteaux. Un
jour, ma mère m'a suggéré d'en faire mon métier.
Après avoir suivi une formation en alternance*, j'ai
commencé comme pâtissière dans un restaurant.

La journaliste : (2)

Fanny : Je pense que c'est la créativité et le plaisir de faire
partager de nouvelles saveurs. J'aime aussi travailler
en équipe.

La journaliste : (3)

Fanny : Je m'inspire souvent de mes voyages. On découvre
toujours de nouveaux ingrédients en voyageant.

La journaliste : (4)

Fanny : Jamais ! À la maison, c'est mon mari qui s'en
occupe. Mais ça m'arrive de la faire pour les
occasions spéciales.

La journaliste : (5)

Fanny : J'aimerais fonder une école de pâtisserie pour aider
les jeunes à découvrir ce métier.

*formation en alternance：実地研修つきの職業訓練

① D'où vous viennent les nouvelles idées ?
② Quel est votre parcours ?
③ Quel est votre passe-temps favori ?
④ Faites-vous la cuisine pour votre famille ?
⑤ Comment vous voyez-vous dans dix ans ?
⑥ Qu'est-ce qui vous plaît le plus dans votre métier ?
⑦ Comment l'avez-vous gagné ?

次の文章は，Mehdi に対するインタビューの一部です．インタビュアーの質問として（　1　）～（　5　）に入れるのにもっとも適切なものを，右のページの①～⑦のなかから1つずつ選んで下さい．

La journaliste : Vous êtes testeur de jeux vidéo. （　1　）

Mehdi : Des entreprises me demandent de tester leurs jeux. Mon travail a pour but de les évaluer de manière objective et de signaler les problèmes s'il y en a.

La journaliste : （　2　）

Mehdi : Hier, j'ai travaillé 15 heures mais ça ne me dérange pas parce que c'est une vraie passion.

La journaliste : （　3　）

Mehdi : Bien sûr ! Je dois finir un travail pour demain et j'y passerai certainement la nuit !

La journaliste : （　4　）

Mehdi : Il faut être très patient. On doit jouer à un jeu pendant des heures même si on ne l'aime pas.

La journaliste : （　5　）

Mehdi : Pourquoi pas ? Ça me plairait bien mais il faudrait que j'aie un peu plus d'expérience.

① Travaillez-vous aussi la nuit ?
② Envisagez-vous de créer votre propre jeu ?
③ Est-ce que vous vous attendiez à une telle chose ?
④ En quoi consiste votre métier ?
⑤ Quelles sont les qualités requises pour faire ce travail ?
⑥ Quel est le chiffre d'affaires de votre entreprise ?
⑦ Vous travaillez combien d'heures par jour ?

長文のテキスト読解問題です．総ワード数が 200 以上のテキストを読み，設問のそれぞれの文が，テキストの内容に一致するか，しないかを判断します．①（一致する）か ②（一致しない）を選ぶ選択式の問題です．設問は 7 つで，1 問 2 点の配点です．

過去問題

次の文章を読み，右のページの (1) ～ (7) について，文章の内容に一致する場合は解答欄の①に，一致しない場合は②にマークしてください．

(配点 14)

Un véritable miracle s'est produit à Nancy vendredi après-midi. Au lendemain d'une explosion meurtrière, un bébé de 11 mois a été retrouvé vivant. Après avoir passé 30 heures dans un froid glacial, il a été découvert dans les décombres* d'un immeuble partiellement détruit. « C'est en entendant ses cris que nous avons pu le retrouver », affirment les pompiers. Le bébé, qui s'appelle Augustin, a une jambe cassée, mais sa vie n'est pas en danger.

L'explosion, due à une fuite de gaz, a endommagé** 15 appartements de l'immeuble de six étages. Elle a déjà fait huit morts, dont un pompier. De plus, on est toujours sans nouvelles de sept autres personnes. Une dizaine d'habitants qui ont perdu leur logement se sont mis à l'abri dans une école voisine pendant la nuit.

La mère du bébé va bien. Elle est allée à l'hôpital et a retrouvé son fils. À Nancy, il fait actuellement moins 4 degrés. « Si le bébé a été sauvé, c'est parce qu'il était dans son lit, bien enveloppé dans une couverture chaude », a déclaré le médecin qui l'a soigné.

*décombres : がれき
**endommager : 損害をあたえる

(1) L'explosion s'est produite mercredi soir.

(2) Les cris du bébé ont permis aux pompiers de le découvrir.

(3) La cause de l'explosion n'est pas encore connue.

(4) Il n'y a aucune victime parmi les pompiers.

(5) Certains habitants de l'immeuble ont passé la nuit dans une école.

(6) La mère d'Augustin est hospitalisée avec lui.

(7) Le bébé était bien protégé du froid grâce à une couverture.

解答番号	解　答　欄
(1)	① ②
(2)	① ②
(3)	① ②
(4)	① ②
(5)	① ②
(6)	① ②
(7)	① ②

(2019 年度秋季)

筆記試験 6

長文内容一致問題

過去問題の解答と解説

(1) ②　　(2) ①　　(3) ②　　(4) ②　　(5) ①　　(6) ②　　(7) ①

　　第6問で出題される長文テキストは，過去の試験では新聞の社会面や文化面，あるいは地域面の記事で見られるような内容が主流でした．例えば，「貧しい家庭の子どもたちを休暇に招く人道支援団体の話」（2015 年度春），「初めて猫専用のホテルを建てる話」（2015 年度秋），「30 年前に行方不明になった高価なヴァイオリンが発見された話」（2017 年度秋），「老人ホームに幼稚園児が来て，一緒に音楽教室を開くという話」（2018 年度秋）が取り上げられました．

　　長文テキストの多くは 3 人称単数・複数で語られ，近年の傾向では間に直接話法の引用が入り，1 人称単数・複数が混在する形になっています．これまでに使われた時制は，多いものから順に直説法現在，直説法複合過去，直説法半過去，直説法単純未来，直説法大過去，条件法現在，接続法現在でした．最も多い組み合わせは「直説法現在・直説法複合過去・直説法半過去」で，これに直説法大過去か直説法単純未来が加わるケースがしばしば見られました．接続法現在は過去に数回使用されましたが，使われた動詞は主に être でした．

次に，解き方のポイントを見てみましょう．まず，英語の5W1Hを念頭においてテキストを通読しながら，主題やおおよその内容を把握します．その際，下線を引いたり，余白にちょっとしたメモを残しておくとよいでしょう．その後，7つの問題文に目を通します．問題文は，長文テキストの内容に沿って配列されています．この時，要点のメモを取っておくと，正誤の判断をする時に役に立ちます．最後に，メモを参考に長文テキストを精読しますが，この時に問題文の正誤を判断します．

　この問題の過去における正答率は，約8割です．第6問は決して難問ではありませんが，部分否定か全文否定かなどが焦点となっていたり，ひっかけ問題と思われるようなものも出題されますので，微妙なニュアンスの違いや細かい点にまで注意を向けながら長文テキストと問題文を比べて，正誤の判断をしましょう．

　総ワード数が179の短めのテキストです．内容は，ナンシーで起こった爆発事故の翌日，生後11か月の赤ちゃんが奇跡的に救出された出来事についてです．人称は3人称の単数・複数で構成され，そこにインタビューが挿入されることで，人称にヴァリエーションがつけられています．

　それでは，これから各設問を順に見ていきましょう．

(1) ②　問題文 L'explosion s'est produite **mercredi soir**. の訳は，「爆発は**水曜日の夜**に起こった．」です．テキストの冒頭に Un véritable miracle s'est produit à Nancy **vendredi après-midi**. **Au lendemain d'une explosion** meurtrière, un bébé de 11 mois a été retrouvé vivant.「**金曜日の午後**，ナンシーで本当の奇跡が起こった．死傷者を出した**爆発が起こった翌日**，11か月の赤ちゃんの生存がわかった．」という記述があります．問題文は極めてシンプルな内容で解説するまでもありませんが，実は正誤の判断は少し厄介です．というのも対応する冒頭の記述には爆発の曜日がはっきりと書かれていないからです．ヒントは金曜日の午後に起こった奇跡が爆発の翌日だということ，奇跡とは生後11か月の赤ちゃんの生存が確認されたということです．つまり，金曜日が爆発の翌日ですので，爆破が起きたのは木曜日ということになります．したがって，(1) の問題は内容が一致していません．

(2) ①　問題文 **Les cris du bébé ont permis** aux pompiers **de le découvrir**. の訳は，「**赤ちゃんの泣き声で**，消防士たちは**赤ちゃんを発見することができた**．」です．本文で関係しているのは，« C'est **en entendant ses cris** que **nous avons pu le retrouver** », affirment les pompiers.「『**赤ちゃんを発見できたのは，赤ちゃんの泣き声が聞こえたからです**』と消防士たちは言った．」のところです．

　まず問題文ですが，これは « 無生物主語＋ permettre ＋人＋ de ＋不定詞 » という構造で，遂語的に訳すと「〜が人に…することを可能にさせる」となります．不定詞の後の le は le bébé のことです．したがって，これは構造どおりに訳すと，「赤ちゃんの泣き声が消防士たちに赤ちゃんを発見させることができた」となります．

　一方，本文では直接話法が用いられています．ギュメ guillemets [« »]でくくったセリフの中では，ジェロンディフの en entendant ses cris が c'est と que で挟まれて強調される形になっています．不定詞 retrouver の前にある目的語代名詞 le は，le bébé を受けています．セリフの直後には affirment les pompiers が来ていますが，これは主語と動詞が倒置された形です．なお，動詞 affirmer は「断言する，言い切る」という意味を持ち，何かを強く言う時に使います．「私たちたちが赤ちゃんを見つけ

られたのは，泣き声が聞こえたからだ」と消防士たちは強調している，ということ
で，構造は異なっていますが，同じことを言っています．この問題は内容が一致し
ています．

(3) ② 問題文 **La cause de l'explosion n'est pas** encore **connue**. の訳は，「**爆発の原因
はまだ不明である**.」です．本文で関係しているのは，**L'explosion, due à une fuite
de gaz**, a endommagé 15 appartements de l'immeuble de six étages.「**爆発はガス漏
れが原因で**，6 階建の建物の 15 のアパルトマンに被害を与えた.」で，その中でも
特に関係があるのは L'explosion, due à une fuite de gaz のところです．« dû à ＋名
詞 » は「〜が原因で，〜による」という意味です．つまり，爆発はガス漏れが原因
で起こったとなるので，原因不明ではありませんね．したがって，この問いは内容
が一致していません．なお，dû はもともと devoir の過去分詞形で，女性形は due
とアクサン・スィルコンフレックスが落ちます．また fuite については，他に une
fuite d'eau「水漏れ」や une fuite électrique [de courant]「漏電」なども覚えておく
とよいでしょう．

(4) ② 問題文 **Il n'y a aucune victime parmi les pompiers**. の訳は，「**消防士の中に犠
牲者は 1 人もいない**.」です．本文で関係するのは，Elle a déjà fait huit morts, **dont
un pompier**.「その爆発は 8 人の死者を出したが，**そのうちの 1 人は消防士であっ
た**.」です．
　問題文は ne 〜 aucun を使った否定文ですが，構造自体は il y a を使った提示表現
なのでわかりやすいですね．前置詞の parmi は「（3 者以上の）〜の中で」ですね．
一方の本文では，主語の elle は l'explosion「爆発」を指し，動詞の faire は「（効果
や被害など）を生み出す」という意味で使われています．つまり「爆発が 8 人の死
者を出した」ということです．そしてその 8 morts に関係代名詞の dont がかかって
います．dont は動詞を省略して，しばしば「その中には〜がいる［ある］」の意味
で用いられますので，ここは「その爆発は 8 人の死者を出したが，そのうちの 1 人
は消防士であった」となります．したがって，(4) の問題は内容が一致していません．

(5) ① 問題文 **Certains habitants** de l'immeuble **ont passé la nuit dans une école**. の
訳は，「その建物の**住民の一部は学校で夜を明かした**.」です．本文で関係している
箇所は，**Une dizaine d'habitants** qui ont perdu leur logement **se sont mis à
l'abri dans une école** voisine **pendant la nuit**.「住居を失くした **10 人ほどの住民は**，
その夜の間，近隣の**学校に避難した**.」の部分です．
　問題文の主語 certains habitants は「何人かの住民，一部の住民」と訳します．し
ばしば certains は「何人かの，いくつかの」と訳されますが，これは実際には人数
や数がはっきりしていない場合に使う言葉ですので，必ずしも数人や数個を表して
いるわけではないことを押さえておきましょう．また passer la nuit「夜を寝ずに過
ごす，夜を明かす」という表現が使われていますので，覚えておくとよいでしょう．
　一方の本文は，abri「避難所」の意味を知っているかがポイントで，se mettre à
l'abri で「避難する」となります．また une dizaine de 〜は「約 10 の〜」という意
味で，「住居を失った 10 人ほどの住民は，その夜，近隣の学校に避難した.」となる
ので，問題文は内容が一致していると判断してよいでしょう．

(6) ② 問題文 **La mère d'Augustin est hospitalisée** avec lui. の訳は，「**オーギュスタン
の母親は彼とともに入院している**.」です．本文でこの部分に関係するのは，**La
mère du bébé va bien**. Elle est allée à l'hôpital et a retrouvé son fils.「**赤ちゃんの母**

親は元気である．彼女は病院に行き，息子に会った．」です．

　問題文では過去分詞 hospitalisé を使って「母親が入院している」ことが示されています．一方の本文では，aller bien を使って母親が元気であることが述べられているので，これだけでも正誤の見当をつけることはできますが，その後の文で母親が病院に行って息子に会ったことが語られていますので，入院しているのは息子だけということがわかります．したがって，(6) の問題は内容が一致していません．

(7) ①　問題文 Le bébé **était bien protégé du froid grâce à une couverture.** の訳は，「その赤ちゃんは**毛布のおかげで寒さからしっかりと守られていた**．」です．本文で関係があるのは，« Si le bébé a été sauvé, c'est parce qu'**il était** dans son lit, **bien enveloppé dans une couverture chaude** », a déclaré le médecin qui l'a soigné.「『赤ちゃんが助かったのは，**彼がベッドで暖かい毛布にくるまっていたからである**』と，赤ちゃんを治療した医師は述べた．」のところです．

　問題文は，« protéger A de [contre] B »「A を B から守る」の表現を受動態にしたものです．この場合の A は le bébé で B は le froid となります．守られた理由が « grâce à ＋名詞 »「～のおかげで」という表現で表されています．

　一方の本文は « si ＋主語＋動詞，c'est parce que ＋主語＋動詞 »「～であるのは，…だからである」という構造になっています．この si は「事実の提示」の用法で，直後に c'est que [parce que, pour] と続いて，その理由が説明されます．赤ちゃんが助かった理由が，« être enveloppé de [dans] ＋名詞 »「～に包まれている」と受動態で表現されています．つまり il était bien enveloppé dans une couverture chaude「暖かい毛布の中にしっかり包まれていた」から助かったということです．

　これは同意表現を用いて，構造を変えて内容を短くした言い換えです．この最後の問題は内容が一致しています．

　それでは以下に全訳を示しますので，最後にもう一度テキストの内容を確認しましょう．

〈全訳〉

　金曜日の午後，ナンシーで本当の奇跡が起こった．死傷者を出した爆発が起こった翌日，11 か月の赤ちゃんの生存がわかった．凍えるような寒さの中，30 時間が経過した後，その子は半壊した建物のがれきの中で発見された．「赤ちゃんを発見できたのは，赤ちゃんの泣き声が聞こえたからです」と消防士たちは言った．オーギュスタンという名の赤ちゃんは，脚を骨折していたが，命に別状はなかった．

　爆発はガス漏れが原因で，6 階建の建物の 15 のアパルトマンに被害を与えた．その爆発は 8 人の死者を出したが，そのうちの 1 人は消防士であった．さらに，7 人がまだ行方不明である．住居を失くした 10 人ほどの住民は，その夜の間，近隣の学校に避難した．

　赤ちゃんの母親は元気である．彼女は病院に行き，息子に会った．ナンシーでは，現在，気温はマイナス 4 度である．「赤ちゃんが助かったのは，彼がベッドで暖かい毛布にくるまっていたからである」と，赤ちゃんを治療した医師は述べた．

〈問題文和訳〉

(1) 爆発は水曜日の夜に起こった．
(2) 赤ちゃんの泣き声で，消防士たちは赤ちゃんを発見することができた．

(3) 爆発の原因はまだ不明である.
(4) 消防士の中に犠牲者は 1 人もいない.
(5) その建物の住民の一部は学校で夜を明かした.
(6) オーギュスタンの母親は彼とともに入院している.
(7) その赤ちゃんは毛布のおかげで寒さからしっかりと守られていた.

　ではこれから，実際に練習問題を解いてみましょう．練習問題では，社会的なテーマを扱った，少し長めのテキストを 2 つ用意しました.

次の文章を読み，右のページの (1) 〜 (7) について，（ ）のなかに，文章の内容に一致する場合は①を，一致しない場合は②を記入してください.

La baguette, symbole de la France, est un aliment indispensable dans l'alimentation des Français. Chaque année, 10 milliards de baguettes sont vendues dans l'Hexagone. Pourtant, la consommation de pain est en forte baisse. Les Français n'en mangent qu'environ 120 grammes par personnes et par jour, soit trois fois moins qu'en 1950. Désormais, un Français sur deux ne consomme plus de pain quotidiennement.

Ce déclin s'explique tout d'abord par l'évolution des habitudes de consommation. Les Français mangent par exemple moins de pain au petit déjeuner. De plus, le pain traditionnel est fortement concurrencé par les produits industriels vendus dans les supermarchés.

Pour survivre, les boulangeries sont obligées de s'adapter en diversifiant leur offre et en changeant leurs moyens de communication. Elles sont aujourd'hui 96% à s'être lancées dans le snacking et vendent des sandwichs, des pizzas, des salades, des paninis ou des hot-dogs. Le snacking comprend des plats à emporter qui peuvent être mangés tout de suite, n'importe où et facilement. C'est d'ailleurs un des marchés alimentaires les plus dynamiques en France. « Le snacking est un nouveau mode de consommation. Il séduit les actifs, les étudiants mais aussi les familles qui choisissent de plus en plus une restauration rapide et mobile » explique Jacques, boulanger-pâtissier en Île-de-France. « D'autre part, c'est très important d'être présents sur Internet pour se faire connaître mais aussi rappeler la qualité et les bienfaits du pain traditionnel » ajoute-t-il.

(1) Les Français consomment 10 milliards de baguettes par an en métropole française.

(   )

(2) Les Français mangent moins de pain qu'avant et la moitié d'entre eux n'en consomme plus tous les jours.

(   )

(3) Les produits industriels des supermarchés ne se vendent pas assez, bien qu'ils ne soient pas moins appréciés.

(   )

(4) De nos jours, la majorité des boulangeries se sont lancées dans la fabrication et la vente de produits prêts-à-manger.

(   )

(5) Les plats à emporter ne constituent pas le snacking car ils ne se mangent ni sur place ni facilement.

(   )

(6) Selon Jacques, le snacking fait partie depuis peu des habitudes des Français.

(   )

(7) Jacques affirme qu'il y a deux choses importantes : c'est d'avoir un site internet afin de faire de la publicité des produits et de communiquer les vertus du pain traditionnel.

(   )

次の文章を読み，右のページの (1) 〜 (7) について，（　）のなかに，文章の内容に一致する場合は①を，一致しない場合は②を記入してください.

Vous connaissez certainement le musée du Louvre. Mais savez-vous qu'on peut aussi visiter ses caves ? Situées à deux pas du célèbre musée, les caves du Louvre ont été construites au 18ème siècle par Trudon, sommelier du Roi Louis XV. Elles ont longtemps abrité les grands vins servis au roi et à sa cour.

Trois siècles plus tard, une équipe de passionnés a décidé de les réaménager et de les ouvrir au public. C'est en octobre 2015 qu'elles ont été inaugurées pour présenter un concept unique en France : faire connaître le vin de manière accessible. Vous pourrez y découvrir les différentes étapes de fabrication, depuis la cueillette du raisin jusqu'à la mise en bouteille. Grâce à l'utilisation de l'application gratuite « Wine in Paris », vous pourrez visiter ce lieu historique tout en stimulant vos cinq sens : on peut toucher, sentir, goûter, écouter et voir l'univers du vin.

La visite dure environ une heure et s'achève par une dégustation de vins. Un sommelier vous initiera aux techniques de dégustation. Il vous apportera également des explications sur les vins et le vocabulaire utilisé pour les décrire. Enfin, on peut aussi participer à un atelier* afin de créer son propre vin, réaliser une étiquette et ramener la bouteille à la maison. Il s'agit d'une expérience originale qui fera rêver tous les amateurs de vin et d'histoire !

*atelier : ワークショップ

(1) Il est possible de visiter des caves qui se trouvent au sous-sol du musée du Louvre.

(   )

(2) C'est un serviteur inconnu du Roi Louis XV qui a construit les caves du Louvre pour la famille royale.

(   )

(3) Des amateurs de vin ont rénové et ouvert au public les caves du Louvre pour faire connaître le vin.

(   )

(4) La visite des caves du Louvre est organisée de sorte que les gens découvrent les étapes de la fabrication du vin de A à Z.

(   )

(5) Pendant la visite, on pourra se servir de ses cinq sens en téléchargeant à l'avance une application payante.

(   )

(6) Au moment de goûter les vins, on peut apprendre les techniques de dégustation ainsi que la terminologie avec un sommelier.

(   )

(7) Il est possible de repartir avec son propre vin en participant à un atelier où on peut personnaliser son vin et son étiquette.

(   )

6

長文内容一致問題

第7問 対話文の穴埋め問題

第7問は対話文を完成させる問題です．2人の人物の対話が成り立つように，選択肢の中から適切な語句を選びます．問題の数は5つ，選択肢の数は4つです．配点は1問2点です．

過去問題

次の対話を読み，(1)～(5)に入れるのにもっとも適切なものを，それぞれ右のページの①～④のなかから1つずつ選び，解答欄のその番号にマークしてください．

(配点 10)

. . . .

Jules : Qu'est-ce qui se passe ? Tu as l'air embêtée.

Nathalie : Oui. J'ai perdu ma montre. Mon fils me l'avait offerte avant qu'on se dispute et qu'il parte à la campagne il y a six mois.

Jules : (1) ?

Nathalie : Elle est en bois et elle a des aiguilles en forme de moustache.

Jules : Quelle drôle de montre ! Elle doit être assez rare.

Nathalie : (2) On ne la trouve pas dans les magasins. C'est mon fils qui l'avait fabriquée.

Jules : Pas possible ! (3) qu'il était si habile, ce mauvais chirurgien.

Nathalie : Il y a trois ans, contre mon avis il a abandonné son travail et s'est enfermé chez lui pour créer des montres originales.

Jules : Est-ce qu'il gagne bien sa vie ?

Nathalie : (4), ses montres se vendent très bien sur Internet.

Jules : Alors, tu devrais en acheter une.

Nathalie : (5), elles sont trop chères pour moi.

(1) ① Comment est-ce qu'elle est

    ② Il a quel âge

    ③ Quelle heure est-il

    ④ Vous ne vous entendiez pas bien

(2) ① En effet.

    ② Où est le commissariat ?

    ③ Pourquoi ?

    ④ Tu es fou !

(3) ① Je croyais

    ② Je ne savais pas

    ③ On peut imaginer

    ④ Tu sais bien

(4) ① Ça m'étonnerait

    ② Je l'ignore

    ③ Oui, je crois

    ④ Tant pis pour lui

(5) ① Ah bon

    ② Hein

    ③ Malheureusement

    ④ Tiens

解答番号	解　答　欄
(1)	① ② ③ ④
(2)	① ② ③ ④
(3)	① ② ③ ④
(4)	① ② ③ ④
(5)	① ② ③ ④

(2019 年度秋季)

筆記試験 7

対話文の穴埋め問題

過去問題の解答と解説

(1) ①　　(2) ①　　(3) ②　　(4) ③　　(5) ③

第7問は，空欄を除くと平均120語程度の長さの対話文です．対話文は主に友人同士や夫婦など親しい間柄にある2人の日常会話で作られ，話題は身近な人に起こった面白い出来事，噂話などに関わるものです．対話文なので平易な語彙を使って，比較的単純な構造の文で作られています．

とはいえ，疑問詞や受け答えで使われる常套句は確認しておく必要があるでしょう．また，日常的によく使われる会話表現，慣用表現が見られるので，本書の第2問の解説で取り上げた会話表現をしっかりと確認しておきましょう．

実際に問題を解く時の手順ですが，まずは一度，（　　）を気にせず，話のだいたいの流れを掴むつもりで全体を読みます．その際，文意をメモし，話がどの方向に進んでいるのかを把握しておくといいでしょう．話の方向性をメモしておくと，（　　）に語句を入れる時に役に立ちます．

次に，選択肢に挙げられている語句を見ます．それぞれの（　　）に用意されている①〜④の語句は，必ずしも同じ種類のものとは限りません．例えば動詞句，副詞，間投詞など品詞が異なるものが選択肢の中に混在しています．この選択肢については，とりあえずわかる範囲で意味をメモしておきましょう．メモすることで，対話文を精読する時に，文脈に合うものと合わないものが見えてきます．

その後，（　　）を含む文に選択肢の①〜④を当てはめながら，もう一度対話文を丁寧に読んでいきます．この時，先ほどのメモを見て話の流れに合わせて，①〜④のどれが文脈に一番合っているのかを見極めます．なお，空欄の前後を見ただけでは，すぐに正答を選べないこともあります．その時はいったんペンディングしたまま次の問題に行き，最後まで読んでから答えを考えましょう．

第7問の正答率は約7割です．この問題では，準2級の第7問よりも広い範囲の語彙力と，一度目の通読で全体の大まかな意味を掴む読解力が求められます．少しずつそうした力をつけながら，上記の手順を踏めば，必ず正解に到ることができる問題です．そのためにも日ごろから身近にある対話文を読んで，慣れておくとよいでしょう．それでは以上の点に気をつけながら，これから過去問題を1つずつ検討していきます．

まずは，対話文中の（　　）を気にせず大意を取ってみましょう．

「ナタリーは時計を失くした．その時計は木製で針がひげの形をしている．その奇妙な時計はナタリーの息子が製造したもので，店では販売されていない．ナタリーの息子は下手な外科医で，ナタリーの反対を押し切って3年前に医者をやめた．その後，ナタリーの息子は家に閉じこもって時計を作り，今ではネット通販でよく売れている．しかしナタリーの息子の時計はナタリーには高すぎて買えない．」くらいでしょうか．

空欄を除いた語数が127語で，比較的短い文章です．第7問を解くカギは，空欄の前後の意味を確実に理解することと対話全体の流れ，つまり文脈をつかむことです．前後を見るだけでは確定できない問題もあります．その場合は，対話全体の流れや大意を掴んでいることが，正答を導くためには重要になります．

対話文の話題はナタリーが失くした時計の話です．それでは，さっそく1つずつ順番に見ていきましょう．

(1)　① Comment est-ce qu'elle est
　　　　「それはどんなものなんだい」
　　　空欄の前の言葉は，J'ai perdu ma montre. Mon fils me l'avait offerte avant qu'on se dispute et qu'il parte à la campagne il y a six mois. 「時計を失くしてしまったの．

126

息子が，6か月前に喧嘩して田舎に行ってしまう前に，私にそれをプレゼントして
くれたの.」です．空欄は質問文で，空欄の直後のナタリーの Elle est en bois et elle
a des aiguilles en forme de moustache.「それは木製で，針がひげの形をしているの
よ.」がその応答ということになります．この文では，elle「それ」の特徴が語られ
ています．また，この elle は空欄の前の文を読むことで，失くした時計だと想定で
きます．

　選択肢を見ると，①は Comment est-ce qu'elle est「それはどんなものなんだい」，
②は Il a quel âge「彼は何歳だい」，③は Quelle heure est-il「何時だい」，④ Vous
ne vous entendiez pas bien「あなたたちは仲がよくなかったんだね」とあります．
年齢を尋ねる②や時間を尋ねる③は，応答に合致しません．④は意味がわからなく
ても合致しないことが判断できます．というのも，これは疑問詞のない疑問文なの
で，応答文に si や non，あるいはそれに類する言葉が必要ですが，それがないから
です．したがって，正答は①の Comment est-ce qu'elle est となります．次の文の時
計の説明とぴったり合いますね．

　なお，④で使われている s'entendre bien「仲がよい」(s'entendre mal なら「仲が
悪い」) は，必ず覚えておいてください．

(2)　① En effet.
　　　「確かにそうね.」
　空欄の前の言葉は，ジュールの Elle doit être assez rare.「それは珍しいものに違い
ないね.」です．空欄の後の言葉は，On ne la trouve pas dans les magasins.「お店で
は売っていないわ.」です．この elle「それ」や la「それ」は，ずっと話題となって
いる時計だと想定できます．

　それでは，これから選択肢を見てみましょう．①は En effet.「確かにそうね.」，
②は Où est le commissariat?「警察署はどこにあるの？」，③は Pourquoi?「な
ぜ？」，④は Tu es fou!「あなたはどうかしているわよ！」です．まず気がつくこと
は，空欄がなくても，前後を繋げて読むと，ほぼ意味が通じて矛盾が生じないとい
うことです．ですので，空欄に入るナタリーの言葉は，ジュールの言葉を肯定した
り，裏づけたりする言葉だと予想できます．③の「なぜ？」や④の「あなたはどう
かしているわよ！」は，ジュールの言葉をむしろ打ち消す表現になるので，当ては
まりません．②の警察署はそれ以前に話題になっていないので，どこにあるかをき
くのは唐突で，文脈に合致していません．とすると，①の En effet.「確かにそうね.」
が，前の言葉を唯一肯定的に受けるもので，これが正答となります．

(3)　② Je ne savais pas
　　　「〜だとは知らなかった」
　空欄の前後の言葉から見ていきましょう．空欄の直前には，Pas possible!「まさ
か！」というジュールの言葉があります．空欄の後ろは，qu'il était si habile, ce
mauvais chirurgien.「彼がそんなに器用だったなんて，あの下手な外科医が」です．

　では，これから選択肢を見ていきます．空欄の qu' 以下は il était si habile で既に
主語＋動詞＋属詞の揃った文（つまり完成した文）になっているので，この qu'
(= que) は接続詞で，その後の ce mauvais chirurgien は il の言い換えと考えられ，
「彼（＝あの下手な外科医）が非常に器用であったということ」とまとめていること
がわかります．空欄は「まさか！（ありえない！）」という驚きの言葉の後で発せら
れた言葉であることを考えると，ナタリーの息子が器用だったことが意外だという

127

ことを示す表現を選ばなければいけません．①の Je croyais「〜だと思っていた」，
③の On peut imaginer「〜だとは想像できるよ」，④の Tu sais bien「〜だとはあな
たがよくわかっていることだよ」はいずれも qu' 以下の内容を認める表現ですから，
正答は②の Je ne savais pas「〜だとは知らなかった」で，これしか空欄に入るもの
がないことがわかります．

(4)　③ Oui, je crois
　　　「ええ，そう思うわ」
　　空欄の前の言葉は，ジュールの Est-ce qu'il gagne bien sa vie?「彼の稼ぎはたくさ
んあるのかい？」です．空欄の直後の言葉は，ナタリーの ses montres se vendent
très bien sur Internet「彼の時計はネット通販でとてもよく売れているわ」です．
gagner は「勝つ，獲得する」という意味で覚えている人も多いでしょうが，gagner
sa vie で「生活費を稼ぐ」という意味になることを覚えておきましょう．空欄はナタ
リーの言葉ですが，「稼ぎがあるのか」というジュールの質問を考えると，それに対
して肯定的な応答が入ると想定できます．
　　ではここで，選択肢を見てみましょう．それぞれ，①は Ça m'étonnerait「そんな
ばかな」，②は Je l'ignore「それは知らないわ」，③は Oui, je crois「ええ，そう思う
わ」，④は Tant pis pour lui「彼には残念なことね」です．先ほどの想定を基に考え
ると，肯定的な返答は③「ええ，そう思うわ」しかありません．これを空欄に当て
はめてみると，後続の「ネット通販でとても売れている」という内容にも合致しま
す．したがって③の Oui, je crois が正答となります．

(5)　③ Malheureusement
　　　「残念なことに」
　　空欄の前の言葉は，ジュールの Alors, tu devrais en acheter une.「じゃあ，1つ買
ったらいいじゃないか．」です．主語を tu とした devoir の条件法現在を用いて，や
んわりと「〜したらよいのではないか」と示唆しています．ここで使われている中
性代名詞 en は，前文の montres であると想定できますので，ジュールがナタリーに
買うように勧めたのは，ナタリーの息子がネットで売っている時計ということにな
ります．空欄はこのジュールの言葉を受けて，ナタリーが発した言葉です．空欄の
直後の言葉は，elles sont trop chères pour moi「私には高すぎるのよ」です．つまり，
失くした時計の代わりにネットで息子の時計を買いたくても，高すぎて買えないと
いうのが，会話の流れです．
　　選択肢を見ると，①は Ah bon「あらそうね」，②は Hein「ねぇ」，③は
Malheureusement「残念なことに」，④は Tiens「ほら」です．先ほど述べたように
「私には高すぎて買えない」という会話の流れに乗るのは，③の Malheureusement
「残念なことに」しかありません．これが正答です．①の Ah bon はいろいろなシチ
ュエーションで使える言葉ですが，特に同意，無関心，驚き，いらだちなどを伝え
ることができます．②は間投詞で，やはりいろいろな意味で使うことができます．
疑問符（ポワン・ダンテロガシオン point d'interrogation [?]）とともに使うと，「な
んだって？」「そうだよね？」など聞き返したり，同意を促したりする表現となりま
す．また感嘆符（ポワン・デクスクラマシオン point d'exclamation [!]）とともに
使うと，「さあ！」，「おい！」というように命令や脅しの意味合いで使うことができ
ます．また，「ねぇ」「へぇ」などの相づちとしても使うことができるのは知ってい
ますね．④も間投詞で，「へぇ，おや，まぁ」など驚きの表現や，「さぁ，ほら」な

ど相手の注意を喚起する表現としても使うことができます．

　　最後に以下の全訳で，内容を確認しましょう．

〈全訳〉

ジュール：どうしたの？　困っているようだね．

ナタリー：ええ．時計を失くしてしまったの．息子が，6か月前に喧嘩して田舎に行っ
　　　　　てしまう前に，私にそれをプレゼントしてくれたの．

ジュール：それはどんなものなんだい？

ナタリー：木製で，針がひげの形をしているのよ．

ジュール：なんて変な時計なんだ！　それは珍しいものに違いないね．

ナタリー：確かにそうね．お店では売っていないわ．息子が作ったものなのよ．

ジュール：まさか！　あの下手な外科医だった彼が，そんなに器用だったなんて知らな
　　　　　かったよ．

ナタリー：3年前に，私の意に反して，彼は仕事を辞めて，家に閉じこもってユニーク
　　　　　な時計を作ったの．

ジュール：彼の稼ぎはたくさんあるのかい？

ナタリー：ええ，そう思うわ，彼の時計はネット通販でとてもよく売れているわ．

ジュール：じゃあ，1つ買ったらいいじゃないか．

ナタリー：残念なことに，私には高すぎるのよ．

〈選択肢和訳〉

(1)　① それはどんなものなんだい
　　　② 彼は何歳だい
　　　③ 何時だい
　　　④ あなたたちは仲よくなかったんだね

(2)　① 確かにそうね．
　　　② 警察署はどこにあるの？
　　　③ なぜ？
　　　④ あなたはどうかしているわよ！

(3)　① 〜だと思っていた
　　　② 〜だとは知らなかった
　　　③ 〜だとは想像できるよ
　　　④ 〜だとはあなたがよくわかっていることだよ

(4)　① そんなばかな
　　　② それは知らないわ
　　　③ ええ，そう思うわ
　　　④ 彼には残念なことね

(5)　① あらそうね
　　　② ねぇ
　　　③ 残念なことに
　　　④ ほら

いかがでしたか．動詞や慣用表現などについては，本書の第1問〜第3問で学んできた内容をもう一度復習しておきましょう．さらに接続詞（句）や覚えておいた方がよい表現については，過去（2009年春〜2021年春）に出題された語句及び重要と思われるものを以下にまとめます．

順接・理由の接続詞（句）

à cause de	〜が原因で	en effet	実際，確かに，実際〜だから
ainsi	したがって	en raison de	〜だから
alors	それでは	en conséquence	それゆえに
aussi	それで，したがって	et	そして
car	というのは〜だからだ	grâce à	〜のおかげで
c'est ainsi que	したがって	parce que	なぜなら〜だからだ
c'est pour ça que	それゆえ〜だ	par conséquent	その結果
comme	〜なので	par le fait que	〜なので，〜という事実によって
comme quoi	だから〜，やはり〜となる	puisque	〜なのだから
de sorte que	したがって，それで	si bien que	その結果〜だ
donc	それゆえ		

逆接・対比の接続詞（句），副詞（句）

alors que	〜なのに	même si	たとえ〜でも
au contraire	反対に	néanmoins	しかしながら
bien que	〜にもかかわらず	par contre	その反対に
cependant	しかしながら	par opposition à	〜と対照的に，〜とは反対に
contrairement à	〜とは反対に	plutôt que	むしろ〜
du moins	それでも	pourtant	それでも，しかしながら
d'un autre côté	他方で	quand même	それでもなお
d'une part ... d'autre part	一方では…他方では〜	quoi que	たとえ〜だろうと
loin de là	それどころか，反対に	tout de même	それにしても
mais	しかし	toutefois	しかしながら
malgré	〜にもかかわらず		

並列・添加の接続詞（句），副詞（句）

à la fois	同時に	également	同様に
ainsi que	〜と同様に	en outre	おまけに，そのうえ
aussi bien que	〜と同様に，ならびに	non plus	〜もまたそうではない
avec ça	そのうえ，しかも，さらに	outre cela	それに加えて
d'ailleurs	そのうえ	outre que	〜のみならず
d'autant plus que ＋直説法	それだけますます	par [de] surcroît	そのうえ，おまけに
de plus	さらに	voire même	さらに

条件の接続詞（句）

au cas où	〜の場合には，もし〜ならば	pour que	〜するために
à condition de ＋不定詞 [que ＋接続法]	〜という条件で，もし〜ならば	si	もし〜なら
à moins que	〜でなければ	sinon	さもないと〜

転換・換言の接続詞（句），副詞（句）

à propos	ところで	en d'autres mots	換言すれば
à savoir que	すなわち	en définitive	つまり
au fait	ところで	en fait	つまり
autant dire	いわば，ほとんど，まるで	enfin	つまり
autrement dit	言い換えれば，つまり	en somme	要するに
bref	要するに	en quelque sorte	いわば，言ってみれば
c'est-à-dire	すなわち，つまり	laissant [mettant] cela de côté	それはさておき
eh bien	ところで	or	ところで，さて
en un mot	一言で言えば，つまり	pour ainsi dire	いわば

間投詞など

ah bon	あぁそう	eh bien	よし，それでは，じゃ
aïe	痛っ，（繰り返して）やれやれ	ouf	ふぅ，やれやれ
allons [allez] donc	まさか，ばかな	tant mieux	しめた，それはよかった
bah	なんだ，ふうん，なあに（かまうものか）	tant pis	しかたない，それは気の毒に
ça y est	よし，やった，できた	que veux-tu [voulez-vous] 仕方がないではないか，どうしようというのだ	
chut	（沈黙を命じて）しっ	zut	ちくしょう，ちぇ

その他の語句

à part ça	その他に，それはそれとして	en tout cas	いずれにせよ，ともかく
au moins	少なくとも	heureusement	運よく
avant que	～する前に	malheureusement	残念ながら
comme si	まるで～のように	par bonheur	
dans l'ensemble	おおむね，全体的に見て	par chance	幸運にも，幸いにして
d'après	～によれば	par exemple	例えば
de même que	～と同様に	par hasard	偶然に
depuis que	～以来	sauf	～を除いて
de toute façon	いずれにせよ	selon	～によれば
d'une certaine façon 何らかの方法で；ある観点から見れば		sur le coup	すぐに，直ちに
en conséquence	だから，したがって	tôt ou tard	遅かれ早かれ
en général	一般的に	tout à fait	まったく，完全に
en principe	原則として	voilà tout	以上だ，それだけだ
dans tous les cas いずれにせよ，ともかく			

132

覚えておきたい会話表現

Ça m'est égal.	私はどちらでも構わないよ.
Ça m'étonnerait !	まさか！ そんなばかな！
Ça ne me dit rien.	それには興味がないよ. 何のことだかわからないよ.
Ça vaut le coup.	それはやってみる価値がある.
C'est chouette !	それはすごい［すてきだ］！
C'est incroyable !	まさか！ 信じられない！
Je n'en peux plus !	もうダメだ！
Je n'en sais rien.	それについては何も知らないよ.
Je n'y peux rien !	お手上げだ！
Ne t'en fais pas !	心配しないで！ 気にしないで！
On ne sait jamais !	まさかということもあるさ！ ありえないことではないよ！
Pas de quoi.	どういたしまして.
Tu as raison.	君の言うとおりだ.
Tu as tort.	君は間違えているよ.
Tu exagères !	あんまりだ！ 勝手すぎる！
Tu parles !	まさか！ よく言うよ！
Tu plaisantes !	ご冗談でしょう！ とんでもない！

それでは，これから実際に対話文の穴埋め問題に挑戦しましょう.

次の対話を読み，（　1　）〜（　5　）に入れるのにもっとも適切なものを，それぞれ右のページの①〜④のなかから1つずつ選びなさい．

....

Paul　　　: Salut, Isabelle !（　1　）

Isabelle : Rien, pourquoi ?

Paul　　　: Ben, tu es habillée tout en noir... Tu vas à un enterrement ?

Isabelle :（　2　）, je vais au bureau. Et j'ai décidé de ne porter que du noir parce que ça amincit*.

Paul　　　: Ah bon...（　3　）

Isabelle : Si ! L'autre jour, je portais une robe beige et Arthur m'a dit que je ressemblais à un bouchon de champagne.（　4　）

Paul　　　: Je suis sûr qu'il plaisantait !

Isabelle : Peut-être mais ça m'a blessée. Alors, j'ai tout essayé : le jogging, les régimes, les soins esthétiques... Mais ça n'a pas marché.

Paul　　　: Tu es très bien comme ça,（　5　）

Isabelle : En tout cas, ce n'est pas ce qu'en pense Arthur.

*ça amincit：それはほっそりさせる

134

(1) ① Qu'est-ce que c'est ?

② Quand es-tu revenue ?

③ Qu'est-ce qui t'arrive ?

④ Comment ça va ?

(2) ① Pas du tout

② Pas de quoi

③ Pas que ça

④ Pas forcément

(3) ① Mais c'est grave !

② Mais ce n'est pas très intéressant, non ?

③ Mais ça fait longtemps.

④ Mais ce n'est pas la peine !

(4) ① Tu peux compter sur moi !

② Tu me raconteras !

③ Tu te rends compte ?

④ Es-tu à l'aise ?

(5) ① je ne le crois pas.

② tu as tout à fait raison !

③ on n'en sait rien !

④ je t'assure !

次の対話を読み，（ 1 ）～（ 5 ）に入れるのにもっとも適切なものを，それぞれ右のページの①～④のなかから1つずつ選びなさい．

‥‥‥‥‥‥‥‥‥‥‥‥‥‥‥‥‥‥‥‥‥‥‥‥‥‥‥‥‥‥‥‥‥‥

Henri : Tiens, tu as un nouveau smartphone ?

Olivia : Oui, je viens de l'acheter.

Henri : Eh bien, moi, (1) mais quelqu'un l'a retrouvé !

Olivia : (2) Il était où ?

Henri : Vendredi, j'étais à Lille et je l'ai oublié dans le métro. Maintenant, il est à Marseille !

Olivia : Quoi ? (3)

Henri : J'ai essayé de localiser mon smartphone, j'ai contacté mon opérateur téléphonique*... Mais impossible de le retrouver.

Olivia : Tu as appelé la police ?

Henri : (4) J'étais désespéré. J'avais perdu toutes mes photos, mes vidéos, ma musique... Finalement, j'ai téléphoné plusieurs fois et la patronne d'un bar à Marseille a décroché lundi matin.

Olivia : Mais pourquoi ton téléphone est à Marseille ?

Henri : (5) Ce qui est sûr, c'est qu'il a traversé la France en un week-end !

*opérateur téléphonique：電話会社

(1) ① j'ai acheté le mien
    ② j'ai vu le mien
    ③ j'ai perdu le mien
    ④ j'ai donné le mien

(2) ① Tu as fait trop attention !
    ② Il fallait attendre un peu.
    ③ Tu n'as qu'à travailler davantage.
    ④ Tu aurais dû faire attention !

(3) ① C'est incroyable !
    ② C'est pas mal.
    ③ C'est parfait !
    ④ C'est normal !

(4) ① Pas souvent.
    ② Jamais !
    ③ Bien sûr !
    ④ Peut-être.

(5) ① Bonne idée !
    ② Aucune idée.
    ③ C'est assez !
    ④ Super !

2 書き取り試験

書き取り試験

　75語程度からなる5行ぐらいの文章を書き取る試験問題です．書き取る分量が準2級と比べてほぼ2倍に増えています．配点は14点です．出題形式ですが，全体で4回全文が読み上げられます．1回目，2回目はふつうの速さで読まれます．ここで全体の文意が理解できることが望ましいですね．3回目は，意味のまとまりごとにポーズをおきながらゆっくりと読まれます．ヴィルギュル virgule ［,］やポワン point ［.］，ポワン・ダンテロガシオン point d'interrogation ［?］などの句読点の名称も読み上げられます．この時に書き取ります．そして最後にもう一度ふつうの速度で読まれますので，聞き逃したところ，書けなかったところなどを確認して書き入れます．最後の3分間で，性・数一致やつづり字記号，動詞の活用形など，文法的な整合性に目を配りながら見直しをします．

過去問題　◀)) 01→01→02→01

　フランス語の文章を，次の要領で4回読みます．全文を書き取ってください．
・1回目，2回目は，ふつうの速さで全文を読みます．内容をよく理解するようにしてください．
・3回目は，ポーズをおきますから，その間に書き取ってください（句読点も読みます）．
・最後に，もう1回ふつうの速さで全文を読みます．
・読み終わってから3分後に，聞き取り試験にうつります．
・数を書く場合は，算用数字で書いてかまいません．　　　　　　　　（配点 14）

_____

_____

_____

_____

（2019 年度秋季）

試験問題文

Cet été, Roger est allé à la plage en Bretagne avec sa femme et son fils. Ils avaient visité la région l'année dernière. Cette fois, ils ont pris un bateau pour aller sur une île. Elle était magnifique. Il n'y avait pas beaucoup de monde et on ne voyait rien que l'eau bleue et le sable blanc. Ils se sont baignés tous les trois et sont restés là-bas jusqu'au soir.

「今年の夏，ロジェは妻と息子と一緒にブルターニュの海岸に行きました．彼らは去年，ブルターニュ地方を訪れました．今回，彼らは船に乗り，島に行きました．島は素晴らしかったです．それほど人はおらず，青い（海の）水と白い砂（浜）だけが見えました．彼らは3人とも海水浴をして，夜までそこにいました．」

まずは，書き取りの学習ポイントをまとめましょう．

書き取り攻略のための6つのポイント

1) 読みのルール（リエゾン ⌣，アンシェヌマン ⌢，エリジョン）に気をつける．
2) つづり字記号を忘れずにつける．
3) 句読点の名称 を把握する．
4) 複数形の **s** や **x** を忘れずにつける．
5) 形容詞，過去分詞の **性・数一致** に気をつける．
6) 動詞の 活用形 を正確に書く．

書き取り試験には，フランス語を聞き取って正確に書く能力と文法的な理解力が求められます．上の6つのポイントを踏まえて，試験問題文をもう一度確認しましょう．特に重要なポイントについては，項目ごとにマークをつけて区別しやすくしました．**重要なポイントとは，リエゾン，アンシェヌマン，動詞の複合形の活用と性・数一致，特殊な句読点の記号です**．具体的に見てみましょう．

Cet été, Roger est allé à la plage en Bretagne avec sa femme et son fils. Ils avaient visité la région l'année dern**ière**. Cette fois, ils ont pris un bateau pour aller sur une île. Elle était magnifique. Il n'y avait pas beaucoup de monde et on ne voyait rien que l'eau bleu**e** et le sable blanc. Ils se sont baignés tous les trois et sont restés là-bas jusqu'au soir.

まずは，「書き取り攻略のための6つのポイント」に従って，具体的に見ていきましょう．

1) リエゾンが3箇所，アンシェヌマンが4箇所，エリジョンが4箇所でした．
2) été, région, année のアクサン・テギュ，過去分詞 allé, visité, baignés, restés や半過去形 était のアクサン・テギュ，前置詞 à や副詞 là-bas のアクサン・グラーヴなどがありました．特に注意したいのは，女性形 dernière のアクサン・グラーヴと île のアクサン・スィルコンフレックスです．

書き取り試験

3) ヴィルギュル virgule［,］とポワン point［.］だけでした．問題なく書けましたね．

4) 複数形の **s** や **x** は発音されないので，つけ忘れに注意しましょう．

5) 形容詞の性・数一致が 2 箇所（dern**iè**re，bleue），過去分詞の性・数一致が 2 箇所（baignés，restés）ありました．性・数一致が s の場合は，発音されませんので，注意が必要です．

6) 活用されている動詞は 8 つで，時制は複合過去形が 4 つ，半過去形が 3 つ，大過去形が 1 つです．主語は 3 人称単数，3 人称複数でした．活用には気をつけましょう．特に être を助動詞にする複合過去形が 3 つあり，そのうち 2 つに性・数一致が必要になっています．

　いかがでしたか．2 級の書き取りでは，特に難解な語彙は使われません．日常的に使われる語彙が中心となります．これまで学習してきた語彙をしっかりと復習して，正しく書けるようにしておくことが重要です．

　フランス語の文を聞いてそれを正確に書くことは，簡単なことではありませんね．発音されない文字，すなわち「語末の子音字」や「複数形の s や x」「動詞の活用語尾」などがあるからです．しかし難しいからと言ってあきらめてはいけません．書き取り問題の配点は 14 点ありますので，この 14 点を獲得するために惜しまず努力をしましょう．準 2 級では 35 〜 40 ワード程度のフランス語の文章を書き取りましたが，2 級では 70 〜 75 ワード程度と書き取る量が倍になっています．時制も直説法現在形・複合過去形・半過去形・大過去形，条件法現在形，接続法現在形など多岐にわたるうえ，複文や代名詞も多用され，性・数一致をするケースも複数回見られるので，難易度がぐっと上がっています．

　書き取りを習得するためには，繰り返し練習することが必要です．まずは問題をやってみて，自分が書けなかったところ，間違えたところを確認してください．本書でこれから取り上げるポイントに留意して，次にまた新たな問題に挑戦する，ということを繰り返しましょう．まずは，15 〜 20 ワード程度の長さのフランス語文を書き取ることから始めるとよいでしょう．

　聞き慣れない言葉については，カタカナで書いてみるのも 1 つの方法です．フランス語の発音はつづりと音の法則が決まっていて，例外が少ないからです．［ア］と聞こえたら候補は a, à, â で，［エ］は e, é, è, ai, ei で，［オ］は o, ô, au, eau です．聞き取ったカタカナを発音の法則に照らしてスペル化する練習をしてみると，音を聞いて，それがどんな単語なのか突きとめられるようになります．

　本章では「書き取り攻略のための 6 つのポイント」について，ポイントごとに解説をしていますので，この部分をしっかりと勉強することをお勧めします．特に，リエゾン・アンシェヌマンのルールを身につけ，前後の音から正しいつづりを探り出す能力を磨きましょう．また，自分で書き取り練習をする場合は，最初は短い一文から始めて，慣れてきたら少しずつ書き取る量を増やすようにしましょう．地道な学習を続けることで，自然と語彙も増えていきます．

書き取りの練習は聞く力と書く力という総合的なフランス語力を引き出し，聞き取り問題や2次試験問題に取り組む時にも大いに役立ちます．それでは，まずは練習問題を2問トライしてみましょう．重要なポイントとして，リエゾン，アンシェヌマン，性・数一致についてはすべてマークをつけたり，太字にしてあります．動詞の活用形は複合形のみ，句読点は特殊なもののみ四角で囲みました．

 　　◀)) 03→03→04→03

　音声を聞いて，全文を書き取ってください．（書き取れるまで何回でも繰り返し聞いてください．）

_____

_____

〈解答と和訳〉

Ce dimanche midi, tout**e** la famille s'est réunie pour l'anniversaire de ma grand-mère dans un restaurant scandinave.

「今週の日曜日の昼に，私の祖母の誕生日のために，家族が全員，スカンジナビア料理店（北欧料理のレストラン）に集まりました.」

　この練習問題で注意が必要なのは，「書き取り攻略のための6つのポイント」の1) 読みのルールに気をつけること，2) つづり字記号を忘れないこと，5) 性・数一致に気をつけること，6) 動詞の活用形を正確に書くことです．1) については，リエゾンが1箇所，エリジヨンが2箇所です．2) については2箇所あります．réunie にはアクサン・テギュがついた é，grand-mère にはアクサン・グラーヴがついた è があります．5) についても2箇所あります．1つは過去分詞の性・数一致です．主語が3人称単数の女性名詞で，再帰代名詞 se は直接目的語ですので，過去分詞がそれに性・数一致し，s'est réunie となります．もう1つは形容詞の性・数一致です．tout が女性名詞 la famille に対して性・数一致し，tout**e** la famille となります．6) については，動詞は1つで代名動詞の直説法複合過去形です．

　また，grand-mère「祖母」の grand は grande にはなりませんので，注意しましょう．最後に，scandinave は一見すると形容詞の女性形のように見えますが，これは男女同形の形容詞です．最後の見直し時間の際に，うっかり scandinaf のような誤った修正をしないように注意しましょう．

練習問題 ② 🔊 05→05→06→05

音声を聞いて，全文を書き取ってください．（書き取れるまで何回でも
繰り返し聞いてください.）

_____

_____

〈解答と和訳〉

La derni**è**re fois qu'elle est venue me voir, on a regardé ensemble une **vieille**
comédie en noir et blanc des anné**e**s 20 en DVD. Elle m'a demandé de la lui
prêter car elle a pensé que son mari s'y intéresserait.

　「前回，彼女が私に会いに来た時，私たちは一緒に 1920 年代の白黒の古いコ
メディ映画の DVD を見ました．彼女は私にそれ（＝コメディ映画）を貸して
欲しいと頼みました．というのも彼女の夫がそれ（＝コメディ映画）に興味を示
すだろうと考えたからです．」

　この練習問題で注意が必要なのは，「書き取り攻略のための 6 つのポイント」
の 1) 読みのルールに気をつけること，2) つづり字記号を忘れないこと，4) 複数
形の s や x を忘れないこと，5) 性・数一致に気をつけること，6) 動詞の活用形
を正確に書くことです．1) ではリエゾンが 2 箇所，アンシェヌマンが 3 箇所，
エリジョンが 3 箇所あります．2) については，-er 動詞の過去分詞の上のアクサ
ン・テギュ，dernière のアクサン・グラーヴ，prêter のアクサン・スィルコンフ
レックスなどを正しく書きましょう．4) は années の 1 箇所だけです．5) は過去
分詞の主語に対する性・数一致が 1 箇所（elle est venue），形容詞の名詞に対す
る性・数一致が 2 箇所（La dernière fois, une **vieille** comédie）です．6) につい
ては，活用をしている動詞は 5 つで，時制は直説法複合過去形と条件法現在形
です．主語は 3 人称単数の女性形ですので，過去分詞が主語に対して性・数一
致することがあります．主語が女性や複数の場合は，常に性・数一致の可能性を
念頭におきましょう．なお，条件法現在形 intéresserait は過去における未来の用
法です．
　また，このテキストには目的語代名詞が 4 つ（me, m', la, lui），副詞的中性代
名詞 y が使われており，代名詞が動詞の前にあると発音が変わるので注意が必要
です．

では，ここで改めて前述の「書き取り攻略のための 6 つのポイント」のポイントごとに，書き取りの要領を復習しましょう．

1) 読みのルールに気をつける 🔊 07
リエゾン（‿）：発音されない語尾の子音字（d, f, g, p, r, s, t, x, z など）が，後続の語の語頭の母音と結びついて読まれる現象のことをいいます．

・必ずリエゾンされる場合
① 冠詞／指示形容詞／所有形容詞／数詞／不定形容詞（＝限定詞）＋名詞

Il ne m'a raconté que des histoires.　　彼は私にでたらめな話ばかりした．

② 主語代名詞／on ＋動詞（倒置疑問文での動詞＋主語代名詞），代名詞＋代名詞

Ils insistent sur le caractère éducatif de ce film.

彼らはこの映画の教育的な性格を強調する．

Où habitaient-elles avant d'emménager dans cet appartement ?

彼女たちはこのアパルトマンに引っ越してくる前はどこに住んでいたのですか？

Si ce projet réussit, ils y sont pour beaucoup.

もしこのプロジェクトが成功したら，彼らの力によるところが大きい．

J'ai fait des madeleines.　Vous en voulez quelques-unes ?

私はマドレーヌを作りました．いくつかいかがですか？

③ 動詞命令形＋代名詞

Allons-y !　　さあやろう！

④ 副詞＋形容詞

la France tout entière　　フランス全土

⑤ quand / dont の後で

Quand ils sont arrivés à la gare, le train était sur le point de partir.

彼らが駅に着いた時，列車はまさに出発するところだった．

C'est le roman dont on parle beaucoup en ce moment.

これは今，大変話題になっている小説です．

⑥ 前置詞の後で（hors, vers はリエゾンしません．）

De la pluie ! Réfugions-nous sous un grand arbre.

雨だ！大きな木の下で雨宿りしよう．

⑦ 成句のなかで

de plus en plus　ますます多く　de moins en moins　ますます少なく

de temps en temps　時々　tout à coup　急に，不意に　nuit et jour　日夜

tout à fait　完全に　peut-être　多分

　リエゾンには，常にする場合，自由な場合，してはいけない場合と3通りあります．現在，自由な場合についてはリエゾンをしない傾向にあるようです．

　ここで，リエゾンをする時の音を確認しておきましょう．

-s, -x, -z [z]　des enfants　子どもたち　deux euros　2ユーロ

-d [t]　grand homme　偉人

-f [v]　neuf ans　9歳，9年　neuf heures　9時　注：この2ケースのみ．

・**リエゾンしてはいけない場合**

① 主語名詞（固有名詞／普通名詞）＋動詞

Mes parents / ont gagné une demi-heure en prenant un raccourci.

私の両親は近道をして30分得をした．

François / est moins fatigué aujourd'hui.

フランソワは，今日はそれほど疲れていない．

② 単数名詞＋形容詞

un moment / agréable　快適なひととき
un enfant / adorable　かわいい子ども

③ 接続詞 et の後で

Élise a un garçon et / une fille.　エリーズには，息子が1人，娘が1人います．

④ 有音の h の前で

les / héros　ヒーローたち
Alain habite tout en / haut.　アランは最上階に住んでいる．

⑤ onze の前で

[les / onze   11]

アンシェヌマン（⌢）：発音される語尾の子音字が，後続の語の語頭の母音と結びついて一緒に読まれる現象のことをいいます．

[Elle a mal à la tête.   彼女は頭が痛い．   Il y a une école.   学校があります．]

エリジヨン：母音字省略のことです．je, me, te, se, le, la, ce, ne, de, que, si などの語尾の母音字の e, a, i が，母音で始まる語が後ろに続く時に脱落して［'］に置き換えられて 2 語が 1 語になる現象のことをいいます．

[L'addition, s'il vous plaît.   お勘定をお願いします．]

注：si は，s'il と s'ils のケースのみ．

　読みのルールの解説が長くなりましたが，このルールに慣れておけば，知らない単語が読み上げられても，その単語のつづりを想像することが容易になります．では，ここで読みのルールを意識した練習問題にトライしてみましょう．

 ♪ 08→08→09→08

　音声を聞いて，全文を書き取ってください．（書き取れるまで何回でも繰り返し聞いてください．）

_____

_____

〈解答と和訳〉
　ここではリエゾン，アンシェヌマン，エリジヨンのところにのみ記号や網かけをつけました．

Juliette aime beaucoup faire du sport. Le matin, elle se lève à 6 heures pour faire du jogging. À 8 heures, elle part de chez elle pour aller au bureau à vélo. Il lui faut trois quarts d'heure. Mais avant, elle prenait le volant pour s'y rendre. Un jour, elle a eu tout à coup mal au dos et elle a su qu'il lui fallait faire plus de sport. Depuis, elle n'arrête pas de se déplacer à pied ou à vélo.

「ジュリエットはスポーツをするのが大好きです．毎朝，彼女は6時に起きてジョギングをします．8時には家を出て自転車で会社に行きます．45分かかります．でも以前は，会社に行くのにハンドルを握っていました（＝車で行っていました）．ある日，突然背中が痛くなり，もっと運動しないといけないことがわかりました．以来，彼女はいつも徒歩か自転車で移動しています．」

2) つづり字記号を忘れずに

´	: accent aigu	é
`	: accent grave	à, è, ù
^	: accent circonflexe	â, ê, î, ô, û
¨	: tréma	ë, ï, ü
¸	: cédille	ç
'	: apostrophe	j'ai
-	: trait d'union	c'est-à-dire
« »	: guillemets	il dit : « Ça y est ! ».

上記のつづり字記号のつけ忘れには十分注意をしましょう．ここではつづり字記号を意識した練習問題にトライしてみましょう．

 練習問題 ④　🔊 10 → 10 → 11 → 10

音声を聞いて，全文を書き取ってください．（書き取れるまで何回でも繰り返し聞いてください．）

_____

_____

〈解答と和訳〉
　つづり字記号に加えて，重要なポイントにも記号をつけました．動詞の活用形は複合形のみ四角で囲みました．

J'adore être à Nantes. C'est une très jolie ville. Tous les jours, je prends plein de photos du centre-ville. L'autre jour, j'$\boxed{\text{ai participé}}$ au festival de musique classique qui s'appelle la Folle Journée. Il y $\boxed{\text{a eu}}$ des concerts à la Cité des congrès de la ville. Le prix des places au festival est entre 0 et 25 euros. Ce n'est vraiment pas cher pour la qualité de la musique.

「私はナントにいるのが大好きです．とてもきれいな街です．毎日，中心街の写真をたくさん撮っています．先日，熱狂の日という名前のクラシック音楽祭に参加しました．街の国際会議場でコンサートがありました．音楽祭の座席の値段は 0 ～ 25 ユーロです．音楽の質を考えると，本当に安いです．」

3) 句読点の名称を把握する
　3 回目の読み上げの時にこの句読点の名称も読まれますが，うっかり point あるいは virgule などと書かないようにしましょう．

point：[.]

virgule：[,]

point d'interrogation：[?]

point d'exclamation：[!]

deux points：[:]

point-virgule：[;]

points de suspension：[...]

guillemets [« »]

　Ouvrez les guillemets：[«]

　Fermez les guillemets：[»]

注：これまで [;] と [...] が使われたことはありません．

　ではこれから，句読点を意識した練習問題に挑戦しましょう．

練習問題 ⑤ 🔊 12→12→13→12

　　音声を聞いて，全文を書き取ってください．（書き取れるまで何回でも
繰り返し聞いてください．）

_____

_____

〈解答と和訳〉

　　句読点に加えて，重要なポイントにも記号をつけました．ただし，point：［.］
と virgule：［,］，動詞の単純形は四角で囲んでいません．

Salut！ Ça va？ Cette année, les fêtes de la Saint-Fiacre auront lieu entre le 28
et le 31 août sur le thème：«les fleurs, l'eau et la nature». Ça te dit d'y aller？
On pourrait peut-être trouver un petit hôtel sympa pour y passer le week-end.
La journée, on se promènera dans le centre-ville et samedi soir, on ira au concert
donné dans l'église Saint-Marceau. J'espère que l'idée te plaira！

　「やあ！ 元気かい？ 今年は，サン＝フィアクルの祭りが『花，水，自然』のテ
ーマで 8 月 28 日から 31 日まで開催されるよ．そこに行かないかい？ 多分，
週末を過ごすのに，感じのよい小さなホテルを見つけられると思うよ．日中は中
心街を散歩して，土曜日の夜にはサン＝マルソー教会で行われるコンサートに行
こう．この思いつきが君の気に入るといいんだけど！」

4) 複数形の s や x を忘れずに

　　フランス語では複数形の s や x が発音されないために，うっかりつけ忘れるこ
とがあります．限定詞の複数形（des, les, ces, mes, tes, ses, nos, vos, leurs, 2 以上
の数詞）が聞こえたら，後続の名詞や形容詞も複数形にしなければならないと考
えましょう．特に，最後の見直しの時には必ず確認をしましょう．

5) 形容詞，過去分詞の性・数一致に気をつける

　　まず，試験では問題文に書かれている人名に注意しましょう．1 人称の語りの
場合，話者が男性か女性かを知ることは性・数一致に関係しますので，とても重
要です．

形容詞（付加的用法・属詞的用法）は関係する名詞の性と数に一致させなければなりません．女性形は語尾の音が変わることも多いので比較的容易ですが，聞きそびれるケースもあると思います．また，複数形は名詞の前についてリエゾンする場合を除いて，単数形とまったく同じ音です．このような時には，関係する名詞の前につく限定詞の音に注意したり，主語の数や動詞の活用に注目すれば，数の区別がつけやすくなります．

un joli sac	かわいいバッグ	une jolie jupe	かわいいスカート
Il est joli.	彼はかわいい．	Elle est jolie.	彼女はかわいい．
Ils sont jolis.	彼らはかわいい．	Elles sont jolies.	彼女たちはかわいい．

＊たいていの場合，テキストの語り手が男性の時はフランス人男性が読み上げ，語り手が女性の時はフランス人女性が読み上げます．

　主語が on の場合で，明らかに on が女性や複数を表している時，属詞は意味に応じて性・数一致します．

Nous, les filles, on est toujours souriantes.	私たち女子は，いつも笑顔です．
On est contents.	我々は満足している．

注：なお，このケースはこれまで出題されたことはありません．

　過去分詞の性・数一致には，次のような3ケースが考えられます．①複合過去において，être が助動詞の時に過去分詞と主語との性・数一致，②受動態の過去分詞と主語との性・数一致，③過去分詞と先行された直接目的語との性・数一致です．

① 複合過去において，être が助動詞の時に過去分詞の主語との性・数一致

Elles sont devenues avocates.	彼女たちは弁護士になった．
Vous vous êtes bien amusés hier soir ?	

昨晩，あなた方は楽しみましたか？

　代名動詞の場合も，再帰代名詞＝主語と考えていいでしょう．ただし，再帰代名詞が間接目的語の場合は性・数一致しません．

Elle s'est lavé les mains.	s' ＝間接目的語	彼女は手を洗った．
Nous nous sommes souvent téléphoné.	se ＝間接目的語	

私たちはしょっちゅう電話しあった．

② 受動態の過去分詞と主語との性・数一致

> La suspecte a été interrogée par la police.
> あの女性容疑者は警察に尋問された.
> Ces pneus sont fabriqués en France.　これらのタイヤはフランス製です.

③ 過去分詞と先行された直接目的語との性・数一致

> Où as-tu obtenu ces bouteilles de vin ? — Je les ai eues à New York.
> どこでこのワインを手に入れたの？　— ニューヨークだよ.
> J'ai retrouvé mes clés que j'avais perdues quelque part.
> どこかで失くしたカギが見つかったわ.
> Quelle voiture avez-vous achetée ?　どんな車を買いましたか？

注：なお，③のケースはこれまで出題されたことはありません.

　限定詞（冠詞／指示形容詞／所有形容詞／不定形容詞冠詞），性・数の区別のある指示代名詞，疑問形容詞などの性・数一致に気をつけることも忘れないでください. では，性・数一致を意識した練習問題にチャレンジしましょう.

 練習問題 ❻　🔊 14→14→15→14

　音声を聞いて，全文を書き取ってください．（書き取れるまで何回でも繰り返し聞いてください.）

――――――――――――――――――――――――

――――――――――――――――――――――――

〈解答と和訳〉
　性・数一致に加えて，他の重要ポイントにも記号をつけました. 動詞の活用形については複合形のみ四角で囲みました.

Moi, je m'appelle Yumiko. Cet été, je suis allée seule à Paris pour rencontrer une amie française, avec qui j'échange des mails. Elle m'a fait visiter des lieux touristiques comme le musée du Louvre, l'Avenue des Champs-Élysées, le château de Versailles. Un soir, nous sommes allées dans une boîte de nuit et nous nous y sommes bien amusées. Nous avons fait connaissance de plusieurs garçons très sympathiques et nous $\boxed{\text{avons dansé}}$ et $\boxed{\text{bavardé}}$ jusqu'au petit matin.

「私の名前は由美子です．この夏，私はフランス人の友人に会うために1人でパリに行きました．彼女とはメールの交換をしています．彼女はルーヴル美術館やシャンゼリゼ通りやヴェルサイユ宮殿のような観光地を案内してくれました．ある晩，私たちはクラブに行き，そこでとても楽しみました．何人かのとても感じのよい男の子たちと出会い，夜明けまで踊ったりおしゃべりしたりしました．」

6) 動詞の活用形を正確に

　2009年度春季から2021年度春季までで，2級の書き取り試験で使われた時制は直説法現在形・複合過去形・半過去形・大過去形・単純未来形，条件法現在形・過去形，接続法現在形です．直説法現在形・複合過去形・半過去形の組み合わせが頻繁に使われています．直説法大過去形と条件法現在形はそれほど多くはありませんが，時々見られます．直説法単純未来形，条件法過去形，接続法現在形が使われたのは，それぞれ一度だけでした．

　動詞の活用形はしっかり覚えておくことが大切ですが，それでもすべてを網羅するのは大変です．とりわけ，そのヴァリエーションの多さで難しく感じることもあるでしょう．でもそれを克服すれば，大きく点数を伸ばすことができます．ヴァリエーションが多いとはいっても，直説法半過去形・単純未来形，条件法現在形の活用語尾は主語に合わせて固定されています．また，直説法現在形の活用語尾も3つのグループに分けて覚えることができます．

　特に主語が3人称複数の時の活用語尾には気をつけましょう．3人称単数なのか3人称複数なのか，音だけでは区別できないものが落とし穴になるでしょう．前後の音や文脈で把握するようにしてください．

　では，これから動詞の活用形を意識した練習問題にトライしてみましょう．

 練習問題 7　�))16→16→17→16

　　音声を聞いて，全文を書き取ってください．（書き取れるまで何回でも繰り返し聞いてください．）

_____

_____

〈解答と和訳〉

　動詞の活用形に加えて，他の重要ポイントにも記号をつけました．また，この練習問題では，活用している動詞をすべて四角で囲みました．

Après 10 ans de travail chez un pâtissier, j'|ai décidé| de monter ma propre pâtisserie. J'|ai toujours souhaité| être indépendante. Je |viens| d'une famille nombreuse et peu aisée où on |mangeait| rarement des gâteaux. Je |voulais| manger tous les jours des sucreries. C'est pourquoi j'|ai choisi| ce métier. Le soir, j'|apporte| des gâteaux et des bonbons restants à mes voisins pour que les enfants |puissent| en manger.

「菓子屋で10年間働いた後，私は自分の菓子店を立ち上げることを決めました．私はいつも独立することを願っていました．私は，お菓子をほとんど食べることができなかった貧しい大家族の出身です．私は毎日甘いものが食べたいと思っていました．それが，私がこの仕事を選んだ理由です．毎晩，残ったお菓子やキャンディーを近所に持っていきます．子どもたちが毎日，それらを食べられるように．」

　書き取りの攻略法は，とにかく聞いて書くことです．この章で学んだ書き取りのテクニックやコツを参考にして，まずは次の総合問題4題に挑戦してください．その後は，身の回りのフランス語教材を利用して，聞いて書く訓練を続けましょう．

Renée の話を，次の要領で4回読みます．全文を書き取ってください．
・1回目，2回目は，ふつうの速さで全文を読みます．内容をよく理解す
るようにしてください．
・3回目は，ポーズをおきますから，その間に書き取ってください．（句
読点も読みます．）
・最後に，もう1回ふつうの速さで全文を読みます．
・読み終わってから3分後に，聞き取り試験にうつります．
・数を書く場合は，算用数字で書いてかまいません．

_____

_____

_____

_____

_____

_____

_____

_____

_____

_____

総合練習問題 ❷   🔊 20 → 20 → 21 → 20

　Delphine と Mathis の話を，次の要領で4回読みます．全文を書き取ってください．

・1回目，2回目は，ふつうの速さで全文を読みます．内容をよく理解するようにしてください．
・3回目は，ポーズをおきますから，その間に書き取ってください．（句読点も読みます．）
・最後に，もう1回ふつうの速さで全文を読みます．
・読み終わってから3分後に，聞き取り試験にうつります．
・数を書く場合は，算用数字で書いてかまいません．

_____

_____

_____

_____

_____

_____

_____

_____

_____

Catherine の話を，次の要領で 4 回読みます．全文を書き取ってください．

・1 回目，2 回目は，ふつうの速さで全文を読みます．内容をよく理解するようにしてください．

・3 回目は，ポーズをおきますから，その間に書き取ってください．（句読点も読みます．）

・最後に，もう 1 回ふつうの速さで全文を読みます．

・読み終わってから 3 分後に，聞き取り試験にうつります．

・数を書く場合は，算用数字で書いてかまいません．

　Monsieur Martin の話を，次の要領で 4 回読みます．全文を書き取ってください．

・1 回目，2 回目は，ふつうの速さで全文を読みます．内容をよく理解するようにしてください．

・3 回目は，ポーズをおきますから，その間に書き取ってください．（句読点も読みます．）

・最後に，もう 1 回ふつうの速さで全文を読みます．

・読み終わってから 3 分後に，聞き取り試験にうつります．

・数を書く場合は，算用数字で書いてかまいません．

2 聞き取り試験

穴埋め問題

　読まれるテキストを聞き，さらにその内容に関して読まれる 5 〜 6 つの質問を聞いて，応答文の一部を書く問題です．テキストはインタビュー形式の対話文です．テキストの長さは，100 語未満から 180 語以上までとかなり幅がありますが，多くは 130 語から 150 語の間でおさまっています．空欄は応答文全体で 8 箇所で，1 問 1 点です．部分点はありませんので，つづりのミスに注意しましょう．

過去問題　🔊 26 → 27 → 26 → 28 → 26

- まず，Louise へのインタビューを聞いてください．
- つづいて，それについての 5 つの質問を読みます．
- もう 1 回，インタビューを聞いてください．
- もう 1 回，5 つの質問を読みます．1 問ごとにポーズをおきますから，その間に，答えを解答用紙の解答欄にフランス語で書いてください．
- それぞれの（　　）内に 1 語入ります．
- 答えを書く時間は，1 問につき 10 秒です．
- 最後に，もう 1 回インタビューを聞いてください．
- 数を記入する場合は，算用数字で書いてください．
  （メモは自由にとってかまいません）　　　　　　　　　　　（配点 8）

(1) Ce sont ses (　　　　　).

(2) Bien qu'un peu (　　　　　), elles se portent bien.

(3) Dans une (　　　　　), pas loin de leur (　　　　　).

(4) Parce qu'elles voulaient aller (　　　　) des (　　　　).

(5) On a (　　　) les (　　　) de bonbons sur le chemin.

解答番号	解　答　欄	解答番号	解　答　欄
(1)		(4)	
(2)			
(3)		(5)	

（2019 年度秋季）

(1) (voisins)　　(2) (fatiguées)　　(3) (forêt) (maison)
(4) (cueillir) (fraises)　　(5) (suivi) (papiers)

....

　この問題は対話文も，それについての質問文も聞き取らなければならないので，一見すると難易度が高そうですが，問題用紙に印刷されている解答文そのものが重要なヒントになっています．まずは，解答文に目を通し，（　　）を除いた文の意味を掴んでおきましょう．その後，（　　）にはどんな単語が入るのかをできるだけ予測しておきましょう．例えば，動詞が入るのか．あるいは名詞や形容詞が入るのか．名詞や形容詞の場合，男性か女性か，単数形か複数形か，母音で始まる語か否かなどです．また，対話の流れと同じ順序で応答文が並んでいるので，応答文をあらかじめ読んでおくことで対話文の内容を想像することもできます．

　1回目の対話文は，応答文を目で追いながら聞きましょう．応答文を見ながら対話文を聞くと対話文の理解が促されます．対話文と応答文では主語の人称や動詞の語尾が異なることがありますが，それに惑わされず，応答文の空欄に入りそうな単語を，フランス語でもカタカナ発音のままでもかまわないので，できるだけメモしましょう．特に数字は必ずメモしましょう．時には応答文とそっくりの対話文もありますので，聞き逃さないようにしてください．

　聞き取り第1問は，これまでインタビュー形式の対話文が出題されてきたので，使用されている主語人称代名詞は je と vous が多いですが，書かれている応答文の主語は3人称に変わります．その点に特に注意しながら聞いてください．応答文の（　　）には，多くの場合，対話文中に登場する単語が入ります．その点で，この問題はある意味，「書き取り問題」に近いものだと言えます．ですから，最初の対話文の読み上げの時に，「書き取り」の要領で，発音される語句をできるだけ書き取っていくことが有効です．

　準2級にも同様の問題がありますが，2級では難易度が上がっています．性・数一致はほぼ毎回のように出題されています．また，数字は算用数字で書きます．年号など桁数の多いものやパーセンテージなどとともに使われることがありますので注意が必要です．un tiers「3分の1」，un quart「4分の1」などの分数や dizaine「約10」や douzaine「1ダース，約12」，centaine「約100」などのようにフランス語で書くものも出題されています．いずれにしても数字や数表現が聞こえてきたら，必ずメモを取りましょう．

　次に1回目の質問文が読み上げられます．質問文も対話の流れに沿っているので，この段階で答えが頭に浮かんだらすぐにメモをしましょう．また，使われている疑問詞に注意しながら，問われている内容を聞き取るようにします．その際，可能な限り各応答文のそばに疑問詞をメモすることをお勧めします．

　続いて2回目の対話文を聞きます．この段階では，何が問われているのかがかなりわかっているはずですので，応答文を見ながら答えを書き取れるように集

中して聞きましょう．2回目の質問文を聞いた後に，解答欄に答えを記入します．
聞き取れなかったところがあれば，3回目に対話文が読まれる時に，そこに注意
を向けましょう．この時，つづり字記号を含め，記入した単語に間違いがないか
どうかを見直します．特に性・数一致のし忘れがないかどうかを確認します．最
後に30秒間見直す時間がありますから，最終チェックをします．

　それでは，実際に解答の方法を見てみましょう．

　まず，読まれるテキストとその全訳を示しておきます．読まれるテキストには
リエゾンとアンシェヌマンの箇所を明示しておきますので，「書き取り」練習の
要領で，**音読練習**をして音のつながりにも慣れておきましょう．

〈読まれるテキスト〉

Le journaliste : On vient de retrouver vos deux filles qui avaient disparu il y a trois jours.
　　　　　　　Ce sont vos voisins qui les ont ramenées ?

Louise　　　　 : Oui. Je ne sais pas comment les remercier.

Le journaliste : Comment se portent les deux filles ?

Louise　　　　 : Elles sont un peu fatiguées, mais elles se portent bien.

Le journaliste : Elles ont été découvertes loin de chez vous ?

Louise　　　　 : Non, juste à deux kilomètres de la maison, mais dans la forêt ! Elles y
　　　　　　　étaient allées toutes seules pour cueillir des fraises.

Le journaliste : Comment est-ce qu'on a pu retrouver leur trace ?

Louise　　　　 : On a suivi les papiers de bonbons qu'elles avaient laissés derrière elles.

〈全訳〉

ジャーナリスト：3日前に行方不明になったあなたの2人の娘さんたちが見つかったば
　　　　　　　かりです．あなたの隣人たちが彼女たちを連れ戻してくれたのです
　　　　　　　ね？
ルイーズ　　　：ええ．彼らにはどのように感謝してよいかわかりません．
ジャーナリスト：2人の娘さんたちの体調はいかがですか？
ルイーズ　　　：彼女たちは少し疲れていますが，元気です．
ジャーナリスト：彼女たちはお宅から遠く離れたところで，見つかったのですか？
ルイーズ　　　：いいえ，家からちょうど2キロ離れたところだったのですが，森の中
　　　　　　　でした！　彼女たちは自分たちだけで，そこにイチゴを摘みに行った
　　　　　　　のです．
ジャーナリスト：どうやって彼女たちの足跡を見つけたのですか？
ルイーズ　　　：彼女たちが捨てたキャンディの包紙の後をついて行ったのです．

〈読まれる質問文〉

(1) Qui a ramené les deux filles de Louise ?

(2) Comment se portent les enfants ?

(3) Où est-ce que les deux filles ont été découvertes ?

(4) Pourquoi les deux filles étaient-elles parties toutes seules ?

(5) Comment est-ce que la trace des enfants a été retrouvée ?

〈質問文和訳〉
(1) 誰がルイーズの 2 人の娘たちを連れ戻したのですか？
(2) 子どもたちの体調はどうですか？
(3) どこで 2 人の娘たちが見つけ出されたのですか？
(4) なぜ 2 人の娘たちは彼女たちだけで出かけたのですか？
(5) 子どもたちの足跡はどのように見つかったのですか？

　それでは，問題を順番に検討していきましょう．まず，問題用紙の注意書きに書いてある対話文の登場人物の名前を覚えておきましょう．この過去問題の登場人物は，ルイーズ Louise です．

(1) 質問文　Qui a ramené les deux filles de Louise ?
　　　　　　誰がルイーズの 2 人の娘たちを連れ戻したのですか？
　　応答文　Ce sont ses (**voisins**).
　　　　　　それは彼女の（隣人たち）です．

　　まずは，設問の応答文 Ce sont ses (　　).「それは彼女の（　　）です．」を見て，空欄に入る語がどのようなものか，候補を考えておきましょう．空欄の前には所有形容詞の ses があり，空欄の後ろには何もありません．つまり，空欄には名詞が入るということです．その際，この名詞が複数形であることを念頭におき，解答を書き入れる時に複数形の s や x をつけ忘れないようにしましょう．

　　一方，質問文 Qui a ramené les deux filles de Louise ?「誰がルイーズの 2 人の娘たちを連れ戻したのですか？」を見てみましょう．この疑問文に関係する文が，読まれる対話文の中に出てきます．それは Ce sont vos voisins qui les ont ramenées ?「あなたの隣人たちが彼女たちを連れ戻してくれたのですね？」です．この文は C'est ～ que の強調構文で，使われている動詞は質問文で使われている動詞と同じ ramener「連れてくる」です．この文が聞き取れれば，この文で強調されている vos **voisins** が質問文の答えとなることがわかるでしょう．質問文は 3 人称で尋ねているので，応答文では所有形容詞が ses となっています．

(2) 質問文　Comment se portent les enfants ?
　　　　　　子どもたちの体調はどうですか？
　　応答文　Bien qu'un peu (**fatiguées**), elles se portent bien.
　　　　　　少し（疲れています）が，彼女たちは元気です．

　　設問の応答文 Bien qu'un peu (　　), elles se portent bien.「少し（　　）が，彼女たちは元気です．」を見てみましょう．空欄の前の un peu を見た段階で，空欄には形容詞が入る可能性があることを想定しておきましょう．bien que ～「～にもかかわらず」を使った表現では，多くの人が « bien que ＋接続法 » の形で，節内の動詞は接続法になると覚えていると思います．しかし，この bien que の後の主語と動詞 être は省略されることがあります．その場合，形容詞や名詞が単独で bien que の後ろに続きます．ですので，今回はこの省略のケースであること，un peu がついて

いることから形容詞が入るのではないかと想定できれば，正答に一歩近づきます．

　次に質問文を見てみましょう．これは疑問副詞 comment「どんな」を使った疑問文です．この疑問文はシンプルですが，動詞 se porter の意味を正確に把握している必要があります．se porter は体調を表現する動詞として使われます．例えば，se porter bien「体調がよい」や se porter mal「体調が悪い」という表現で覚えておきましょう．

　とはいえ，設問の質問文の意味が正確に把握できなくても，この質問文は読まれる対話文の Comment se portent les deux filles ?「2 人の娘さんたちの体調はいかがですか？」とほぼ同じ文ですので，読まれるテキストの応答文を書き取りの要領で聞くことで正答に到達できます．読まれるテキストの応答文 Elles sont un peu fatiguées, mais elles se portent bien.「彼女たちは少し疲れていますが，元気です．」の後半部分は，設問の応答文とそっくり同じで，空欄の直前の語も同じ un peu となっていますので，un peu の直後の語に注意して聞くことで，fatiguées を書き取ることができるでしょう．ただし，bien que の後の省略されている主語は elles ですので，性・数一致をして fatigué**es** とすることを忘れないようにしましょう．

(3) 質問文　Où est-ce que les deux filles ont été découvertes ?
　　　　　　どこで 2 人の娘たちが見つけ出されたのですか？
　　応答文　Dans une (**forêt**), pas loin de leur (**maison**).
　　　　　　彼女たちの（家）から遠くない（森）の中です．

　まずは設問の応答文 Dans une (　　), pas loin de leur (　　).「(　　) から遠くない (　　) の中です．」を見てみましょう．最初の空欄の前には une があるので，空欄には女性・単数名詞が入ることが想定できます．また，2 つ目の空欄の前には leur があるので，空欄には単数名詞が入ることが考えられます．

　次に質問文 Où est-ce que les deux filles ont été découvertes ?「どこで 2 人の娘たちが見つけ出されたのですか？」を見てみましょう．この質問文は疑問副詞 où「どこ」を使った疑問文です．使われている語彙も 3 級までに出題される語彙なので，質問文は理解できるでしょう．この疑問文に対応する文は，読まれるテキストの中では疑問詞のない疑問文の形で提示されています．Elles ont été découvertes loin de chez vous ?「彼女たちはお宅から遠く離れたところで，見つかったのですか？」のところです．

　設問の質問文が読まれるテキストのどこに対応しているかがわかれば，その直後の文 Non, juste à deux kilomètres de la maison, mais dans la forêt !「いいえ，家からちょうど 2 キロ離れたところだったのですが，森の中でした！」を注意して聞くことで正答にたどり着くことができるでしょう．この文の中で使われている名詞は，単位の名詞 kilomètre を除くと，maison と forêt だけです．ここまでわかれば，前置詞 dans がある 1 つ目の空欄には forêt が，2 つ目の空欄には maison が入ると結論づけることができるでしょう．

(4) 質問文　Pourquoi les deux filles étaient-elles parties toutes seules ?
　　　　　　なぜ 2 人の娘たちは彼女たちだけで出かけたのですか？
　　応答文　Parce qu'elles voulaient aller (**cueillir**) des (**fraises**).
　　　　　　なぜなら彼女たちは（イチゴ）を（摘み）たかったからです．

　設問の応答文の Parce qu'elles voulaient aller (　　) des (　　).「なぜなら彼女たちは (　　) を (　　) たかったからです．」の空欄に，どのような語が入るかを考

えましょう．1つ目の空欄の前後にある語は aller と des です．この des は2つ目の空欄の前の語でもあります．最初の空欄の前に aller があることから，ここには不定詞が入ることが想像できます．2つ目の空欄の前には des があるので，2つ目の空欄には複数名詞が入ることが想定できます．さらに1つ目の空欄に動詞が入ると想定すると，2つ目の空欄の名詞は1つ目の空欄の直接目的語である可能性があります．

　次に設問の質問文 Pourquoi les deux filles étaient-elles parties toutes seules ?「なぜ2人の娘たちは彼女たちだけで出かけたのですか？」を検討します．これは疑問副詞 pourquoi を用いて2人の娘たちが出かけた理由を尋ねている文ですが，読まれるテキストの中には残念ながら類似の質問はありません．しかしながら，設問の応答文に対応する文ならあります．それは Elles y étaient allées toutes seules pour cueillir des fraises.「彼女たちは自分たちだけで，そこにイチゴを摘みに行ったのです．」のところです．設問の応答文の分析に従って，つまり1つ目の空欄が動詞で2つ目の空欄の複数名詞がその動詞の直接目的語であるという想定でこの部分を聞くと，pour cueillir des fraises「イチゴを摘みに」が該当することがわかるでしょう．書き取りの要領で注意深く聞くことで，正答を導くことができます．cueillir の発音は [kœjir] で，つづり字との関係がやや特殊ですので，cue を ceu と書き間違えないように気をつけましょう．

(5) 質問文　Comment est-ce que la trace des enfants a été retrouvée ?

　　　　　　子どもたちの足跡はどのように見つかったのですか？

　応答文　On a (**suivi**) les (**papiers**) de bonbons sur le chemin.

　　　　　　道に落ちていたキャンディの（包紙）を（追い）ました．

　これまでと同じように，設問の応答文 On a (　　) les (　　) de bonbons sur le chemin.「道に落ちていたキャンディの（　　）を（　　）ました．」を見てみましょう．1つ目の空欄の前後には，動詞の a と定冠詞か目的語代名詞の les があります．2つ目の空欄の前には1つ目の空欄の後ろの les があり，後ろには de bonbons があります．まず前提として，このインタビューが過去の出来事について取材されたものであり，基本的に過去形で対話が進行していることを確認しましょう．この前提から，1つ目の空欄には複合過去形の一部である過去分詞が入ると考えられるので，この les は定冠詞だと想定できます．また2つ目の空欄には，キャンディと関係のある複数名詞が入ることが想定できます．その理由は，2つ目の空欄と無冠詞の bonbons の間を de が結んでいるからです．つまり de bonbons「キャンディの」という形容によって，キャンディと関わりのある名詞，キャンディの一部である何かが2つ目の空欄に入ることが想定できるのです．

　次に設問の質問文 Comment est-ce que la trace des enfants a été retrouvée ?「子どもたちの足跡はどのように見つかったのですか？」を考えましょう．この質問文に対応する文が読まれるテキストの中にもあります．それはジャーナリストの最後の質問文である Comment est-ce qu'on a pu retrouver leur trace ?「どうやって彼女たちの足跡を見つけたのですか？」がその部分です．構造が能動態であることを除けば，使われているキーワードは同じです．このことに気がつけば，読まれる対話文のルイーズの最後の応答文 On a suivi les papiers de bonbons「キャンディの包紙を追いました」を注意深く聞くことで，正答に到達することができます．

以上，過去問題を見ながら，穴埋め問題をどのように解答したらよいのかを考えました．

　次に，過去問題の質問文について傾向を分析しましたので，参考にしてください．2009 年度春季〜 2021 年度秋季までに出題された計 123 の質問文のうち，20 が疑問詞のない疑問文で，残り 103 の質問文が疑問詞のある疑問文でした．疑問代名詞のうち，実際に出題されたのは qu'est-ce que (qu') が 19 回と圧倒的に多く，その次に多いのは que で 7 回，その次が qui で 3 回で，qu'est-ce qui が 1 回でした．また前置詞のついた疑問代名詞も 4 回出題されています．de quoi が 2 回，en quoi と avec qui がそれぞれ 1 回ずつでした．疑問副詞はまんべんなく出題されてますので，どの疑問副詞が出てきても対応できるようにしておきましょう．とはいえ，準 2 級に比べて難易度が上がり，応答がより複雑になるように，pourquoi や comment の出題が増えています．実際に出題された疑問副詞は pourquoi が 17 回，comment が 13 回で，combien (combien de を含む)，quand，où がそれぞれ 4，5 回程度です．疑問形容詞は過去に 23 回使用されており，属詞的用法が 12 回，付加的用法が 11 回でした．付加的用法では前置詞＋疑問形容詞の形も出題されます．実際に出題されたのは，en quels mois, en quelle année, dans quel but, en quelle couleur, pour quelle raison でした．

　このように多くの疑問詞が使われているので，改めて第 5 問（本冊 pp.107-108）で疑問詞のおさらいしておきましょう．

　聞き取り問題は，読まれるテキストを正確に理解できるかどうかがカギになります．特にフランス語独特の読みのルール（リエゾンやアンシェヌマンなど）に慣れてください．ここでも書き取り（ディクテ）の訓練が役に立ちます．出題される単語は 3 級程度の基本単語ばかりです．身の回りにあるフランス語教材（5 級〜 3 級）を利用して，音読と書き取りの訓練を続けてください．

　これから，練習問題に挑戦します．ここで学んだやり方を実践し，（　　）に入る語を予測しながら，読まれるテキストをしっかり聞き取りましょう．

・まず，Nicolas へのインタビューを聞いてください.
・つづいて，それについての 5 つの質問を読みます.
・もう 1 回，インタビューを聞いてください.
・もう 1 回，5 つの質問を読みます. 1 問ごとにポーズをおきますから，その間に，答えを解答用紙の解答欄にフランス語で書いてください.
・それぞれの（　　）内に 1 語入ります.
・答えを書く時間は，1 問につき 10 秒です.
・最後に，もう 1 回インタビューを聞いてください.
・数を記入する場合は，算用数字で書いてください.
（メモは自由にとってかまいません）

:::

(1) Il les a (　　　　　　　) en travaillant dans un (　　　　　　　)

pendant les vacances scolaires.

(2) Il est (　　　　　　) de son (　　　　　　) magasin Bio

depuis 2018.

(3) Non, il a aussi un rayon produits frais, boulangerie,

(　　　　　　) et surgelés.

(4) Parce que ça correspond à ses (　　　　　　) et à celles de ses

collaborateurs.

(5) Ils mettront en (　　　　　) des (　　　　　　) 100%

naturels l'année prochaine.

メモ欄

🔊 32→33→32→34→32

- まず，Cécile へのインタビューを聞いてください．
- つづいて，それについての 5 つの質問を読みます．
- もう 1 回，インタビューを聞いてください．
- もう 1 回，5 つの質問を読みます．1 問ごとにポーズをおきますから，その間に，答えを解答用紙の解答欄にフランス語で書いてください．
- それぞれの（　　）内に 1 語入ります．
- 答えを書く時間は，1 問につき 10 秒です．
- 最後に，もう 1 回インタビューを聞いてください．
- 数を記入する場合は，算用数字で書いてください．
  （メモは自由にとってかまいません）

....

(1) C'est d'être (　　　　　　) par les animaux et savoir créer une

   relation de (　　　　　) avec eux.

(2) Cécile prend (　　　　　　) des animaux chez elle ou au

   (　　　　　　) de leur maître pendant son absence.

(3) Elle passe quelques heures par jour à (　　　　　) des chiens

   et jouer avec eux.

(4) Ça lui arrive de garder un chien une (　　　　　) de jours

   quand son propriétaire part en (　　　　　).

(5) Elle les considère comme les (　　　　　).

メモ欄

第 2 問　内容一致問題

　長文テキストの聞き取り問題です．まず総ワード数 200 程度の長文のテキストを聞きます．次にテキストの内容に関する 10 の文を聞いて，それぞれの文が，テキストの内容に一致するか，しないかを判断します．① （一致する）か② （一致しない）を選ぶ選択式の問題です．問題文は 10 題で，1 問 1 点の配点です．

過去問題　🔊 35→35→36→36→35

・まず，Henri の話を 2 回聞いてください．
・次に，その内容について述べた文 (1) 〜 (10) を 2 回通して読みます．
　それぞれの文が話の内容に一致する場合は解答欄の①に，一致しない
　場合は②にマークしてください．
・最後に，もう 1 回 Henri の話を聞いてください．
（メモは自由にとってかまいません）　　　　　　　　　　　　　（配点 10）

解答番号	解　答　欄
(1)	① ②
(2)	① ②
(3)	① ②
(4)	① ②
(5)	① ②
(6)	① ②
(7)	① ②
(8)	① ②
(9)	① ②
(10)	① ②

（2019 年度秋季）

聞き取り試験

2

内容一致問題

(1) ② (2) ② (3) ② (4) ① (5) ① (6) ① (7) ② (8) ① (9) ① (10) ②

　この聞き取り問題の第2問では，個人の生活をテーマにしたテキストが主流です．個人の思い出や経験，考え方に関わる話題が，1人称を中心に3人称が混在する形式で述べられることが圧倒的に多いですが，3人称のみの語りのテキストも出題されたことがあります．また最近は，直接話法と間接話法が混在していることもあるので，この点にも注意しましょう．時制は直説法の現在形・複合過去形・半過去形・大過去形・単純未来形，条件法の現在形・過去形，接続法現在形など多岐にわたっています．いずれにしても，解き方のポイントは同じです．

　筆記試験の第6問と同じく，問題文(1)〜(10)は，通常，テキストの内容に沿って順番になるように問われます．まず長文のテキストが2回読まれ，その後，読まれたテキストに関する問題文が2回通して読まれます．最後にもう1回，長文のテキストが読まれます．

　1回目に長文テキストを聞く時は，主題やおおよその内容を聞き取るようにします．その際，知らない単語も出てくるでしょう．リエゾンやアンシェヌマンによって，知っている単語でもすぐにピンとこないこともあると思います．ですから，まずはリラックスして全体を把握することに努めましょう．もしメモを取る余裕があれば，1回目からメモを取ってもかまいません．ただし，メモを取ることに一生懸命になるあまり，話の流れが把握できなくなってはいけません．

　2回目に聞く時は，英語の5W1Hを念頭におき，誰が，何を，いつ，どうしたか，なぜそうしたのかなどに注意しながら，重要と思われる事柄については必ずメモを取りましょう．話者の考えや希望，好みなどに注意して聞き取り，メモをします．例えば，話者は**何をしたいのか**，**どう思っている**のか，などです．

　次に，10問の問題文が2回読まれます．1回目のリスニングからすぐに①（一致する），②（一致しない）をメモしておきましょう．2回目は，1回目の正誤判断の確認をするつもりで臨むと，余裕を持って聞き取れるはずです．

　問題文では固有名詞で読まれることが多いので，過去問題のHenriのように，問題冊子に人物名が記されている時は，その名前を頭に置いておきましょう．また，話者の他に登場人物が複数いることもあります．長文テキストを聞く時に，問題冊子に記されていない名前が出てきたら，メモをしておきましょう．

　最後にもう1回，長文テキストが読まれるので，全体を確認するつもりで聞きましょう．正誤のポイントになるところは，耳を澄ませて聞きましょう．正誤の判断に迷う問題文があれば，この時にしっかりと確認をし，必要があれば修正をします．

　各設問の解説に移る前に，読まれるテキストとその全訳を示します．読まれるテキストには，リエゾンとアンシェヌマンの箇所を明示しますので，**音読練習**を

して音のつながりに慣れておきましょう.

〈読まれるテキスト〉

　Ma femme s'appelle Anne. Elle n'est pas amusante ; elle n'aime pas se distraire. Le matin, quand elle se réveille, elle regarde d'abord le réveil. S'il est six heures moins dix, elle reste encore au lit quinze minutes. Chaque jour, elle se lève à six heures cinq. Ensuite, elle va dans la salle de bains pour se regarder dans la glace. Pendant ce temps-là, je prépare le petit déjeuner. Tous les jours, nous prenons du jus d'orange, du thé au lait et des tartines avec du beurre et de la confiture. Après s'être brossé les dents et s'être coiffée avec soin, ma femme part au travail à huit heures et demie. Elle rentre à midi pour le déjeuner. Comme je ne travaille pas, c'est moi qui prépare le repas. J'essaie de varier le menu. Heureusement, Anne préfère la cuisine simple, par exemple des œufs durs avec un peu de salade. Après le déjeuner, elle retourne au travail, tandis que je vais me promener dans le quartier, discuter avec des amis dans un café et faire les achats pour le soir. Anne rentre à six heures et quart et nous commençons à dîner à sept heures. Elle me parle de ce qui s'est passé pendant la journée, et se plaint souvent de ses collègues. Il est rare qu'elle me raconte des histoires drôles. Je fais des efforts pour la faire rire, mais ce n'est pas facile.

〈全訳〉

　私の妻はアンヌという名前です. 彼女は面白味のない女性です. 彼女は気晴らしをすることが好きではありません. 毎朝, 彼女は目覚めると, まず目覚まし時計を見ます. もし5時50分なら, もう15分間ベッドにいます. 毎朝, 彼女は6時5分に起床します. 次に, 彼女はバスルームに行って, 鏡を見ます. この時間, 私は朝食の用意をします. 毎日, 私たちはオレンジジュース, ミルクティー, バターとジャムをつけたパンをとります. 歯を磨き, 髪を丁寧に整えた後, 妻は8時半に仕事に出かけます. 彼女は昼食のために正午に帰宅します. 私は働いていないので, 食事を用意するのは私です. 献立に変化をつけるようにしています. 幸いなことに, アンヌはシンプルな料理を好みます. 例えば少々のサラダと茹で卵のようなものです. 昼食後, 彼女は仕事に戻り, 私のほうは周辺を散歩し, カフェで友人たちとおしゃべりし, 夕食の買い物をします. アンヌは6時15分に帰宅し, 私たちは7時に夕食を食べ始めます. 彼女はその日にあったことを私に話し, よく同僚に対する不満を口にします. 彼女が面白おかしい話をすることは滅多にありません. 私は彼女を笑わせようと努力していますが, それは簡単ではありません.

〈問題文〉

(1) Henri trouve sa femme amusante.
(2) Tous les jours, Anne se lève à six heures moins dix.
(3) Le matin, la femme d'Henri n'a pas le temps de se regarder dans la glace.
(4) Le petit déjeuner du couple est toujours le même.

(5) Tous les jours, Anne part travailler à une heure fixe.

(6) Henri n'a pas de travail.

(7) La femme d'Henri aime les plats difficiles à préparer.

(8) Henri ne reste pas chez lui l'après-midi.

(9) Anne n'est pas très satisfaite de ses collègues.

(10) Henri fait rire sa femme sans trop de difficultés.

〈問題文和訳〉

(1) アンリは自分の妻を面白い女性だと思っている.

(2) 毎日, アンヌは5時50分に起床する.

(3) 毎朝, アンリの妻には鏡を見る時間がない.

(4) 夫婦の朝食はいつも同じである.

(5) 毎日, アンヌは決まった時間に仕事に出かける.

(6) アンリには仕事がない.

(7) アンリの妻は調理するのが難しい料理が好きである.

(8) アンリは午後には家にいない.

(9) アンヌは同僚にあまり満足していない.

(10) アンリは大した苦労もなく妻を笑わせる.

それでは, 問題を順番に検討していきましょう.

(1) ② Henri trouve sa femme amusante.

「アンリは自分の妻を面白い女性だと思っている.」

冒頭で Ma femme s'appelle Anne. Elle **n'est pas amusante**「私の妻はアンヌという名前です. **彼女は面白味のない女性**です」と言っています. 構造については, 問題文では « trouver ＋人＋形容詞 »「〜を…と思う」が肯定文で使われていますが, 一方の読まれたテキストの文はシンプルな « 主語＋ ne ＋動詞＋ pas ＋形容詞 »「〜は…でない」の構造の文です. 問題文では「面白い女性」となり, 読まれたテキストでは「面白味のない女性」となっているので, 明らかに (1) の問題は内容が一致していません.

(2) ② Tous les jours, Anne se lève à six heures moins dix.

「毎日, アンヌは5時50分に起床する.」

読まれたテキストの Chaque jour, elle **se lève à six heures cinq**.「毎朝, 彼女は**6時5分に起床します.**」が関係する部分です. この問題文は読まれたテキストの該当箇所と構造が全く同じです. 違いは問題文で tous les jours, Anne, à six heures moins dix となっているところが, 読まれたテキストでは chaque jour, elle, à six heures cinq になっていることです. tous les jours と chaque jour は同義語で, 主語が名詞から代名詞に変わったことも問題はありませんが, 起床時間が異なっています. これは起床時間を変えただけの単純な問題ですので, 集中して聞けば, 正誤の判断は容易につくでしょう. これも内容が一致していません.

(3) ② Le matin, la femme d'Henri n'a pas le temps de se regarder dans la glace.

「毎朝, アンリの妻には鏡を見る時間がない.」

読まれたテキストで該当するのは, Ensuite, elle va dans la salle de bains pour **se**

regarder dans la glace.「次に，彼女はバスルームに行って，**鏡を見ます**.」です. 問題文では，« avoir le temps de ＋不定詞 »「〜する時間がある」の表現が否定文で使われ，鏡を見る時間がないと言っています. 一方の読まれたテキストでは，より単純な構造で « aller ＋場所＋ pour ＋不定詞 »「〜するために…に行く」を使って，バスルームに行って鏡を見ることが語られています. したがって，(3) の問題も内容が一致していません. なお，se regarder dans la glace「鏡を見る」という表現も覚えておきましょう.

(4) ① Le petit déjeuner du couple est toujours le même.

　「夫婦の朝食はいつも同じである.」

　読まれたテキストで該当するのは，**Tous les jours**, nous prenons **du jus d'orange, du thé au lait et des tartines avec du beurre et de la confiture**.「**毎日**，私たちは**オレンジジュース，ミルクティー，バターとジャムをつけたパン**をとります.」です. これは，読まれたテキストで du jus d'orange, du thé au lait et des tartines avec du beurre et de la confiture などの具体例で述べられているものを，問題文では包括する Le petit déjeuner du couple est le même.「夫婦の朝食は同じである.」という文で言い換えているものです. さらに読まれたテキストでは tous les jours「毎日」が問題文では同義語の toujours「いつも」に言い換えられていますが，内容は一致しています.

(5) ① Tous les jours, Anne part travailler à une heure fixe.

　「毎日，アンヌは決まった時間に仕事に出かける.」

　読まれたテキストで該当するのは，ma femme part au travail **à huit heures et demie**「妻は **8 時半に**仕事に出かけます」です. 読まれたテキストでは，出勤時間について毎日という言葉は使われていませんが，これまでの流れから，妻が毎日同じ時間にルーティンをしていることがわかります. したがって，妻は毎日 8 時半に出勤すると解釈するのが自然です. この問題も設問の (4) と同様に，8 時半という具体例で述べられたものを，問題文で à une heure fixe「決まった時間に」というふうに包括する言い換えにしているものです. また構造については，読まれたテキストの partir au travail から問題文の partir travailler に単純化しています. したがって，この問題は内容が一致しています.

(6) ① Henri n'a pas de travail.

　「アンリには仕事がない.」

　問題文はアンリが仕事をしていないことを言っています. 読まれたテキストで関係している箇所は，Comme je **ne travaille pas**「私は**働いていないので**」のところです. je は語り手である Henri ですから，これは内容が一致していると判断できます. この問題はこの該当部分が聞き取れれば，難なく解答できる問題ですね.

(7) ② La femme d'Henri aime les plats difficiles à préparer.

　「アンリの妻は調理するのが難しい料理が好きである.」

　読まれたテキストで関係しているのは，Anne **préfère la cuisine simple**「アンヌは**シンプルな料理を好みます**」のところです. 読まれたテキストの文も問題文も共にシンプルな構造の文です. 問題文では，主語の la femme d'Henri「アンリの妻」に動詞 aimer を使い，直接目的語に les plats difficiles à préparer「用意するのが難しい料理」を置いています. この部分は « 名詞＋ difficile [facile] à ＋不定詞 »「〜する

のが難しい［簡単な］…」という表現です．一方の読まれたテキストでは，主語が妻の名前 Anne になり，動詞 préférer を使い，直接目的語は les plats の同義語 la cuisine「料理」を置いています．ここまでは全く同じことの言い換えです．違いは問題文で difficile となっているところが simple「単純な，簡単な」に変わっているところです．問題文がどこに対応しているのかと les plats difficiles と la cuisine simple が聞き取れれば，正誤の判断はつきますね．(7) の問題は内容が一致していません．

(8) ① Henri ne reste pas chez lui l'après-midi.

「アンリは午後には家にいない．」

読まれたテキストで関係している箇所は，**Après le déjeuner**, elle retourne au travail, tandis que **je vais me promener dans le quartier, discuter avec des amis dans un café et faire les achats pour le soir**.「**昼食後**，彼女は仕事に戻り，**私のほうは周辺を散歩し，カフェで友人たちとおしゃべりし，夕食の買い物をします．**」のところです．問題文では，動詞 rester を否定文で使い，アンリが午後には家にいないと言っています．一方の読まれたテキストでは，主語は語り手である Henri が je となり，周辺を散歩する，カフェで友人とおしゃべりする，夕食の買い物をするという昼食後の行動を語っています．

この問題も (4) や (5) と同様に，me promener dans le quartier, discuter avec des amis dans un café et faire les achats のように具体例で述べられものを，問題文で ne reste pas chez lui「自宅にはいない」というふうに包括する言い換えです．この問題は内容が一致しています．

(9) ① Anne n'est pas très satisfaite de ses collègues.

「アンヌは同僚にあまり満足していない．」

読まれたテキストで関係しているのは，**Elle** me parle de ce qui s'est passé pendant la journée, et **se plaint souvent de ses collègues**.「**彼女は**その日にあったことを私に話し，**よく同僚に対する不満を口にします．**」です．問題文では « être satisfait de ＋名詞 »「～に満足している」が否定形で使われています．一方の読まれたテキストでは，« se plaindre de ＋名詞 »「～に対する不平を言う」という言葉で，アンヌが同僚に満足していないことが語られています．したがって，問題 (9) は内容が一致しています．

(10) ② Henri fait rire sa femme sans trop de difficultés.

「アンリは大した苦労もなく妻を笑わせる．」

読まれたテキストで関係しているのは，最後の Je **fais des efforts pour la faire rire**, mais ce n'est pas facile.「私は**彼女を笑わせようと努力していますが，それは簡単ではありません．**」のところです．問題文では，使役動詞 faire を使って « faire rire ＋人 »「人を笑わせる」という構文で，アンリが妻を笑わせると言っています．そこに sans difficultés「苦労［困難］もなく」という様態の副詞がついています．一方の読まれたテキストでは，使役の表現 la faire rire「彼女を笑わせる」の前に « faire des efforts pour ＋不定詞 »「～するために努力する」という成句表現が使われて，アンリが妻を笑わせるのに努力をしていることが語られています．その後に，逆接の接続詞 mais を使って，ce n'est pas facile「それは簡単ではない」とその努力が報われていないことが示されています．したがって，問題 (10) は内容が一致して

いません．

　それでは，これから実際に練習問題を解いてみましょう．練習問題では，個人の生活をテーマにしたテキストを2つ用意しました．書き取りの問題で学習したノウハウを思い出して，練習問題に臨みましょう．

練習問題 1 🔊 37→37→38→38→37

- まず，Bernard の話を2回聞いてください．
- 次に，その内容について述べた文 (1) 〜 (10) を2回通して読みます．
  それぞれの文が話の内容に一致する場合は①を，一致しない場合は②にマークしてください．
- 最後に，もう1回 Bernard の話を聞いてください．
  （メモは自由にとってかまいません）

解答番号	解　答　欄
(1)	① ②
(2)	① ②
(3)	① ②
(4)	① ②
(5)	① ②
(6)	① ②
(7)	① ②
(8)	① ②
(9)	① ②
(10)	① ②

メモ欄

・まず，Élise の話を 2 回聞いてください．
・次に，その内容について述べた文 (1) 〜 (10) を 2 回通して読みます．
 それぞれの文が話の内容に一致する場合は①を，一致しない場合は②
 にマークしてください．
・最後に，もう 1 回 Élise の話を聞いてください．
 （メモは自由にとってかまいません）

解答番号	解　答　欄
(1)	① ②
(2)	① ②
(3)	① ②
(4)	① ②
(5)	① ②
(6)	① ②
(7)	① ②
(8)	① ②
(9)	① ②
(10)	① ②

メモ欄

2 2次試験

2次試験

2次試験は，受験者と面接委員との個別面接形式の口頭試験です．面接委員が日常生活に関連するテーマを1つ提示し，それについて話すように求めます．受験者が話した内容をもとに面接委員が質問をし，それに受験者が答えるという形で会話が進行します．試験は5分程度です．

まずは試験方法を確認しておきましょう．

2級　2次試験　試験方法

1. 試験は個人面接の形で行われます．
   面接委員はフランス人1人と日本人1人の2人です．
   面接はすべてフランス語で進行します．
2. 入室後，すぐに面接委員が本人確認を行います．
3. フランス人面接委員が，1つのテーマについて話すように求めます．
4. 受験者が述べたことをもとに面接委員が質問をしますので，それに答えます．
5. 時間に余裕があれば，他のことについても尋ねられることがあります．
6. 試験時間は入室から退室まで，全体で約5分間です．

では，これから実際の過去問題にトライしてみましょう．

○2次試験は個人面接です（面接時間：5分）．
○指示にしたがい試験室に入室し，はじめに氏名の確認がありますから，
　フランス語で答えてください．
○次に，面接委員によりフランス語で質問がありますから，フランス語
　で答えてください．
＊注意＊　試験入室前に携帯電話等の電子機器の電源を切ってください．

◆ Le jury choisit un (des) sujet(s) dans la liste en fonction des intérêts de chaque candidat.

1. Aimez-vous regarder des matchs de sport ?

2. Aimez-vous prendre des photos ?

3. D'habitude, qu'est-ce que vous faites le dimanche ?

4. Passez-vous beaucoup de temps sur votre téléphone portable ?

🔊 41

5. Préférez-vous sortir seul(e) ou en groupe ?

6. Présentez-nous un(e) de vos ami(e)s. 🔊 42

7. Vous avez le permis de conduire ?

8. Faites-vous quelque chose pour rester en bonne santé ? 🔊 43

9. Qu'est-ce que vous faites quand vous n'arrivez pas à dormir ?

10. Qu'est-ce qu'il y a d'intéressant dans votre ville ?

(2019 年度秋季)

2次試験

〈質問文の和訳〉

1. Aimez-vous regarder des matchs de sport ?
   「スポーツ観戦をするのは好きですか？」
2. Aimez-vous prendre des photos ?
   「写真を撮るのは好きですか？」
3. D'habitude, qu'est-ce que vous faites le dimanche ?
   「ふだん日曜日は何をしますか？」
4. Passez-vous beaucoup de temps sur votre téléphone portable ?
   「長時間，携帯電話を使って過ごしますか？」
5. Préférez-vous sortir seul(e) ou en groupe ?
   「ひとりで出かけるのが好きですか，またはグループで出かけるが好きですか？」
6. Présentez-nous un(e) de vos ami(e)s.
   「あなたの友人の1人を紹介してください．」
7. Vous avez le permis de conduire ?
   「運転免許を持っていますか？」
8. Faites-vous quelque chose pour rester en bonne santé ?
   「健康を維持するために何かしていますか？」
9. Qu'est-ce que vous faites quand vous n'arrivez pas à dormir ?
   「眠れない時，何をしますか？」
10. Qu'est-ce qu'il y a d'intéressant dans votre ville ?
    「あなたの町（市）で興味深いことは何ですか？」

　2019年度秋季の過去問題の中から，過去のテーマリストにおいても複数回出題されたことのあるテーマ（携帯電話，友人，健康）を3つ選び，それについて以下に応答の模範例を紹介します．

〈模範応答例と全訳及びポイント〉

質問文：Passez-vous beaucoup de temps sur votre téléphone portable ? 🔊 41
　　　　「長時間，携帯電話を使って過ごしますか？」

応答例：Oui, j'y passe beaucoup de temps parce que je fais mes courses sur Internet. Je m'en sers aussi pour faire des recherches, lire l'actualité et suivre les réseaux sociaux comme Facebook ou Instagram. Je pense que le téléphone portable est plus pratique que l'ordinateur parce qu'on peut l'utiliser n'importe où. On peut par exemple regarder des recettes en faisant la cuisine ou écouter de la musique dans les transports en commun. Par contre, j'essaie de ne pas regarder mon téléphone portable le soir avant d'aller me coucher parce que ça m'empêche de dormir.

「ええ，私は携帯電話を使って長時間過ごします．というのも私はインターネットで買い物をするからです．検索をしたり，ニュースを読んだり，FacebookやInstagramのようなソーシャル・ネットワークをフォローしたりするのにも携帯を使っています．携

帯電話はどこでも使えるので，コンピューターよりも便利だと思います．例えば，料理をしながらレシピを見たり，あるいは公共の交通機関で音楽を聴いたりできます．逆に，夜，就寝する前には，眠れなくなるので携帯電話を見ないようにしています．」

〈ポイント〉

1. 携帯電話をよく利用するという設定です．
2. 検索，ニュースを読む，Facebook や Instagram のフォロー，ネットショッピングなど携帯電話を使うケースを具体的に話しています．
3. レシピを見ながらの料理，移動時の音楽プレーヤーとしての利用など携帯電話を使うシチュエーションを説明しています．
4. 眠れなくなるので，就寝前には携帯電話を使わないようにしているという話題を加えています．

質問文：**Présentez-nous un(e) de vos ami(e)s.** 🔊 42

　　　「あなたの友人の1人を紹介してください．」

応答例：J'aimerais vous présenter mon ami Bruce. Il est australien et il a le même âge que moi. Nous nous sommes rencontrés il y a 20 ans. Il est venu dans mon université pour faire un échange d'1 an. Depuis, nous nous écrivons régulièrement. Je suis allé(e) lui rendre visite 2 fois en Australie. Bruce est trilingue : il parle parfaitement anglais, japonais et espagnol. Il travaille maintenant comme interprète à Sydney. J'aimerais aller le voir cet été avec ma famille.

「私は友人のブルースを紹介したいです．彼はオーストラリア人で，私と同い年です．私たちは20年前に出会いました．彼は私の大学に1年間の交換留学で来ました．それ以来，私たちは互いに定期的に便りをしています．私は2回，彼を訪ねてオーストラリアに行きました．ブルースはトリリンガルで，英語・日本語・スペイン語を完璧に話します．彼は現在，シドニーで通訳として働いています．今年の夏には，家族と一緒に彼に会いに行きたいです．」

〈ポイント〉

1. 外国人の友人を紹介するという設定です．
2. 知り合ったきっかけ，いつから友人なのか等，友人関係を具体的に話しています．
3. 友人の特技を紹介しています．友人の性格，特技，容姿などを話すのもよいでしょう．
4. 友人に会いにオーストラリアに行くという，近い未来の計画を話して，次の会話に繋がる話題を提供しています．

質問文：**Faites-vous quelque chose pour rester en bonne santé ?** 🔊 43

　　　「健康を維持するために何かしていますか？」

応答例：Oui ! Tout d'abord, je fais attention à mon alimentation en mangeant beaucoup de légumes. Ensuite, je me couche toujours avant 23 heures. Enfin, j'évite d'utiliser les escalators ou l'ascenseur quand j'ai le temps. Par contre, je ne fais pas régulièrement de sport. En plus, je fais du télétravail 3 jours par semaine depuis le début de la crise sanitaire, alors je marche moins en semaine. J'ai donc téléchargé une application qui me sert de podomètre. Le week-end, j'essaie de faire 10 000 (dix mille) pas par jour.

「はい！ まず，野菜をたくさん食べて，食事に気をつけています．次に，私はいつも23時までに寝ます．最後に，時間がある時は，エスカレーターやエレベーターを使わないようにしています．でも，スポーツは定期的にはしていません．さらに，公衆衛生上の危機が始まって以来，週に3日，テレワークをしていますので，平日は歩く量が減りました．なので，万歩計になるアプリをダウンロードしました．毎週末には，1日に1万歩を歩くようにしています．」

〈ポイント〉
1. 健康維持のために何かをしているという設定です．
2. 食生活や運動，睡眠などで具体的に気をつけていることを話しています．
3. 感染症の拡大等でテレワークになった仕事の状況や運動量が減った日々の中で，健康維持のために新たに始めたことなど，次の会話に繋がる新たな話題を提供しています．

全体

　2級の最終的な合格率は30%です．1次試験と2次試験のそれぞれの合格率は，1次試験（筆記・書き取り・聞き取り）が約35%で，2次試験が約80%です．つまり，2次試験に進んだ8割の人が合格していることになります．言い換えると，1次試験の壁を突破すれば，大多数の人が2級に合格できるということです．過去の合格基準点については公表されていませんが，満点30点の3分の2以上，つまり20点以上を取れるようにしましょう．

　この試験では，日常生活に関するテーマで，自分の伝えたいことをきちんと述べ，相手の言うことを正しく理解し，適切な受け答えをして，フランス人の面接委員とスムーズに対話ができることが重要になります．口頭試験に慣れているかどうかも試験結果を左右することになりますので，落ち着いて試験が受けられるように，しっかりと事前準備をして試験に臨みましょう．

事前準備
　これから，どのように試験準備をするか解説していきます．
①過去問題などを利用して，質問文のそれぞれについて自分で書いて覚えるという準備をします．各テーマについて，フランス語で5文程度の文章を書いてみます．幸運にも添削を頼める先生や先輩，あるいはフランス人のお友だちがいたら，自分が書いたフランス語文を見てもらいましょう．
②そのフランス語文を音読して，発音に問題がないか確認をしましょう．この時，フランス語の発音を確認してもらえる先生や先輩，あるいはフランス人のお友だちがいたら，自分のフランス語を聞いてもらうとよいでしょう．そうした環境にない時は，本書の模範応答例を繰り返し聞いてください．

③上記の①，②を経て作った文章を暗記します．この時，自然に話ができるように，何度も繰り返し練習しましょう．

試験場で

　面接試験は，日常生活で使われる基本的なフランス語の語彙と表現を使って，面接委員とフランス語でスムーズにコミュニケーションをすることができるかを判定するものです．大切なことは，自然体で試験に臨むことです．正しいフランス語で話そうとするあまり緊張して，ほとんど答えられないような状態になってはいけません．面接委員とは日本語で会話するような気持ちで，リラックスして臨みましょう．

　質問の意味が理解できなかったり，聞き取れなかったりした場合も，落ち着いて，Je ne comprends pas votre question.「質問がわかりません．」，Pouvez-vous répéter votre question, s'il vous plaît ?「質問を繰り返していただけますか？」などと言いましょう．そうすれば，面接委員はわかりやすく言い直してくれたり，ゆっくりと言ってくれたりするはずです．質問がわからない時，何も言わずに下を向いたり，もじもじして黙ってしまうのが一番よくありません．

　質問を理解したうえでそれに沿った応答をしていれば，どのような内容であっても構いません．「こんなことを言うのは恥ずかしいな．」とか「変に思われるかな．」というようなことは考えずに，思ったことを使い慣れた語彙や表現を使って話しましょう．

　以下に，試験場での注意点をまとめたので，面接試験前に読み返しましょう．

① 入室したら，にこやかに Bonjour とあいさつをする．
② 面接委員の目を見て，落ち着いて質問に答える．
③ ゆっくりで構わないので，はっきりと発音する．
④ 質問がわからない時は，率直にその旨を伝えて質問を繰り返してもらう．その際に，Je ne comprends pas votre question.「質問がわかりません．」，Pouvez-vous répéter votre question, s'il vous plaît ?「質問をもう一度していただけますか？」と言う．
⑤ 質問には単語だけで答えない．必ず主語，述語を使って答える．
⑥ Oui か Non で答えを始める質問に対しては，必ずなぜ Oui なのか，なぜ Non なのか理由を言う．
⑦ 答える時は短く済ませず，話題をふくらませて会話を進ませるための努力をする．例えば，De quoi parlez-vous avec votre famille ?「あなたは家族と何を話しますか？」という質問で，Je leur parle de ma journée.「私は私の一日について彼らに話します．」だけで済ませず，Par exemple, hier, j'ai parlé de...「例えば，昨日私は…について話しました．」というように，例を挙げてなるべく長く具体的に答えるようにする．
⑧ 試験終了時には，Merci et au revoir.「ありがとう，さようなら．」や Bonne journée.「よい一日を．」などとにこやかにあいさつをして退出する．

　面接試験で，これまでに聞かれた質問をテーマ別にまとめました．まずは，答えやすいものを選んで，数行の作文をしてみましょう．

● **住みたいところ**
【住居形態】
Si vous aviez le choix, préféreriez-vous habiter une maison ou un appartement ?
Préférez-vous habiter une maison ou un appartement ? Pourquoi ?
Aimeriez-vous vivre dans une maison ou dans un appartement ?
Présentez-nous votre appartement [votre maison].
【都市と田舎】
Voulez-vous vivre en ville ou à la campagne ?
Aimeriez-vous vivre en ville ou à la campagne ?
Préférez-vous vivre dans une grande ville ou à la campagne ?
【日本】
Quelle ville du Japon voulez-vous habiter ?
Quelle ville du Japon aimeriez-vous habiter ? Pourquoi ?
【外国】
Voulez-vous vivre à l'étranger ? Où et pourquoi ?（2 回）
Voudriez-vous vivre [travailler] à l'étranger ?
Vous voulez vivre dans un pays étranger ? Pourquoi ?

● **買い物**
Aimez-vous faire des courses ? Où et quand ?（2 回）
Où faites-vous vos courses ? Pourquoi ?
Allez-vous souvent au konbini [dans un grand magasin] ?

● **趣味・娯楽**
Quel est votre passe-temps favori ?（2 回）
【インターネット】
Vous allez souvent sur Internet ?
Allez-vous souvent sur Internet ?
Que faites-vous avec Internet ?
Faites-vous souvent des achats sur Internet ? Pourquoi ?
Pour vous, la vie sans Internet [téléphone portable] est-elle possible ?
【テレビ】
Pourriez-vous vivre sans télévision ?

Pouvez-vous vivre sans télévision ? Pourquoi ?

Présentez-nous une émission télévisée [un film] que vous aimez.

Quelle est votre émission de télévision préférée ?

Regardez-vous la télévision tous les jours ?

Regardez-vous souvent la télévision ?

Vous regardez la télévision ? Pourquoi ?

【携帯電話】

Pourriez-vous vivre sans téléphone portable ?

Passez-vous beaucoup de temps sur votre téléphone portable ?（2 回）

【読書】

Lisez-vous le journal tous les jours ?

D'habitude, lisez-vous un journal ? Pourquoi ?

Lisez-vous un journal tous les jours ? Pourquoi ?

Quelle(s) sorte(s) de livres aimez-vous ?

Quel(s) genre(s) de livres aimez-vous ?

Vous lisez régulièrement des magazines ?

【映画】

Préférez-vous voir les films chez vous ou au cinéma ?

Aimez-vous aller au cinéma ? Quel(s) film(s) avez-vous vu(s) récemment ?

【旅行】

Vous préférez voyager en train ou en voiture ? Pourquoi ?

Préférez-vous voyager en train ou en voiture ?

Préférez-vous voyager tout(e) seul(e) ou avec quelqu'un ?

Préférez-vous voyager seul(e) ou avec quelqu'un ?

Quelle ville du Japon aimeriez-vous le plus visiter ?

Quelle ville du Japon aimeriez-vous le plus visiter ? Pourquoi ?

Parlez-nous d'un des voyages que vous avez faits.

Racontez-nous un voyage récent.

Racontez-nous le dernier voyage que vous avez fait.

Quel pays étranger [Quelle région du Japon] aimeriez-vous visiter ?

【音楽】

Quelle sorte de musique vous intéresse le plus ? Pourquoi ?

Quel genre de musique aimez-vous ?

Quand et comment écoutez-vous de la musique ?

Aimez-vous chanter ?

【スポーツ】

Quel(s) genre(s) de sport aimez-vous regarder [ou pratiquer] ?

Faites-vous du sport ?

Aimez-vous faire du sport ?

Qu'est-ce que vous faites comme sport ?

Aimez-vous regarder des matchs de sport ?

●外出

Vous sortez souvent avec vos amis ? Si oui, où aimez-vous aller ?

Aimez-vous sortir seul(e) ou avec des ami(e)s ?

Préférez-vous sortir seul(e) ou en groupe ? (2 回)

Préférez-vous sortir tout(e) seul(e) ou avec vos ami(e)s ? Pourquoi ?

【レストラン】

Mangez-vous souvent dans un restaurant ?

Allez-vous souvent au restaurant ? Pourquoi ?

Allez-vous souvent manger en ville ?

Vous préférez manger chez vous ou au restaurant ?

【図書館】

Allez-vous souvent à la bibliothèque ? (2 回)

●動物

Avez-vous des animaux chez vous ? (2 回)

Préférez-vous les chiens ou les chats ? Pourquoi ?

Vous préférez les chiens ou les chats ?

Aimez-vous les animaux ?

●家族

Avec qui parlez-vous le plus souvent dans votre famille ?

À qui ressemblez-vous dans votre famille ?

De quoi parlez-vous avec votre famille ? (2 回)

【紹介】

Présentez-nous quelqu'un de votre famille.

Présentez-nous un membre de votre famille. (2 回)

Présentez-nous votre famille.

●友人・同僚

De quoi parlez-vous avec vos amis [vos collègues] ?

【紹介】

Présentez-nous votre meilleur(e) ami(e).

Présentez-nous un(e) de vos ami(e)s. （2回）

Présentez-nous un(e) de vos ami(e)s [collègues, professeurs].

Présentez-nous votre professeur préféré.

Présentez-nous un de vos professeurs.

●休暇

【夏休み】

Où aimeriez-vous passer les vacances d'été ?

Cette année, quels sont vos projets pour les vacances d'été ?

Qu'est-ce que vous allez faire cet été ?

Qu'est-ce que vous faites quand vous êtes en vacances ?

Quels sont vos projets pour les vacances d'été ?

Qu'est-ce que vous allez faire pendant les vacances d'été ?

Voulez-vous passer vos vacances à la mer ou à la montagne ?

【週末】

Qu'est-ce que vous aimez faire le week-end ?

Comment passez-vous le week-end ?

Comment passez-vous votre week-end en général ?

D'habitude, qu'est-ce que vous faites le dimanche ? （2回）

Qu'est-ce que vous faites le dimanche, en général ?

Pendant le week-end, préférez-vous sortir ou rester à la maison ?

Qu'est-ce que vous avez fait le week-end dernier ?

Racontez-nous votre dernier week-end.

【クリスマス・新年】

Comment avez-vous passé le Nouvel An ? （2回）

Comment avez-vous passé Noël ?

Où avez-vous passé le Jour de l'An ?

Préférez-vous Noël ou le Jour de l'An ? Pourquoi ?

●交通手段

Quel est le moyen de transport que vous aimez le plus ?

Vous déplacez-vous souvent à vélo ?

Avez-vous une voiture ? Pourquoi ?

Préférez-vous vous déplacer à pied ou à vélo ?

【試験会場や職場・学校までの経路】

Vous êtes venu(e) ici comment ?

Aujourd'hui, comment êtes-vous venu(e) ici ?

Comment est-ce que vous êtes venu(e) ici ?

Comment allez-vous de chez vous à votre université [lycée, collège, bureau] ?

【移動中にすること】

Que faites-vous dans le train ?

Que faites-vous dans le train ou dans le métro ?

Qu'est-ce que vous faites dans le train ou dans le métro ?

Que faites-vous quand vous êtes dans le train ?

●健康

Vous faites quelque chose pour votre santé ?

Que faites-vous pour votre santé ?

Faites-vous quelque chose de spécial pour être en bonne santé ?

Faites-vous quelque chose de spécial pour votre santé ?

Faites-vous quelque chose pour votre santé ?

Faites-vous quelque chose pour rester en bonne santé ?

Vous aimez aller chez le médecin ?

●料理と食事

【料理】

Quel est votre plat préféré ?（3 回）

Est-ce que vous faites la cuisine ?

Vous aimez cuisiner ? Quel plat aimez-vous préparer ?

Aimez-vous faire la cuisine ? Quelle est votre spécialité ?

Dans votre famille, qui s'occupe de la cuisine (du ménage) ?

【食事】

D'habitude, où mangez-vous à midi ?

Prenez-vous le petit déjeuner tous les matins ?

Prenez-vous votre petit déjeuner tous les matins ?

Vous prenez le petit déjeuner tous les matins ?（2 回）

Que préférez-vous, le pain ou le riz ? Pourquoi ?

Préférez-vous la viande ou le poisson ? Pourquoi ?

Qu'est-ce que vous mangez le matin ?

【飲み物】

Quelle(s) boisson(s) préférez-vous ?

Quelle est votre boisson préférée ?

●季節

Quelle est la saison que vous aimez le plus ?

Quelle(s) saison(s) aimez-vous ?

Quelle est votre saison préférée ? Pourquoi ?

Quelle saison aimez-vous le plus ? Pourquoi ?

Que préférez-vous, l'été ou l'hiver ?

Aimez-vous plutôt l'été ou l'hiver ?

●仕事

Vous êtes content(e) de votre travail (université, école, société, etc.) ?

Êtes-vous content(e) de votre travail (université, école, etc.) ?

Préférez-vous travailler le matin ou le soir ? Pourquoi ?

Préférez-vous travailler seul(e) ou en équipe ?

Vous recevez beaucoup de mails par jour ?

●生活習慣

Vous couchez-vous tôt ou tard ? Pourquoi ?

Vous levez-vous tôt le matin ? Pourquoi ?

Vous levez-vous tôt le matin en général ? Pourquoi ?

Le matin, quand vous vous levez, qu'est-ce que vous faites en premier ?

Le soir, quand vous rentrez chez vous, qu'est-ce que vous faites en premier ?

Est-ce que vous vous regardez souvent dans le miroir ?

Qu'est-ce que vous aimez faire le soir ?

Qu'est-ce que vous faites après votre travail ?

Qu'est-ce que vous faites avant de dormir ？（2 回）

Racontez-nous votre journée.

Qu'est-ce que vous faites quand vous n'arrivez pas à dormir ?

●性格

Êtes-vous plutôt optimiste ou pessimiste ?

Quels sont vos qualités et vos défauts ?

●思い出

Racontez-nous un de vos rêves d'enfant.

Racontez-nous un souvenir d'enfance.

Racontez-nous un souvenir de votre enfance.

Qu'est-ce que vous vouliez devenir quand vous étiez enfant ?

●将来の夢や計画

Quels sont vos projets pour cette année ?

Si vous devenez très riche, qu'est-ce que vous voulez faire ?

Qu'est-ce que vous voulez faire dans l'avenir ?

Que ferez-vous dans dix ans ?

Qu'est-ce que vous voulez devenir plus tard ?

● 好み

Quel(s) genre(s) de vêtements aimez-vous ? Pourquoi ?

Quelle couleur aimez-vous le plus ? Pourquoi ?

Quel jour de la semaine préférez-vous ?

Quel jour de la semaine préférez-vous ? Pourquoi ?

Que préférez-vous, les bains ou les douches ?

Préférez-vous le bain ou la douche ?

Préférez-vous la mer ou la montagne ? Pourquoi ?

Préférez-vous dépenser votre argent ou faire des économies ? Pourquoi ?

Avez-vous une actrice ou un acteur préféré(e) ? Pourquoi l'aimez-vous ?

Aimez-vous votre ville ? Pourquoi ?（2 回）

Aimez-vous les enfants ?

Aimez-vous les enfants ? Pourquoi ?

Écrivez-vous plutôt à la main ou avec l'ordinateur ? Pourquoi ?

Aimez-vous prendre des photos ?

● 予定

Qu'est-ce que vous allez faire ce soir ?

Qu'est-ce que vous allez faire après l'examen ?

Qu'est-ce que vous allez faire demain ?

Qu'est-ce que vous faites pour votre anniversaire ?

● 紹介

【場所】

Présentez-nous le lieu où vous êtes né(e).

Présentez-nous le quartier où vous habitez.（4 回）

Présentez-nous votre université [bureau, entreprise, etc.].

【人】

Présentez-nous quelqu'un que vous respectez.

● その他

Avez-vous beaucoup de vêtements ?

Écoutez-vous souvent la radio ?

Est-ce que vous faites quelque chose pour protéger l'environnement ?

Pour vous, qu'est-ce qui est important dans la vie ?

Quand vous voulez éviter une invitation, quelle excuse donnez-vous ?

Qu'est-ce qui est le plus important dans votre vie ?

Qu'est-ce qui vous fait le plus peur ?

Quand aimez-vous être seul(e) ?

Qu'est-ce que vous avez fait hier ?

Vous avez le permis de conduire ?

Qu'est-ce qu'il y a d'intéressant dans votre ville ?

　質問されるテーマは多岐にわたっていますね．ここに挙げた質問文をすべて準備して試験に臨むのは難しいでしょうが，1つでも多く応答文を作っておくと，より安心して試験を受けることができますよ．カテゴリーごとに，少なくとも1つ以上の応答文を作っておくことをお勧めします．

　模擬試験の解説のところで，試験中の受験者と試験官の会話の一例を再現しましたので，試験前に一度確認しておくとよいでしょう．

○ 2次試験は個人面接です（面接時間：5分）.
○指示にしたがい試験室に入室し，はじめに氏名の確認がありますから，
フランス語で答えてください.
○次に，面接委員によりフランス語で質問がありますから，フランス語
で答えてください.

◆ Le jury choisit un (des) sujet(s) dans la liste en fonction des intérêts de chaque candidat.

1. Voulez-vous vivre en ville ou à la campagne ?

2. Comment est-ce que vous êtes venu(e) ici ? 🔊 44

3. Qu'est-ce que vous avez fait hier ?

4. Vous préférez voyager en train ou en voiture ? Pourquoi ?

5. Allez-vous souvent sur Internet ?

6. Qu'est-ce que vous faites avant de dormir ?

7. Présentez-nous un membre de votre famille. 🔊 45

8. Avec qui parlez-vous le plus souvent dans votre famille ?

9. Quelle ville du Japon aimeriez-vous le plus visiter ? Pourquoi ?

🔊 46

10. Allez-vous souvent au restaurant ? Pourquoi ?

○２次試験は個人面接です（面接時間：５分）.
○指示にしたがい試験室に入室し，はじめに氏名の確認がありますから，
　フランス語で答えてください.
○次に，面接委員によりフランス語で質問がありますから，フランス語
　で答えてください.

◆ Le jury choisit un (des) sujet(s) dans la liste en fonction des
　intérêts de chaque candidat.

1. Vous prenez le petit déjeuner tous les matins ?　🔊 47

2. Avez-vous des animaux chez vous ?

3. Comment avez-vous passé le Nouvel An ?

4. Pouvez-vous vivre sans télévision ?　Pourquoi ?

5. Qu'est-ce qui est le plus important dans votre vie ?

6. Quand et comment écoutez-vous de la musique ?　🔊 48

7. Faites-vous quelque chose de spécial pour votre santé ?

8. Quelle est votre saison préférée ?　Pourquoi ?

9. Racontez-nous un souvenir d'enfance.

10. Vous sortez souvent avec vos amis ?　Si oui, où aimez-vous

    aller ?　🔊 49

2 模擬試験

次の (1) 〜 (4) の ( ) 内に入れるのに最も適切なものを、下の ① 〜 ⑧ の中から 1 つずつ選びなさい。同じものを複数回用いることはできません。
（配点　4）

(1)　Mon père travaille ( ) l'Administration.

(2)　Le prix des fruits varient ( ) les saisons.

(3)　Les crayons se vendent en général ( ) douzaines.

(4)　Mon intention est ( ) gagner 5 000 euros par mois.

① sous　　② par　　③ de　　④ en

⑤ après　　⑥ à　　⑦ dans　　⑧ selon

解答番号	解　答　欄
(1)	① ② ③ ④ ⑤ ⑥ ⑦ ⑧
(2)	① ② ③ ④ ⑤ ⑥ ⑦ ⑧
(3)	① ② ③ ④ ⑤ ⑥ ⑦ ⑧
(4)	① ② ③ ④ ⑤ ⑥ ⑦ ⑧

2 次のフランス語の文 (1) ～ (5) が、それぞれあたえられた日本語の文が表す意味になるように、( ) 内に入れるのに最も適切な語 (各 1 語) を解答欄に書いてください。 （配点 10）

(1) J'ai l'( ) d'avoir vu cet homme quelque part.
   あの男性はどこかで見たような気がする.

(2) Cette rue est à ( ) unique.
   この通りは一方通行です.

(3) L'espagnol, l'italien ( ) que le français sont des langues issues du latin.
   スペイン語，イタリア語ならびにフランス語はラテン語から出た言葉です.

(4) Jean m'a appelé à voix ( ).
   ジャンは私を大声で呼んだ.

(5) Je ne suis pas au ( ).
   聞いてないよ.

解答番号	解 答 欄	解答番号	解 答 欄
(1)		(4)	
(2)		(5)	
(3)			

3 次の (1)～(5) について、**A**、**B** がほぼ同じ意味になるように、(　　) 内
に入れるのにもっとも適切なものを、下の語群から1つずつ選び、必要な
形にして解答欄に書いてください。ただし、同じものを複数回用いること
はできません。
(配点　10)

(1) **A** Prenez en considération ce problème.

B Vous (　　) compte de ce problème.

(2) **A** J'avais envie d'acheter cette voiture, mais son prix n'était pas
tout à fait accessible.

B Cette voiture me (　　), mais elle était un peu trop chère.

(3) **A** Je crois qu'on la regarde par méprise comme une actrice
talentueuse.

B Il semble qu'elle (　　) la réputation d'une actrice talentueuse,
mais je ne le crois pas.

(4) **A** Je l'ai informée de l'avancement de mon projet.

B Je lui (　　) où j'en étais dans mon projet.

(5) **A** Comme je manquais de confiance en mes capacités, je ne suis
pas passée à l'action.

B Si j'avais été sûre de mes capacités, j' (　　) immédiatement.

agir	rendre	tenir	dire
tenter	avoir	se connaître	se conduire

解答番号	解　答　欄	解答番号	解　答　欄
(1)		(4)	
(2)		(5)	
(3)			

4 次の文章を読み、(1)～(5)に入れるのにもっとも適切なものを、それぞれ右のページの①～③のなかから1つずつ選び、解答欄のその番号にマークしてください。

（配点 10）

　De plus en plus de femmes travaillent dans des secteurs traditionnellement réservés aux hommes comme le bâtiment ou la réparation automobile. Aïcha, 34 ans, est la première femme mécanicienne à Ouagadougou, la capitale du Burkina Faso. Elle s'est spécialisée dans la réparation de motos et a ouvert son garage il y a une dizaine d'années. La mécanique est une vraie passion pour elle. « J'adore démonter puis remonter les machines. Regardez, c'est (1) » explique-t-elle en nous montrant une moto qu'elle répare.

　Ça n'a pourtant pas été facile de convaincre sa famille et ses clients qu'une femme pouvait aussi bien réussir dans le métier de mécanicien qu'un homme. (2) ses parents, qui voulaient qu'elle travaille dans le secteur bancaire, elle a commencé comme apprentie dans un petit garage du quartier à l'âge de 16 ans. « Mes parents m'ont dit que j'avais fait un mauvais choix. Au début, j'ai failli abandonner plusieurs fois à cause des moqueries et des remarques sexistes de mes collègues ou des clients. Mais j'ai appris avec l'expérience que ma petite taille (3) ce métier ».

　Aïcha a transmis sa passion à ses 3 employées, toutes des femmes qu'elle a formées au fil du temps. Dans son garage, on discute, on plaisante et on rigole toute la journée. Les clients, dont certains (4), déjeunent ou prennent le café avec elles pendant les pauses. Aïcha devrait (5) bientôt pour y accueillir 2 nouvelles apprenties.

(1) ① une œuvre peu intéressante
     ② à vous de le refaire
     ③ comme un puzzle

(2) ① En dépit de l'opposition de
     ② Pour répondre aux attentes de
     ③ Avec l'aide de

(3) ① pouvait être fatale pour
     ② présentait aussi des avantages dans
     ③ ne devait pas être propice à

(4) ① se moquent toujours d'elle
     ② travaillent dans son garage
     ③ viennent de très loin

(5) ① prendre sa retraite
     ② agrandir son garage
     ③ ouvrir une cafétéria

解答番号	解　答　欄		
(1)	①	②	③
(2)	①	②	③
(3)	①	②	③
(4)	①	②	③
(5)	①	②	③

5 　次の文章は、Yann に対するインタビューの一部です。インタビュアーの質問として (1) ～ (5) に入れるのにもっとも適切なものを、右のページの①～⑦のなかから 1 つずつ選び、解答欄のその番号にマークしてください。

（配点　10）

Le journaliste : Vous venez de traverser l'Atlantique en voilier. (　1　)

Yann : J'ai beaucoup appris sur moi et sur mes capacités physiques. Ça a été une expérience passionnante !

Le journaliste : (　2　)

Yann : J'ai grandi en Bretagne près d'un port. Il y avait beaucoup de bateaux. J'aimais les regarder, ça me faisait rêver.

Le journaliste : (　3　)

Yann : Je n'oublierai jamais les couchers de soleil et les nuits étoilées loin des problèmes de la vie quotidienne... mais je me souviens aussi des tempêtes !

Le journaliste : (　4　)

Yann : Pas du tout ! Il faut savoir s'adapter dans toutes les situations. Je n'ai qu'une envie, c'est de recommencer !

Le journaliste : (　5　)

Yann : J'envisage de traverser l'océan Pacifique cet été. Je vais d'abord me reposer quelques mois.

① Mais pour quoi faire ?

② Qu'est-ce qui vous a le plus marqué pendant la traversée ?

③ Ça ne vous a pas plu ?

④ Quand comptez-vous repartir ?

⑤ Qu'est-ce que ce voyage vous a apporté ?

⑥ D'où vous vient cette passion pour la mer ?

⑦ Cela ne vous a pas découragé ?

解答番号	解　　答　　欄
(1)	① ② ③ ④ ⑤ ⑥ ⑦
(2)	① ② ③ ④ ⑤ ⑥ ⑦
(3)	① ② ③ ④ ⑤ ⑥ ⑦
(4)	① ② ③ ④ ⑤ ⑥ ⑦
(5)	① ② ③ ④ ⑤ ⑥ ⑦

6

次の文章を読み、右のページの (1) ～ (7) について、文章の内容に一致する場合は解答欄の ① に、一致しない場合は ② にマークしてください。

（配点　14）

Fin mars 2020, Kleon, étudiant grec de 20 ans, s'est retrouvé bloqué en Écosse où il faisait ses études. En effet, le pays a fermé ses frontières face à la pandémie du coronavirus. Quand le jeune étudiant a voulu prendre l'avion pour retrouver sa famille en Grèce, tous les vols qu'il avait réservés ont été annulés.

Kleon a donc décidé de rentrer chez lui à vélo. Il avait réalisé une course à vélo en 2019 et s'était bien entraîné depuis. Le 10 mai, il est parti d'Écosse pour effectuer entre 50 et 120 km par jour. Après avoir traversé l'Angleterre et les Pays-Bas, il a longé le Rhin en Allemagne. Il a ensuite poursuivi son voyage en Autriche et en Italie avant de prendre un bateau pour rejoindre la Grèce. La nuit, il faisait du camping sauvage dans un champ ou dans une forêt. Il a été également hébergé chez des amis.

Kleon est enfin arrivé à Athènes le 27 juin, 48 jours après son départ. Il a pédalé environ 3 500 kilomètres !　Sa famille et ses amis l'attendaient pour l'accueillir. « J'ai beaucoup appris sur moi-même : mes limites, mes forces et mes faiblesses », a-t-il confié. Le jeune homme a ajouté qu'il aimerait faire un nouveau voyage à vélo vers un autre pays étranger si l'occasion se présentait.

(1) En raison de la propagation de l'épidémie du coronavirus, Kleon n'a pas pu regagner son pays natal en mars 2020.

(2) Kleon, fan de cyclisme, voulait assister à une course cycliste.

(3) Faute d'entraînement, Kleon ne pouvait avancer que moins de 120 kilomètres par jour.

(4) Kleon a parcouru toute l'Europe durant trois mois avant de retrouver sa famille.

(5) Kleon passait la nuit tantôt en plein air tantôt chez des amis.

(6) En arrivant à Athènes le 27 juin, Kleon a été accueilli par sa famille et ses amis qui l'attendaient.

(7) Kleon a dit qu'il voudrait renouveler cette expérience pour partir pour une autre destination.

解答番号	解 答 欄
(1)	① ②
(2)	① ②
(3)	① ②
(4)	① ②
(5)	① ②
(6)	① ②
(7)	① ②

次の対話を読み、(1) ～ (5) に入れるのにもっとも適切なものを、それぞれ右のページの①～④のなかから1つずつ選び、解答欄のその番号にマークしてください。 　　　　　　　　　　　　　　　　　　　　　　　　（配点　10）

Oscar : Maman, tous mes copains jouent aux jeux vidéo （ 1 ）! Je veux une console* !

Inès : （ 2 ）. Si je t'en achète une, tu vas y passer toutes tes soirées.

Oscar : S'il te plaît, maman. Je ferai mes devoirs en rentrant de l'école.

Inès : Non, non et non ! Ça ne sert à rien d'insister. En plus, tu es trop petit.

Oscar : Pourtant, Luc m'a dit （ 3 ） pour le développement intellectuel des enfants...

Inès : Ça m'étonnerait ! N'oublie pas que Luc a de très mauvaises notes à l'école.

Oscar : Ce n'est pas vrai ! Il n'a que des 20 sur 20 en français depuis que sa mère lui a acheté une console à Noël.

Inès : Ah bon ? （ 4 ）

Oscar : Il m'a expliqué qu'il avait appris à lire plus vite et à être plus concentré en jouant aux jeux vidéo.

Inès : C'est intéressant... （ 5 ）.

*console：ゲーム機

(1) ① sauf moi

② pour moi

③ après moi

④ avec moi

(2) ① Pourquoi pas

② C'est une excellente idée

③ N'importe où

④ Hors de question

(3) ① que les jeux vidéo étaient très bons

② que les jeux vidéo étaient très mauvais

③ que les jeux vidéo étaient très amusants

④ que les jeux vidéo étaient très inutiles

(4) ① Et quand c'est arrivé ?

② Et qu'est-ce que tu en penses ?

③ Et comment ça se fait ?

④ Et comme c'est gentil !

(5) ① Je ne sais pas où aller

② Je t'assure que c'est non

③ Certainement pas

④ Je vais y réfléchir

解答番号	解　　答　　欄			
(1)	①	②	③	④
(2)	①	②	③	④
(3)	①	②	③	④
(4)	①	②	③	④
(5)	①	②	③	④

書き取り・聞き取り試験

書き取り試験

Anne-Claire の話を、次の要領で4回読みます。全文を書き取ってください。

・1回目、2回目は、ふつうの速さで全文を読みます。内容をよく理解するようにしてください。

・3回目は、ポーズをおきますから、その間に書き取ってください（句読点も読みます）。

・最後に、もう1回ふつうの速さで全文を読みます。

・読み終わってから3分後に、聞き取り試験にうつります。

・数を書く場合は、算用数字で書いてかまいません。（配点　14）

🔊 50

1
- ・まず、Marion へのインタビューを聞いてください。
- ・つづいて、それについての 5 つの質問を読みます。
- ・もう 1 回、インタビューを聞いてください。
- ・もう 1 回、5 つの質問を読みます。1 問ごとにポーズをおきますから、その間に、答えを解答用紙の解答欄にフランス語で書いてください。
- ・それぞれの (　　) 内に 1 語入ります。
- ・答えを書く時間は、1 問につき 10 秒です。
- ・最後に、もう 1 回インタビューを聞いてください。
- ・数を記入する場合は、算用数字で書いてください。
  （メモは自由にとってかまいません）（配点　8）

🔊 **51**

(1)　Elle était (　　　　) à Paris et elle venait de prendre sa (　　　　).

(2)　C'est parce qu'elle est tombée (　　　) de celle-ci.

(3)　Elle peut (　　　) une (　　　) de personnes en tout dans 4 chambres.

(4)　Oui, ils le sont puisque (　　　) reviennent tous les ans.

(5)　Elle leur propose des activités touristiques (　　　) avec un calendrier des activités aussi (　　　) que possible.

解答番号	解　答　欄	解答番号	解　答　欄
(1)		(4)	
		(5)	
(2)			
(3)			

2

・まず、Gaëlle の話を2回聞いてください。
・次に、その内容について述べた文 (1) ～ (10) を 2 回通して読みます。それぞれの文が話の内容に一致する場合は①に、一致しない場合は②にマークしてください。
・最後に、もう 1 回 Gaëlle の話を聞いてください。
（メモは自由にとってかまいません）（配点　10）

🔊 52

解答番号	解 答 欄
(1)	① ②
(2)	① ②
(3)	① ②
(4)	① ②
(5)	① ②
(6)	① ②
(7)	① ②
(8)	① ②
(9)	① ②
(10)	① ②

2次試験

○2次試験は個人面接です（面接時間：5分）。

○指示にしたがい試験室に入室し、はじめに氏名の確認がありますから、フランス語で答えてください。

○次に、面接委員によりフランス語で質問がありますから、フランス語で答えてください。

◆ Le jury choisit un (des) sujet(s) dans la liste en fonction des intérêts de chaque candidat.

1. Quel est votre passe-temps favori ?

2. Présentez-nous le quartier où vous habitez. 🔊 53

3. Préférez-vous (travailler) le matin ou le soir ?　Pourquoi ?

4. Quelle(s) sorte(s) de livres aimez-vous ?

5. Comment passez-vous votre week-end en général ? 🔊 54

6. Le matin, quand vous vous levez, qu'est-ce que vous faites en premier ?

7. Est-ce que vous faites quelque chose pour protéger l'environnement ?

8. Aimez-vous faire du sport ? 🔊 56

9. Quel est votre plat préféré ?

10. Si vous devenez très riche, qu'est-ce que vous voulez faire ?

徹底攻略仏検2級
これさえあればすべてわかる！

大場　静枝
レナ　ジュンタ
余語　毅憲　著
太原　孝英

2022. 9. 10 初版発行

発行者　井　田　洋　二

〒101-0062　東京都千代田区神田駿河台3の7
発行所　電話 03(3291)1676 FAX 03(3291)1675　株式会社 駿河台出版社
振替 00190-3-56669

製版／印刷　㈱フォレスト
ISBN978-4-411-00562-5 C1085
http://www.e-surugadai.com

別冊
解答と解説

徹底攻略

仏検 2 級

これさえあればすべてわかる！

大場静枝 / レナ ジュンタ /
余語毅憲 / 太原孝英

SURUGADAI-SHUPPANSHA

別冊

解答と解説

大場静枝 / レナ ジュンタ /
余語毅憲 / 太原孝英

SURUGADAI-SHUPPANSHA

筆 記 試 験 (解答と解説)

第 *1* 問　前置詞を選択する問題

練習問題 **1**　(▶本冊 p.8)

(1) ①　(2) ②　(3) ④　(4) ③　(5) ②　(6) ③　(7) ④　(8) ①　(9) ③　(10) ②　(11) ④　(12) ①

(1)　①　Isabelle a arraché le jeu vidéo (**à**) son fils.

「イザベルは息子からテレビゲームを取り上げた.」

« arracher ～ à＋人 » で,「人から～を奪い取る, 取り上げる」という意味になります. このように, « à＋人 » は, 人から「分離・離脱」することを意味する場合があり, emprunter, prendre, voler などの動詞でも同様に用いられます.

(2)　②　Les prix ont augmenté (**de**) deux pour cent.「物価は 2% 上昇した.」

この de は「差」を表し, 上昇分が 2% であることを示しています.

(3)　④　Il ne sort pas (**sous**) prétexte de maladie.「彼は病気を口実に外に出ない.」

この sous は「～に基づいて」という意味で, « sous prétexte de＋名詞 [que ～] » の形で「～の口実のもとに」と覚えておいてください.

(4)　③　On s'habille (**en**) noir aux funérailles au Japon.「日本では, 葬儀では黒い服を着ます.」

この en は「～の状態である」という意味で, ここでは en noir で「黒い服を着た」状態を表しています.

(5)　②　Qu'est-ce qu'il a fait, son idiot (**de**) fils ?「彼のあの馬鹿息子は何をしたのだ?」

この de は「同格」を表して, idiot de fils で「馬鹿な息子」くらいの意味です. 2014 年秋季に une drôle de tête「変な顔」という形で出題されています.

(6)　③　J'ai été cambriolé (**en**) plein jour.「私は白昼に泥棒に入られた.」

この en は「状態」を表していて, « en plein＋無冠詞名詞 » で「～のただ中で, ～の真ん中に」という意味になります. en plein hiver なら「真冬に」です.

(7)　④　J'ai réservé un restaurant (**sous**) le nom de mon directeur.

「私は部長の名前でレストランを予約した.」

この sous は「名目」を示す時に使われるものです. sous le titre de ～「～の題名で」も同様の使い方です.

(8)　①　Asseyez-vous (**à**) ma droite.「私の右にお座りください.」

この à は「方向, 方角」を表しています. à la droite [gauche] de ～「～の右 [左] 側に」の形で覚えておきましょう.

(9)　③　Le match sera annulé (**en**) cas de pluie.「雨の場合, 試合は中止です.」

この en は en cas de ～「～の場合に」と, cas との結びつきで覚えておくのがよいでしょう.

(10)　②　De temps en temps, elle change les meubles (**de**) place.

「時々彼女は家具の配置を変える.」

この de は changer との結びつきで, changer ～ de place で「～の置き場を変える, ～の配置を変える」という形で覚えてください.

(11)　④　J'étudie Balzac (**sous**) la direction du professeur Castex.

「私はカステックス教授の指導のもとでバルザックを研究している.」

この sous は「支配・保護」を表すものにつきます．sous la direction de 〜 で「〜のもとに，〜の指導のもとに」となります．

(12) ① Passe-moi une cuillère (**à**) café.「コーヒースプーンを取ってください．」
この à は「用途」を表します．une tasse à café なら「コーヒーカップ」です．（本冊 p.4 参照）

練習問題 ② (▶本冊 p.11)

(1) ① (2) ④ (3) ② (4) ③ (5) ④ (6) ① (7) ③ (8) ②

(1) ① Jacques se montre actif (**dans**) les milieux politiques.「ジャックは政界で活躍している．」
この dans はもちろん「位置」ですが，「明確に区分された空間［世界］の内部」を示す場合に使われるものです．

(2) ④ (**Avec**) votre permission, je me retire.
「お許しいただけるなら，失礼させていただきます．」
avec はこのように「相手の許可，同意」を得る場合に用いられ，permission, accord などの語とともによく使われます．

(3) ② Ils ont loué cette villa (**pour**) deux mois.「彼らは 2 か月の予定でこの別荘を借りた．」
この pour は「予定の期間」を表し，2 級ではよく出題されます．

(4) ③ La plage s'étend (**sur**) dix kilomètres.「浜辺は 10 キロにわたって伸びている．」
この sur は「範囲」を表し，「〜にわたって」の意味になります．

(5) ④ Je n'ai rien à voir (**avec**) son mensonge.「私は彼の嘘とは何の関係もない．」
この avec は「関係」を表し，n'avoir rien à voir avec 〜 で「〜とは何の関係もない」という意味で熟語的に覚えておいてください．

(6) ① Il était assis (**dans**) un fauteuil.「彼はひじ掛け椅子に座っていた．」
fauteuil「ひじ掛け椅子」に座ると，すっぽりと中に包み込まれるイメージなので，dans を用います．

(7) ③ Il a fumé cinq cigarettes coup (**sur**) coup.「彼はたばこを 5 本続けて吸った．」
sur は « 〜 sur 〜 » の形で「行為の反復」を表し，coup sur coup で「立て続けに，矢継ぎ早に」という意味になります．

(8) ② Le musée municipal est fermé (**pour**) réparations.
「市立美術館は改修のため閉館中である．」
この pour は「原因・理由」を表し，「〜のために，〜のせいで」の意味となります．

練習問題 ③ (▶本冊 p.14)

(1) ③ (2) ② (3) ④ (4) ①

(1) ③ Il court toujours (**après**) les filles.「彼はいつも女の子を追いかけ回している．」
après は courir のような動作を表す動詞とともに用いられると，「〜の後に」（行く）ということから，「〜をめがけて」という意味になり，courir après 〜 で「〜を追いかけ回す，〜を追い求める」という意味で使われます．

(2) ② (**Entre**) nous, il fait une grosse erreur.
「ここだけの話ですが，彼は大きな間違いをしている．」
entre は 3 者以上の間の「範囲」を表し，entre nous で「ここだけの話ですが」と範囲を限

定する意味で用いられます.

(3) ④ Il est devenu célèbre comme violoniste (**dès**) l'enfance.
「彼は子どもの時から既にヴァイオリニストとして有名だった.」
dès は「早くも〜から」という意味が基本で, ここは基本どおり「早くも子どもの時から」ということです.

(4) ① Entrez un (**par**) un dans la banque.「銀行内には 1 人ずつ入るようにしてください.」
par は, « 〜 par 〜 » の形で「〜ごとに」という意味を表し, un par un で「1 つずつ, 1 人ずつ」ということになります.

練習問題 ④ (▶本冊 p.17)

(1) ①　(2) ④　(3) ⑥　(4) ②　(5) ⑤　(6) ③

(1) ① Elle a consenti (**malgré**) elle.「彼女はしぶしぶ同意した.」
malgré には「〜の意に反して, 不本意ながら」の意味があり, ここでは malgré soi で「いやいやながら, しぶしぶ」となります.

(2) ④ Quand il a un problème, il se tourne toujours (**vers**) moi.
「彼は困った時はいつも私の助けを求める.」
この vers は「方向」を表し,「〜のほうへ（に）」の意味です. 2 級ではこちらの意味でよく出題されます.

(3) ⑥ La santé passe (**avant**) tout.「何よりもまず健康が第一だ.」
avant は passer とともに用いられて,「〜より優先して」という意味になります.「健康はすべてのことに優先される.」ということです.

(4) ② Dépêchez-vous, (**sans**) quoi vous serez en retard.
「急いでください. さもないと遅れますよ.」
sans は命令法とともに用いられて,「〜がなければ」という条件の意味を表します. ここでは quoi が前の命令文を受けて,「そうしなければ, さもないと」ということになります.

(5) ⑤ Elle fait toujours du shopping (**chez**) Dior.
「彼女はいつもディオールで買い物をしている.」
chez は企業名や屋号の前に置かれて,「〜の店で（の）, 〜社で（の）」のように用いられることがあります. ここでは「ディオール社で」という意味になります.

(6) ③ Les coutumes varient (**selon**) les pays ou les peuples.「習慣は国や民族によって違う.」
selon は「〜に従って, 〜に応じて」の意味で, ここは「国や民族に応じて」ということになります.

総合練習問題 ① (▶本冊 p.18)

(1) ②　(2) ⑥　(3) ③　(4) ⑧

(1) ② Il parle toujours (**à**) voix haute.「彼はいつも大声で話す.」
この à は「様態」を表しています. à grands pas「大股で」なども同様です.

(2) ⑥ Il y a eu vingt voyageurs (**de**) blessés.「乗客に怪我人が 20 人出た.」
数量表現を伴った名詞に形容詞をつける時には de を介在させます. vingt voyageurs de blessés で,「怪我をした 20 人の乗客」ということになります.

(3) ③ (**Dans**) quel but allez-vous faire des études en France ?

「あなたは何の目的でフランスに留学するのですか？」

« dans le but de ＋不定詞 » で「～をする目的で」ということで，ここは « de ＋不定詞 » の内容を尋ねて，「何をする目的で，何の目的で」と問うています．このように，目的 but の内容を問う時に結びつく前置詞は dans であると覚えておいてください．

(4) ⑧ Il y avait des victimes (**par**) centaines.「数百人におよぶ犠牲者が出た．」

この par は数量表現とともに「～単位で」ということを表し，par centaines で「数百人単位の，数百人におよぶ」という意味になります．par milliers だとさらに一桁上がるので，「幾千となく，無数に」というようなニュアンスになります．

総合練習問題 2 (▶本冊 p.18)

(1) ⑦ (2) ① (3) ⑥ (4) ⑤

(1) ⑦ Il a reçu un coup (**sur**) la tête.「彼は頭を殴られた．」

sur はここでは打撃を受けた「対象」の箇所を表します．

(2) ① Les routes étaient (**en**) mauvais état.「道路の状態が悪かった．」

この en は「状態」を表し，en mauvais état で「悪い状態で，故障して」という意味になります．

(3) ⑥ Elle s'entend bien (**avec**) ses beaux-parents.「彼女は義父母とうまくいっている．」

この avec は「関係」を表し，s'entendre bien avec ～で「～と関係がうまくいく」という意味になります．s'entendre mal avec ～なら「～と関係がうまくいかない」となりますね．

(4) ⑤ Il s'est approché (**de**) la fenêtre.「彼は窓辺に寄った．」

s'approcher de ～で「～に近づく」という意味になります．

総合練習問題 3 (▶本冊 p.19)

(1) ⑥ (2) ④ (3) ② (4) ①

(1) ⑥ Tu devrais vivre (**selon**) tes moyens.「君は分に応じた暮らしをするべきだ．」

selon は「～に従って，応じて」で，複数形の moyens は「財力，資力」の意味ですから，selon tes moyens で「君の財力に応じて」ということになります．

(2) ④ Il a acheté (**pour**) quatre euros de pommes.「彼はリンゴを 4 ユーロ分買った．」

この pour は「対価」を表します．

(3) ② Il est tombé malade, parce qu'il faisait passer son travail (**avant**) sa santé.

「彼は病気になったよ．健康より仕事を優先させてきたからだ．」

avant は優先順位を表して，faire passer X avant ～で「～より X を重視する」という意味になります．

(4) ① Il aide son père (**à**) diriger l'entreprise familiale.「彼は父の会社経営を助けている．」

« aider ＋人＋ à ＋不定詞 » の形で，「人が～するのを助ける」となります．後続の形を覚えておくことが重要です．

総合練習問題 4 (▶本冊 p.19)

(1) ⑥ (2) ③ (3) ⑤ (4) ②

(1)　⑥　L'armée révolutionnaire a combattu (**sous**) le drapeau tricolore.
　　　「革命軍は三色旗のもとに戦った．」
　　この sous は「支配・保護」を表し，« sous le drapeau ＋形容詞 » で，「〜の旗のもとに」ということになります．

(2)　③　Je m'intéresse, (**entre**) autres, au style baroque du XVIIᵉ siècle.
　　　「私はとりわけ 17 世紀のバロック様式に関心があります．」
　　entre autres で「とりわけ」という熟語的表現はよく出題されます．

(3)　⑤　(**Avec**) ce mauvais temps, on ne peut pas sortir.「こんな悪い天気では，外出できない．」
　　avec は，状況を表す語とともに用いられると，「その状況が伴った場合に」という「条件」や「その状況が伴っているので」という「理由」を表すことがあります．avec ce mauvais temps で，「このような悪天候が伴っているので」ということですね．

(4)　②　J'ai eu deux accidents (**en**) l'espace d'un mois.「私は 1 か月の間に 2 回事故に遭った．」
　　en l'espace de 〜で「（時間的に）〜の間に」という意味になる慣用表現を覚えておいてください．en の後は無冠詞名詞の場合が多いですが，ここは定冠詞がつき，またこの espace は空間ではなく時間を表す用法で，狙われやすい表現です．

総合練習問題 5　（▶本冊 p.20）

(1) ④　(2) ②　(3) ③　(4) ⑦

----

(1)　④　Elle a pris rendez-vous (**pour**) demain.「彼女は明日会う約束をした．」
　　ここでの pour は「予定の期間」を表します．rendez-vous がいつになるかを表しているところがポイントです．

(2)　②　Venez chez moi à six heures (**sans**) faute.「必ず 6 時に私の家に来てください．」
　　sans faute で，「間違いなく，必ず」と念を押す表現でよく使われます．

(3)　③　Elle est (**sur**) ce travail depuis six mois.
　　　「彼女は 6 か月前からこの仕事にかかりきっている．」
　　sur には「〜について，〜に関して」の意味から，「〜にかかわっている」という「従事」の意味でも使われ，ここは être sur ce travail で「この仕事にかかりきっている」という意味で使われます．

(4)　⑦　Il a mis sa lettre (**sous**) enveloppe.「彼は手紙を封筒の中に入れた．」
　　sous は「何かに覆われた下に」という意味なので，「封筒の中に」という時には sous enveloppe となります．

総合練習問題 6　（▶本冊 p.20）

(1) ⑧　(2) ⑤　(3) ②　(4) ①

----

(1)　⑧　Je veux me marier avec elle, (**malgré**) tout.
　　　「私はどうあっても彼女と結婚したいのです．」
　　malgré tout で「何があっても，どうあっても」という意味で使われます．

(2)　⑤　Les élèves marchent deux (**par**) deux.「生徒たちは 2 人ずつ並んで歩いている．」
　　par は前後に同じ語を並べて，「〜ごとに，〜ずつ」という意味になります．deux par deux で，「2 人ずつ」ですね．

(3) ② Cette maladie a ôté toute son énergie (**à**) sa fille.
「この病気で彼の娘はすっかり衰弱してしまった.」
この à は「除去・奪取」の用法で, ôter X à 人で「人から X を奪う」となりますから,「病気が娘からすべての活力を奪った」ということになります.

(4) ① Elle a accepté (**de**) bon cœur.「彼女は快く引き受けてくれた.」
de はいくつかの語とともに「様態・性質」を示す場合に用いられ, de bon cœur で「快く」という慣用表現として覚えておいてください.

総合練習問題 7 (▶本冊 p.21)

(1) ③ (2) ① (3) ⑦ (4) ⑧

(1) ③ La façade de ma maison regarde (**vers**) le sud.「私の家の正面は南向きだ.」
2 級では vers は「〜の方へ, 〜の方に向かって」の意味で出題されることが多く, regarder vers 〜で, 建造物が「〜の方を向いている」という意味で使われます.

(2) ① Je l'ai lu (**dans**) le journal.「私はそれを新聞で読んだ.」
「典拠・分野」を明示する場合は, dans を用います.

(3) ⑦ Elle passait (**sous**) la douche quand le grand séisme s'est produit brusquement.
「彼女がシャワーを浴びていると, 突然大きな地震が起こった.」
「シャワーを浴びている」状況を示すには, 位置関係から sous が用いられます.

(4) ⑧ (**Dès**) le moment où il l'a rencontrée, il est tombé amoureux d'elle.
「彼女に出会った瞬間から, 彼は彼女が好きになってしまった.」
dès le moment où 〜で「〜するとすぐに」の意味で用いられます. また, « tomber amoureux de ＋人 »「〜と恋におちる, 〜を好きになる」の表現はよく出題されますので注意してください.

総合練習問題 8 (▶本冊 p.21)

(1) ④ (2) ⑦ (3) ① (4) ⑤

(1) ④ Ce salon de coiffure est (**en**) cours d'aménagement.「その美容院は改装中だ.」
この en は状態を表し « en cours de ＋無冠詞名詞 » で「〜の途中で」という意味で使われるので, 慣用表現として覚えておいてください.

(2) ⑦ Aujourd'hui, je vais aller (**chez**) le dentiste.「今日は私は歯医者にいくつもりです.」
chez は医師や店主の前に置かれて,「〜の医院に」「〜の店に」の意味で用いられます.

(3) ① Nous avons passé la soirée (**entre**) amis.「我々は仲間うちだけで夜を過ごした.」
entre は 3 者以上の間での「範囲」を示す場合があり, 特に「外部の者を入れない」というニュアンスになります.

(4) ⑤ Il s'est classé deuxième (**après**) Jean au dernier examen.
「この間の試験で彼はジャンに次いで 2 番だった.」
après は「〜の後に」ということから「〜に次いで」という順位を表す意味でも使われます.

　この第2問は、こなれた日本語に対して、適切なフランス語を空欄に当てはめていく問題です。本冊にあるとおり、これに対応するためにはまず、問題文で求められているようなフランス語の語彙力と語法の知識を増やしていく必要があります。

　対策としては、本冊に挙がっている例（例文）を頭に入れながら、練習問題を解き、正解に至らなかった場合は、解説文をよく読んで、フランス語の表現と日本語の訳語の選択を理解していく、という作業を繰り返していくことでしょう。

　また文法的にも、動詞の活用語尾を間違えたり、形容詞や分詞の性・数の一致を忘れたりするとそれだけで0点になってしまうので、十分な注意が必要です。

　解説には問われた表現の類似表現についても言及していますので、あわせて覚えていくとより効果的でしょう。どうか頑張ってください。

練習問題 1 (▶本冊 p.25)

(1) (dit)　　(2) (oppose)　　(3) (trompe)　　(4) (permet)　　(5) (revient)

　無生物主語を採る動詞の練習問題です。解答になる動詞の使い方をよく確認してください。

(1)　Son projet ne me (**dit**) rien.「彼の計画は気乗りがしないな。」
　　dire には物事が主語となって「～を人に訴えかける、の気を引く」という意味になり、特に不定代名詞を伴って、« dire quelque chose à＋人 » で「(人の) 気を引く」、« ne rien dire à 人 » で「(人の) 気を引かない」という形で使われます。ここでは、Son projet「彼の計画」が主語となって、ne me ～ rien の形で「私の気を引かない」と考えれば、「(私はそれに) 気乗りがしない」という日本語の内容と合うので、dire の3人称単数形の dit が正答となります。肯定形では、たとえば Son nom me dit quelque chose.「彼の名前には聞き覚えがある。」という形で用いられます。

(2)　Le problème de frontière (**oppose**) ces deux pays.「この両国は国境問題で対立しています。」
　　opposer には物事が主語となって「～を対立させる、敵対させる」という使い方があります。ここは「国境問題がこの2つの国を対立させている」と考えて、opposer をそのまま現在形で入れれば正答となります。

(3)　Cela ne (**trompe**) personne.「そんなことは見え見えです。」
　　「そんなことは見え見えです」ということを ne ～ personne を用いて表すには、「それは誰も欺くことがない」と考えればよいので、tromper を入れます。この文ごと慣用表現として覚えておくとよいでしょう。また tromper は「欺く」ということから、自分自身の退屈や空腹などを「まぎらわす」という意味でも使われ、たとえば、tromper la faim は、お菓子などを食べて「空腹をまぎらわす」という意味になります。

(4)　Ta santé ne te (**permet**) plus de voyager.「君の健康状態では、もう旅行は無理だよ。」
　　ここでは Ta santé「君の健康状態」が主語となっていて、te「君」が目的語となり、de 以下に voyager「旅行をする」という不定詞が来ています。permettre は物事を主語とする代表的な動詞で、« permettre à＋人＋de＋不定詞 » の形で「(物事が) 人に～を可能にさせる」という意味になります。ここは、「君の健康状態はもはや君が旅行することを可能にさせない」と考えればよいですね。

(5)　Cela (**revient**) à une question de goût.「それは結局は好みの問題です。」

空欄の後は à une question de goût となっているので，「それは好みの問題に帰着する」となればよいことがわかります．« revenir à ＋名詞 » の形で「(物事が) ～に帰着する」となるので，この3人称単数形の revient が正答となります．また revenir はもともと「戻ってくる」という意味なので，revenir sur ～で「～を再考する，～を撤回する」という意味でも使われます．revenir sur sa parole では「前言を翻す」という意味になりますので，これも覚えておきましょう．

練習問題 ② (▶本冊 p.27)

(1) (tarder)　(2) (rare)　(3) (peux)　(4) (manquer)　(5) (perds)

否定語とともによく使われる動詞の使い方をこの練習問題でよく確認してください．

(1) Il ne va pas (**tarder**).「彼はもうすぐ来ます．」
　　「もうすぐ来ます」と言っていますが，否定形になっているので，動詞は反意語の「遅れる」を考えて「遅れることはない」とすればよいですね．近接未来の va の後ですから tarder を不定詞で入れます．またビジネス・メールなどでは，« ne pas tarder à ＋不定詞 » の形を用いて，Je ne vais pas tarder à revenir vers vous.「すぐにまたご連絡いたします．」という表現をよく使います．

(2) Il n'est pas (**rare**) qu'il rentre après minuit.
　　「彼が深夜0時過ぎに帰宅するなんてよくあることさ．」
　　« Il est rare de ＋不定詞［que ＋接続法］» で，「～するのはまれである」なので，否定形にして « Il n'est pas rare de ＋不定詞［que ＋接続法］» では「～するのは珍しいことではない，～するのはよくあることだ」となります．ここでの rentre は接続法であることにも注意しましょう．

(3) Je n'en (**peux**) plus de fatigue.「もうどうにもならないほど疲れています．」
　　pouvoir を単独で使って，n'en pouvoir plus で「もうだめである，力尽きている」という表現があり，ここは de fatigue を伴って，「疲れでもう力尽きている」となります．pouvoir の直説法現在形を入れればよいですね．pouvoir は不定代名詞・疑問代名詞を目的語にして，事実上 pouvoir faire の意味となる表現があります．n'y pouvoir rien「手の施しようがない」，Je ne peux rien pour toi.「君のためには何もできないよ．」，C'est déjà réglé, je n'y peux rien.「それはもう片がついたから，私にはどうしようもないね．」なども覚えておいてよいでしょう．

(4) Ça ne pouvait pas (**manquer**).「案の定，そうなった．」
　　manquer は否定語とともに用いられると「必ず～する，なる」となります．さらに pouvoir の半過去とともに用いられて，「そのようになるしかありえなかった」ということから，「思っていた通りになった」＝「案の定，そうなった」という和訳になります．また manquer à ～で「～に背く，違反する」ということになるので，manquer à sa parole で「約束を破る」，manquer à un rendez-vous で「(会う) 約束をすっぽかす」という意味になります．

(5) Tu n'as pas vu ce film ? Tu n'y (**perds**) rien.
　　「あの映画を見てないって？　見てなくても別にどうってことはないよ．」
　　「別にどうってことない」を Tu を主語として n'y ～ rien で表さなければなりません．y は「それについて，そのことで」と前にある à ＋(代) 名詞［不定詞, 節］を受けますから，君はそのことで何も「失わない」と考えればよいので，ここは perdre の現在形を入れます．つまり，« ne rien perdre à ＋不定詞 » で，「～して何の損もしない」となるので「～してもどう

ということはない」という意味になると覚えておけばよいでしょう．そのほか « perdre ＋人 ＋ de vue » で「人と会わなくなる，人と疎遠になる」という表現も覚えておいてください．

練習問題 ③ (▶本冊 p.28)

(1) (ignorance)　　(2) (passer)　　(3) (échapper)　　(4) (laissaient)　　(5) (tomber)

　laisser はよく問題文中に現れますので，第 2 問では laisser とともによく使われる語に注意をしておいてください．

(1)　Elle m'a laissé dans l'(**ignorance**) de votre retour.
　　「彼女はあなたが帰って来たことを私に教えてくれませんでした．」
　　ignorance は「知らない状態」を表し，« laisser ＋人＋ dans l'ignorance de ～ » で，「人を～について知らない状態にしておく」となります．つまり「～のことを人に教えてくれない」という意味になりますね．

(2)　J'ai laissé (**passer**) des fautes dans mon texte.
　　「私は書いた文の誤りを見落としてしまった．」
　　« laisser passer ＋人 » は「人を通す」という意味で使われますが，後に物が来れば，「～を見落とす」という意味になります．ここでは des fautes「誤りを見落とした」ということですね．なお échapper を入れても間違いではありませんが，一般的には passer を用います．また，「通す」という意味の laisser passer が名詞化した，laisser-passer（単複同形）は「通行証，フリーパス」という意味です．

(3)　Il a laissé (**échapper**) un soupir.「彼は溜め息を漏らした．」
　　laisser échapper ～で「～が逃げるままにしておく」ということから，「～を落とす，漏らす，取り逃がす」などの意味になります．溜め息が思わず出てしまった場合には，この表現を用いて，laisser échapper un soupir とします．管などから「水が漏れる」という場合は，laisser échapper de l'eau となりますが，この場合は échapper の代わりに fuir を用いることもできます．

(4)　Les jeux Olympiques me (**laissaient**) complètement indifférent.
　　「オリンピックなんて私には全くどうでもよかった．」
　　« laisser ＋人＋ indifférent » で（物事が）「人を無関心にさせておく」ということですから，人から見れば，主語には全く興味がない，どうでもよいということになります．ここは，過去の状態ですから，laisser の直説法半過去形がふさわしいですね．複数形にすることを忘れないようにしましょう．なお « laisser ＋人＋ froid » でも同じような意味になります．

(5)　Moi, je laisse (**tomber**) la physique.「ぼくは物理学の単位はあきらめた．」
　　« laisser tomber ～ » は「～を落とす」ですが，このように大学で科目などを落とす，つまり単位を取ることをあきらめるという意味でも使われます．

練習問題 ④ (▶本冊 p.30)

(1) (part)　　(2) (impression)　　(3) (preuve)　　(4) (bloc)　　(5) (sentir)

　第 2 問では faire を用いた表現もよく出題されますので，よく確認してください．

(1)　Je te fais (**part**) de ma reprise.「仕事に復帰したことをお知らせします．」
　　« faire part à ＋人＋ de ～ » で「人に～を知らせる」となります．reprise は「再開，続行」の意味で，ここは仕事を再開したことを表しています．また faire-part（*m.*）（単複同形）と

名詞化して，主として慶弔に関する「通知状」という意味で使われます．

(2) Son succès a fait (**impression**)．「彼の成功は大いに注目を集めました．」
« faire impression (sur 〜) » で，「(〜に) 感銘を与える，印象づける」ということで，「大いに注目を集める」ということになります．impression を使った表現としてはほかに « avoir l'impression de ＋不定詞［que ＋直説法］» で，「〜のような気がする，〜と思う」もよく使われます．例えば，J'ai l'impression qu'il n'a pas bien compris．「彼はよくわかっていないと私は思う．」などです．

(3) Il a fait (**preuve**) de courage pour protéger sa femme.
「彼は妻を守るために勇気のあるところを見せました．」
faire preuve de 〜で，態度などで「〜を示す」ということを表します．ここは妻を守る行動で，自分の勇敢さを示したということですね．ほかに preuve を使った表現としては，faire ses preuves「実力のほどを見せる，真価を発揮する」を覚えておいてください．

(4) Nous devons faire (**bloc**) contre le terrorisme.
「私たちは一丸となってテロに立ち向かわなければなりません．」
bloc は「塊，全体」の意味で，faire (un) bloc で「結束する，一致団結する」という意味になります．近年，フランスではテロや新型コロナウイルス等に立ち向かうために，国民の solidarité (f.)「連帯，団結」を訴えかけることが多いですが，動詞として「団結する」を表すのに faire (un) bloc もよく使われるので覚えておいてください．

(5) Les effets du médicament commencent à se faire (**sentir**)．「薬の効果が現れはじめている．」
faire sentir は基本的に「〜をわからせる，〜を感知させる」という意味で使われますが，それを代名動詞にした se faire sentir では「感じられる，明らかになる，目立つ」という意味になります．主語を Le printemps にして Le printemps commence à se faire sentir. なら「春の気配がだんだん感じられるようになった．」くらいの意味になります．

練習問題 **5** (▶本冊 p.31)
(1) (pensent / croient)　　(2) (insiste)　　(3) (exagère)　　(4) (paie [paye])
(5) (acceptent / prennent)

練習問題 5〜8 は，今までの出題傾向から，特に注意すべき動詞を取り上げています．動詞の使い方をよく確認してください．

(1) Ne t'inquiète pas de ce que (**pensent / croient**) les autres. 「周囲の目など気にするな．」
「周囲の目」とありますが，空欄の前後は ce que ( ) les autres とあるので，「他人がどう思うか」と解釈して penser あるいは croire を入れます．3 人称複数形にすることを忘れずに．また penser は à〜が後ろにつくと「〜のことを考える」ということから，「〜を絶えず念頭に置く，覚えておく」というニュアンスにもなります．N'y pensons plus.「もうそのことは忘れましょう．」という表現も覚えておきましょう．

(2) N'(**insiste**) pas, tu n'auras rien ! 「うるさく言ってもだめだ．君にはあげないよ！」
insister は「言い張る，執拗に言う」ということで，否定命令形で，相手が執拗に何かを言ったりしてくるのを抑えるときに使います．「くどくど言うな」という日本語も当てられます．なお，第一群規則動詞の tu に対する命令に，間違って s を付けないように気をつけてください．また会話文では「しつこく続ける，頑張り通す」というニュアンスで使われることがあります．否定文にして，Elle a commencé le jogging, mais elle n'a pas insisté.「彼女はジョギングを始めたが，すぐにやめてしまった．」という表現も覚えておくとよいでしょう．

(3) Il est encore en retard ! Il (**exagère**).「あいつはまた遅刻か！　あんまりだ.」

exagérer は，度が過ぎたことをしたり，勝手な言動をしたりすることを非難する場合に使われ，このほかに「ひどすぎるよ」などの訳語が当てられます．目の前の tu に対して言うなら，Tu exagères ! となります.

(4) C'est un effort qui (**paie [paye]**).「この努力は報われる.」

payer は英語の pay と同じように，物事を主語として「利益が出る，割に合う」の意味で使われます．「これはやって割に合う努力だ」ということから，「この努力は報われる」ということになります.

(5) Est-ce que les taxis (**acceptent / prennent**) la carte ?「タクシーはクレジットカードでも大丈夫でしょうか？」

accepter は特に，店や業者などが支払い方法を「受け入れる」という場合に使われます．クレジットカードや小切手が使えるかを尋ねたい時は，店や業者を主語にして「(相手が) accepter してくれるか」という言い方をすることを覚えておいてください．なお，フランス人は実際には prendre を使うこともあるので prennent としても正解です.

練習問題 **6** （▶本冊 p.32）

(1) (annuler)　　(2) (coupe / coupez)　　(3) (convient)　　(4) (couler)　　(5) (gagne)

(1) Comment (**annuler**) ma réservation ?

「予約のキャンセルはどのようにすればよいでしょう？」

予約や約束をキャンセルする場合は annuler を用います．annuler un rendez-vous で「人と会う約束をキャンセルする」となり，飛行機などの出発を取り消す場合は，Les vols en direction de Paris ont été annulés.「パリ行きの飛行機が欠航になった.」のように使われます.

(2) Ne me (**coupe / coupez**) pas la parole !「私の話を遮らないでくれ！」

「人の話を遮る」というフランス語を考えると，まず interrompre「中断する」を思いつくかもしれませんが，この動詞は « interrompre ＋人 » の形で「人の話を遮る」となります．ここは la parole に繋がるので，couper を用いて，命令形の coupe または coupez が正答となります．« couper la parole à ＋人 » で「～の話を遮る」と覚えてください．またこの場合，所有形容詞を用いないことにも注意してください.

(3) Je ne trouve pas le mot qui (**convient**).「私には適切な言葉が見つかりません.」

日本語訳は「適切な」ですが，qui の後に１語入れるだけですので，形容詞ではなく動詞を入れなければなりません．convenir (à ～)「(～に) ふさわしい」の３人称単数形の convient が正答となります．mot qui convient で「適切な言葉」という表現として覚えてください.

(4) Ma fille a le nez qui ne cesse de (**couler**).「娘の鼻水が止まらないんです.」

« ne (pas) cesser de ＋不定詞 » で「～し続ける」となるので，空欄には「(鼻水が) 出る」という動詞を入れることになります．avoir le nez qui coule または le nez coule の形で「(鼻水が) 出る」となります．なお，日常的な表現では使いませんが，goutter「ぽたぽた落ちる」を入れても間違いではありませんので，これを書いた人も正解になります（文学的なテキストなら可能，くらいのレベルです）．ただ，通常この形では couler を使います.

(5) Il (**gagne**) sa vie en écrivant ?「彼は文筆で生計を立てているのだろうか？」

vie は多義語で「生命，生活，一生，生涯」のほか，「生活費，物価」の意味もあります（本冊 p.42 参照）「生計を立てる」は「生活費を稼ぐ」ことだと考えれば gagner が思いつくはず

です．La vie est très chère à Paris. なら「パリの生活費［物価］はとても高い．」という意味になります．なお en écrivant は écrire のジェロンディフで，「著述をすることで」ということとから，「文筆（業）で」ということになります．

練習問題 **7** (▶本冊 p.33)

(1) (porte)　　(2) (négliges)　　(3) (manque)　　(4) (valeur)　　(5) (côté)

(1) La discussion (**porte**) sur l'éducation des enfants.
「討論は子どもの教育をめぐって行われている．」
porter sur 〜で「〜を対象とする，かかわる」という成句的表現で，「議論は子どもの教育を対象としている」ということです．「議論の対象は〜である」という訳文も考えられます．また porter には原義の「〜を持つ」という意味から，日付や銘が後に来ると「〜の記載がある」という意味になります．La lettre porte la date du 10 mars. 「手紙には 3 月 10 日の日付がある．」のように使われます．

(2) Si tu (**négliges**) ta santé, tu tomberas malade. 「健康に注意しないと，病気になりますよ．」
訳文は「注意しないと」と否定語がありますが，ne 〜 pas がありません．ここは「〜をおろそかにする，怠る」という négliger を入れます．négliger sa santé で「健康をおろそかにする」＝「健康に注意しない」という訳し方を頭に入れておくとよいでしょう．また négliger は「〜をほうっておく」ということから négliger une occasion favorable「好機を逃す」などのように，機会などを「逃す」という意味にもなります．

(3) Il nous (**manque**) beaucoup. 「彼がいなくて私たちはとても寂しいです．」
« manquer à ＋人 » で，主語の不在によって「人が寂しい思いをする」という言い方になります．日本語の訳文の主語は「私たち」ですが，Il「彼」が主語になる構文になることが重要です．

(4) Elle est vraiment mise en (**valeur**) dans cette robe bleue.
「彼女はこの青いドレスを着ると本当に引き立ちます．」
mettre には注意しなければいけない用法がいくつかありますが，mettre 〜 en valeur で「〜を引き立たせる，（才能など）を活用する」という意味になります．mettre ses idées en valeur なら「彼のアイデアを活かす」です．« mettre 〜 en ＋名詞 » の形はよく使われ，mettre 〜 en marche「〜を始動させる」，mettre 〜 en scène「（劇を）上演する」なども覚えておいてください．

(5) Pourriez-vous mettre cette robe de (**côté**) ? 「このドレスを取り置きしていただけますか？」
mettre 〜 de côté で，「〜を脇にとっておく」ということなので，このようにお店で「〜を取り置きしておく」という意味でも使えます．mettre de l'argent de côté なら「お金をとっておく」ということですから「貯金する」という意味になります．

練習問題 **8** (▶本冊 p.35)

(1) (privé)　　(2) (suivant)　　(3) (service)　　(4) (tient)　　(5) (mal)

(1) L'accident l'a (**privé**) d'un bras. 「彼は事故で片腕を失ってしまいました．」
priver A de B の形で，「A から B を奪う」という意味になります．ここは L'accident を主語とした無生物主語の形であることに着目してください．なお，受動態にして，子どもが言うことを聞かないときなどに使われる，Tu seras privé de dessert.「デザートはなしですよ．」

という表現も覚えておくとよいでしょう.

(2) J'ai fait beaucoup de progrès en (**suivant**) ces cours de peinture.
「この絵画のレッスンを受けてとても進歩しました.」
suivre は「従う, 後を追う, 理解する」などのほか, 授業・講義などを「続けて受講する」という意味で使われます. ここはジェロンディフ en suivant で「続けてレッスンを受けたことで」という意味合いですね. また「授業を受ける」は, ほかに assister aux cours があり,「授業を休む」は manquer les cours, 会話で「授業をサボる」という場合は sécher les cours という表現もあります.

(3) Pouvez-vous me rendre (**service**)?「力を貸していただけますか?」
« rendre service à + 人 » で「~に役立つ, ~に貢献する」という意味になるので,「自分に対して役に立ってくれませんか」ということから,「力を貸していただけますか」ということになります.

(4) Il (**tient**) à nous inviter.「彼は私たちを何としても招待したがっています.」
« tenir à + 不定詞 » で,「どうしても~したいと思う」となります. 後ろを節にする時は, « tenir à ce que + 接続法 » の形にします. たとえば Je tiens à ce qu'elle vienne.「私はどうしても彼女に来てほしい.」となりますので, この形も覚えておいてください.

(5) Ça tombe vraiment (**mal**), cette panne !
「こんな時に故障とは, 本当にタイミングが悪い!」
tomber mal で「タイミングが悪い, 都合が悪い時にやってくる」という慣用表現です. 反対に「タイミングがよい, うまい時にやってくる」という場合は tomber bien で, これも出題されたことがあります. また, « tomber + 日付[曜日] » で,「(行事・日付が) ~に当たる」ということを表します. Le Nouvel An tombe un dimanche cette année.「今年は元日が日曜日にあたる.」などの表現にも注意しておきましょう.

練習問題 9 (▶本冊 p.36)

(1) (aggravé)　　(2) (souci)　　(3) (donne / donnera)　　(4) (force)　　(5) (Abstenez)

練習問題 9 〜 10 は代名動詞の練習問題です. 代名動詞は第 2 問ではよく問題文に現れますので, 特にここに挙がっているものは必ず確認しておいてください.

(1) L'état du malade s'est (**aggravé**).「患者の病状は悪化してしまいました.」
病気などが悪化する場合は s'aggraver です. 反対に回復する場合には, s'améliorer, se rétablir, se remettre などを使いますので, これらも一緒に覚えておきましょう.

(2) Je me fais du (**souci**) pour toi.「あなたのことが気がかりです.」
souci は「気がかり, 心配」ということで, se faire du souci pour ~ で「~を心配する, ~のことに気をもむ」という意味になります. 複数形にして, avoir des soucis で「気がかりである, 心配事がある」という表現も覚えておきましょう.

(3) On se (**donne / donnera**) rendez-vous au restaurant à 8 heures !
「8 時にレストランで待ち合わせましょう!」
「互いに会う約束をする」場合には, se donner rendez-vous の形を使うのがよいでしょう. 単純に「人と会う約束がある」という場合には avoir rendez-vous avec ~, あるいは donner (un) rendez-vous à ~ を使います.

(4) Si tu n'as pas envie d'y aller, ne te (**force**) pas!「行きたくないのなら, 無理しないでいい

14

わ！」

「無理をする，我慢する（我慢して何かをする）」という時は se forcer を使います．「無理しないでいい」なら，その否定命令形を使えばいいですね．Ne te force pas ! は慣用表現として覚えてよいでしょう．

(5) (**Abstenez**)-vous d'alcool pour votre santé.「健康のためにお酒は控えてください．」

「〜を控える，〜を慎む」は « s'abstenir de ＋無冠詞名詞［不定詞］» となります．代名動詞の命令形には慣れておくようにしましょう．tu に対してなら Abstiens-toi d'alcool. ですね．

練習問題 **10** (▶本冊 p.37)

(1) (Soignez)　(2) (promets)　(3) (prise)　(4) (passe)　(5) (passionne)

(1) Vous avez l'air enrhumé. (**Soignez**)-vous bien.「風邪を引いているようですね．お大事に．」

「健康に気をつける，養生する」を代名動詞で言う場合は se soigner を使います．名詞の soin には「気配り」のほか，複数形で「手当て，治療」の意味があり，donner les premiers soins aux blessés で「負傷者に応急手当を施す」のように用いられます．

(2) Je me (**promets**) de revenir l'année prochaine.「私はまた来年来るつもりです．」

他動詞の promettre は「約束する」ということですが，« se promettre de 〜 » は「自らに約束をする」ということから「〜することを決心する，〜することを期待する」という意味になります．

(3) Elle s'en est (**prise**) à moi.「彼女は私を非難しました．」

« s'en ＋動詞 » の形の代名動詞は意味が限定的になるので，重要なものはよく確認しておいてください．« s'en prendre à ＋人 » で，「人を責める，非難する」という意味になります．複合過去で，主語が Elle ですので，性・数の一致に気をつけてください．また s'y prendre で「取りかかる，手をつける」という意味で使われます．Je ne sais comment m'y prendre.「どう手をつけたらよいかわからない．」という表現にも注意しておきましょう．

(4) Je me (**passe**) de café ce soir.「今晩はコーヒーは飲まないでおくことにします．」

« se passer de ＋名詞［不定詞］» で「〜［すること］なしで済ます」という意味になります．「コーヒーなしで済ます」ということは「コーヒーは飲まないでおく」という訳文に対応しますね．

(5) Mon fils se (**passionne**) pour la photo.「息子は写真に夢中です．」

se passionner pour 〜 で「〜に熱中する，夢中になる」という意味になります．名詞の passion には「情熱，恋心」のほかに「熱中」という意味がありますので，それと関連づけて覚えておいてください．「〜に熱中する」という意味になる他の表現としては s'enthousiasmer pour 〜 や s'engouer pour [de] 〜 があります．

練習問題 **11** (▶本冊 p.39)

(1) (issue)　(2) (coup)　(3) (courant)　(4) (cas)　(5) (mal)

練習問題 11 〜 13 は名詞に関する問題です．動詞や他の語との結びつきが重要であることも多いので，よく確認しておいてください．

(1) La situation me paraît sans (**issue**).「状況は行き詰まりのように見える．」

issue は「出口」で，sans issue は「行き止まり，袋小路」の意味でよく使われ，このように「打開できない状況」を比喩的に表すことが多いので，注意してください．なお，impasse

2

15

も「袋小路，行き詰まり状態」の意味で，Les négociations se trouvent dans une impasse.「交渉は行き詰まっている.」のように用いられます.

(2) Pourras-tu jeter un (**coup**) d'œil sur cette brochure ?
「このパンフレットに目を通してくれますか？」
un coup d'œil は「一瞥」ということで，jeter un coup d'œil sur 〜 で「〜にざっと目を通す」の意味で使われます. coup を使った慣用表現は重要なものが多く，本冊に挙がっている用例 (p.38) に注意しておいてください. また œil (yeux) を用いた表現としては，à vue d'œil「目に見えて」，aux yeux de 〜「〜の目から見れば，〜の考えでは」なども覚えておきましょう.

(3) Tenez-moi au (**courant**) de vos projets.
「あなたの計画については今後も引き続きお知らせください.」
au courant de 〜 で「〜を知っている」という状態を表します. ここは « tenir [mettre] ＋人＋ au courant de 〜 » の形で「人に〜についての情報を継続的に与える」くらいの意味を表しています. 単に être au courant de 〜 なら「〜のことを知っている」となりますが，au courant は頻出表現ですので注意しておいてください. また courant は「(時の) 経過」を表し，dans le courant du mois で「今月中に」のように使われます.

(4) Je le croyais timide, mais ce n'était pas le (**cas**).
「彼は気が弱いと思っていましたが，実はそうではなかったです.」
le cas はその前に述べていることを受けて「それに当てはまる場合」というくらいの意味です. ここではその前に述べたこと（気が弱いと思っていたこと）を受けて，否定をすることで「実はそうではない」と，当てはまらないことを表しています. ほかに，le cas échéant で「もしもの時には」も覚えておきましょう.

(5) J'ai du (**mal**) à y croire.「それはちょっと信じられないな.」
名詞の mal には複数の重要な意味がありますが（本冊 p.38 参照），ここは「困難，苦労」の意味で，« avoir du mal à ＋不定詞 » で「〜するのが困難だ」という意味になります.「それを信じることが難しい」⇒「ちょっと信じられない」ということですね.

練習問題 **12** (▶本冊 p.41)

(1) (part)　　(2) (sens)　　(3) (pression)　　(4) (peine)　　(5) (pied)

(1) Il y a de la méfiance de (**part**) et d'autre.「双方に不信感があるんですよ.」
part は à part 〜「〜は別として」という熟語のほか，de part et d'autre で「両側に，両方に，互いに」という成句表現があります. de part et d'autre de la route なら「道路の両側に」です. part を用いた表現は，ほかにも本冊に挙がっていますので (p.40)，確認しておきましょう.

(2) Elle a le (**sens**) de la danse.「彼女は踊りの筋がいい.」
sens は多義語で「感覚，センス，向き，方向」の意味がありますが，ここは「センスがある」ということを「筋がいい」という日本語で表していることに気づかないといけません. そのほか sens を使う表現として，Il n'a pas le sens de l'orientation.「彼は方向音痴だ.」などもあります.「方向の感覚がない」ということですね.

(3) Ce joueur était sous (**pression**) juste avant la finale.
「その選手は決勝戦を前にしてプレッシャーが掛かっていた.」
pression は「圧力」ということで，精神的な「重圧，プレッシャー」の意味でも使われます. 英語に引きずられて語尾を間違えないようにしましょう. sous pression で「(精神的に) 圧力の掛かっている」状態を示すので，「プレッシャーの掛かった，神経が高ぶった，いらいらし

た」などの訳語が当てられます．文脈によって，Elle est toujours sous pression. で「彼女はいつもいらいら［ぴりぴり］している．」などの訳文も考えられます．

(4) M. Roche a pris la (**peine**) de venir me voir.
「ロッシュ氏がわざわざ私に会いに来られました．」
peine も重要な名詞で，「苦労，骨折り，苦痛，心痛，刑罰」などの意味がありますが，ここは « prendre la peine de ＋不定詞 » で「わざわざ〜する」という成句表現になります．

(5) Il s'est assis au (**pied**) d'un arbre.「彼は木の根元に腰をおろした．」
pied は「足」で，aller à pied は「徒歩で行く」という意味になりますが，物に対して使うと「(物の) 下の方」という意味になります．le pied d'une colline なら「丘の麓」で，au pied de 〜は「〜の下の方に［で］，〜の足元に［で］」という意味で使われます．au pied d'un lit なら，「ベッドの足元に［で］」です．

練習問題 **13** (▶本冊 p.42)

(1) (taille)　(2) (soin)　(3) (vue)　(4) (tenue)　(5) (tort)

(1) Cette jupe n'est pas à ma (**taille**).「このスカートは私のサイズに合わない．」
taille は「身長，サイズ，ウエスト，大きさ」などの意味があります．ここは，「私の身体に合わない」という訳でもよいところですが，服のサイズ一般は taille を用いることを覚えておいてください．なお，靴のサイズは一般に pointure を用います．Quelle pointure faites-vous ?「靴のサイズはおいくつですか？」

(2) Prenez (**soin**) que tout soit prêt ce soir.
「今晩にはすべての準備が整っているようご配慮ください．」
soin には「気配り，手当，看護，世話」などの意味があり，« prendre soin de ＋不定詞［que ＋接続法］» で「〜するよう気をつける，〜となるよう配慮する」という意味になります．そのほか soins médicaux「医療行為」など，「治療」の意味にも注意しておいてください．

(3) La (**vue**) du sang me donne mal au cœur.「血を見ると気持ちが悪くなります．」
vue は「視覚，視線，眺め」などですが，voir の名詞形なので「見ること」を表すことがあり，通常 la vue de 〜で「〜を見ること」となります．人の心の動きや気持ちを表すときは，しばしばこうした無生物主語の形をとります．人を主語にした場合は，à la vue de 〜「〜を見て，〜を見ると」を用いることができます．Il a pâli à la vue de ce spectacle.「彼はこの光景を見て青ざめた．」

(4) Un peu de (**tenue**)!「もう少し行儀よくしなさい！」
tenue は tenir の名詞形で「服装，身なり，行儀，姿勢」の意味があり，ここでは「行儀，マナー」の意味で用いられています．avoir une bonne tenue なら「行儀，姿勢がよい」という意味になります．

(5) Tout le monde lui donne (**tort**).「みんなが彼を非難しています．」
tort は「間違い，誤り，過ち，損害」の意味で，« donner tort à ＋人 » の形で，「人に非があるとする」という意味になることから，「人を非難する」となります．また avoir tort「間違っている」は基本的な表現ですね．なお反対に « donner raison à ＋人 » の形で，「人が正しいと認める」となります．Le juge m'a donné raison.「裁判官は私が正しいと認めた．」

練習問題 ⑭ (▶本冊 p.44)

(1) (suite)　　(2) (mi-chemin)　　(3) (part)　　(4) (près)　　(5) (passage)

　ここでは前置詞 à と de を含んだ慣用表現を問う問題に焦点を当てています．第 1 問の前置詞の項目も合わせて，確認してください．

(1) Tu travailles vingt heures de (**suite**)? C'est impossible !
　　「20 時間ぶっ通しで働いてるって？　ありえないよ！」
　　de suite で「続けて，連続して」の意味で，前の名詞を修飾します．à la suite de 〜なら「〜の後ろに，〜の次に，〜の結果として」となります．なお，d'affilée でも「連続して，一気に」というほぼ同義の表現となります．

(2) Nagoya se situe à (**mi-chemin**) entre Tokyo et Osaka ?
　　「名古屋は東京と大阪の中間にあるのですか？」
　　mi- は名詞の前について「半分の，中ほどの」の意味を表します．à mi-chemin で「途中に［で］，中間に」となりますが，ほかに à mi-voix「小声で」や mi-temps「(サッカー・ラグビーなどの) ハーフタイム」，月の名前の前について，(à la) mi-juillet「7 月中旬に」などの使い方もあります．

(3) À (**part**) toi, personne n'est au courant.「君以外には誰もそのことを知らないんだ．」
　　à part 〜 はひとつの前置詞のように働いて「〜は別として，〜を除いて」となり，よく出題されます．また à part だけで副詞的に「別に，他と離して」という意味で，Ce problème doit être examiné à part.「この問題は別個に検討されるべきだ．」のようにも使われます．

(4) À dix minutes (**près**), tu l'aurais rencontré.「10 分違えば，君は彼に会えていたのに．」
　　à 〜 près で「〜を除いて，〜の差で」の意味で，これも 2 級ではよく出題されます．à peu près は「差がゼロに近い」ということから「ほとんど〜だ」という意味になるわけですね．

(5) Mes parents sont de (**passage**) à Toulouse.
　　「私の両親が一時的にトゥールーズに滞在しています．」
　　de passage で「一時的な，つかの間の」となります．le bonheur de passage で「束の間の幸福」ですね．また au passage なら「通りがかりに，途中で」という意味になります．

練習問題 ⑮ (▶本冊 p.45)

(1) (derrière)　　(2) (public)　　(3) (personne)　　(4) (cœur)　　(5) (désordre)

　ここでは前置詞 en と par を含んだ慣用表現を問う問題に焦点を当てています．こちらも第 1 問の前置詞の項目も合わせて確認してください．

(1) Elle dit toujours du mal de lui par (**derrière**).「彼女はいつも陰で彼の悪口を言っています．」
　　par derrière で「背後から，陰で」の意味になります．un heurt par derrière なら「追突事故」となります．

(2) Je n'aime pas parler en (**public**).「ひと前で話すのは好きじゃないの．」
　　public は重要な名詞で「公衆，大衆，観客，聴衆」の意味がありますが，en public で「公衆の面前で，ひと前で，公然と」となります．parler en public「ひと前で話す」はよく使われるので，このまま覚えておきましょう．

(3) Le Président est venu en (**personne**).「大統領が自ら来ました．」
　　personne が名詞の場合は「人，女性，人柄，人格，身体」などの意味で用いられ，en personne で「自分で，自ら」の意味で使われます．par personne なら「一人につき」，grande

personne なら，子どもから見た「大人」ということですね．

(4) Je connais tout ça par (**cœur**).「そんなことはぼくは完璧に知っているよ．」
　　par cœur で「暗記して，そらで，完全に」という意味で，apprendre, savoir, connaître などの動詞とともによく使われます．ここは「暗記するほどわかっている」ということですね．cœur を用いた熟語にはほかに，avec cœur「熱心に，身を入れて」，de bon cœur「快く，喜んで」，à cœur ouvert「率直に，腹を割って」，de tout son cœur「心から，心底から」などがあります．

(5) Ta chambre est terriblement en (**désordre**).「君の部屋はひどく散らかってるね．」
　　désordre は「無秩序，乱雑，騒動」の意味で，en désordre で「無秩序な，散らかった」状態を表します．les cheveux en désordre なら「乱れた髪」です．mettre とともに用いて，mettre ～ en désordre なら「～を乱す，散らかす」で，反対に mettre ～ en ordre なら「整頓する，片づける」で，これもよく使われます．

練習問題 16 （▶本冊 p.47）

(1) (peu)　　(2) (entre)　　(3) (Pour)　　(4) (hors)　　(5) (prévu)

　ここではそのほかの前置詞を用いた熟語表現で，第2問で狙われやすいものを取り上げています．

(1) Il est revenu avant (**peu**).「彼はすぐに戻って来ました．」
　　peu は前置詞とともに用いられる時には「わずかな時間」を表します．avant peu のほか sous peu, dans peu でも「やがて，まもなく，すぐに」の意味になります．d'ici peu で「ほどなく」，il y a peu で「最近」，depuis peu で「しばらく前から」にも注意しておきましょう．

(2) Ça reste (**entre**) nous.「これはここだけの話にしておいてね．」
　　« entre ＋無冠詞名詞［人称代名詞］» で，「ほかを入れないで～の間だけで」というニュアンスになるので，entre nous で「仲間うちだけで，ここだけの話で」となります．問題文は相手に，私たちの間だけの話にしておいてくれと念を押す表現です．ほかに entre を使った慣用表現としては entre autres (choses)「中でも，とりわけ」がよく出題されます．

(3) (**Pour**) ma part, je n'ai rien à dire.「私としては何も言うことなどないわ．」
　　pour ma part で「私としては」と，会話のつなぎで使う表現で，pour ta part など各人称で用いられます．そのほか part を使った会話表現としては d'autre part「それに，そのうえ，おまけに」や « de la part de ＋人 » で．「人から（の）」がよく用いられます．C'est très aimable de votre part.「どうもご親切に．」は相手に感謝をする表現です．

(4) Cet ascenseur est (**hors**) service ?「このエレベーターは動いてないのですか？」
　　service は運行している状態を表し，hors (de) service で，「運行状態から外れた状態」ということで，「動いていない，故障中の」という意味になります．de は最近は省略するのが普通なので，hors service で覚えておいてよいでしょう．日本でいう回送中の電車やバスには，hors service（略して H.S.）の表示がなされます．

(5) Tout s'est passé comme (**prévu**).「すべて予定どおりに行きました．」
　　prévu は prévoir「～を予想する，予定する」の過去分詞形から来ていて，comme prévu で「予定されたとおりに」＝「予定どおり」となります．plus ～ que prévu なら，「予想を上回って～で」となりますね．

19

(1) (fidèle)　　(2) (libre)　　(3) (prêtes)　　(4) (pleine)　　(5) (mixte)

　　ここは第2問で特に注意すべき形容詞と副詞を取り上げます．問題になっている語の用法をよく確認してください．

(1)　Il est toujours (**fidèle**) à ses promesses.「彼は必ず約束を守る人ですよ.」
　　fidèle は「忠実な」ですが，物事に対して「態度を変えない」という意味で使われ，ここは約束に対して誠実であることを示しています．また，いつも行っている店やいつも使っているブランドを変えない，という意味で使われ，たとえば rester fidèle à son boucher なら「行きつけの肉屋を変えない」ということです．名詞の fidélité にも注意しておいてください（本冊 p.48）．

(2)　Tu es tout à fait (**libre**) d'accepter ou pas.「承知するもしないも，全く君の勝手だ.」
　　« être libre de ＋不定詞 » で「自由に〜できる」ということで，「ご自由にどうぞ」というような突き放したニュアンスになります．ここは être libre d'accepter ou pas.「受け入れるか受け入れないか，君は全く自由だ」ということで，「全く君の勝手だ」という日本語に当てはまります．Vous êtes libre de partir. なら「お帰りになって結構です.」という感じですね．

(3)　Les pommes sont (**prêtes**) à être récoltées.「リンゴはもう収穫できる状態になっている.」
　　prêt(e) で「準備ができた」ということから，« prêt(e) à ＋不定詞 » で「〜の心づもりができている，〜できる状態にある」という使い方をします．「いつでもそれをやる準備ができている」というニュアンスですね．形容詞を書く時は常に性・数の一致を忘れないようにしてください．

(4)　Ne buvez pas en (**pleine**) rue.「道の真ん中でお酒を飲まないでください.」
　　plein(e) は注意すべき名詞にも挙げてありますが，en plein(e) 〜で「〜のただ中で［の］，真ん中に」という意味で，いろいろな語とともに使われます．en plein hiver「真冬に」，en plein jour「白昼に」のほか，en plein centre-ville「町の中心部で」などの使い方もあります．

(5)　Il appartient à la chorale (**mixte**) municipale.「彼は市立の混声合唱団に所属している.」
　　mixte には「混成の，男女混合の」の意味があります．テニスなどの「混合ダブルス」は double mixte,「(男女) 共学校」なら école mixte となります．

(1) (donné)　　(2) (hâte)　　(3) (ainsi)　　(4) (pour)　　(5) (jours)

　　最後はそのほかの注意すべき熟語表現の問題です．

(1)　Étant (**donné**) que tu es malade, tu ne dois pas aller à l'école.
　　「病気なんだから，学校に行ってはいけません.」
　　« étant donné que ＋直説法 » で「〜なので，〜だから，〜である以上」という意味で使います．donné には「定められた，一定の，決まった」という意味があり，étant donné que 〜の形で「〜ということが決まっている［わかっている］以上」という意味になると考えればよいでしょう．

(2)　J'ai (**hâte**) de le voir.「早く彼に会いたいわ.」
　　« avoir hâte de ＋不定詞 » で，「急いで〜する，早く〜したい」ということです．hâte はもともと「急ぐこと」ということで，待ちきれない気持ちを表す表現です．hâte を含む慣用表現としてはほかに，en (toute) hâte「大急ぎで，すぐさま」, sans hâte「急がずに，ゆっくりと」

も覚えておくとよいでしょう．

(3) Mon frère, (**ainsi**) que mon père, travaillent dans une banque.
「兄は，父と同様に銀行で働いています．」
ainsi que 〜は「〜のとおりに，〜と同時に」のほか，このように「〜と同様に」の意味で使います．この場合 et と同様に考えて，動詞は複数形になります．Jean, ainsi que son frère, sont étudiants.「ジャンも彼の兄［弟］も学生だ．」となります．

(4) Il n'est jamais trop tard (**pour**) se corriger.
「過ちを改めるのに，決して遅すぎるということはないよ．」
« trop X pour ＋不定詞 » で「〜するにはあまりに X だ」はよく知られた表現ですが，それに否定語が絡む場合も多く出題されます．« Il n'est jamais trop tard pour ＋不定詞 » で「〜するのに遅すぎることは決してない」となります．これとは別に Il vaut mieux 〜「〜するほうがよい」の変形である Mieux vaut 〜を用いて，Mieux vaut tard que jamais.「遅れてもしないよりはまし．」という諺もあるので，これも覚えておいてください．

(5) Au revoir, à un de ces (**jours**).「さよなら，また近いうちに．」
un de ces jours で「近々」という意味で，これに à がつけば，À demain !「また明日！」と同様に，「また近いうちに」となります．

【総合練習問題 ①】 (▶本冊 p.52)

(1) (mesure)   (2) (finirai / terminerai)   (3) (idée)   (4) (empêche)   (5) (compter)

(1) Elle s'est fait faire une robe sur (**mesure**).「彼女はオーダーメイドで服を作りました．」
mesure は「測定，寸法，サイズ，措置，程度」のような意味がありますが，sur mesure で「寸法を合わせた，オーダーメイドの」という意味になります．vêtement sur mesure なら「注文服」です．

(2) Je (**finirai / terminerai**) par me fâcher.「しまいには怒るよ．」
« finir par ＋名詞［＋不定詞］» または « terminer par 〜［＋不定詞］» で，「〜で終わる，最後には〜する」という頻出表現があります．「（今は我慢しているが）最後には怒ることになる」ということですから，finir / terminer を単純未来形にする必要があります．

(3) On n'a jamais (**idée**) de faire ça !「そんなことをするなんて考えられないわ！」
« avoir idée de ＋名詞［不定詞］» で「〜がわかる，察しがつく」という意味になるので，ne 〜 jamais を用いてそれを強く否定すれば「〜するなんてとても考えられない」となります．また A-t-on idée ? と疑問文で反語的に「考えられるかい？ ひどいもんだ．」と憤りを表すこともあります．

(4) C'est un bon garçon. Mais ça n'(**empêche**) qu'il a aussi ses défauts.
「あいつはよい男だが，それでも欠点はある．」
Il [Cela, Ça] n'empêche (pas) que 〜で前の文を受けて「それにもかかわらず〜である，〜であることには変わりがない」という形で使われますが，このように日本語で単に「それでも〜である」という訳文が当てられている時もあるので，注意してください．

(5) Vous pouvez y (**compter**).「それは当てにしてくださって大丈夫です．」
compter sur 〜で「〜を当てにする」という意味ですが，このように中性代名詞 y を用いて，y compter で「それを当てにする」という形でよく使われます．否定命令文で N'y comptez pas trop.「それはあまり当てになりませんよ．」のような使い方もあります．

(1) (manque)　(2) (coup)　(3) (partir / disparaître)　(4) (hasard)　(5) (marque)

(1)　Ce projet ne (**manque**) pas d'intérêt.「この計画はなかなか興味深い．」
　　manquer de 〜で「〜が足りない，欠けている」ということですから，それを否定文にすると「〜が十分ある」ということになります．ここは「この計画には十分，興味が持てる点がある」ということから「なかなか興味深い」となるわけです．

(2)　J'ai eu le (**coup**) de foudre pour sa petite sœur.
　　「私は一目で，彼の妹に参ってしまいました．」
　　coup には覚えるべき重要な慣用表現がいくつかあり，coup de foudre は「稲妻」ということから「一目惚れ」という意味で使われます．après coup「後になって，事後に」，coup de théâtre「大どんでん返し」，du coup「その結果，そのために，だから」も覚えておいてください．

(3)　Ce produit fait (**partir / disparaître**) les taches de graisse.「この製品は油汚れを落とします．」
　　partir には染みなどが「消える，落ちる」という意味があって，ここは製品が主語となって faire partir 〜で「〜を落とす」ということになります．また faire disparaître 〜も，汚れなどについて「〜を落とす」という時に使われます．« faire ＋不定詞 » については本冊 p.29 に挙がっている用例を確認しておいてください．

(4)　Ne réponds pas à la question au (**hasard**)!「質問に当てずっぽうに答えてはいけないよ！」
　　hasard は「偶然」で，au hasard で「行き当たりばったりに，適当に，でたらめに」の意味になります．se promener au hasard は「当てもなく散歩する」ということです．par hasard「偶然に」はよくご存じのはずです．

(5)　La fatigue (**marque**) son visage.「彼の顔には疲労の色が見える．」
　　marquer は「印をつける」ということから，「跡を残す，（人の心などに）刻印を残す」という意味で使われます．ここは「疲労が彼の顔に痕跡を残している」ということから「彼の顔には疲労の色が見える」ということになるわけです．

(1) (compte)　(2) (laisse)　(3) (mal)　(4) (pair)　(5) (ici)

(1)　Il a abandonné son poste. Tu te rends (**compte**)!
　　「彼が職場を放棄したのよ，ひどいでしょう！」
　　« se rendre compte de ＋名詞［que ＋直説法］» で，「〜に気づく，わかる，理解する」ですが，会話体で de［que 〜］以下を省略して，Tu te rends compte！［Vous vous rendez compte！］で，「わかるかい」とあきれたり，驚いたりする時に使います．ひどいことにあきれている時は「あきれるよね，ひどいだろう」，よいことで驚いている場合は「すごいだろう」というような訳文が考えられますので，注意しておいてください．

(2)　Ce qui lui arrive me (**laisse**) froid.「彼の身に何があろうと，私は痛くもかゆくもないよ．」
　　froid には「冷静な」という意味があって，« laisser ＋人＋ froid » で「人を冷静のままにしておく」という意味になることから，人からすれば「どうでもよい，痛くもかゆくもない」というような訳文になります．« laisser ＋人＋ indifférent » と近い意味になりますね．

(3) Cette coiffure te va (**mal**).「その髪型は君には似合わないよ.」

« aller bien à ＋人 » で「人に似合う」は有名ですが, bien の代わりにその反意語の mal を入れて, « aller mal à ＋人 » で「人に似合わない」となります. mal は名詞の用法を含めて, 本冊に挙がっている用例（p.38）をよく確認しておいてください.

(4) Il est hors (**pair**) dans le domaine du génie civil.
「彼は土木工学の分野では他の追随を許しません.」

hors (de) pair で,「並び立つものがない」ということから「比類のない, 他の追随を許さない」という意味で使われます. artiste hors pair では「傑出した芸術家」となります. 同意表現としては sans pareil(le), sans égal(e) があります.

(5) Il faut que tu aies fini d' (**ici**) vendredi.「金曜日までには終わらせないといけないよ.」

« d'ici (à) ＋時点（期間）» で「今から〜（までに）」の意味で使われます（本冊 p.23 および p.43 参照）. d'ici quelques jours なら「ここ数日のうちに」, d'ici là なら「今からその時まで, それまでに」の意味になります.

総合練習問題 ④ (▶本冊 p.55)

(1) (penser)　(2) (tient)　(3) (semblant)　(4) (Aucun)　(5) (prix)

(1) Ça me fait (**penser**) que je dois téléphoner à ma mère.
「それで思い出したけれど, 私は母に電話をかけなくちゃいけない.」

penser は「思い浮かべる」というニュアンスもあって, faire penser que 〜 で「〜を思い起こさせる」ということになります. faire があるので, ここで rappeler などは入れてはいけませんね.

(2) Il a échappé à la mort, cela (**tient**) du miracle.
「彼は死なずに済みましたが, それは奇跡に近いことです.」

tenir de 〜で「〜の血筋を引いている, 似ている」という意味になります. Paul tient de son père.「ポールは父親似だ.」のように, 血縁関係がある者同士が「似ている」という使い方のほか, このように de の後に事柄が来る場合は,「〜に近い, 〜も同然だ」という意味で使われます.

(3) Il a fait (**semblant**) de ne pas me voir.「彼は私のことを気づかないふりをしたのよ.」

sembler の現在分詞から派生した semblant は成句表現でのみ使われる名詞で, « faire semblant de ＋不定詞 » で「〜するふりをする」という意味になります. Ne fais pas semblant de dormir. なら「寝たふりをするな.」ですね.

(4) (**Aucun**) d'entre eux ne m'a répondu.「彼らは誰一人として私に返事をしてくれなかった.」

「〜のうち誰［どれ］も（…ない）」という場合には, aucun(e) de 〜を用います. personne は de 〜を後ろにつけて,「〜のうち誰も」という形はできないので注意しましょう. 特にこの « aucun(e) d'entre ＋人称代名詞強勢形 » の形は覚えておいてください.

(5) Il faut à tout (**prix**) que je sois demain à Paris.
「私はどうしても明日はパリにいないといけないの.」

prix には「代価, 代償, 犠牲」の意味があって, à tout prix で「どんな代価［犠牲］を払っても」ということから「どうしても, ぜひとも」の意味で使われます.

総合練習問題 ⑤ (▶本冊 p.56)

(1) (revient)　(2) (place)　(3) (attendre)　(4) (peine)　(5) (Faute)

23

(1) Ah, voilà, ça me (**revient**)！「ああ，そうか．思い出した！」
　　« revenir à ＋人 » で「(物事が) 人の記憶によみがえる」という意味です．ここは ça「それ」
が私の記憶によみがえった，ということから「思い出した」となるわけですね．rappeler の
場合は Ces photos me rappellent mon enfance.「これらの写真を見ると，私は子どものころ
を思い出す．」のように直接目的語が必要になります．

(2) Essaie de te mettre à ma (**place**).「私の身にもなってくれよ．」
　　se mettre はある場所，立場，状態に「身を置く」ということなので，ここは「試しに私の
立場に身を置いてくれ」と考えて，se mettre à ma place の形にします．« à la place de ＋人 [à
sa place]» で，「人の立場で [だったら]，人の代わりに」は重要表現です．

(3) Le résultat se fait (**attendre**).「なかなか結果が来ないんです．」
　　se faire attendre は「待たせる，遅刻する」ということから，「時間がかかる，手間取る」
という意味にもなります．「結果が出てくるのに時間がかかっている」ということから「なか
なか結果が来ないんです」という訳文になるわけですね．

(4) « Défense de stationner sous (**peine**) d'amende »「駐車禁止　違反者は罰金に処する」
　　peine には「刑罰」の意味があって，sous peine de ～で「(違反すれば) ～の刑に処するも
のとして」ということになります．peine d'amende は「罰金刑」，peine de prison は「禁固刑」，
peine de mort で「死刑」です．

(5) (**Faute**) de vin, on boit de l'eau ?「ワインがないので，水でも飲みましょうか？」
　　« faute de ＋無冠詞名詞 » で「～がないので，～がなければ」という熟語表現で，第 1 問で
も取り上げられています．faute de preuves なら「証拠不十分で」となります．また類似の表
現として，à défaut de ～「～がなければ，～の代わりに」，par manque de ～「～の不足で，
～がないので」にも注意してください．Il n'a pas réussi par manque de patience.「辛抱が足
りなかったために，彼は成功しなかった．」

【総合練習問題 ❻】 （▶本冊 p.57）

(1) (heureux)　(2) (échapper / passer)　(3) (moyenne)　(4) (prend)　(5) (déranger)

----

(1) Je l'ai rencontrée par un (**heureux**) hasard.「私は偶然に恵まれて彼女と出会いました．」
　　heureux には「幸運をもたらす，好都合な」の意味があり，ここでは「好都合な偶然によ
って」ということから，「偶然に恵まれて」という訳に見合う表現になります．Tu as eu la
main heureuse. で「くじ運がよかったね．」のような使い方もあります．

(2) Tu as laissé (**échapper**) le moment favorable.「君は好機を逸してしまったね．」
　　laisser échapper ～で「～を取り落とす，～を漏らす」のほか「～を逃す，取り逃がす」と
いう意味になります．チャンスなどを逃してしまった時によく用いられます．laisser passer
～ も同様の意味で使われます．

(3) Elle travaille en (**moyenne**) sept heures par jour.「彼女は平均して 1 日 7 時間働きます．」
　　moyenne は「平均，平均値，及第点」の意味があり，en moyenne で「平均して」となり
ます．

(4) Il se (**prend**) pour un génie.「彼は自分を天才だと思っています．」
　　prendre A pour B で「A を B と見なす，取り違える」となるので，se prendre pour ～ で「自
分を～と見なす」となります．多くの場合，自分を過大評価している場合に使います．se
prendre pour un héros なら「英雄気取りだ」くらいの訳になります．また croire を代名動詞

にして《 se croire ＋名詞［形容詞］》で,「自分を〜だと思う」という形も覚えておいてください.

(5) 《 Prière de ne pas (**déranger**) 》（ホテルのドアの札で）「起こさないでください」

　　《 Prière de ＋不定詞 》は掲示・通知などで「〜してください」と表示するときに使います.
déranger は「〜の邪魔をする」ということで,ホテルのドアに「起こさないでください」と
告げるための札にはこのように表記されます.

　ここではどのように正解へと至るかの道筋をおさらいします．筆記の第3問は，同じ意味の文を作る問題です．本冊の第3問の章にあるとおり，動詞部の同義・対義表現や，2つの文の間での空欄の前後の語句の入れ替え，2つの文がともに肯定文あるいは否定文なのか，そして両者の時制の釣り合い，などに注意してください．
　また，この問題は自分で動詞の活用形を書かなければなりません．活用を間違えたり，スペリング・ミスをしたりすると0点になってしまいますので，気をつけましょう．

練習問題 **1**　（▶本冊 p.67）

(1) avoir manifesté　　(2) représente　　(3) quitter　　(4) Respecte　　(5) résisterait

　まず，選択肢の動詞の一般的な意味を確認しましょう．

représenter　表す　　　tenir　長続きする　　résister　耐える　　　　　manifester　表明する
respecter　尊重する　　quitter　離れる　　　se croire　自分が〜だと思う
se laisser　〜されるに任せる

(1)　A Ayant clairement exprimé sa volonté, il en est très satisfait.
　　　B Il est très satisfait d'(**avoir manifesté**) sa volonté de manière explicite.
　　　A 自分の意思をはっきり述べた彼は，そのことにとても満足している．
　　　B 自分の意思をはっきり（表明した）ので，彼はとても満足している．
　　　Aの前半部 Ayant clairement exprimé sa volonté「自分の意思をはっきり述べた」と，Bの後半部 d'(　) sa volonté de manière explicite「自分の意思をはっきり（　）ので」が対応します．主語はともに il で，Bの空欄の直後には前置詞を介さずに sa volonté が来ていますから，空欄にはAの exprimer と同義の他動詞が入りそうです．またAの前半部は Ayant clairement exprimé という複合形が用いられた分詞構文で，明確に「自分の意思をはっきり述べ」てから，il est très satisfait de「〜のことにとても満足し」たという時間の流れになります．とするとBでは exprimer に一番意味が近い manifester「〜を表明する」を選び，また時間的に「満足したこと」よりも先に「自分の意思を表明した」ことを明示するために manifester を複合形にした avoir manifesté とするのが正答となります．なお，« de [d'une] manière ＋形容詞 »「〜な仕方で，〜のように」は形容詞を副詞化する時に使えるので，覚えておくとよいでしょう．

(2)　A À quoi correspond la croix sur cette carte ?
　　　B Que (**représente**) la croix sur cette carte ?
　　　A その十字はこの地図では何に符号するのですか？
　　　B その十字はこの地図では何を（表す）のですか？
　　　AとBはともに疑問詞を用いた疑問文です．Aは後ろの la croix sur cette carte「この地図上での十字」を主語として，correspondre à「〜に符合する」の内容を quel を使って尋ねて「この地図上での十字は何に符合するのか」となるのに対し，Bでは文頭に疑問代名詞の Que「〜を」があるので，「〜を意味する，〜を表す」という意味の他動詞を空欄に入れればよいことがわかります．選択肢にある représenter は地図上などで形で何かを「表す」時に用いますのでこれを選び，現在形の représente とするのが正答です．

(3)　A J'étais décidé à démissionner au besoin.

B J'étais prêt à (**quitter**) mon poste si nécessaire.

A いざとなったら辞任する覚悟をしていた.

B 必要なら自らの職を（離れる）心づもりでいた.

Aの《être décidé à＋不定詞》「〜する決心である」とBの《être prêt à＋不定詞》「〜する心づもりができている」は，ほぼ同じ意味になっています．また，Aの au besoin「必要な場合には」も，Bの文では si nécessaire「必要ならば」が対応しています．とすれば，Aの démissionner「辞職する」とBの（　　）mon poste が同じ意味になればよいことがわかります．男性名詞の poste は「地位，職」ですから，空欄には「（職や地位を）離れる，辞する」という意味の他動詞を不定詞で入れればよく，quitter をそのまま入れるのが正答となります．ちなみに，女性名詞の poste は「郵便，郵便局」の意味ですので，取り違えないようにしてください．

(4) A Tu dois te conformer à certaines traditions qu'on maintient jusqu'à nos jours dans cette région.

B (**Respecte**) certaines traditions qui vivent dans cette région jusqu'à notre temps !

A この地方で人々が今日まで守っているいくつかの伝統に従うべきだ.

B この地方で現代まで生き続けているいくつかの伝統を（尊重しなさい）！

Aでは se conformer à「〜に従う，〜に順応する」が使用され，「いくつかの伝統に従うべきだ」とあるのに対して，Bは主節の主語がなく，空欄から文が始まっています．Aの《Tu dois＋不定詞》「君は〜すべきだ」という形は，tu に対する命令形に置き換えることができることを覚えておいてください．Bの空欄の直後には前置詞がないので，certaines traditions を目的語として「〜を守る，〜を尊重する」という意味の他動詞の命令形を入れればよいでしょう．よって respecter を選び，Respecte とするのが正答です．基本事項ですが，第一群規則動詞の tu に対する命令形では s を落とすのを忘れないでください．

(5) A Ce bâtiment est si solide qu'il supporterait un fort séisme.

B Ce bâtiment (**résisterait**) à un fort tremblement de terre.

A この建物はとても頑丈なので，強い地震があっても耐えられるだろうね.

B この建物なら強い地震に（耐えられるだろうね）.

Aでは，《si＋形容詞＋que＋直説法》「とても〜なので…だ」という構文が使われています．つまり，これは si の後の形容詞がどのくらいの程度なのかを que 以降で説明する，ということで，ここでは「強い地震があっても耐えられるくらいに，とても頑丈」だということです．Bは単文（主語と動詞がひと組だけの文）で，「この建物は強い地震に対して（　　）」となっているので，空欄の直後のàと組み合わせて「〜に耐えられる」という意味になる動詞を探すと，résister à「〜に耐える」の résister でしょう．

また，これは今現実に起こっていることを描写しているのではなく，「仮に大地震が起こったとしても」という仮定をして，その場合でもこの建物は「耐えられる」ということを表しているので，résister の条件法現在形である résisterait が正答となります．Aでも同様の理由で supporterait が用いられています．

練習問題 ② (▶本冊 p.68)

(1) renonciez　　(2) mettre　　(3) partagiez　　(4) se sont installés　　(5) rendrai

まず，選択肢の動詞の一般的な意味を確認しましょう.

| partager | 共有する | renoncer | 断念する | faire | する | rendre | 返す |
| tomber | 転ぶ | mettre | 置く | se douter | 予期する | s'installer | 居を定める |

27

(1) A Vous feriez mieux de ne pas abandonner vos études.

B Il est préférable que vous ne (**renonciez**) pas à vos études.

A ご自分の研究をあきらめないほうがよいと思われますが．

B ご自分の研究を（断念）しないほうがよいですよ．

Aの « faire mieux de ＋不定詞 »「～するほうがよい」（faire は条件法で使用されることが多い）と，Bの « Il est préférable que ＋接続法 »「～するほうがよい」はほぼ同じ意味で，残りの部分もともに否定表現が使われていることから，Bの空欄の部分に当てはまる動詞は，Aの abandonner「～をあきらめる」の同義表現だと見当がつきます．空欄の後ろにある à の存在も考え合わせれば，renoncer à「～を断念する」の renoncer が選べるでしょう．Il est préférable que の後ですから，接続法現在形の renonciez が正答です．

(2) A Il a consacré toute son énergie à réaliser son projet.

B Il a fourni tous les efforts nécessaires pour (**mettre**) en œuvre son projet.

A 自分の計画を実現させるのに，彼は全精力を費やした．

B 自分の計画を（実行する）ため，彼は必要なありとあらゆる努力をした．

AとBは主語がともに Il であり，Aでは « consacrer ～ à ＋不定詞 »「～を…することに充てる」が用いられ，toute son énergie「（彼の）全精力」がその目的語で，「全精力を費やす」という意味になっています．Bの fournir tous les efforts nécessaires「必要なありとあらゆる努力をする」はほぼ同等の意味と考えられるので，後半部のみが問題となります．Bの空欄の直後には en œuvre「（ものごとが）実行されている状態」があるので，空欄に mettre を入れて mettre ～ en œuvre とすれば「～を実行する」となり，Aの réaliser「～を実現させる」と同じ意味になります．

(3) A Avant, vous étiez entièrement d'accord avec nous.

B Autrefois, vous (**partagiez**) totalement nos idées.

A 以前，あなたは我々と意見が完全に一致していらっしゃいました．

B かつて，あなたは我々と意見をすべての面で（共有されていらっしゃいました）．

Aの Avant「以前」とBの Autrefois「かつて」，Aの entièrement「完全に，まるまる」とBの totalement「全体的，全面的に」が同等の意味で，主語も同じです．Aでは être d'accord avec nous という表現で，私たちと意見が一致していることが述べられています．Bを同様の意味にするためには空欄の後の nos idées「我々の意見」を直接目的語として，「～を共有する」という意味の他動詞が必要ですから，partager を選択します．あとはAの時制と合わせて直説法半過去形にしてください．

(4) A Depuis dix ans, ils habitent dans un grand appartement à Paris.

B Ils (**se sont installés**) dans un grand appartement à Paris il y a dix ans.

A 彼らはパリの大きなアパルトマンに住んで 10 年になる．

B 彼らは 10 年前にパリの大きなアパルトマンに（居を定めた）．

Aの冒頭の depuis は，過去のある時点を起点として現在まで継続していることを表して「10 年前からずっと」となるので，habitent「住んでいます」と現在形が用いられています．Bの il y a は現在を基準として「（今から）～前に」ということになるので，空欄には今から 10 年前に何かを「した」という過去の動作が入らなければなりません．ですので s'installer「居を定める」を選んで，複合過去形にします．最後に，s'installer の再帰代名詞 se は直接目的語なので，複合過去形の過去分詞は se に性・数を一致させて，se sont installés としましょう．第 3 問では，常に性・数一致に気をつけてください．

(5) A Je passerai vous voir dans deux semaines.

B　Je vous (**rendrai**) visite dans quinze jours.
A　2 週間後にお邪魔します．
B　2 週間後に（うかがいます）．

　Bの quinze jours は，数え始めの当日を含んで「15 日」＝「2 週間」と捉える，フランスの日常的な表現で，つまり A の deux semaines と同義になります．また，« dans ＋時間表現 » は「（現在を基準として）～後に」ということで，A も B も「2 週間後に」という意味になります．「2 週間以内に」という意味にはならないことに注意しましょう．したがって，A の passerai vous voir「あなたに会いに立ち寄ります」と同義にするために，B では visite と結びついて「訪れる」となる動詞を選ぶことになります．これは，« rendre visite à ＋人 » で「～を訪問する」という表現を知っていることが必要で，rendre を選び，かつ A に合わせてその単純未来形 rendrai とするのが正答です．

練習問題 **3**　（▶本冊 p.69）

(1) a rencontré　　(2) gagnera　　(3) se montrent　　(4) conteste　　(5) s'est donné

　まず，選択肢の動詞の一般的な意味を確認しましょう．

arriver　到着する	tenir　つかんでいる，保つ	contester　異議を唱える
gagner　得る；たどり着く	rencontrer　出会う，遭う	opposer　対立させる
se donner　身を捧げる	se montrer　現れる	

(1)　A　Le projet municipal s'est heurté à l'opposition générale des habitants de ce quartier.
　　　B　Le projet municipal (**a rencontré**) l'opposition générale des habitants de ce quartier.
　　　A　市の計画は地域住民の全面的な反対にあった．
　　　B　市の計画は地域住民の全面的な反対に（あった）．

　A と B はほぼ同じ構造で，A では se heurter à「～にぶつかる［遭遇する］」が使用されているのに対し，B では前置詞が見当たらず，名詞表現である l'opposition générale des habitants「住民の全面的な反対」が直後に来ています．このことから空欄には se heurter à と同義になる他動詞を入れることが必要で，rencontrer「～に出会う，遭う」を選べばよいことがわかります．これを複合過去形にして，a rencontré が正答です．

(2)　A　Sans incidents, ce navire pourra arriver au port après-demain.
　　　B　Ce navire (**gagnera**) le port dans deux jours, si tout se passe bien.
　　　A　何事もなければ，この船は明後日港に到着できるだろう．
　　　B　すべてが順調にいけば，この船は二日後に港に（着くだろう）．

　まず « sans ＋名詞 » は，主文が単純未来や条件法の時に「～がなければ」という条件の意味になることがあります．A の Sans incidents は「何事もなければ」という意味になり，B の si tout se passe bien「万事うまくいけば」とほぼ同義であることがわかります．また，A の après-demain「明後日」と B の dans deux jours「二日後」も同じ意味です．とすると，ce navire pourra arriver au port と同義になるように Ce navire (　　) le port の空欄を埋めればよく，「着く，到達する」という意味の他動詞を選ぶべきだということがわかります．この中では gagner が「～を得る」という意味の他に「～にたどり着く」があるので，これを単純未来形にした gagnera が正解となります．なお，arriver「到着する」は自動詞なので，ここでは不適当です．

(3)　A　Mes parents sont indulgents pour mes enfants.
　　　B　Mes parents (**se montrent**) généreux envers mes enfants.

筆記試験 *3*

29

A 両親は私の子どもたちに対して寛容だ.

B 両親は私の子どもたちに対して（優しい）.

　AとBを見比べると，indulgent「寛容な」と同様の意味の généreux「優しい，寛大である」があるので，実際に être のように「～である」という意味になれる語を探さなければなりません．選択肢中にある se montrer は，後ろに形容詞を従えて「自分が～であることを示す」という意味になるので，事実上 être「～である」と同義になります．A に合わせて現在形で se montrent とするのが正解です.

(4)　A Mon épouse me contredit sur tous les sujets.

　　　B Ma femme (**conteste**) toutes mes idées.

　　　A 妻はどんなことでも私に反対するんです.

　　　B 妻は私のあらゆる意見に（異を唱えるんです）.

　　A の contredire は « contredire ＋人（＋ sur ＋名詞）»「人に対して（sur ～について）反論する」という構造を持つ他動詞で，B の空欄に当てはまる動詞は空欄の直後に前置詞がなく，後ろに toutes mes idées と「私のあらゆる意見」という意味の語句が入っていることから，「反対する」という他動詞であればよいことがわかります．そうなると，contester「～に異議を唱える」がふさわしいでしょう.

(5)　A Elle a fait beaucoup d'efforts pour passer le baccalauréat avec succès.

　　　B Elle (**s'est donné**) du mal pour avoir son baccalauréat.

　　　A 彼女はたくさん努力をしてバカロレアに受かった.

　　　B 彼女は（苦労して）バカロレアを取得した.

　　AとBは主語が共通し，A の後半部 pour passer le baccalauréat avec succès「バカロレアに合格するために」と，B の後半部 pour avoir son baccalauréat「バカロレアを取得するため」はほぼ同じ意味となっています．A の前半部では a fait beaucoup d'efforts「たくさん努力をした」となっているので，B で du mal を使って同等の意味を作ればよいことがわかります．この mal には「悪」だけでなく「痛み，苦労」の意味もあり，« se donner du mal pour ＋不定詞 » で「～するのに苦労する，～しようと頑張る」という意味になるので，se donner を複合過去形にして，s'est donné が正答となります．なお，se は間接目的語なので性・数の一致は不要です.

練習問題 **4**　(▶本冊 p.70)

(1) causera　　(2) ose　　(3) garantis　　(4) s'est adressée　　(5) ignorait

　まず，選択肢の動詞の一般的な意味を確認しましょう.

savoir 知っている	ignorer 知らない	causer 引き起こす	trouver 見つける
garantir 保証する	oser 思い切ってする	s'adresser 問い合わせる	se mettre 身を置く

(1)　A Son redoublement à l'université inquiétera ses parents.

　　　B Son redoublement à l'université (**causera**) du souci à ses parents.

　　　A 彼［彼女］が大学で留年すると，ご両親はきっと心配することでしょう.

　　　B 彼［彼女］が大学で留年すると，きっとご両親に心配を（かけることになるでしょう）.

　　A では他動詞 inquiéter が使用され，「両親を心配させる」という意味になっていることから，B の空欄に入るべき動詞は du souci「心配」と組み合わさって A の inquiéter と同じ意味になるものが求められていると推測できます．そうなると「～に心配をかける」という意味の « donner [causer] du souci à ＋人 » がぴったりです．ここでは donner が選択肢にありませ

んから causer を選び，さらにこれを単純未来形にしてください．なお男性名詞 redoublement について，ここでは「繰り返し；倍加」ではなく「落第，留年」の意味です．

(2)　A Elle n'a pas le courage d'annoncer cette mauvaise nouvelle à son mari.

　　B Elle n'(**ose**) pas apprendre cette mauvaise nouvelle à son mari.

　　A 彼女にはこの悪い知らせを夫に告げる勇気なんてありませんよ．

　　B この悪い知らせを自分の夫に知らせるなんて，彼女には（とてもじゃありませんができませんよ）．

　　AとBは主語も同じで両方とも否定文なので，Aの « avoir le courage de ＋不定詞 »「～する勇気がある」と同義で，なおかつ後ろに不定詞を従えることのできるものが，空欄にふさわしい動詞だろうと思われます．さらに空欄の直前で否定の ne にエリジョンが発生していることから，ある程度選択肢が絞れてきます．ということで，« oser ＋不定詞 »「～する勇気がある，思い切って～する」が最も正解にふさわしいでしょう．ちなみに，Bで使われている « apprendre ＋物＋à＋人 » は「～に…を知らせる，教える」という意味ですので気をつけましょう．

(3)　A Je vous assure que vous réussirez à ce concours.

　　B Je vous (**garantis**) la réussite à ce concours.

　　A 私はあなたがこの選抜試験に合格するだろうと断言します．

　　B 私はあなたにこの選抜試験の合格を（保証しますよ）．

　　Aでは，« assurer à ＋人＋ que ＋直説法 »「～に…であると断言する」（なお，否定表現だと que 以下は接続法となります）が使われています．この que 以下の節の内容がBでは空欄の後ろの語句に相当し，「私はあなたにこの選抜試験の合格を（　　）」という内容になっています．AとBの特に前半部は文の構造がほぼ同じですから，空欄に入る動詞はAで使われている assurer の同義語であろうと推測できます．そうなると，assurer と同じような構造をとることのできる garantir が最適です．最後に，« garantir à ＋人＋名詞 [que ＋直説法] »「～に対して…を［…であると］保証する」という形を覚えておきましょう．

(4)　A Ma mère a abordé une dame dans la rue pour demander son chemin.

　　B Dans la rue, ma mère (**s'est adressée**) à une dame pour s'informer de son chemin.

　　A 道を聞くため，路上で私の母は女性に話しかけました．

　　B 路上で，道を聞こうと私の母は女性に（言葉をかけました）．

　　AとBは主語が同じで，さらにAの後半部では demander son chemin「道を尋ねる」が用いられ，Bの後半部でも s'informer de「～を問い合わせる」が使われており，内容的に両者は対応しています．このことからBの空欄の中には，Aの « aborder ＋人 »「～に話しかける」と同じ意味を持つ動詞表現が入るのではないかと考えられます．加えて空欄の直後に à もありますので，« s'adresser à ＋人 »「～に言葉をかける」の s'adresser が一番適切ではないでしょうか．

　　あとは s'adresser を複合過去形にする際，助動詞に être をとることのみならず，se が adresser の直接目的語ですから，その内容（ここでは ma mère）に性・数を一致させねばなりませんので，気をつけてください．

(5)　A Elle n'était pas sans savoir où son père était né.

　　B Elle n'(**ignorait**) pas où son père était né.

　　A 自分の父親がどこで生まれたのかを彼女は知っていた．

　　B 自分の父親がどこで生まれたのかを彼女は（知らない）わけはなかった．

　　まず，Aでは « ne pas être sans ＋不定詞 »「～でないわけはない」という構文が使われてお

り，sans の後に savoir がありますので，「知らないわけはない」，つまり「知っている」ということになります．B のほうでは「自分の父親がどこで生まれたのかを彼女は（　　　）ことはなかった」と語られています．A と B はともに否定文で，かつ主語も同じですから，この空欄に入るべき動詞は A の sans savoir，すなわち「～を知らない」という意味を持つものだと考えられます．ということで ignorer「～を知らない」を選び，A と時制を揃えるべく半過去形にしましょう．なお，この動詞は « ne pas ignorer que ＋直説法 »「～であるのを知らないわけではない」という構文をとることができます．

練習問題 ⑤　（▶本冊 p.73）

(1) satisfera　　(2) réussirais　　(3) élever　　(4) se sont perdus　　(5) servirait

まず，選択肢の動詞の一般的な意味を確認しましょう．

consentir 同意する	satisfaire 満足させる	réussir 成功する	servir 役立つ
élever 上げる	augmenter 増やす	se perdre 道に迷う	se plaire 気に入る

(1)　A Comme elle travaille avec zèle, il est certain qu'elle ne décevra pas ses parents.

　B Elle (**satisfera**) sûrement ses parents par son travail acharné.

　A 彼女は熱心に勉強しているので，確実にご両親の期待を裏切りはしないでしょう．

　B 彼女は猛勉強しているから，きっとご両親を（喜ばせることでしょう）．

　B の par son travail acharné「彼女は猛勉強しているから」が，A の Comme elle travaille avec zèle「彼女は熱心に勉強しているので」に相当しているので，残りの部分が問題になります．A は「彼女はご両親の期待を裏切りはしないでしょう」という内容の否定文となっています．B のほうは肯定文で「彼女はきっとご両親を（　　　）」という内容であり，かつ空欄の直後には前置詞がなく，sûrement「きっと」の後に ses parents が見えます．以上のことから，空欄内には A の décevoir「～を失望させる」と反対の意味の他動詞が来ることが予想されます．ということで，satisfaire「～を満足させる，～の期待にこたえる」を選び，これを単純未来形にしてください．ちなみに，A の非人称構文 « Il est certain que ＋直説法 »「～なのは確かである，～なのは疑いがない」が否定表現となると，que の中の動詞が接続法になるので注意してください．

(2)　A Si tu faisais un peu plus d'efforts, tu ne pourrais pas échouer.

　B Avec un peu plus d'efforts, tu (**réussirais**) assurément.

　A お前が今よりもうちょっと努力すりゃ，失敗なんてあり得ないんだけどな．

　B 今よりもうちょっと努力すりゃ，お前は確実に（成功するのに）．

　A の Si tu faisais un peu plus d'efforts「お前が今よりもうちょっと努力すれば」の内容が，B の Avec un peu plus d'efforts「今よりもうちょっと努力すれば」に相当しているので，残りの部分を比較します．A は否定文で「お前が失敗するだなんてあり得ないのだが」とあり，B は肯定文で「お前は確実に（　　　）」となっていますから，空欄には échouer と対義的な réussir を選ぶのが適切でしょう．あとは A の主節の動詞が条件法現在形ですから，同様に réussirais とします．なお，直説法単純未来や条件法とともに用いられる « avec ＋名詞 »（si の節内が否定表現なら « sans ＋名詞 »）は，「～があれば」と条件や仮定の意味を表わすことがあるので，条件節 si ～との書き換えがよく出題されます．

(3)　A Dans la crainte de nous entendre, baissons un peu plus la voix.

　B Nous n'allons pas (**élever**) la voix pour qu'on ne nous entende pas.

　A 人に聞かれるのが心配なので，もう少し声を落としましょう．

B 人に聞かれないように，声を（張り上げ）ないようにしましょう．

まず A では，《 dans la [par] crainte de ＋不定詞 》「〜するのを恐れて，〜するといけないので」という表現が使われています．これが B では《 pour que ＋接続法 》「〜するように」が使用されている後半部，つまり pour qu'on ne nous entende pas「人に聞かれないように」の部分に相当します．A の後半部 baissons un peu plus la voix「もう少し声を落としましょう」と，B の前半部 Nous n'allons pas （　　） la voix「声を（　　）ないようにしましょう」を比較すると，A の命令文の意味上の主語と B の主語は同じですし，また A の baisser la voix「声を落とす」の目的語 la voix も B の空欄の直後にあります．ですが A は肯定命令文，B は否定文ですので，結論として A の baisser la voix の対義表現を作れるものを探すことになります．となると，élever la voix「声を張り上げる」の élever が候補として挙がってきます．

ここで注意したいのは，なぜ B の空欄の前に aller があるかですが，tu や vous を主語とした単純未来形や aller を用いた近接未来形が，相手にやんわりとした命令の意味を持つ場合があるのと同様に，nous を主語とした場合でも単純未来形や近接未来形で，やんわりとした提案の意味を持つことがあります．つまり，B では《 aller ＋不定詞 》の近接未来形で「声を張り上げないようにしましょう」という提案を表すことができるので，ここは élever を不定詞のまま入れれば正解となります．

(4) A Ils n'ont pas retrouvé, par le mauvais temps, le chemin pour rentrer au camp de base.
　　B À cause du mauvais temps, ils (**se sont perdus**) sur le chemin de retour au camp de base.
　　A 悪天候により，彼らはベースキャンプに戻るための道を見失ってしまった．
　　B 悪天候のせいで，彼らはベースキャンプへの帰り道で（道に迷った）．

A の par le mauvais temps「悪天候により」は，B の À cause du mauvais temps「悪天候のせいで」に対応しており，加えて A の後半部と B の le chemin de retour「帰り道」から始まる部分もほぼ同じなので，残ったところを比較します．A は否定文で「（道を）見失ってしまった」と述べていますから，肯定文である B の空欄には，A の retrouver の対義語を入れればよいことがわかります．となると，選択肢の中では「道に迷う」といった意味を持つ se perdre がふさわしいでしょう．A の retrouver が複合過去形ですから，B のほうも複合過去形にしますが，過去分詞を se ＝直接目的語（ここでは「彼ら」）に性・数一致させることを忘れないでください．

(5) A Il serait inutile de discuter davantage.
　　B Il ne (**servirait**) à rien de discuter davantage.
　　A これ以上議論しても無駄だろうね．
　　B これ以上議論したって（何にもならないでしょうね）．

A では，非人称構文《 il est inutile de ＋不定詞 》「〜しても無駄だ」が使われ，さらに条件法を用いて「これ以上議論しても無駄だろう」と述べられています．B も同じく非人称構文で構成されており，かつ否定文で「これ以上議論することは全く（　　）ない」という内容になっています．ということは，空欄内には être inutile と反対の意味，つまり「無駄ではない」＝「役に立つ」といった意味を成す動詞表現が入るはずです．空欄の直後に前置詞の à がある点，そして非人称構文の il を主語にできる動詞という点で考えると，空欄には servir à「〜に役立つ」の servir が入ります．あとは，これを A と同じく条件法現在形にするだけです．《 il [ça] ne sert à rien de ＋不定詞 》「〜しても仕方がない」という構文を覚えておくと，なおよいでしょう．

(1) vous mettiez　　(2) ai osé　　(3) laissiez　　(4) se refuser　　(5) ferons

　　まず，選択肢の動詞の一般的な意味を確認しましょう．

abandonner　放棄する　　　　prendre　手に取る　　　　représenter　表現する　　　laisser　残す

faire　する　　　　　　　　oser　思い切って～する　　se refuser　拒む

se mettre　身を置く

(1)　A　Ne vous gênez pas. Faites comme chez vous.

　　　B　J'aimerais que vous (**vous mettiez**) à l'aise chez moi.

　　　A　気兼ねせず，おくつろぎください．

　　　B　（おくつろぎ）いただければ，と思っております．

　　　A では，Ne vous gênez pas「気兼ねしないでください」と，Faites comme chez vous「くつろいでください，ご自分の家のようになさってください」が組み合わさっています．B では「私の家で（　　）いただければ，と思っております」となっていることから，J'aimerais que「～してもらいたい，～であってほしい」という条件法を用いた語調緩和表現の que の節の中身が問題となっているのがわかります．A の内容を考えると「（私の家であなたが）くつろぐ」といった意味になりそうですし，空欄の後ろにはà l'aise「くつろいで，気兼ねなく」もあります．そうなると se mettre à l'aise [à son aise]「くつろぐ」という表現が適切でしょう（本冊 p.36 参照）．ちなみに，ほぼ同じような表現として se sentir à l'aise「くつろいだ気分になる」もありますので，これを機にまとめて覚えてしまいましょう．また，J'aimerais que の que 節内は接続法となりますので注意してください．

(2)　A　Je n'ai pas eu peur de m'exprimer en français.

　　　B　J'(**ai osé**) m'exprimer en français.

　　　A　私は恐れることなく言いたいことをフランス語で伝えた．

　　　B　私は（思い切って）言いたいことをフランス語で伝えた．

　　　A では « avoir peur de ＋不定詞 »「～するのではないかと心配する［恐れる］」が使われ，これが否定文となって「恐れることなく言いたいことを伝えた」といった内容になっており，B は肯定文で「私は（　　）言いたいことをフランス語で伝えた」とあります．「～することを恐れない」ということは「～する勇気がある」ことの裏返しですから，空欄内の動詞は « oser ＋不定詞 »「思い切って～する，～する勇気がある」が最適でしょう．A では複合過去が用いられていますので，空欄に oser を入れる際にもこれに合わせてください．

(3)　A　Il faut continuer vos recherches.

　　　B　Il est nécessaire que vous ne (**laissiez**) pas tomber vos recherches.

　　　A　ご自分の研究を続ける必要があります．

　　　B　あなたはご自分の研究を（放り出して）はなりません．

　　　A の内容に対して，B は「あなたはご自分の研究を（　　）はなりません」という内容です．「続ける必要がある」ということは，「（途中で）止めてはならない」ということに他なりません．B は，« Il est nécessaire que ＋接続法 »「～することが必要だ」という非人称構文で，さらに que の節内が否定文ですから，空欄に入る動詞は「～することを放り出す」といった意味になるでしょう．tomber が不定詞の形になっているので，laisser tomber「～を放り出す，～を見捨てる」が，ここでは一番ぴったりでしょう（本冊 p.28 参照）．なお，空欄に入れる laisser は接続法現在形になります．

(4) A Elle est portée à ne pas accepter les faits réels.

B Elle a tendance à (**se refuser**) à regarder la réalité en face.

A 彼女は事実を受け入れない傾向がある．

B 彼女は現実を直視（しようとしない）傾向がある．

«être porté à＋不定詞»「〜する傾向がある」が用いられ，「彼女は事実を受け入れない傾向がある」と語っているAに対して，Bは「彼女は現実を直視するのを（　　）傾向がある」となっています．AとBはともに肯定文で主語も同じです．前半部は内容がほぼ同じなので後半部を比較すると，Aでは ne pas accepter「受け入れない」と否定表現になっていますが，Bは肯定表現となっています．よって空欄には，Aの accepter の対義語が入るでしょう．空欄の直後にあるàも含めて，「（直視するのを）拒む，避ける」という意味を持つ動詞はと言えば，« se refuser à＋不定詞»「〜しようとしない」があります．なおこの空欄は，« avoir tendance à＋不定詞»「〜する傾向がある」の直後にあるので，se refuser は不定詞のままです．参考までに，空欄の後ろが de であれば «refuser de＋不定詞»「〜するのを拒む」も可能です．

(5) A Nous ne pourrons pas éviter une situation difficile.

B Nous (**ferons**) face à une situation difficile.

A 我々は困難な状況を避けられないだろう．

B 我々は困難な状況に（立ち向かう）ことになるだろう．

AとBの主語は同じで，une situation difficile「困難な状況」も同じく後半部に置かれています．ですがAは否定文，Bは肯定文となっているので，両者の残りの部分が対義的な関係にあることが推察されるでしょう．「避けられない」とAでは語られていますが，これはすなわち「いつかは遭遇する」ということの裏返しだと言えます．空欄の直後に face à という語句があるので，ここは faire face à「〜に直面する，〜に立ち向かう」という表現を作れる faire が最適です．最後に，Aでは単純未来形が使われているので faire もこれに合わせてください．

練習問題 7 (▶本冊 p.79)

(1) avons dû　(2) échapperont　(3) contenteront　(4) ont touchées　(5) a gênées

まず，選択肢の動詞の一般的な意味を確認しましょう．

toucher　触れる，感動させる　　devoir　〜すべきである　　gêner　困らせる
contenter　満足させる　　empêcher　妨げる　　échapper　逃げる
se fâcher　腹を立てる　　s'imposer　不可欠である

(1) A Ses paroles nous ont contraints au silence.

B Nous (**avons dû**) nous taire à cause de ses paroles.

A 彼［彼女］の発言により，私たちは沈黙を強いられた．

B 彼［彼女］の発言のせいで，私たちは黙らなくては（ならなかった）．

Aでは，« contraindre＋人＋à＋物 »「〜に…を強制する」という構文が使われ，「彼［彼女］の発言が私たちに沈黙を強制した」といった内容になっています．Bのほうは，contraindre の目的語であった nous が主語に，そしてAでは contraindre の主語であった ses paroles がBでは文末にあり，「彼［彼女］の発言のせいで，私たちは黙ることを（　　）」といった内容です．つまり，空欄には「〜せざるを得なかった」といったような意味の動詞表現が来ると予想されます．さらに空欄の直後に不定詞が続くことから，devoir を選びます．あとは，A

35

が複合過去の文なのでこれに合わせておきましょう．

(2)　A Tu ne comprendras peut-être pas la raison pour laquelle je me suis comporté ainsi à ce moment-là.

　　B Les motifs de mon comportement d'alors t'(**échapperont**) sans doute.

　　A その時に私がいかなる理由であのように振舞ったのかなんて，君にはたぶんわからない
　　　 だろうね．

　　B その時の私の行動の動機なんて，君にはおそらく（理解できないだろうね）．

　　A の comprendras の目的語である la raison pour laquelle je me suis comporté ainsi à ce moment-là「その時に私があのように振舞った理由」が，B の主語である Les motifs de mon comportement d'alors「その時の私の行動の動機」に対応し，A の主語 Tu が B の空欄の直前に目的語として位置しています．つまりこの問題は，主語と目的語などが入れ替わっているパターンだとわかります．さらに A が comprendre の否定形を使っているのに対し B が肯定文ですから，「理解されない」といった意味を持つ動詞が B の空欄に入りそうです．そうなると選択肢の中では échapper が最適でしょう．この動詞は無生物主語をとる時，« échapper à ＋人 »「～に理解されない」という意味になります（本冊 p.32 参照）．あとは，忘れずにこれを単純未来形にしてください．

(3)　A Si on vous explique la situation actuelle, vous en serez pleinement satisfaits.

　　B Nos explications sur la situation actuelle vous (**contenteront**) pleinement.

　　A 現在の状況をご説明すれば，十分に満足していただけることと思います．

　　B 現在の状況に関する我々からの説明で十分に（納得していただけることでしょう）．

　　A の条件節は，B の主語 Nos explications sur la situation actuelle「現在の状況に関する我々からの説明」に対応しています．A の主節の主語である vous は，B の空欄の直前に位置していてわかりにくいですが，空欄に入る動詞の目的語となっています．B は「現在の状況に関する我々からの説明はあなたを十分に（　　）」という内容ですから，空欄には直後に前置詞がないことも考慮すると，「（あなたを）満足させる，納得させる」といった意味の他動詞が入ると考えられ，contenter が正解として最適です．あとは A の主節と同じく，これを単純未来形にしてください．

(4)　A Nous avons été émues par ces tableaux.

　　B Ces tableaux nous (**ont touchées**).

　　A 私たちはこれらの絵画に心打たれた．

　　B これらの絵画は私たちを（感動させた）．

　　まず，A の主語 Nous が B では空欄の直前に置かれていることから，空欄に入る動詞の目的語になっていると推測できます．次に，A の par に続く ces tableaux「これらの絵画」が，B では主語となっています．ということで，B の「これらの絵画は私たちを（　　）」にある空欄には，A において受け身の形で使用されている émouvoir と同義の動詞が入ると想像できるので，toucher を選ぶことになります．なお，toucher は「～に触れる」という意味の他に「～を感動させる」という意味も覚えておきましょう．

　　また A が複合過去の文であることから B も複合過去にしますが，toucher の目的語の nous が過去分詞に先行するため，nous に過去分詞を性・数一致させます．A にある過去分詞が émues となっており，nous は全員女性であることがわかるので，空欄に入る過去分詞は忘れずに touchées としておきましょう．

(5)　A Nous avons été embarrassées par le comportement de ton fils.

　　B Le comportement de ton fils nous (**a gênées**).

A あなたの息子さんの行動に私たちは戸惑ってしまったわ.

B あなたの息子さんの行動は私たちを（困らせたのよ）.

　Aの主語 nous は embarrassées を見てわかるように全員女性なのですが, Bではこれが空欄の直前に位置していて, 空欄に入る動詞の目的語になっています. そしてAでは後ろにあった le comportement de ton fils「あなたの息子さんの行動」が, Bの主語となっています. Bの内容は「あなたの息子さんの行動は私たちを（　　）」なので, この空欄にはAの embarrasser「～を戸惑わせる」と同義の動詞が入ると考えられます. となると「～を困らせる」という意味の gêner が最適でしょう. あとはAの時制が複合過去なのでこれに合わせ, 空欄に先行している nous（全員女性）に過去分詞を性・数一致させて gênées としてください.

練習問題 B (▶本冊 p.80)

(1) comprend　　(2) revient　　(3) voir　　(4) être dérangée　　(5) s'expliquerait

　まず, 選択肢の動詞の一般的な意味を確認しましょう.

comprendre 理解する	lier 結びつける	intervenir 介入する	déranger 邪魔をする
revenir 戻って来る	voir 見える	se rappeler 思い出す	s'expliquer 説明される

(1)　A　Il y a combien de pièces dans cet appartement ?
　　B　Cet appartement (**comprend**) combien de pièces ?
　　A　このアパルトマンには部屋がいくつあるのですか?
　　B　このアパルトマンはいくつの部屋から（成っている）のですか?

　Aの combien de pièces が B では空欄の後ろに置かれ, Aの文末にある cet appartement が Bの主語となっています. すなわちこの両文はともに肯定文で, かつ主語と目的語などが入れ替わっているパターンだとわかります. Bは「このアパルトマンはいくつの部屋を（　　）のですか」という内容ですから, 空欄には「持っている, 含んでいる」といった意味の他動詞が入ると推測できます. avoir や posséder といった動詞はないのですが, comprendre には無生物主語をとった際に「～を含む, ～から成る」という意味がありますので, これを選択することになります. なお, « consister en ＋複数名詞 » で「～から成る, ～で構成される」という意味になりますので, もし空欄の直後に en がある場合には consister も候補になります.

(2)　A　Je vous demande pardon, mais je ne me rappelle plus le nom de votre chien.
　　B　Le nom de votre chien ne me (**revient**) plus. Je suis vraiment désolé.
　　A　お許しください, あなたの犬の名前をもう思い出せないんです.
　　B　あなたの犬の名前をもう（思い出せません）. 本当にすみません.

　Aの後半では je ne me rappelle plus le nom de votre chien「あなたの犬の名前をもう思い出せないんです」と je を主語にしているのに対し, Bの前半では Le nom de votre chien が主語となって, ne me (　　) plus と続いているので, 「あなたの犬の名前」がもはや私に「浮かんでこない, 記憶に上がってこない」という内容になるように動詞を入れればよいと考えられます. 選択肢の中では, revenir が « revenir à ＋人 » の形で「～の記憶によみがえる」という意味になるので, この直説法現在形が正解となります. Son nom ne me revient pas.「彼の名前が思い出せない.」というような例文で覚えておくとよいでしょう.

(3)　A　Cette histoire ne regarde pas ma fille.
　　B　Ma fille n'a rien à (**voir**) avec cette histoire.

A この問題はうちの娘とは関係ない.

B うちの娘はこの問題と何の（関わりも）ない.

A と B は両文とも否定文で，主語と目的語などが入れ替わっています．A で使われている regarder は，無生物主語をとると「～に関係がある」という意味になりますから，B の空欄にも同義の動詞表現が使われていると考えていいでしょう．これらを考慮に入れて選択肢を見てみると，« n'avoir rien à voir avec [dans] ＋名詞 »「～と何の関係もない」という動詞表現を構成する voir が見つかることでしょう．なお，voir は à の直後ですので不定詞にしておきます．

(4) A Ma sœur aime bien qu'on la laisse tranquille au cours de son travail.

B Ma sœur a horreur d'(**être dérangée**) pendant son travail.

A 姉［妹］は仕事の最中，放っておかれるのを大変好みます．

B 姉［妹］は仕事中に（邪魔されること）をとても嫌がります．

A では « aimer que ＋接続法 »「～であることを好む」が用いられ，que の節内では « laisser ＋人＋ tranquille »「～をそっとしておく，～を放っておく」が使用され，「姉［妹］は仕事中，放っておかれるのが好き」だという内容になっています．B のほうは « avoir horreur de ＋不定詞 »「～することが大嫌いである」という動詞表現が用いられ，「姉［妹］は仕事中に（　　）をとても嫌がります」と述べられています．「放っておかれる状態を好む」ような姉［妹］が，逆に何を「とても嫌がる」かと言えば，やはり「（仕事の）邪魔をされる」ことでしょう．よって，選択肢の中から déranger「～の邪魔をする」を選びますが，これを受け身の形にしなければなりません．ここは不定詞 être を用い，主語（Ma sœur）に合わせて過去分詞を性・数一致させます．なお，« aimer que ＋接続法 » の aimer が条件法の場合は，「できれば～であってほしい」と願望の意味となりますので注意しましょう．

(5) A Une négligence serait à l'origine de ce grave accident sur l'autoroute.

B Ce grave accident sur l'autoroute (**s'expliquerait**) par une négligence.

A 高速道路で起こったその重大な事故の原因は不注意だとのことです．

B 高速道路で起こったその重大な事故は不注意が原因だと（思われるとのことです）.

A では主語だった une négligence「不注意」が B では par を伴って空欄の直後に位置し，A の後半部の ce grave accident sur l'autoroute「高速道路で起こったその重大な事故」が B の主語となっています．つまり，A と B はともに肯定文で，かつ主語と目的語などが入れ替わった関係にあるわけです．B の後半に par があることから，B が受動態の文なのではないか，ゆえに空欄には「～を引き起こす，生み出す」といった意味の他動詞の受け身形が入るのではないか，と想像したくもなります．ですが，選択肢の中にこれらを満たせる他動詞がありません．

そこで，本問の内容が（事故の）因果関係によって成立していることに注目する必要があります．A の文章では，être à l'origine de「～の原因である」という表現が使われていることからも理解できるように，「不注意（原因）」→「交通事故（結果）」という関係になっています．これに対して B ではその逆です．この構図を受動態を用いずに反映できる動詞表現はというと，無生物主語をとって「（主語＝事物［事象］）は ～で説明がつく，理解できる」という意味になる s'expliquer par があります．あとは A と時制を合わせて，これを条件法現在形にしてください．

練習問題 **9** (▶本冊 p.81)

(1) disparaisse　　(2) est renvoyé　　(3) se vende　　(4) causais　　(5) donnent

まず，選択肢の動詞の一般的な意味を確認しましょう．

renvoyer 送り返す　　donner 与える　　quitter 離れる　　causer 引き起こす
supprimer 取り除く　　disparaître 消える　　se vendre 売られる　　se faire ～される

(1)　A　Ils craignent qu'on enlève leur nom de la liste.

　　　B　Ils ont peur que leur nom (**disparaisse**) de la liste.

　　　A　彼らは自分の名前がリストから消されてしまうのではないかと心配している．

　　　B　彼らは自分の名前がリストから（なくなってしまう）のではないかと心配している．

　　　Aでは « craindre que ＋接続法 »「～ではないかと恐れる」という構文が使われ，Bでは « avoir peur que ＋接続法 »「～するのではないかと心配する」という構文が使用されていて，ほぼ同じスタイルとなっているので，両文の後半部に注目します．Aの後半部では on enlève leur nom de la liste「自分の名前がリストから消されてしまうのではないか」とあるのに対して，Bでは leur nom （　　） de la liste「自分の名前がリストから（　　）のではないか」となっていて，Aの enlever「～を取り除く」の目的語 leur nom が主語となっています．空欄の直後の de la liste も考え合わせると，「(リストから) 取り除かれる，消える」といった意味の自動詞が入りそうだとわかります．ここまで来ると，disparaître を選ぶことができます．ちなみに，supprimer は他動詞なので不適当です．

(2)　A　Et l'employé en question ? — Lui ? On l'a mis à la porte il y a deux semaines.

　　　B　Et l'employé en question ? — Lui ? Il (**est renvoyé**) depuis deux semaines.

　　　A　で，問題の従業員は？ — 彼ですか？　2週間前に出て行ってもらいましたよ．

　　　B　で，問題の従業員は？ — 彼ですか？　（解雇されて）2週間になりますね．

　　　AとBの後半部を見比べると，複合過去形となっているAの mettre の目的語である le「彼」がBでは主語の位置にあり，さらにAの主語である on がBでは消えています．しかしAとBが，ともに肯定文で主語と目的語などが入れ替わっている3つのパターンのうちの 2) のケースに当てはまることを見抜ければ，Bは on を使わずに受動態を用いた文に変わっていると理解できます．Aの内容を考慮すれば，「彼は（　　）2週間になる」という内容のBの空欄には，「～をクビにする」といった意味を持つ動詞表現の受け身形が入ると予想でき，選択肢の中から renvoyer「～を解雇する」を選べると思います．

　　　次に時制を合わせなければならないのですが，少し注意が必要です．Aでは mettre à la porte「出て行ってもらう」という動詞表現が複合過去形で使われ，「彼」が il y a deux semaines「2週間前に」クビになったという内容になっていますが，Bでは depuis deux semaines「2週間前から（ずっと）」という表現が使用されています．Aで使われている il y a がある出来事が起こった時点に重点を置いた表現となるのに対し，depuis はその出来事が起きた状態がなおも継続していることを示す際に使う表現です．このことからBの動詞は現在時制にする必要がありますので，気をつけてください．

(3)　A　Il n'y a peut-être pas beaucoup de monde qui achètera son prochain livre.

　　　B　Il est peu probable que son prochain livre (**se vende**) bien.

　　　A　たぶん，彼の次の本を買う人はあまり多くないだろう．

　　　B　おそらく彼の次の本はあまり（売れないだろう）．

　　　Aの内容に対してBでは「おそらく彼の次の本はあまり（　　）」とあり，またAの関係詞節の動詞 achètera の目的語である son prochain livre「彼の次回作」がBでは que 節内の主語となっていることから，「買う」といった意味の動詞を受け身形にして，Bの空欄に入れたくなりますが，これに適した動詞が選択肢にはありません．そこで，「多くの人が彼の次回作

39

を買う」ということは，すなわち「彼の次回作がよく売れる」ということに他ならないのではないか，と考え直せば空欄内の動詞は「売れる」といった意味を持つものであろうと想像できます．よって se vendre「（主語が）売れる；もてはやされる」を選択します．あとは，空欄が « Il est peu probable que ＋接続法 »「おそらく〜はない」の que 以下の節内にあることから，これを接続法現在形にすれば正解です．なお，主節が il est probable ならば que 節内は直説法です．

(4)　A　Mes parents se faisaient tout le temps du souci pour moi.
　　　B　Je (**causais**) toujours du souci à mes parents.
　　　A　両親はいつも私のことを心配していました．
　　　B　私は常に両親に心配を（かけていました）．
　　　Aでは se faire du souci pour「〜のことを心配する」が用いられ，その主語 Mes parents が
Bの文末に，またAの文末にある moi がBの主語となっています．これが両文ともに肯定文
で主語と目的語などが入れ替わっている3つのパターンのうちの 1) のケースであることに
気づけると，空欄の中には「（心配を）かける」のような意味の動詞表現が使われているので
はないかと想像できます．ですので « donner [causer] du souci à ＋人 »「〜に心配をかける」
という動詞表現が使えそうだと考えられますが，他の問題で donner を使いますので causer
が正解です．最後に，Aの時制に合わせて半過去形にしておきましょう．

(5)　A　Grâce aux subventions de l'État, je n'ai aucune difficulté à faire mes recherches.
　　　B　Mes recherches ne me (**donnent**) aucun mal grâce aux subventions de l'État.
　　　A　国からの助成金のおかげで，私は何の苦労もなく研究ができています．
　　　B　国からの助成金のおかげで，私がしている研究は私に何の苦労も（かけていません）．
　　　Aでは « avoir des difficultés à ＋不定詞 »「〜するのに苦労する」が否定形で使用され，B
もまた否定文で「国からの助成金のおかげで，私がしている研究は私に対して何の苦労も
（　　　）」という内容になっています．ということで，「（苦労を）かける」という意味の動詞
表現が空欄に入り，これが ne...aucun を用いた否定形となって，Bの文章が成立しているの
ではないか，と考えられます．無生物主語をとり，かつ空欄の後ろに名詞の mal があること
から，« donner du mal à ＋人 »「〜に苦労をかける」という動詞表現を作れる donner を選ん
でください．

練習問題 **10**　(▶本冊 p.83)

(1) ont perdu　　(2) ai tenté　　(3) ai entendu　　(4) assure　　(5) avoir marché

　　まず，選択肢の動詞の一般的な意味を確認しましょう．

tenter　試みる　　dire　言う　　perdre　失う　　　　entendre　聞こえる
marcher　歩く　　assurer　断言する　　s'exprimer　表現する　　se laisser　身を任せる

(1)　A　Le nombre de chômeurs est très important dans ce quartier.
　　　B　Dans ce quartier, il y a beaucoup de gens qui (**ont perdu**) leur travail.
　　　A　この地区の失業者の数は甚大である．
　　　B　この地区では，職を（失った）人がたくさんいる．
　　　まずは，Aにある important が「（数量や規模などが）大きい，著しい」という意味である
ことに注意してください．そのうえでAの内容に対して，Bでは「この地区では，職を（　　　）
した人がたくさんいる」と語られています．どうやらAの chômeurs「失業者」という語が，
Bの空欄の内容と関係しそうです．失業者とはすなわち，職を失った人のことですから，空

欄には「失う」といった意味の動詞が入るはずです．というわけで正解は perdre ですが，ここで時制を考えなければなりません．「失業者」とは，すでに仕事を「失った」人を意味しますので，これを反映させて複合過去形にしてください．

(2) A Tous mes efforts pour régler cette affaire n'ont abouti à rien.
　　B J'(**ai tenté**) en vain de régler ce problème.
　　A この件を解決しようとあらゆる努力をしたが徒労に終わった．
　　B この問題を解決しようと（試みた）が無駄だった．

　　A は « aboutir à ＋物 »「〜に到達する」が ne...rien と組み合わさって，「（この件を解決しようと）あらゆる努力をしたが何にも至らなかった」という否定文になっている一方，B は肯定文で「この問題を解決することを（　　）が無駄だった」とあることから，A の n'aboutir à rien「徒労に終わる」は B の en vain「無駄に，むなしく」に対応していて，「試してみる」という意味の動詞が空欄に入りそうだと予想できます．さらに空欄の後ろには，en vain の後に de があることから，この de との組み合わせで「試みる」の意味となる動詞を探すことになります．というわけで，« tenter de ＋不定詞 »「〜しようと試みる」の tenter を選びましょう．あとは A の文に合わせて複合過去形にします．

(3) A D'après lui, son père laissera tomber d'ici peu ses affaires.
　　B Je l'(**ai entendu**) dire que son père abandonnerait bientôt ses affaires.
　　A 彼によると，彼［彼女］の父親はまもなく事業をやめてしまうとのことだ．
　　B 彼から（聞いた）ところ，彼［彼女］の父親はまもなく事業を断念してしまうそうだ．

　　B の que 以下の節は A の主節と同じ内容なので，A の D'après lui「彼によると」と，B の Je l'(　　) dire (que 〜) との対応関係を見る必要があります．A が伝聞表現なので，B では « entendre dire que ＋直説法 »「〜ということを耳にする」が使えるのではないかと考えて，entendre が選択できます．ただし，que 節内の条件法現在形は過去における未来を言い表していると考えられますから，entendre は過去時制，つまり複合過去形にする必要があります．

(4) A Tu connais ce type ? Il est franchement désagréable.
　　B Tu connais ce type ? Je t'(**assure**) qu'il est désagréable.
　　A 君はあいつを知っているかい？　実に不愉快なやつだよ．
　　B 君はあいつを知っているかい？　（はっきり言って）不愉快なやつだよ．

　　A の内容に対して B では「私は君に彼が不愉快なやつだということを（　　）」と語られており，A にある franchement「本当に，全くもって」が，B の空欄の部分と関係がありそうだと予想できます．A では「彼」が「不愉快な」人物であることを franchement という副詞が強調していることから，これに対応すると思われる B の空欄には，「（私は君に〜だということを）きっぱり言う」という意味の動詞が来そうです．さらにその後ろに que の節をとれるものを選択肢から探すと，« assurer à ＋人＋ que ＋直説法 »「〜に…であると断言する」の assurer が見つかります．ちなみにこれは，否定表現だと que 以下が接続法となるので注意してください．最後に ce type「あいつ，あの野郎」ですが，type という語に「やつ，男」という意味があり，日常生活でよく用いられる，ちょっとした俗語であることを確認しておきます．

(5) A Après une demi-journée de marche, ils sont enfin arrivés au pied de la montagne.
　　B Après (**avoir marché**) une demi-journée, ils ont enfin gagné le pied de la montagne.
　　A 半日歩いて，ようやく彼らは山の麓に到着した．
　　B 半日（歩いて），ようやく彼らは山の麓にたどり着いた．

　　B の gagner が「〜を得る」という意味の他に「〜にたどり着く」という意味があることを

知っていれば，AとBの後半がほぼ同じ意味であり，両文の前半を比較すればよいことがわかります．Aでは《une demi-journée de +無冠詞名詞》「半日の〜」という表現が使われ，女性名詞の marche「歩くこと，行進」と動詞の marcher「歩く，進む」の関係がわかっていれば，Bの空欄にこの動詞が入ることは比較的簡単に気づけることでしょう．

ただ，前置詞 après の直後だから不定詞にすれば正解，というわけでもありません．例えば，《Après +不定詞，主語+動詞》「〜した後，…（主節の内容）」とあった時，Après の後ろに続く不定詞と，主節の動詞では，どちらの行動が先になるでしょうか．時系列で考えれば，Après の前置詞句で描かれる行動（半日歩いたこと）が先，主節で描かれる行動（麓にたどり着いたこと）が後，という順番でしょう．ですから，《Après +不定詞，主語+動詞》という構造をとる時，Après の後ろの不定詞は普通「複合形」にして，主節の動詞の時制よりも1つ前であることを示す必要があるのです．というわけで，ここでは marcher のままにせず avoir marché にしなければなりません．

総合練習問題 ① (▶本冊 p.84)

(1) aurions poussé　　(2) offriez　　(3) a arrêté　　(4) soit concernée　　(5) ai eu

まず，選択肢の動詞の一般的な意味を確認しましょう．

concerner　関わりがある	pousser　押す	offrir　提供する	avoir　持つ
arrêter　止める	pouvoir　できる	se faire　〜される	se lier　結ばれる

(1)　A　Sa mort soudaine nous a empêchés de faire avancer notre travail.

　　　B　Nous (**aurions poussé**) plus loin notre travail, s'il n'était pas soudainement mort.

　　　A　彼の急死により我々は仕事を進められなくなってしまった．

　　　B　彼が突然死ななかったなら，我々は仕事をより（推し進めたのですが）．

　　　A の主語である Sa mort soudaine「彼の急死」の内容が，B では s'il n'était pas soudainement mort「彼が突然死ななかったなら」に対応するのですが，この条件節を詳しく見てみると，動詞が大過去形であるうえに否定文であることがわかります．ということで，Bの主節には条件法過去形が登場するのではないかと予想できます．だとすれば B が仮定の話で，A が実際に起こった事実の話であるという関係性が見えてくるでしょう．A では「我々は仕事を進めることを妨げられてしまった」と言っているのですから，B の空欄には「〜を進めることができたのに（実際には進められなかった）」という意味の動詞表現が来るだろうと見当がつきます．空欄の直後には plus loin もあるので，pousser plus loin 〜「〜をより推し進める」の pousser が適切でしょう．あとはこれを条件法過去形にすれば正解です．

(2)　A　C'est trop tard, vous ne pouvez plus lui donner un coup de main.

　　　B　À présent, il est inutile que vous lui (**offriez**) votre aide.

　　　A　手遅れですね，あなたはもう彼に助け舟を出せませんよ．

　　　B　今となっては，あなたが彼に（救いの手を差し伸べようと）しても無駄ですよ．

　　　A では，《donner un coup de main à +人》「〜に手を貸す」という動詞表現が使われ，「もう彼を救えない」といった内容が語られているのに対して，B では「今となっては，あなたが彼に（　　）しても無駄ですよ」とあり，「手を貸す」といった意味の動詞表現が使えそうだとわかります．《offrir son aide à +人》「〜に手を貸す」が思いつかなくても，空欄の直後に votre aide「（あなたの）救いの手」があることから，これを「差し出す」と考えれば offrir を選ぶことができます．

　　　ここでは《Il est inutile que +接続法》「〜しても無駄だ，〜するにはおよばない」という

構文が使われているので，空欄に offrir を入れる際，忘れずにこれを接続法現在形にしましょう．ちなみに offrir の代わりに，apporter や prêter も可能です．

(3) A La moto de Julien se trouve le long du trottoir.
B Julien (**a arrêté**) sa moto le long du trottoir.
A ジュリアンのバイクは歩道ぎわに止めてある．
B ジュリアンは自分のバイクを歩道ぎわに（止めた）．

A の主語である La moto de Julien「ジュリアンのバイク」が，B では「ジュリアン」と「彼のバイク」とに分割され，「ジュリアンは自分のバイクを歩道ぎわに（　　）」という内容になっています．空欄に入る動詞として arrêter を選択すること自体はそう難しくないでしょう．問題は時制をどうするかです．A では se trouver が使用され，「（バイクが）止めてある」という現在の状態が描かれている一方で，B は「（バイクを）止める」という行為を言い表すことになるでしょう．とすれば A の時制よりも以前に B の行為が行われていなければ，両文が同じ意味になりません．言い換えれば，B で示される行為の結果が A で示されているようにしておく必要があります．というわけで，arrêter を複合過去形にしておきましょう．

(4) A Il se peut que ce scandale financier n'ait aucun rapport à son entreprise.
B Il est peu probable que son entreprise (**soit concernée**) par ce scandale financier.
A 彼［彼女］の会社は，この金融スキャンダルとは無関係なのかもしれない．
B 彼［彼女］の会社はおそらく，この金融スキャンダルに（関わって）はいないだろう．

A では « Il se peut que ＋接続法 »「〜かもしれない」が使われ，B では同じく非人称構文の « Il est peu probable que ＋接続法 »「おそらく〜はないだろう」が使用されています．そして A では「無関係なのかもしれない」と言っているわけですから，B の que 節内は「関係がある」となることが想像できます．

そこで両文の que 節内の語句の位置関係を見てみると，B の空欄に入る動詞の主語 son entreprise が A では文末に位置し，空欄の後ろにある ce scandale financier「金融スキャンダル（汚職）」が A では主語の位置にあります．空欄の直後に par があることも考え合わせると，否定形になっていますが avoir rapport à「〜に関係がある」と同じ意味を持つ動詞を探して，これを受身形にすればよいとわかるのではないでしょうか．そこで concerner「〜に関わりがある」が候補に挙がります．あとは，過去分詞を主語 son entreprise に合わせて性・数一致させ，かつ être を接続法現在形にしてできあがりです．

(5) A J'ai insisté pour rien sur la nécessité d'une réforme financière pour la faire comprendre à tout le monde.
B J'(**ai eu**) beau insister sur la nécessité d'une réforme financière, personne n'a rien compris.
A 私は財政改革の必要性を説き，これを皆に理解させようとしたが，無駄骨であった．
B 私が財政改革の必要性を（いくら説いても），誰も何も理解していなかった．

共通の主語を有する A と B では，insister sur「〜を説く，〜を主張する」がともに用いられています．ただし，A では pour rien「無駄に，無意味に」（他にも「無料で」という意味もあります）が差し込まれ，「〜を無意味に説いた」，言い換えると「〜を説いたが無駄だった」となっています．B では insister sur の前に空欄と beau があり，なおかつ insister が不定詞となっているので，« avoir beau ＋不定詞 »「いくら〜しても無駄である」を使えばよいことに気づくでしょう．ということで，avoir を A の時制と合わせて複合過去形にしましょう．その際，助動詞は être ではなく avoir，過去分詞は eu であることに注意してください．

(1) connaisse　　(2) Rapporte　　(3) manque　　(4) suffira　　(5) se sont mises

　まず，選択肢の動詞の一般的な意味を確認しましょう．

prêter　貸す　　　　　manquer　欠けている　　rapporter　再び持って来る　　suffire　十分である
réussir　成功する　　connaître　知っている　　se mettre　身を置く　　　　se rendre　赴く

(1)　A Son prochain roman se vendra sans doute très bien.
　　　B Il est possible que son prochain roman (**connaisse**) un grand succès.
　　　A 彼［彼女］の今度の小説はおそらくとてもよく売れることだろう．
　　　B たぶん，彼［彼女］の今度の小説は大成功を（収める）ことだろう．
　　　A では無生物主語 (Son prochain roman「彼［彼女］の今度の小説」) をとった se vendre「売れる，もてはやされる」が単純未来形で用いられ，sans doute「おそらく」がつけ加わり，「彼［彼女］の今度の小説はおそらくとてもよく売れることだろう」となっています．B では « Il est possible que ＋接続法 »「～かもしれない」が使用されて，A の sans doute に対応しています．つまり，A の se vendra sans doute très bien「おそらくとてもよく売れることだろう」と同等の意味になるように，B の後半部では un grand succès との組み合わせで「大成功を収める」といった意味になる動詞が空欄に入ることがわかります．その候補として avoir や obtenir, remporter, connaître などが挙げられますが，選択肢には connaître しかないのでこれを選び，接続法現在形にすれば正解となります．このように，connaître には「経験する」といった意味もありますので慣れておきましょう．

(2)　A Tu me rendras mon parapluie dans les meilleurs délais.
　　　B (**Rapporte**)-moi mon parapluie le plus tôt possible.
　　　A なるべく早く私の傘を返してよ．
　　　B できるだけ早く私の傘を（持って来てくれ）．
　　　A の主語は tu で，« rendre ～ à ＋人 »「～を…に返す［戻す］」の rendre が単純未来形であることから，この文は軽い命令口調だとわかります．B のほうは，まず空欄が文頭に来ており，その直後には倒置形などに用いられるトレ・デュニオン（連結符，ハイフン）と，1人称単数の強勢形 moi があることから，B は tu に対する命令文だと見当がつきます．また，A の dans les meilleurs délais「なるべく早く」と，B の le plus tôt possible「できるだけ早く」も同義表現です．このように A と B は（意味上の）主語も同じ，残りの語句もそれぞれに対応しているので，A の rendre と同義の動詞を探せばよいでしょう．これを満たすのは，rapporter「～を再び持って来る，～を返す」です．あとはこれを tu の命令形にしてください．なお，第一群規則動詞の tu に対する命令形では s は不要です．

(3)　A Je suis très triste de ne pas pouvoir aller à Paris à cause de la pandémie.
　　　B Paris me (**manque**) beaucoup, car la pandémie nous interdit d'y aller.
　　　A 世界的な流行病のせいでパリに行くことができず，とても悲しいですね．
　　　B パリがすごく（恋しいですよ），だって世界的な流行病のせいでそこに行くのが禁じられているのですから．
　　　まず，A の「悲しい，寂しい」理由を示す de 以降の内容が，B の car 以降の内容に相当しています．次に，A と B の前半部を比較すると，A のほうでは「私は（パリに行けなくて）とても悲しいです」とあるのに対して，B では「パリは私にとってすごく（　　）」と述べられています．つまり双方とも肯定文で，かつ主語と目的語などが入れ替わっているパターンに当てはまります．このような構造をとることができ，かつ「悲しい，寂しい思いをさせる」

といった意味を持つ動詞表現だと，Tu me manques !「お前がいなくて寂しいよ！」という表現を作る « manquer à ＋人 »「(不在や欠如などによって)～に寂しい思いをさせる，～にとって懐かしく思われる」が挙げられるでしょう (本冊 p.33 参照)．これを主語 Paris に合わせて 3 人称単数で活用させれば正解となります．

(4)　A Il n'aura pas besoin d'un grand studio pour habiter à Paris.
　　B Un petit studio lui (**suffira**) pour s'installer à Paris.
　　A パリに住むのに大きなワンルームマンションなど彼には必要ないでしょう．
　　B パリに身を落ち着けるのに彼には小さなワンルームマンションで（十分でしょう）．
　　　A の un grand studio が B では Un petit studio となって主語の位置にあり，A の主語である Il が B では空欄の直前に置かれていることから，この両文は主語と目的語などが入れ替わった関係にあります．そして，否定文になって「大きなワンルームマンションは必要ない」と言っている A の内容に対し，B は肯定文で「パリに身を落ち着けるのに小さなワンルームマンションは彼にとって（　　）」と言っているので，B の空欄には「～は事足りている，十分である」という意味の suffire を選ぶことができるでしょう．この suffire は無生物主語をとって « suffire à ＋人 »（無生物主語）だけで～にとっては十分だ」という表現を作ることができます．あとは時制を合わせてこれを単純未来形にしてください．

(5)　A Sa conduite très imprudente les a fâchées.
　　B Elles (**se sont mises**) en colère parce qu'il a eu un comportement irréfléchi.
　　A 彼の大変軽率な振舞いは彼女たちを怒らせてしまった．
　　B 彼女たちは（怒り出してしまった），なぜなら彼は軽はずみな行動をとったからだ．
　　　B の主語である Elles が A の fâcher「～を怒らせる」の目的語に対応しており，B の parce que の節の内容が A の主語 Sa conduite très imprudente「彼の大変軽率な振舞い」に相当しています．つまり A の「彼女たちを怒らせてしまった」という部分が，B の「彼女たちは（　　）」に相当する，というわけです．空欄の直後には en colère という語句もあるので，「怒った，怒り出した」という意味の se mettre en colère の se mettre を選び，これを複合過去形にすれば正解となります．その際，性・数一致も忘れないようにしましょう．

総合練習問題 **3** (▶本冊 p.86)
(1) empêchera　　(2) renoncera　　(3) ai failli　　(4) être mises　　(5) Méfie-toi

　まず，選択肢の動詞の一般的な意味を確認しましょう．
donner　与える　　　　mettre　置く　　　empêcher　妨げる　　　abandonner　放棄する
faillir　危うく～する　renoncer　断念する　se méfier　用心する　　se sauver　逃げ出す

(1)　A Tu veux marcher sur les pelouses, mais c'est défendu.
　　B Lorsque tu marcheras sur les pelouses, on t'en (**empêchera**).
　　A 芝の上を歩きたいだろうけれど，禁じられているよ．
　　B 芝の上を歩こうとすると，（きっと止められるよ）．
　　　A と B の前半部が内容的に対応しているので後半部を比較すると，A は c'est défendu「それ（＝芝の上を歩くこと）は禁じられている」となっていて，B のほうは on t'en (　　)「人が君にそれを（　　）」となっています．空欄の直前にある en の内容は，de marcher sur les pelouses「芝の上を歩くこと」であろうと想像がつくでしょう．さらに，空欄の直前には目的語の te もあります．このような形をとることが可能で，かつ「禁じる，止めさせる」といった意味の動詞を選択肢から探すと，« empêcher ＋人＋ de ＋不定詞 »「～が…するのを妨げる」

45

の empêcher が適切でしょう．時制を合わせるうえで注意したいのは，A では「芝の上を歩きたい」と語られていますが，実際にはまだ「歩いていない」ということです．そのことは，B の lorsque の節内で単純未来形が用いられていることからも理解できるでしょう．ですから empêchera と単純未来形にして正答となります．

(2) A En raison de l'opposition de ses parents, le projet d'Anne-Marie n'aura pas de suite.

    B Anne-Marie (**renoncera**) à son projet, face à l'opposition de ses parents.

    A 両親の反対のせいで，アンヌ＝マリーの計画が実現することはないだろう．

    B 両親の反対にあったので，アンヌ＝マリーは自分の計画を（断念することになるだろう）．

    まず，A の前半部 En raison de l'opposition de ses parents「両親の反対のせいで」と，B の後半部 face à l'opposition de ses parents「両親の反対に直面して」が対応関係にあり，さらに A の主語 le projet d'Anne-Marie「アンヌ＝マリーの計画」が，B では空欄の前後に分かれて，「アンヌ＝マリーは自分の計画を（　　）」という文を構成していることがわかります．次に A の残りの部分を見てみると，A では女性名詞 suite「続き；結果；実現」が avoir の目的語として否定文中で使われ，「（アンヌ＝マリーの計画には）続き［結果］がないだろう」，すなわち「計画は実現しないだろう」という内容が語られています．よって，これに対応する B の空欄で計画が実現しないことを表わすには，直後にある à も含めて考えると，renoncer à「～を断念する」の renoncer が適切でしょう．あとはこれを単純未来形にすれば正解です．なお，選択肢中に abandonner もありますが，これは他動詞なので不適当です．

(3) A J'ai manqué de me noyer dans la mer.

    B J'(**ai failli**) me noyer dans la mer.

    A 海で溺れそうになった．

    B （危うく）海で溺れる（ところだった）．

    2 つの文が同じ構造であることから，空欄には A の « manquer de ＋不定詞 »「～しそうになる」と同じ意味の動詞が入るのではないかと推察できます．さらに，B の空欄の直後に不定詞があることも考え合わせると，« faillir ＋不定詞 »「危うく～する」を選べばよいでしょう．あとは A に合わせてこれを複合過去形にするだけです．

(4) A Il faut protéger toutes les espèces en voie de disparition.

    B Les espèces en voie de disparition doivent toutes (**être mises**) à l'abri.

    A ありとあらゆる絶滅危惧種を守らねばならない．

    B 絶滅危惧種はすべて（安全に保護され）なければならない．

    A が「ありとあらゆる絶滅危惧種を守らねばならない」という内容であるのに対して B では，A の protéger「～を保護する」の目的語である toutes les espèces en voie de disparition「すべての絶滅危惧種」を主語にして，「絶滅危惧種はすべて（　　）なければならない」となっています．このことから空欄には「保護される，守られる」という受け身的な意味の動詞表現が入ると予想されます．空欄の直後には à l'abri「保護された状態に，安全な場所に」もあることから，protéger とほぼ同義である mettre ～ à l'abri「～を安全な所に保護する」を選び，これを受身形 être mis à l'abri にすればよいでしょう．ですがその際，空欄の前に doivent があるため，これを不定詞（ここでは être）にすることと，主語に合わせて過去分詞 mis の性・数一致を行うことを忘れないでください．ちなみに，A の「ありとあらゆる～」を意味する toutes les espèces の « toutes les ＋複数名詞 » と，B の文中では主語 Les espèces (en voie de disparition) の同格である不定代名詞 toutes が対応関係にあることもしっかり押さえておいてください．

(5) A Il faut que tu fasses attention à ses paroles !

B (**Méfie-toi**) de ses paroles !

A 彼［彼女］の言葉には注意せねばならない！

B 彼［彼女］の言葉には（用心しろ）！

　Aでは《 Il faut que ＋接続法 》「〜しなければならない」が用いられて「彼［彼女］の言葉には注意せねばならない！」となっているのに対し，Bは空欄が冒頭にあり，主語らしきものも見当たらないことから，tu を意味上の主語とした命令文にすればよいことがわかります．さらにその内容から，「注意する，気をつける」という意味の動詞がこの空欄に入ると考えられます．直後に de もあるので，se méfier de「〜に用心する」の se méfier が選択肢の中では最適で，これを tu の命令形にすれば正解となります．なお，代名動詞の肯定命令文では te が -toi となって後ろに置かれるので注意しましょう．

総合練習問題 **4**　(▶本冊 p.87)

(1) Prenez　　(2) a vidé　　(3) vouloir　　(4) Servez-vous　　(5) rende

　まず，選択肢の動詞の一般的な意味を確認しましょう．

rendre	返す	vouloir	ほしい	arriver	着く	prendre	手に取る
utiliser	使う	vider	空にする	s'employer	使われる	se servir	使う

(1)　A Habillez-vous sans vous hâter.

　　B (**Prenez**) votre temps pour vous habiller.

　　A 慌てずにお着替えください．

　　B （ごゆっくりと）お着替えください．

　　Aでは s'habiller「服を着る，着替えをする」が命令形になっています．それに対してBも，空欄がいきなり文頭にあるうえに主語になりそうなものが見当たらないので，同じく命令文だとわかります．また，Aの冒頭にあり命令形となっている s'habiller が，Bでは文末に位置していることから，Aの sans vous hâter「慌てずに，急がずに」とBの空欄を含めた前半部が対応しています．「慌てずに，急がずに」とは，言い換えれば「ゆっくりと」ということに他ならないので，空欄の後ろに votre temps があることも考え合わせると，ここでは prendre son temps「ゆっくりと時間をとる」という表現がぴったりとくるでしょう．あとは prendre を vous の命令形にすれば正解となります．

(2)　A La sommelière a mis une bouteille de vin dans une carafe.

　　B La sommelière (**a vidé**) une bouteille de vin dans une carafe.

　　A ソムリエがワインをひと瓶，カラフに入れ替えた．

　　B ソムリエがワインをひと瓶，カラフに（移し替えた）．

　　AとBがほぼ同じ構造をとっていることから，Aにおいて複合過去形になっている mettre と同義の動詞がBの空欄に入ると推測できます．この mettre は，Aの文脈から「〜を移し入れる［入れ替える］」と解釈できるでしょう．また，空欄の直後には une bouteille de vin「ワインひと瓶」が前置詞を介さずにあるので，空欄には他動詞が入りそうです．一見，選択肢の中にこれらのことを満たす動詞がないように思われるかもしれませんが，「ひと瓶分のワインの中身をカラフに移し入れ」れば，瓶のほうは当然「空になる」ことに気づければ，選択肢の中から vider 〜 dans [sur] ...「〜を…にあける［移し替える］」の vider を選べるでしょう．あとはAと同じくこれを複合過去形にしてください．

(3)　A Il est possible qu'elle ait de la rancune contre son supérieur.

　　B Elle pourrait en (**vouloir**) à son supérieur.

47

A 彼女は自分の上司に恨みを抱いてしまうかもしれない.

B 彼女は自分の上司を（恨む）ことになるかもしれない.

Aの前半部 « Il est possible que ＋接続法 »「～かもしれない」が，Bの pourrait に対応しており，残りの部分もほぼ同じ構造であることから，Aの « avoir de la rancune contre ＋人 »「～に恨みを抱く」と同じ意味を持つ動詞表現がBの空欄に入ると考えられます. 選択肢の中でこれに該当するものは一見ないようにも思えますが，空欄の前後にある en と à がヒントで，この2語を含んで「～を恨む」という意味になる動詞があります. それは « en vouloir à ＋人 »「～のことを恨む」の vouloir です. あとは空欄が Elle pourrait の後ろにあるので，これを不定詞の形にしておきましょう.

(4) A Vous pouvez toujours disposer de mon ordinateur.

B (**Servez-vous**) de mon ordinateur n'importe quand.

A いつでも私のパソコンをご使用ください.

B 何時いかなる時でも私のパソコンを（お使いください）.

Aではまず，« Vous pouvez ＋不定詞 »「～してくださって構いません」という許可の意を示す表現が用いられ，「いつでも（私の）パソコンを使って構わない」という内容になっています. Bは，空欄が冒頭にあり，主語になりそうな語も見当たらないことから，命令文だとわかります. これを踏まえたうえで，Bの n'importe quand「いつでも，どんな時でも」が内容的にAの toujours に対応していることがわかれば，Aの disposer de「～を自由に使える」という意味をBの空欄で表わせばよいことに気づけるでしょう. 空欄の直後の de と組み合わせて先述のような意味を作る動詞を探すと，se servir de「～を使う」の se servir が見つかります. あとはこれを vous の命令形にして完成です. 最後に，仮に空欄の直後に de がなければ utiliser が使える可能性もあったことを指摘しておきます.

(5) A Le directeur ne me demandera pas avec insistance d'expliquer cette affaire.

B Le directeur n'insistera pas pour que je lui (**rende**) compte de cette affaire.

A 部長は私に対して，この件の説明を執拗に要求することはないでしょう.

B 部長は，この件について（説明をする）よう私にしつこく求めはしないでしょう.

AとBは主語が同じでともに否定文となっています. さらに，Aの demander avec insistance「執拗に要求する」とBの insister「言い張る，執拗に言う」が内容的に対応しているので，Aの d'expliquer cette affaire「この件を説明すること」がBの « pour que ＋接続法 »「～するように」の内容，つまり「（私が彼＝部長に）この件について（　　）するよう」の箇所に相当するとわかります. よって空欄には expliquer の同義表現が入ると考えられるので，空欄の直後の « compte de ＋名詞 » と組み合わさって「～を説明する」という意味になる動詞を探すと，rendre compte de「～の報告をする，～について説明する」の rendre が見つかります. あとはこれを接続法現在形 rende にして正答となります.

　ここでは，どこに着目して正解を導き出していけばよいかを中心に解説します．

　筆記の第4問は文章の穴埋めです．具体的な考察に入る前に，もう一度，解きかたのポイントを整理しておきましょう．

　手順としてはまず空欄を気にせず，必要に応じてメモを取りながら通読しておおよその流れを把握します．それが終わったら選択肢の語句に目を通し，簡単な和訳をつけます．そして2回目の通読をする際，選択肢の語句を当てはめていきます．その時，空欄の前後の語句だけでなく，空欄の前後にある文の関係性にも気を配りましょう．先にとったメモを見ながら，内容の論理的な流れも一緒に確認してください．

練習問題 1　(▶本冊 p.98)

　リュクサンブール公園のマリオネット劇場の人形劇が，すべての世代にわたっていかに長く愛され続けているかについて述べられた，総ワード数が245の文章です．3人称が基調となって客観的に語られています．

(1) ②　　(2) ③　　(3) ②　　(4) ③　　(5) ①

　まずは，文章の空欄を気にせず，大意を把握することから始めましょう．

　「朝から子どもたちの行列ができるほどの人気を誇るリュクサンブール公園のマリオネット劇場は，1933年に創設された．現在，この種の劇場としてはフランス最大で，人形を製作するアトリエも所有している．ここの人形劇は子どもも大人も楽しめるもので，これからもさまざまな世代を魅了し続けることだろう」といった感じです．

　もちろん，ここでは完璧に要約する必要はありません．空欄や知らない単語は軽く読み飛ばして，わかることを中心にメモしておきましょう．そうすれば解答を選択する時に役立ちます．

(1)　② À 10 heures, la caissière du Théâtre des Marionnettes se hâte pour faire entrer les enfants (**qui attendent impatiemment**) la représentation de « Pinocchio ».

　　　「10時になると，マリオネット劇場の切符売り場の女性係員が，『ピノキオ』の上演（を今か今かと待ちかねている）子どもたちを急いで入場させる．」

　第1段落では開場前の準備の風景が，時間を追って描かれています．空欄を含む文を見てみると，空欄までは「10時になると，マリオネット劇場の切符売り場の女性係員が子どもたちを急いで入場させる」という内容です．他方，空欄の後ろには「『ピノキオ』の上演」という語があります．

　ここで選択肢をそれぞれ見てみましょう．どれも関係代名詞 qui から始まり，その中の動詞もすべて3人称複数形ですので，qui の先行詞は les enfants だと考えられます．そのうえで，① qui joueront dans「～に出演する」，② qui attendent impatiemment「～を今か今かと待ちかねている」，③ qui ont déjà assisté à「～をすでに観劇した」(assister à「～を見物する」) となっています．すでに観劇を終えた子どもたちを「入場させる」のはおかしいので，③の可能性は消えます．残るは①と②ですが，①に関する情報が周辺に一切見当たらないのに対し，②に関する情報は，女性係員の発言である次の文章，« Ils avaient déjà commencé à faire la queue quand je suis arrivée ! »「私が到着した時には，行列がすでにでき始めていたんですよ！」が見つかります．以上のことから，子どもたちが観劇のために列を作っていたこ

とがわかります．したがって，正解は② qui attendent impatiemment となります．

(2)　③ « Ils avaient déjà commencé à faire la queue quand je suis arrivée ! » (**s'exclame-t-elle**) en riant.

> 「『私が到着した時には，行列がすでにでき始めていたんですよ！』と，笑いながら（彼女は声高に話す）．」

　第 1 段落の文末にあるこの空欄は，子どもたちを入場させていた切符売り場の女性係員の言葉の直後に，付加的に置かれています．空欄までの部分はまさに係員の言葉で，「私が到着した時には，行列がすでにでき始めていたんですよ！」とあります．そして空欄の直後には，en riant「笑いながら」とあります．つまり，係員の女性が「笑いながら」何かをしたのでしょう．

　ここで選択肢をそれぞれ検討していきます．まず① se plaint-elle「彼女は（笑いながら）不平をこぼす」，② se dit-elle「彼女は（笑いながら）独りごとを言う」，③ s'exclame-t-elle「彼女は（笑いながら）声高に話す」（s'exclamer「声をあげる，叫ぶ」）とあります．①の場合，笑いながら不平を言うというのは矛盾します．②の場合，se dire「独りごとを言う」が使われていますが，このテキストが取材記事であることを考えると，se dire が使われていること自体適当ではありません．まして笑いながら，独りごとを言うのも状況を考えると適当ではないでしょう．それに対して③ならば，前文の係員の女性の発言内容（開場前なのにすでに行列していたことへの驚き）にも，そして文の末尾にある「！」(point d'exclamation) とも呼応しています．というわけで，正解は③ s'exclame-t-elle となります．

(3)　② Savez-vous qu'il y a (**différentes sortes de marionnettes**) ?

> 「（さまざまな種類の人形）があることを，読者の皆さんはご存知だろうか？」

　第 2 段落では，リュクサンブール公園のマリオネット劇場の歴史と現在の規模が語られています．空欄を含んだ文の直前では，人形劇を扱う劇場としては国内最大のこの劇場のキャパシティについて説明されていました．これに続く問題の文は疑問文で，「（　）がある［存在している］ことを，読者の皆さんはご存知だろうか？」と，読者に空欄に関する知識を問うています．そしてこれに続く文では，この劇場が en で示される 2500 もの何かを所有すること，それらはすべて，劇場所有のアトリエで製作されたものだということが述べられています．というわけで，文章の流れからこの en が指し示す名詞が空欄に入っていると想定できるでしょう．

　では，選択肢をそれぞれ見てみます．まず① beaucoup de montreurs de marionnettes「たくさんの人形使い」(montreurs de marionnettes「人形使い」)，② différentes sortes de marionnettes「さまざまな種類の人形」，③ d'autres théâtres de ce genre「この種の他の劇場」となっています．空欄に入るのは，en で示される「劇場のアトリエで製造できる 2500 もの何か」ですから，①の「人形使い」や③の「劇場」では文脈に合いません．よって，正解は② différentes sortes de marionnettes となります．なお différent は，複数形で名詞の前に置かれると「さまざまな」という意味になります．その際，冠詞はつけません．

(4)　③ J'aurais aimé les faire découvrir à mes propres enfants mais nous (**vivions en province**) à l'époque.

> 「自分の子どもらに人形劇を見せてやりたかったんですがね，当時は（地方で暮らしていたんですよ）．」

　第 3 段落では，マリオネット劇場の人形劇が，世代を超えて愛されていることについて語られています．72 歳のセルジュという男性が孫を連れてほぼ毎日，リュクサンブール公園の人形劇を見に来ている，という話から始まり，彼自身も幼い頃にここの人形劇を体験したこ

とがある，という説明があった後，彼の発言中に空欄が登場します．問題の文章の前半部を見てみましょう．「自分の子どもらに人形劇を見せてやりたかったんです」と条件法過去（J'aurais aimé）が用いられていることから，セルジュが過去に抱いていた願望が述べられている，と理解できます．他方，空欄のある後半部は mais で始まっています．つまり彼の願望は実現しなかったようです．そのつもりで mais 以降を読むと，文末の à l'époque「当時」が目に入ります．

　　以上のことを踏まえつつ選択肢を検討してみると，まずは3つとも半過去が使用されているのは変わらず，① travaillions jour et nuit「昼夜を問わずに働いていた」（jour et nuit「昼夜を問わずに」），② n'avions pas de télé「テレビを持っていなかった」，③ vivions en province「地方で暮らしていた」（en province「田舎に，地方で」）となっています．①に関する情報は前後を探しても見当たりませんし，②に関してもテレビの話題は文章中に登場していません．③については次に続く文，つまり Maintenant que j'habite à Paris「今はパリに住んでいるので」があることで，「過去の話と現在の話」「地方住まいとパリ住まい」という対比関係がこの両文で示されることとなり，文章の流れにしっくりします．以上のことから，正解は③ vivions en province となります．

(5)　① Elles amusent (**les petits comme les grands**) et continueront certainement à émerveiller d'autres générations d'enfants, de parents et de grands-parents.

　　　「リュクサンブール公園の人形劇は（子どもも大人も）楽しませ，のちの世代の子どもや親たち，祖父母たちをきっと魅了し続けることだろう．」

　　引き続き第3段落ですが，Les marionnettes ont toujours autant de succès「人形劇はいつも大盛況である」と述べられた後，この段落の最後の一文に空欄があります．まずは主語が elles となっていますが，これは les marionnettes du jardin du Luxembourg です．そしてこの文は，主たる動詞が2つあります．重要と思われるのは，amuser「〜を楽しませる」が現在形，continuer「継続する」が単純未来形となっていることです．つまり，前半部では現在のことが，et を挟んだ後半部では将来のことが述べられています．

　　では，選択肢をそれぞれ見てみましょう．まず① les petits comme les grands「子どもも大人も」（A comme B「A も B も，A ならびに B」），② toujours les téléspectateurs「相変わらずテレビの視聴者を」，③ pas mal de touristes étrangers「たくさんの外国人観光客を」となっています．(4)で②を選んでしまった人なら，ここでも②を選んでしまうかもしれませんが，先述のようにテレビの話題を扱っていないので②は消えます．③も，touristes étrangers「外国人観光客」の話題は，本文中で特に取り上げられていません．この文は想定したように「現在」と「将来」の対比となっているので，将来を語っている文の後半部の「のちの世代の子どもや親たち，祖父母たち」に相当するものが，現在では何になるのかを考えましょう．そうすると「のちの世代の子どもや親たち，祖父母たち」に相当するのが「子どもも大人も」であることがわかるでしょう．ということで，正解は① les petits comme les grands となります．

〈全訳〉

　　朝の9時．リュクサンブール公園が目をさます．公園の管理人が園内の小径に，かの有名な緑色の椅子を配置する．警備員と従業員らが挨拶を交わしている．10時になると，マリオネット劇場の切符売り場の女性係員が，『ピノキオ』の上演を今か今かと待ちかねている子どもたちを急いで入場させる．「私が到着した時には，行列がすでにでき始めていたんですよ！」と，笑いながら彼女は声高に話す．

　　リュクサンブール公園のマリオネット劇場は，ロベール・ドゥザルティスにより1933年に創

設された．現在は，息子のフランシス゠クロードが劇場を運営している．この劇場は今日，この手の劇場としてはフランス国内で一番大きく，275 人の観客を収容することが可能だ．さまざまな種類の人形があることを，読者の皆さんはご存知だろうか？　この劇場には 2500 もの人形があるのだが，それらはすべて，劇場が所有するアトリエで製作されたものである．

「おじいちゃーん，早くー！」小さな坊やが，『3 匹の子豚』の公演を見ようと，おじいさんと走ってやって来る．彼らは学校の休暇期間中，ほぼ毎日来ているのだ．72 歳のセルジュは，幼い頃に人形劇を見たことがある．「自分の子どもらに人形劇を見せてやりたかったんですがね，当時は地方で暮らしていたんですよ．今はパリに住んでいるので，リュクサンブール公園の人形劇の魅力を孫にどうしても教えてやりたかったんです」と彼は言う．リュクサンブール公園の人形劇はいつも大盛況である．子どもも大人も楽しませ，のちの世代の子どもや親たち，祖父母たちをきっと魅了し続けることだろう．

〈選択肢和訳〉

(1) ① 〜に出演する
    ② 〜を今か今かと待ちかねている
    ③ 〜をすでに観劇した

(2) ① 彼女は不平をこぼす
    ② 彼女は独りごとを言う
    ③ 彼女は声高に話す

(3) ① たくさんの人形使い
    ② さまざまな種類の人形
    ③ この種の他の劇場

(4) ① 昼夜を問わずに働いていた
    ② テレビを持っていなかった
    ③ 地方で暮らしていた

(5) ① 子どもも大人も
    ② 相変わらずテレビの視聴者を
    ③ たくさんの外国人観光客を

練習問題 2 （▶本冊 p.100）

アメリカに来たばかりで英語も満足に話せない移民の子どもたちを，同じ境遇を味わった高校教師のジョージが教育の面から支援している様子を取材した，総ワード数が 250 の文章です．3 人称が基調となり，客観的に語られています．

(1) ②　　(2) ①　　(3) ①　　(4) ②　　(5) ①

まずは，文章の空欄を気にせず，大意を把握することから始めましょう．

「ニューヨークの高校教師であるジョージは，アメリカに来たばかりで英語を話せない移民の子どもたちを相手に授業をしている．彼自身もガンビアからの移民で，高校在学中に大変な苦労を経験していて，故郷に残した妹が若くして病死したことを契機に，移民の子どもたちへの教育

に身を捧げる決心をした．親身になって生徒たちの面倒をみるなどして信頼関係を築き上げたことが功を奏し，勤務校の生徒たちが在学を継続できるようになった割合は現在，85％にまで上がった」といった感じです．

　もちろん，ここでは完璧に要約する必要はありません．空欄や知らない単語は軽く読み飛ばして，わかることを主にメモしておきましょう．そうすれば解答を選択する時に役立ちます．

(1)　②　Il les salue par leur prénom en anglais mais aussi en espagnol, en français et en arabe car ce sont (**tous des immigrés**) qui sont récemment arrivés aux États-Unis.
　　　「彼はファーストネームでもって生徒たちに英語で挨拶をするのだが，スペイン語でも，フランス語でも，そしてアラビア語でも挨拶をしている，というのも，（彼らはすべて移民）で，最近になってアメリカにやって来たからである．」

　　第1段落では，とある公立高校の文学教師であるジョージが，アメリカに来たばかりで英語を満足に話せない移民の高校生たちに対して，英語だけでなく他の言語も使ってコミュニケーションをとっている姿が描かれています．空欄を含む文の後半部は car で始まることから，なぜジョージがこのようなことをしているのかが語られている，と想像できます．さらに空欄の直後には，関係代名詞 qui があるので，qui 以下の節の主語となる先行詞が空欄で問われていることもわかります．

　　それでは，選択肢をそれぞれ見てみましょう．まず① tous des émigrés「彼らはすべて（アメリカから他国へ出国する）移民」，② tous des immigrés「彼らはすべて（他国からアメリカに入国する）移民」，③ tous des touristes étrangers「彼らはすべて外国人観光客」とあります．真っ先に，③が文脈から外れていることがわかります．問題は①と②です．日本語だと両者は同じ訳になってしまいがちですが，immigré が他国からの「移民，移住者」であるのに対し，émigré は他国への「移民，移住者」です．この「入って来る人」と「出て行く人」の違いを整理し覚えておきましょう．正解はもちろん，② tous des immigrés です．

(2)　①　Il a très mal vécu sa scolarisation dans un lycée où il était (**le seul immigré**).
　　　「彼は高校在学中に大変な苦労を味わった，その高校で（移民は彼，ただ1人）だったからである．」

　　第2段落では，ジョージ自身がガンビアからの移民であることや，彼が現在の活動をするようになった経緯が語られています．彼が16歳でアメリカに来たことが述べられた後，空欄を含む一文が続き，Il a très mal vécu sa scolarisation dans un lycée「高校在学中に大変な苦労を味わった」とあります．その後半部に空欄があるわけですが，この où は先行詞に un lycée「とある高校」をとっているので，ジョージが在学していた高校のことが，空欄を含むその節内で言及されていると予想できます．

　　ここで選択肢をそれぞれ検討してみると，まず① le seul immigré「移民は彼，ただ1人」，② enseignant de littérature「文学教師」（enseignant「教師」），③ beaucoup plus âgé que les autres「他の学生よりもはるかに年上」（âgé「歳をとった」）となっています．普通に考えれば，高校時代の話をしているのに②はあり得ませんし，③にしても，George est arrivé sur le sol américain à 16 ans「ジョージは16歳でアメリカの地を踏んだ」とあり，前後との関連が希薄です．①ならばこれまでの文脈にぴったりですし，この後に彼が現在の活動をするようになった経緯が語られることからも，問題はありません．よって正解は① le seul immigré となります．

(3)　①　Il décide alors d'aider les jeunes immigrés (**en se consacrant à**) leur éducation.
　　　「その時彼はこう心に決める，移民の若者たちへの教育（に身を捧げることで）彼らを

　　　　支援するのだ，と．」

　引き続き第2段落では，もともとジョージは経済学を学ぶつもりだったが，故郷に残した自分の妹が突然，病死してしまった，と述べられています．問題の一文の前半では，妹の死をきっかけに彼が les jeunes immigrés「若い移民の子たち」を支援する決心をした，と語られています．そして，空欄の後ろには leur éducation「彼ら（若い移民の子たち）の教育」とあります．

　選択肢をそれぞれ見ていくと，まず選択肢のすべてがジェロンディフであることがわかります．これは副詞的に働き，主節の主たる動詞を説明するものなので，選択肢はすべて，décider「心に決める，決意する」と組み合わせて検討することにします．① en se consacrant à「〜に身を捧げることで（支援を決意する）」，② en s'inquiétant de「〜を気にかけることで（支援を決意する）」，③ en négligeant「〜を疎かにすることで（支援を決意する）」となっています．③については，ネルソン・マンデラの名言「教育とは世界を変えるために使うことのできる，もっとも強力な武器である．」を彼は座右の銘としているわけですから，すぐに消せるでしょう．②では，ジョージは「気にかける」だけで，彼らのために行動を起こさない，と読めてしまいますし，実際は次の段落のように彼は行動を起こしますので，②も文意から外れています．ジョージの決意は，自身が味わった高校在学中の苦労や妹の病死に起因するので，正解には① en se consacrant à がふさわしいでしょう．

(4)　②　Avant l'arrivée de George dans cet établissement, beaucoup de lycéens abandonnaient leurs études (**faute de soutien**).
　　　「ジョージがこの高校に着任する前は，たくさんの高校生が，（支援がないために）学校をやめてしまっていた．」

　第3段落では，赴任した高校の生徒たちの多くが在学を継続できるようになったことや，それを実現させた要因などが述べられています．段落冒頭の空欄を含んだ一文では，「ジョージがこの高校に着任する前は，たくさんの高校生が，学校をやめてしまっていた」とあり，空欄はこの文末に登場します．

　選択肢は① à cause de leur comportement「彼らの行いのせいで」（comportement「行い，態度」），② faute de soutien「支援がないために」（« faute de ＋無冠詞名詞 »「〜がないので」，soutien「支持，援助」），③ pour raison de santé「健康上の理由で」となっています．①と③に関しては，生徒たちの素行の問題や健康の問題についてこれまでに言及がなかったので，あえてここに挿入するといささか突飛な感じがしてしまいます．ジョージの妹の病死については触れられていましたが，それはここでは無関係です．他方，②ならば前段の内容，つまり自身が移民であったがゆえに味わった高校在学時の苦労話や，彼らを教育面から支援すると決意した話などと無理なく繋がります．以上のことから，正解は② faute de soutien が妥当でしょう．

(5)　①　La réussite des élèves (**s'expliquerait par**) la relation de confiance que j'établis avec eux.
　　　「生徒たちが在学を継続できるようになったことは，私が彼らと築いている信頼関係（によって説明がつくでしょう）．」

　同じく第3段落の中盤，生徒たちが在学を継続できるようになった要因をジョージが推察する，その言葉の中に空欄があります．La réussite des élèves については，前文の Aujourd'hui, le taux de réussite est de 85 %「現在，85%の生徒が在学を継続できるようになっている」の言い換えと考えていいでしょう．これに対して空欄の後ろには，ジョージと生徒たちとが築いている la relation de confiance「信頼関係」という言葉が見えます．以上のことから空欄に入るのは，生徒たちが在学を継続できるようになったことと，彼らとの信頼関係との因果関

54

係を表すような語句ではないかと予想できます.

　選択肢を見ると,まずは選択肢が3つとも条件法現在であるため,時制の違いを考慮せずに済むことを確認しておきます.そのうえで,① s'expliquerait par「〜によって説明がつくでしょう」(s'expliquer par「〜で説明がつく,理解できる」),② ne dépendrait pas de「〜に因るものではないでしょう」(dépendre de「〜次第である,〜に因る」),③ n'aurait rien à voir avec「〜と何の関わりもないでしょう」とあります.つまり,①では生徒たちが在学を継続できるようになったことと,ジョージと彼らの信頼関係には相関関係があると述べているのに対し,②と③ではこの2つは無関係だと述べています.この文章の冒頭にある,George accueille chaque matin ses élèves avec un grand sourire「ジョージは毎朝,にこにこ笑いながら生徒らを迎える」や,この文章の締めくくりの一文,N'oublions pas qu'il est difficile de les aider ou de rendre un cours intéressant si on ne sait pas d'où ils viennent ou s'ils ont des problèmes à la maison「忘れてならないのは,彼らの出自とか家庭で抱えている問題とかを知らずして,援助の手を差し伸べたり,学校の授業を面白くしたりするのは難しい,ということなんです.」を見てもわかるように,ジョージは積極的に生徒たちとコミュニケーションをとり,親身になって彼らに対応した結果,85%の生徒たちが在学を継続できるようになったことは明らかです(条件法現在を用いているので,本人は控えめに話しているのですが).ということで,正解は① s'expliquerait par となります.

〈全訳〉

　ニューヨークのとある公立高校の教室の前で,ジョージは毎朝,にこにこ笑いながら生徒らを迎える.彼はファーストネームでもって生徒たちに英語で挨拶をするのだが,スペイン語でも,フランス語でも,そしてアラビア語でも挨拶をしている,というのも,彼らはすべて移民で,最近になってアメリカにやって来たからである.この若者たちは必ずしも英語をものにしているわけではないのだ.ジョージはこの高校で文学を教えて10年になる.彼の座右の銘はネルソン・マンデラの次の言葉である.「教育とは世界を変えるために使うことのできる,もっとも強力な武器である.」

　ガンビアで生まれ,厳しい状況の中で育ったジョージは,16歳でアメリカの地を踏んだ.彼は高校在学中に大変な苦労を味わった,その高校で移民は彼,ただ1人だったからである.もともと彼は,経済学の勉強をしようと考えていた.ところが,大学に入って1年目の時,ガンビアに残っていた彼の妹が重病で急死してしまった.その時彼はこう心に決める,移民の若者たちへの教育に身を捧げることで彼らを支援するのだ,と.

　ジョージがこの高校に着任する前は,たくさんの高校生が,支援がないために学校をやめてしまっていた.現在,85%の生徒が在学を継続できるようになっている.ジョージはその秘密を我々にこう打ち明ける.「生徒たちが在学を継続できるようになったことは,私が彼らと築いている信頼関係によって説明がつくでしょう.忘れてならないのは,彼らの出自とか家庭で抱えている問題とかを知らずして,援助の手を差し伸べたり,学校の授業を面白くしたりするのは難しい,ということなんです.」

〈選択肢和訳〉

(1) ① 彼らはすべて（他国への）移民
　　② 彼らはすべて（他国からの）移民
　　③ 彼らはすべて外国人観光客

(2) ① 移民は彼，ただ1人
　　② 文学教師
　　③ 他の学生よりもはるかに年上

(3) ① 〜に身を捧げることで
　　② 〜を気にかけることで
　　③ 〜を疎かにすることで

(4) ① 彼らの行いのせいで
　　② 支援がないために
　　③ 健康上の理由で

(5) ① 〜によって説明がつくでしょう
　　② 〜に因るものではないでしょう
　　③ 〜と何の関わりもないでしょう

第5問　質問文の穴埋め問題

第5問は，ジャーナリストと取材を受ける人との間の対話文を読み，ジャーナリストのパートにある空欄に入る質問文を，7つの選択肢から選ぶ問題です．それでは，もう一度手順をおさらいしましょう．

1. （　　）を気にせず対話文に最後まで目を通す．その際，特に（　　）の後ろにある取材を受ける人の応答文に注意して，文意をメモしておく．応答文が Oui や Non，あるいは Si などから始まっているか，期間や時期，数量，場所，理由，様態・状況などが書かれているかに注意する．
2. 選択肢の質問文を読み，それぞれ何を問う質問なのかをメモする．
3. 対話文を読みながら，選択肢の語句を当てはめていく．その際，職業 métier, travail を選んだ理由，その職業で気に入っている点，手がけていることの目的 but，内容・コンセプト concept，将来の希望・目標や今後の計画 projet などを考慮しながら，どの質問文が最も適切かを見極める．
4. 最後に，選択した質問文が対話文の文意にそっているかを確認しながら，見直しをする．

筆記試験 5

練習問題 ① （▶本冊 p.110）

(1) ②　(2) ⑥　(3) ①　(4) ④　(5) ⑤

空欄を除いた語数が107語の比較的短いインタビュー形式の対話文です．第5問を解くカギは，空欄の後の取材を受ける人の応答文を確実に理解することと対話全体の流れをつかむことです．これは，ジャーナリストと全国菓子大会で優勝した菓子職人のファニーとの対話文で，ファニーが菓子職人になった経緯，菓子職人という仕事の魅力や今後の計画について，主に je と vous を用いて話をしています．文法事項も語彙もさほど難しくありません．動詞の時制は，直説法の現在形・複合過去形・半過去形，条件法現在形です．

それでは，質問文と応答文を1つずつ順番に検討していきましょう．

(1)　②　Quel est votre parcours ?
　　　「あなたのこれまでの歩みはどのようなものでしたか？」

まずは，（　　）の後の応答文を見て見ましょう．Quand j'étais petite, j'adorais faire des gâteaux. Un jour, ma mère m'a suggéré d'en faire mon métier. Après avoir suivi une formation en alternance, j'ai commencé comme pâtissière dans un restaurant.「私が幼かった頃，私はお菓子を作るのが大好きでした．ある日，母がそれ（＝菓子作り）を私の職業にしたらと提案したのです．実地研修つきの職業訓練を受けた後，レストランで菓子職人として働き始めました．」とあります．ここで語られているのは，ファニーがどのようにして菓子職人となったか，その理由や経緯です．このような応答に対する質問には，しばしば votre travail「あなたの仕事」や votre métier「あなたの職業」あるいは votre parcours「あなたのこれまでの歩み」などの言葉や pourquoi, comment, quel などの疑問詞が使われます．

では，選択肢を見てみましょう．選択肢の中に，こうした文言が使われているものが2つあります．②の Quel est votre parcours ?「あなたのこれまでの歩みはどのようなものでしたか？」と⑥の Qu'est-ce qui vous plaît le plus dans votre métier ?「あなたの仕事で，何が一番気に入っていますか？」です．自分の経歴を説明している応答文との整合性を考慮すると，

この設問の正答は②の Quel est votre parcours ? となります.

(2)　⑥　Qu'est-ce qui vous plaît le plus dans votre métier ?
　　　　「あなたの仕事で，何が一番気に入っていますか？」
　　　（　　）の後の応答文は，Je pense que c'est la créativité et le plaisir de faire partager de nouvelles saveurs. J'aime aussi travailler en équipe.「創造性と新しい味を分かち合う喜びだと思います．私はチームで働くのも好きです．」です．この応答文には，la créativité「創造性」や le plaisir de faire partager de nouvelles saveurs「新しい味を分かち合う喜び」という言葉があります．さらに，次の文の J'aime aussi に注目する必要があります．この文は aussi があることから，前文を受けてもう１つの好きな点を加えていると解釈できます．また，このインタビューの全体の流れは，仕事からプライベートの話へ，そして将来の計画へと話題が転換しています．
　　　これらの点を考慮したうえで，選択肢を見てみましょう．仕事に関係する質問かつ好きなことを尋ねる質問という条件に合致する質問文は１つだけです．それは，⑥の Qu'est-ce qui vous plaît le plus dans votre métier ?「あなたの仕事で，何が一番気に入っていますか？」です．したがって，この設問の正答は⑥であると判断できます．

(3)　①　D'où vous viennent les nouvelles idées ?
　　　　「どのように新しいアイデアを思いつくのですか？」
　　　（　　）の後の応答文は，Je m'inspire souvent de mes voyages.「私は旅行でよく着想を得ています．」です．ここで注目したいのは，« s'inspirer de ＋名詞 »「～から着想を得る，～からヒントを得る」という表現が使われているところです．この応答文から質問文を考えると，「新作のお菓子を作るのに，何から着想やヒントを得ているのか」ということになります．この想定をもとに，選択肢を見てみると，①の D'où vous viennent les nouvelles idées ?が最もふさわしいと判断できるでしょう．なお，« d'où venir ＋主語＋à＋人 »「どのように［どうして］～が…を思いついたのか，どのように［どうして］～が…をしたのか」の表現は，この第５問や２次試験でしばしば使われていますので，必ず覚えておきましょう．

(4)　④　Faites-vous la cuisine pour votre famille ?
　　　　「ご家族のために料理はしますか？」
　　　（　　）の後の応答文は，Jamais ! À la maison, c'est mon mari qui s'en occupe. Mais ça m'arrive de la faire pour les occasions spéciales.「全くしません！　家では，それを担当するのは夫です．でも特別な機会には，私がそれをすることもあります．」です．ここで注目したいのは，À la maison, c'est mon mari qui s'en occupe. の en と ça m'arrive de la faire の la が何を指しているかという点です．これは文脈から考えると同じ名詞を指していて，それは女性単数名詞です．家では夫が担当するもので，特別な機会には自分もすることがあり，かつ女性単数名詞で表される事柄とは何かを考えましょう．
　　　この想定をもとに選択肢を見てみると，女性単数の名詞が使われている質問文は，④の Faites-vous la cuisine pour votre famille ?だけです．しかも文脈に沿うのもこの選択肢だけで，これが正答となります．
　　　最後に，« s'occuper de ＋名詞 »「～を担当する，～の世話をする」と « ça [il] arrive à＋人 ＋de＋不定詞 »「～には…することがある」という表現を確認しておきましょう．

(5)　⑤　Comment vous voyez-vous dans dix ans ?
　　　　「10年後のご自身をどのように思い描いていますか？」
　　　（　　）の後の応答文は，J'aimerais fonder une école de pâtisserie pour aider les jeunes à découvrir ce métier.「菓子スクールを創設して，若者にこの仕事を知ってもらう手助けをし

たいと思っています.」です. ここで注目したいのは, J'aimerais「～したい」という表現です. つまり, この応答文は「したいこと」, つまり希望や将来の計画について語っています. この点をもとに, 質問文を想定してみると,「あなたの将来の計画は何か」や「あなたの将来像はどのようなものか」のような質問になります.

　ここで選択肢を見てみると, 将来のことに触れている質問文は1つだけです. ⑤の Comment vous voyez-vous dans dix ans?「10年後のご自身をどのように思い描いていますか?」には, dans dix ans という文言があります. 文自体は現在形ですが, これにより将来に関する質問であることがはっきりとわかります. se voir には「自分の姿を思い描く」という意味があります. したがって, この設問の正答は⑤となります.

最後に対話文の全訳と選択肢の日本語訳を確認しましょう.

〈全訳〉

ジャーナリスト：あなたは全国菓子大会で優勝しました. あなたのこれまでの歩みはどのようなものでしたか?

ファニー　　　：私が幼かった頃, 私はお菓子を作るのが大好きでした. ある日, 母がそれ(＝菓子作り)を私の職業にしたらと提案したのです. 実地研修つきの職業訓練を受けた後, レストランで菓子職人として働き始めました.

ジャーナリスト：あなたの仕事で, 何が一番気に入っていますか?

ファニー　　　：創造性と新しい味を分かち合う喜びだと思います. 私はチームで働くのも好きです.

ジャーナリスト：どのように新しいアイデアを思いつくのですか?

ファニー　　　：私は旅行でよく着想を得ています. 人が新しい食材を発見するのは, いつも旅をしている時なのです.

ジャーナリスト：ご家族のために料理はしますか?

ファニー　　　：全くしません! 家では, それ(＝料理)を担当するのは夫です. でも特別な機会には, 私がそれ(＝料理)をすることもあります.

ジャーナリスト：10年後のご自身をどのように思い描いていますか?

ファニー　　　：菓子スクールを創設して, 若者にこの仕事を知ってもらう手助けをしたいと思っています.

〈選択肢和訳〉

① どのように新しいアイデアを思いつくのですか?
② あなたのこれまでの歩みはどのようなものでしたか?
③ あなたの趣味は何ですか?
④ ご家族のために料理はしますか?
⑤ 10年後のご自身をどのように思い描いていますか?
⑥ あなたの仕事で, 何が一番気に入っていますか?
⑦ どのようにしてそれを勝ち取ったのですか?

練習問題 2 (▶本冊 p.112)

(1) ④　(2) ⑦　(3) ①　(4) ⑤　(5) ②

空欄を除いた語数が101の比較的短いインタビュー形式の対話文です. 繰り返しますが, 第

5問を解くカギは空欄の後ろにある取材を受ける人の応答文を確実に理解することと対話全体の流れをつかむことです．これは，ジャーナリストとテレビゲームの検査技師であるメディとの対話文です．メディの仕事内容，仕事量，その仕事に求められる資質，メディの希望等について，主に je と vous を用いて話をしています．文法事項も語彙もさほど難しくありません．動詞の時制は，直説法の現在形・複合過去形，条件法現在形，接続法現在形です．

それでは，質問文と応答文を1つずつ順番に検討していきましょう．

(1) ④ En quoi consiste votre métier ?
「あなたの仕事はどのようなものですか？」

まずは，（　）の後の応答文を見てみましょう．Des entreprises me demandent de tester leurs jeux. Mon travail a pour but de les évaluer de manière objective et de signaler les problèmes s'il y en a.「企業から自社のゲームの検査を依頼されます．私の仕事の目的は，客観的にゲームを評価して，問題があればそれを指摘することです．」とあります．ここで語られているのは，どのようにメディが仕事を得ているのか，メディの仕事の目的は何かなど仕事の内容に関わることです．

このような応答に対する質問には，しばしば votre travail「あなたの仕事」や votre métier「あなたの職業」あるいは votre parcours「あなたのこれまでの歩み」などの言葉が使われます．こうした言葉が使われている設問は④と⑤です．« consister en ＋名詞 »「〜から成る，〜から構成される」という表現が使われている④は，仕事がどのようなものであるか，その内容を尋ねる問いです．一方の⑤は，Quelles sont les qualités requises「求められる資質は何か」という言葉から，仕事をするために必要とされる資質を尋ねています．したがって，この設問の正答は④の En quoi consiste votre métier ? となります．

(2) ⑦ Vous travaillez combien d'heures par jour ?
「あなたは一日に何時間働きますか？」

（　）の後の応答文は，Hier, j'ai travaillé 15 heures mais ça ne me dérange pas parce que c'est une vraie passion.「昨日，私は15時間働きましたが，そのことは気になりません．というのも本当に熱中できるものだからです．」です．ここで注目したいのは，j'ai travaillé 15 heures や c'est une vraie passion です．前者を問う質問なら combien d'heures など時間数を尋ねる質問文が想定できますし，後者を問う質問なら Que représente ce travail pour vous ?「この仕事はあなたにとってどのような意味がありますか？」などの質問文が想定できます．

ここで，選択肢を見てみましょう．⑦の Vous travaillez combien d'heures par jour ?「あなたは一日に何時間働きますか？」には，時間数を問う表現があります．また，④の En quoi consiste votre métier ?「あなたの仕事の内容はどのようなものですか？」も一見すると候補になりそうですが，この場合の応答文では仕事内容が具体的に語られるべきなので，上記の応答文では④の質問文の応答としてはふさわしくありません．そうなると，⑦が最も適切な質問文だと判断できます．

(3) ① Travaillez-vous aussi la nuit ?
「あなたは夜間も働きますか？」

（　）の後の応答文は，Bien sûr! Je dois finir un travail pour demain et j'y passerai certainement la nuit!「もちろんです！　明日までに仕上げなければならない仕事があって，それで夜を明かすことになりそうです！」です．最初に注目したいのは，Bien sûr! という応答です．これは Oui の代わりに使われる受け答えですので，質問文は疑問詞のない疑問文ということになります．とすると，選択肢の中では①の Travaillez-vous aussi la nuit ?「夜間も

働きますか?」, ②の Envisagez-vous de créer votre propre jeu?「ご自身のゲームを開発する
つもりはありますか?」, ③の Est-ce que vous vous attendiez à une telle chose?「あなたはそ
のようなことを予期していましたか?」のいずれかです.

　次に着目すべきは, Bien sûr! 以下の内容です. 締め切りが明日に迫った仕事のために, 夜
間に仕事をするという内容の応答にふさわしい質問文は何かを考えると, 上記3つの選択肢
の中では①の Travaillez-vous aussi la nuit? が最もふさわしいと判断できます. なお, « passer
＋時の表現＋à＋名詞 [不定詞]»「〜で [して] 時を過ごす」の表現は必ず覚えておきましょ
う. 例えば Il passe son temps à lire.「彼は読書をして時を過ごしている.」などです.

(4)　⑤　Quelles sont les qualités requises pour faire ce travail?
　　　「この仕事をするのに必要な資質はどんなものですか?」

　(　)の後の応答文は, Il faut être très patient. On doit jouer à un jeu pendant des heures
même si on ne l'aime pas.「大きな忍耐力が必要です. それ (＝そのゲーム) が好きではなく
ても, 何時間もゲームをしなければならないのです.」です. ここで注目したいのが, Il faut
être très patient. です. 忍耐力が必要であると記されていますが, 忍耐力があるというのは人
間の性格や資質に関わることです. On doit 以下の文では, 忍耐力が必要な理由が語られて
います. とすると, 質問文は人間の性格や資質を問うものであると想定できます.

　この点を考慮して選択肢を見ると, les qualités requises「必要な資質」という文言が含まれ
る⑤の Quelles sont les qualités requises pour faire ce travail? が最もふさわしいと判断できま
す.

(5)　②　Envisagez-vous de créer votre propre jeu?
　　　「ご自身のゲームを開発するつもりはありますか?」

　(　)の後の応答文は, Pourquoi pas? Ça me plairait bien mais il faudrait que j'aie un
peu plus d'expérience.「もちろんです. とてもそうしたいと思いますが, もう少し経験を積
まなくてはなりません.」です. この応答で注目したいのは, まずは Pourquoi pas? です. こ
れも「もちろん!」という意味の Bien sûr! や Certainement! と同様に, Oui の代わりに使
われる応答です. 第3の設問と同様に, この応答に対する質問文は疑問詞のない疑問文とい
うことになります. とすると, ①の Travaillez-vous aussi la nuit?「あなたは夜間も働きます
か?」, ②の Envisagez-vous de créer votre propre jeu?「ご自身のゲームを開発するつもりは
ありますか?」, ③の Est-ce que vous vous attendiez à une telle chose?「あなたはそのような
ことを予期していましたか?」のいずれかです.

　次に着目すべきは, Pourquoi pas? 以下の内容です. そうしたいが, もう少し経験が必要
だという抽象的な内容ですね. つまり, この応答に対する質問文は具体的な事柄を尋ねてい
ることになります. この点をもとに選択肢から最もふさわしいものを選ぶと, ②の
Envisagez-vous de créer votre propre jeu? となります. なお, ①の Travaillez-vous aussi la
nuit? は質問文と応答文が合致しません. また③の Est-ce que vous vous attendiez à une telle
chose? は, 質問文自体が抽象的なので, 応答文も抽象的な内容だと, 会話として成立しませ
ん.

　最後に対話文の全訳と選択肢の日本語訳を確認しましょう.

〈全訳〉

ジャーナリスト:あなたはテレビゲームの検査技師ですね. あなたの仕事はどのようなもので
　　　　　すか?

メディ　　　　　：企業から自社のゲームの検査を依頼されます．私の仕事の目的は，客観的にゲームを評価して，問題があればそれを指摘することです．
ジャーナリスト：一日に何時間働きますか？
メディ　　　　　：昨日，私は 15 時間働きましたが，そのことは気になりません．というのも本当に熱中できるものだからです．
ジャーナリスト：あなたは夜間も働きますか？
メディ　　　　　：もちろんです！　明日までに仕上げなければならない仕事があって，それで夜を明かすことになりそうです！
ジャーナリスト：この仕事をするのに必要な資質はどんなものですか？
メディ　　　　　：大きな忍耐力が必要です．それ（＝そのゲーム）が好きではなくても，何時間もゲームをしなければならないのです．
ジャーナリスト：ご自身のゲームを開発するつもりはありますか？
メディ　　　　　：もちろんです．とてもそうしたいと思いますが，もう少し経験を積まなくてはなりません．

〈選択肢和訳〉

① あなたは夜間も働きますか？
② ご自身のゲームを開発するつもりはありますか？
③ あなたはそのようなことを予期していましたか？
④ あなたの仕事はどのようなものですか？
⑤ この仕事をするのに必要な資質はどんなものですか？
⑥ あなたの会社の売上高はいくらですか？
⑦ あなたは一日に何時間働きますか？

　第 5 問はいかがでしたか．この問題で高得点を得るには，質問文と応答文の関係をしっかりと把握しなければなりません．そのためには，インターネットなどを利用して，インタビュー記事をたくさん読みましょう．どのような質問文に対して，どのような応答文が可能なのか，たくさん読んで感覚を養いましょう．

第6問の長文テキストは，主に新聞の社会面や文化面，あるいは地域面の記事で見られるような内容で，総ワード数は 200 以上のものです．第6問は，設問のそれぞれの文が長文テキストの内容に一致するか，しないかを判断する問題です．

さて，ここでもう一度解き方のポイントをおさらいしましょう．

1. まず，英語の 5W1H を念頭においてテキストを通読しながら，何をテーマにして，どんなことを言おうとしているのかを見極める．その際，下線を引いたり，ちょっとしたメモを残しておく．
2. 次に，要点をメモしながら 7 つの問題文に目を通す．問題文は，本文の内容に沿って順番に作られているので，その点も頭に入れておく．
3. メモを参考に本文を精読する．この時に，問題文の正誤を判断する．

それでは，ここからどこに着目して正解を導き出していけばよいかを中心に，問題を 1 つずつ解説していきます．

練習問題 **1** （▶本冊 p.120）

総ワード数が 233 の少し長めのテキストです．内容は，フランスにおけるパンの消費動向とパン屋の軽食産業への参入についてです．人称は 3 人称の単数・複数で構成されています．時制は直説法現在形が中心で，それに直説法複合過去形がわずかに使われています．こうしたテキストでは，なじみのない語が出てきたとしても，基本文法がわかっていれば全体の意味を把握することは可能なので，まずは細かいところにはこだわらず大意をつかむことに努めましょう．それでは，これから各設問を丁寧に見ていきます．

(1) ①　　(2) ①　　(3) ②　　(4) ①　　(5) ②　　(6) ①　　(7) ①

(1)　① 問題文 Les Français **consomment** 10 milliards de baguettes **par an en métropole française**. の訳は，「フランス人は，**フランス本土で年に** 100 億本のバゲットを**消費している**．」です．テキストの冒頭に **Chaque année**, 10 milliards de baguettes **sont vendues dans l'Hexagone**. 「**毎年**，100 億本のバゲットが**フランスで売られている**．」という記述があります．問題文は能動態，本文の関係個所は受動態となっています．Les Français consomment 10 milliards de baguettes par an 「年に 100 億本のバゲットを消費する」と Chaque année, 10 milliards de baguettes sont vendues 「毎年，100 億本のバゲットが売られる」は，ほぼ同じ意味になっていますね．consommer と être vendu のように一見して同義語とは思えない語句が，前後の関係から同じような内容を表すことがあることに注意しましょう．

この問題で正誤の判断のもう 1 つのカギとなるのは，問題文の en métropole française と本文の dans l'Hexagone が同意表現か否かです．la métropole は「首都，主要都市」の他に「本国，本土」という意味があり，この語の後に française のような国を表す形容詞が続いた場合，「～本土」のように使います．この語はしばしばフランスのような海外領土を持つ国において，海外領土を除いた本土を指す時に使われます．一方の l'Hexagone は h を小文字で書けば「六角形」を意味しますが，このように大文字で書いた場合，「フランス本土」を意味します．というのも，フランス本土はその地理的形状が六角形に見えるからです．これはフランスの言い換えとして頻繁に使われる語ですから，覚えておきましょう．

したがって，(1) の問題は内容が一致しているということになります．この問題は，同意表

現を用いた比較的単純な言い換え問題ですね.

(2) ① 問題文 Les Français **mangent moins de pain qu'avant** et **la moitié d'entre eux** n'en consomme plus **tous les jours**. の訳は,「フランス人は**以前ほどパンを食べなくなり**,彼ら(=フランス人)の**半数**はもはや**毎日**パンを消費しなくなっている.」です.本文の3行目から7行目にかけて,**la consommation de pain est en** forte **baisse**「**パンの消費は大きく減少している**」,**un Français sur deux** ne consomme plus de pain **quotidiennement**「**フランス人の2人に1人がもはや日常的に**パンを消費しない」と書かれていますが,ここが問題文に関係しているところです.

この本文において,consommer と manger は同意語です.したがって,mangent moins de pain qu'avant「以前よりもパンを食べなくなる」と la consommation de pain est en forte baisse「パンの消費が大きく減少する」は同意表現となります.

次に,la moitié d'entre eux「彼らの半数」の eux は les Français を指していますので,これは un Français sur deux「フランス人の2人に1人」と同意表現であることがわかります.もちろん tous les jours「毎日」と quotidiennement「日常的に,毎日」も同意表現です.したがって,(2) の問題も内容が一致しているということになります.この問題も同意表現を用いた言い換え問題ですね.

(3) ② 問題文 **Les produits industriels des supermarchés ne se vendent pas assez**, bien qu'ils ne soient pas moins appréciés. の訳は,「**スーパーの工場製品(=パン製品)は評価されていないわけではないが,十分に売れていない**.」です.ここでは,« bien que ＋接続法 »「〜にもかかわらず」が使われているので,接続法現在が用いられています.また,ne 〜 pas moins「〜でないことはない,それでもなお〜である」の表現が使われています.

本文で関係するのは,le pain traditionnel **est fortement concurrencé par les produits industriels** vendus dans les supermarchés「伝統的なパンはスーパーで販売される**工場製品(=パン製品)によって激しい競争にさらされている**」のところです.concurrencer は「〜と競争する,張り合う」という意味で,それが受動態となって,伝統的なパンはスーパーで売られるパン製品によって激しい競争にさらされているということですから,スーパーで販売されるパン製品はそれほど売れていないと書いてある問題文とは矛盾します.ここで書かれているのは,スーパーで販売される工場製品に押されて,伝統的なパンの売り上げが伸びなくなっていることなので,(3) の問題は内容が一致していないということになります.

(4) ① 問題文 De nos jours, **la majorité des boulangeries se sont lancées dans la fabrication et la vente de produits prêts-à-manger**. の訳は,「今では,**パン屋の大半ができあいの製品の製造と販売に乗り出した**.」です.本文で関係するのは,**Elles** (= Les boulangeries) **sont** aujourd'hui **96%** à s'être lancées dans le snacking et **vendent des sandwichs, des pizzas, des salades, des paninis ou des hot-dogs**.「今日では,**96%のパン屋が軽食産業に進出し,サンドウィッチ,ピザ,サラダ,パニーニやホットドッグを販売している**.」です.

本文と問題文に共通しているのは se lancer dans 〜 の表現で,「〜に乗り出す,〜に進出する」という意味です.問題文の主語は la majorité des boulangeries「パン屋の大半」で,本文の Elles は les boulangeries「パン屋」を指しており,「その96%が」ということですから,内容的には同じことを意味していますね.

dans 以下を見ると,問題文は dans la fabrication et la vente de produits prêts-à-manger で,prêts-à-manger は「すぐに食べられる状態になっている」ということですから,つまり「(すぐに食べられる)できあいの製品の製造と販売」に乗り出したということです.本文の dans の後は単に le snacking となっていて,et vendent des sandwichs, des pizzas, des salades, des paninis ou des hot-dogs「サンドウィッチ，ピザ，サラダ，パニーニやホットドッグを販売している」が続きます．現代フランス語では snacking は，「軽食類」または「軽食産業」の意味で使われており，それと並列に書かれている et vendent 〜 以下は le snacking の言い換えだと想像できます．このように考えると問題文のパン屋が製造・販売している「すぐに食べられる状態になっている製品」とは，本文では「サンドウィッチ，ピザ，サラダ，パニーニやホットドッグ」と同じものを指していると考えてよいでしょう．したがって，(4) の問題は内容が一致しています．

(5) ② 問題文 **Les plats à emporter ne constituent pas le snacking** car **ils ne se mangent ni sur place ni facilement.** の訳は，「**テイクアウトの料理は軽食ではない**．というのも，**それらはその場で食べられないし，簡単にも食べられない**からだ．」です．本文の関係している箇所は，**Le snacking comprend des plats à emporter** qui **peuvent être mangés** tout de suite, **n'importe où** et **facilement.**「**軽食にはテイクアウトの料理が含まれ**，すぐにどこでも簡単に食べることができるものだ．」の部分です．

　問題文の前半部では constituer「〜となる，〜である」が否定形で用いられ，les plats à emporter「テイクアウト料理」が軽食ではないことが示されています．さらに car 以下では，ne ... ni 〜 ni 〜「〜も〜も…ない」という 2 つ以上のものを否定する表現を用いて，テイクアウト料理である ils (= les plats à emporter) が，sur place「その場で」も facilement「簡単に」も食べられないということが示されています．一方の本文の Le snacking comprend des plats à emporter では，動詞 comprendre「含む」を使って，テイクアウト料理が軽食に含まれることを示しています．後半部では，qui peuvent être mangés tout de suite, n'importe où et facilement. では，「すぐに」「どこでも」「簡単に」食べられるとなっています．

　前半部だけでも問題文が本文の内容に一致していないことがわかりますが，後半部も一致していませんね．したがって，(5) の問題は内容が一致していないということになります．なお，comprendre は「理解する」だけでなく「含む」の意味も覚えておいてください．過去分詞を使った y compris 〜「〜を含めて」の熟語表現は必須です．

(6) ① 問題文 Selon Jacques, **le snacking fait partie depuis peu des habitudes** des Français. の訳は，「ジャックによれば，**軽食がフランス人の習慣になったのは最近のことである**．」です．本文でこの部分に関係するのは，**Le snacking** est **un nouveau mode de consommation.**「**軽食は新しい消費スタイル**です．」というジャックの言葉です．

　問題文では，« faire partie de ＋名詞 »「〜の一部をなす」と depuis peu「最近」が使われて，軽食がフランス人の食習慣の一部になったのは最近のことだと説明されています．したがって，(6) の問題は内容が一致しています．

(7) ① 問題文 Jacques affirme qu'il y a **deux choses importantes** : c'est **d'avoir un site internet afin de faire de la publicité des produits et de communiquer les vertus du pain traditionnel.** の訳は，「ジャックは**重要なことが 2 つある**と主張する．それは**インターネットのサイトを持ち，製品の宣伝をすることと伝統的なパンの利点を伝えること**である．」です．本文で関係があるのは，D'autre part, c'est très **important d'être présents sur Internet pour se faire connaître** mais aussi **rappeler la qualité et les bienfaits du pain traditionnel.**「一方で，**インターネットを通して知ってもらうことや，伝統的なパンの質や利点を思い出してもらうことも重要**です．」のところです．

　問題文の構造は « deux choses importantes : c'est de ＋不定詞 »「2 つの重要なこと，それは〜」で，本文の構造は « c'est important de ＋不定詞 »「〜することは重要である」です．この構造に，それぞれ「〜するために」の意味を持つ « pour ＋不定詞 » と « afin de ＋不定

詞 » がついています．この2つはともに不定詞以下の内容が重要であることを述べた文です．そして問題文の afin de 以下と本文の pour 以下を比べると，本文の se faire connaître は問題文の faire de la publicité に相当し，また本文の être présents sur Internet は問題文の avoir un site internet に対応し，さらに本文の les bienfaits は問題文の les vertus「利点，長所，効果，美徳」とほぼ同等の意味で使われています．つまり，全体として，問題文は構造を変えながら，本文の該当箇所をほぼ同じ意味に言い換えたものです．ですので，もちろんこの最後の問題は内容が一致しています．

　それでは以下に全訳を示しますので，最後にもう一度テキストの内容を確認しましょう．

〈全訳〉
　フランスのシンボルであるバゲットは，フランス人の食生活において不可欠な食べ物である．毎年，100億本のバゲットがフランス本土で売られている．しかしながら，パンの消費は大きく減少している．フランス人は，1日1人あたり120グラムしか食べておらず，1950年に比べて3分の1になっている．今ではフランス人の2人に1人がもはや日常的にパンを消費していない．

　この衰退は，まず消費習慣の変化によって説明がつく．例えば，フランス人は朝食に以前ほどパンを食べなくなった．さらに，伝統的なパンはスーパーで販売される工場製品（＝パン製品）によって激しい競争にさらされている．

　存続するために，パン屋は商品を多様化させ，宣伝方法を変えて，順応していかなければならない．今日では，96％のパン屋が軽食産業に進出し，サンドウィッチ，ピザ，サラダ，パニーニやホットドッグを販売している．軽食にはテイクアウトの料理もあり，すぐにどこでも簡単に食べることができるものである．しかも，軽食はフランスの食品市場で最も活発な市場の1つである．「軽食は新しい消費スタイルです．それは働く人たちや学生，それのみならずファスト・フード産業や移動販売をますます選ぶようなった家族に受け入れられています」とイル・ド・フランスのパン屋兼菓子屋であるジャックは説明する．「一方で，インターネットを通して知ってもらうことや伝統的なパンの質や利点を思い出してもらうことも重要です」と彼はつけ加える．

〈問題文和訳〉
(1) フランス人は，フランス本土で年に100億本のバゲットを消費している．
(2) フランス人は以前ほどパンを食べなくなり，彼ら（＝フランス人）の半数はもはや毎日パンを消費しなくなっている．
(3) スーパーの工場製品（＝パン製品）は評価されていないわけではないが，十分に売れていない．
(4) 今では，パン屋の大半ができあいの製品の製造と販売に乗り出した．
(5) テイクアウトの料理は軽食ではない．というのも，それらはその場で食べられないし，簡単にも食べられないからだ．
(6) ジャックによれば，軽食がフランス人の習慣になったのは最近のことである．
(7) ジャックは重要なことが2つあると主張する．それはインターネットのサイトを持ち，製品の宣伝をすることと伝統的なパンの利点を伝えることである．

練習問題 2 （▶本冊 p.122）

　総ワード数が227の少し長めのテキストです．内容は，ワインの製造工程を見学したり，試飲やプライベートワインを作ることもできる施設として，ルーヴル美術館のワイン・カーヴ（ワ

インの地下貯蔵所）が一般公開されていることを伝えたものです．これは読者に語りかけるように vous を使って書かれた記事ですので，人称は 2 人称複数を中心に，3 人称単数・複数が混在するテキストになっています．時制は直説法の現在形・複合過去形・単純未来形が使われています．それでは，問題文を順番に確認していきましょう．

(1) ②　(2) ②　(3) ①　(4) ①　(5) ②　(6) ①　(7) ①

(1)　②　問題文 Il est possible de visiter des caves qui se trouvent **au sous-sol du musée du Louvre**. の訳は，「**ルーヴル美術館の地下にある**カーヴを見学することができる．」です．本文で関係するのは，Mais savez-vous qu'on peut aussi visiter ses caves ? **Situées à deux pas du célèbre musée**, les caves du Louvre ... 「ですが，皆さんはそのカーヴも見学できることを知っていますか？ **あの有名な美術館のすぐ近くに位置している**ルーヴルのカーヴは…」のところです．

　　問題文では au sous-sol du musée du Louvre と，ルーヴル美術館のワイン・カーヴが美術館の地下にあると言っていますが，本文では à deux pas と言っています．pas は「歩，歩み」の意味で，à deux pas は二歩くらい離れたということで，「すぐ近くに，目と鼻の先に」という意味になります．「地下」と「すぐ近く」は違いますね．したがって，(1) の問題は内容が一致していないということになります．

　　なお，à trois pas や à quatre pas でも二歩が三歩，四歩に増えただけですから，同様に「すぐ近くに」という意味になります．また pas à pas「一歩一歩」はよく使われる表現です．

(2)　②　問題文 C'est **un serviteur inconnu** du Roi Louis XV qui a construit les caves du Louvre pour la famille royale. の訳は，「王族のためにルーヴルのカーヴを造ったのは，国王ルイ 15 世に仕えた**名もない召使**だ．」です．本文で関係しているのは，les caves du Louvre ont été construites au 18ème siècle par **Trudon, sommelier** du Roi Louis XV「ルーヴルのカーヴは 18 世紀に国王ルイ 15 世の**ソムリエ**であった**トルードン**によって建造されました」のところです．

　　文の構造から見ると，問題文は C'est 〜 qui ... の強調構文で，カーヴを造ったのは「名もない召使」であることが強調されていますが，本文では，受動態が使われ par 以下でカーヴを造った人が明示されています．それは Trudon, sommelier「ソムリエのトルードン」で，このように名を残すような人物だったわけですから，この問題は内容が一致していません．

(3)　①　問題文 **Des amateurs de vin ont rénové** et ouvert au public les caves du Louvre pour **faire connaître le vin**. の訳は，「**ワインの愛好家たち**は**ワインを知ってもらうために**ルーヴルのカーヴを**改装**し，一般公開した．」です．本文で関係しているのは，**une équipe de passionnés** a décidé de les (= les caves) **réaménager** et de les (= les caves) ouvrir au public「**愛好家たちのグループ**がそれ（＝カーヴ）を**再整備**し，公開することにしました」と **faire connaître le vin** de manière accessible「わかりやすく**ワインを知ってもらう**」のところです．

　　正誤の判断のカギは，問題文中の passionnés が本文の amateurs と，また問題文中の rénover が本文中の réaménager とほぼ同義で使われていることに気づくことができるかどうかです．passionné は情熱家ということから「熱烈な愛好家」という意味で使われます．また rénover「改装する，リフォームする」と réaménager「再整備する，改装する」もほぼ同義語として用いられています．

　　したがって，(3) の問題は内容が一致しています．この問題は，同意表現を用いた，比較的単純な言い換え問題です．なお，« de manière ＋形容詞 »「〜の仕方で，〜のように」の熟語も覚えておきましょう．

(4)　①　問題文 La visite des caves du Louvre est organisée de sorte que les gens **découvrent les étapes de la fabrication du vin de A à Z.** の訳は，「ルーヴルのカーヴの見学は，人々が**ワインの製造工程のすべてを知る**ことができるように企画されている.」です．本文で関係するのは，**Vous pourrez** y **découvrir les différentes étapes de fabrication, depuis la cueillette du raisin jusqu'à la mise en bouteille.**「そこでは，**ブドウの収穫から瓶詰めまでさまざまな製造工程を知ることができます.」**のところです．

　　問題文は受動態で，« de sorte que ＋主語＋接続法現在 »「～するように」という従属節を伴っている構造の文です．一方の本文では，読者である vous を主語とした能動態の極めてシンプルな構造の文です．また，本文の depuis la cueillette du raisin jusqu'à la mise en bouteille「ブドウの収穫から瓶詰めまで」は，ワインの製造工程においてまさに de A à Z「最初から最後まで，一部始終」ですので，ここは内容が一致していると判断ができます．したがって，(3) の問題は内容が一致しています．

(5)　②　問題文 Pendant la visite, on pourra se servir de ses cinq sens en téléchargeant à l'avance **une application payante.** の訳は，「見学の間，**有料のアプリ**を事前にダウンロードしておけば，五感を使うことができる.」です．本文で関係するのは，Grâce à l'utilisation de **l'application gratuite** « Wine in Paris », vous pourrez visiter ce lieu historique tout en stimulant vos cinq sens「**無料のアプリ**『パリのワイン』を利用することで，五感を刺激しながら，この歴史的な名所を訪問することができます」のところです．

　　正誤の判断は，une application payante と l'application gratuite でできます．本文では「無料のアプリ」と書いてあるのに，問題文では「有料のアプリ」と言っているのですから，(5) の問題は，内容が一致していません．この問題は，payant(e) と gratuit(e) の違いに気がつけば，すぐに判断できる問題ですね．なお，« se servir de ＋名詞 »「～を使う」，à l'avance「事前に，前もって」，cinq sens「五感」，télécharger「ダウンロードする」などの表現を確認しておきましょう．

(6)　①　問題文 Au moment de goûter les vins, on peut **apprendre les techniques de dégustation** ainsi que **la terminologie avec un sommelier.** の訳は，「ワインの試飲の時，**ソムリエから試飲テクニックと専門用語を学ぶ**ことができる.」です．本文で関係するのは，**Un sommelier vous initiera aux techniques de dégustation. Il vous apportera** également des explications sur les vins et **le vocabulaire utilisé pour les (= les vins) décrire.**「**ソムリエが試飲テクニックを手ほどきしてくれるでしょう．また彼は**ワインに関する説明と**ワインを表現する語彙を教えてくれるでしょう.」**

　　この問題文は，本文では数行にわたる関係箇所をコンパクトにまとめたものです．ここでぜひ覚えておきたいのは，« initier ＋人＋à ＋名詞 »「～の入門指導をする，～の手ほどきをする」という表現で，ここは「ソムリエが一般の人に試飲のテクニックの入門指導をしてくれる」ことを表しています．一方，問題文の方は，« apprendre ＋名詞＋ avec ＋人 » の形を使って「ソムリエから試飲のテクニックを学ぶ」となっています．また，ここでは la terminologie「専門用語」と le vocabulaire「語彙，用語」がほぼ同義語ですね．したがって，(6) の問題の内容は一致しています．なお，apprendre は « apprendre ＋名詞＋à ＋人 » の形になると「人に～を教える」という意味になるので気をつけましょう．

(7)　①　問題文 Il est possible de **repartir avec son propre vin** en participant à **un atelier où on peut personnaliser son vin et son étiquette.** の訳は，「ワインとラベルを自分用にカスタマイズできるワークショップに参加することで，**自分だけのワインを持って帰る**ことができる.」です．本文で関係するのは，on peut aussi participer à **un atelier afin de créer son** propre vin, **réaliser une étiquette** et **ramener la bouteille à la maison**.「ワークショップに参加して，**自分のためのワインやラベルを作り，ボトル（＝ワイン）を家に持ち帰ることもできます**」のところです．

　　問題文はジェロンディフを使った « en participant à ＋名詞 »「〜に参加することで」という表現と関係代名詞 où を使った関係節からなる文です．これも本文で数行にわたる部分を短くしたものです．また，repartir avec は「〜とともに帰って行く」という意味で，ramener la bouteille à la maison「ボトル（＝ワイン）を家に持ち帰る」の部分に対応しています．文脈から，créer son propre vin, réaliser une étiquette「自分だけのワインを作り，ラベルを作る」と personnaliser son vin et son étiquette「自分のワインとラベルをカスタマイズする」はほぼ同じ意味になりますね．したがって，(7) の問題の内容は一致しています．

それでは以下に全文を訳しますので，最後にもう一度，テキストの内容を確認しましょう．

〈全訳〉
　　皆さんはきっとルーヴル美術館をご存知でしょう．ですが，皆さんはそのカーヴも見学できることを知っていますか．あの有名な美術館のすぐ近くに位置しているルーヴルのカーヴは，18世紀にルイ 15 世のソムリエであったトルードンによって建造されました．カーヴは長い間，国王や宮廷で給仕された銘醸ワインを貯蔵してきました．
　　3 世紀の後，愛好家たちのグループがそれ（＝カーヴ）を再整備し，公開することにしました．2015 年 10 月に，カーヴの落成式が行われ，フランスで唯一のコンセプトが紹介されました．それは「わかりやすくワインを知ってもらう」ことです．そこでは，ブドウの収穫から瓶詰めまでさまざまな製造工程を知ることができます．無料のアプリ「パリのワイン」を利用することで，五感を刺激しながら，つまりワインの世界を触ったり，匂いをかいだり，味をみたり，聞いたり，見たりしながら，この歴史的な名所を訪問することができます．
　　見学の所要時間は約 1 時間で，ワインの試飲で終わります．ソムリエが試飲テクニックの手ほどきをしてくれるでしょう．また，彼はワインに関する説明とワインを表現する語彙を教えてくれるでしょう．さらにワークショップに参加して，自分のためのワインやラベルを作り，家に持ち帰ることもできます．これはすべてのワイン愛好家と歴史愛好家をうっとりとさせるような独創的な経験となります．

〈問題文和訳〉
(1) ルーヴル美術館の地下にあるカーヴを見学することができる．
(2) 王族のためにルーヴルのカーヴを造ったのは，国王ルイ 15 世に仕えた名もない召使いだ．
(3) ワインの愛好家たちはワインを知ってもらうためにルーヴルのカーヴを改装し，一般公開した．
(4) ルーヴルのカーヴの見学は，人々がワインの製造工程のすべてを知ることができるように企画されている．
(5) 見学の間，有料のアプリを事前にダウンロードしておけば，五感を使うことができる．
(6) ワインの試飲の時，ソムリエから試飲テクニックと専門用語を学ぶことができる．
(7) ワインとラベルを自分用にカスタマイズできるワークショップに参加することで，自分だけのワインを持って帰ることができる．

第*7*問　対話文の穴埋め問題

第7問は，2人の人物の対話が成り立つように，選択肢の中から適切な語句を選び対話文を完成させる問題です．それでは，もう一度手順をおさらいしましょう．

1. （　）を気にせず対話文に最後まで目を通す．その際，メモを取りながら文意を把握する．
2. 選択肢の語句をわかる範囲で和訳する．
3. 対話文を読みながら，選択肢の語句を当てはめていく．
   ・特に（　）の前後に注意して，意味が通るかを確認する．
   ・（　）の文言だけでなく，対話全体の流れや次の段落との相関関係にも目を向ける．
4. 最後に，選択した答えが対話文の文意に沿っているかを確認しながら，見直しをする．

実際に練習問題を解いてみて，語彙力が少しでも足りないと感じたら，第1問～第3問の章に戻って，練習問題に取り組みましょう．第7問で役に立つ表現が必ずあるはずです．

（練習問題 **1**）（▶本冊 p.134）

(1) ③　　(2) ①　　(3) ④　　(4) ③　　(5) ④

空欄を除いた語数が97語で，比較的短い対話です．繰り返しますが，第7問を解くカギは，空欄の前と後ろの意味を確実に理解することと対話全体の流れ，つまり文脈を掴むことです．前後を見るだけでは確定できない問題もあります．その際，対話全体の流れや大意を掴んでいることが，重要になります．

対話文の話題はイザベルが黒い服を着ている理由です．それでは，さっそく1つずつ順番に見ていきましょう．

(1)　③　Qu'est-ce qui t'arrive ?
「どうしたの？」

1行目のポールの挨拶の後の言葉が空欄で，その後のイザベルの返事が Rien, pourquoi ?「何もないわ，どうして？」となっています．選択肢を見ると，①は Qu'est-ce que c'est ?「それは何？」，②は Quand es-tu revenue ?「いつ帰ってきたの？」，③は Qu'est-ce qui t'arrive ?「どうしたの？」，④ Comment ça va ?「元気？」とあります．①，②，④のいずれもイザベルの返事の「何もないわ」には合いません．これら3つの返答はいずれも初級レベルの表現ですので，すぐに意味はわかりますね．

③の arriver は事柄が主語になると「～が起こる」という意味になり，この場合は直訳すると「何があなたに起こったの？（→どうしたの？）」となるので，イザベルの「何もないわ，どうして？」という返答に対応します．したがって，正答は ③ Qu'est-ce qui t'arrive ? です．この質問だと，イザベルの返答にスムーズに繋がりますね．というのもイザベルは自分の身に何か変わったことがあったとは思っていないので，「何もないわ」と答えた後，逆に「どうして？」と尋ねているからです．

(2)　①　Pas du tout
「全然ちがうわ」

イザベルの2つ目の pourquoi ?「どうして？」という疑問に対して，ポールは Ben, tu es habillée tout en noir... Tu vas à un enterrement ?「いやはや，君は真っ黒な服を着ているね…葬式に行くのかい？」と答えています．それに対してイザベルは（　）の後で，je vais au bureau「会社に行くのよ」と答えていますから，（　）には「葬式に行くのか」という質問に

70

対して否定の表現が入ることが想像できます.

　選択肢はいずれも Pas で始まっていて，前後が省略された形だと考えられます．①の du tout は否定を強調する表現ですね．Pas du tout. だけなら，相手の言うことを強く否定して「全然ちがうわ.」となるでしょう．②は Il n'y a pas de quoi. の省略形 Pas de quoi. で「どういたしまして.」または「大したことじゃありません.」という意味の慣用表現です．③は例えば，Je ne veux pas faire que ça. 等の省略形 Pas que ça. で「(したいのは) それだけじゃない.」というように使います．また④の forcément は「必ず」の意味ですから，ne ～ pas forcément で「必ずしも～ではない」ということです．例えば C'est voué à l'échec. — [Ce n'est] Pas forcément [voué à l'échec].「それは失敗するに決まっているよ.」—「そうとは限らないよ.」のように使います．したがって，純粋な否定は①の Pas du tout. だけで，これが正答となります．いずれの表現も会話ではよく使われるものです．第2問の対策にもなるので，1つでも知らない表現があればこの機会に覚えておきましょう.

(3)　④　Mais ce n'est pas la peine !
　　　「でも，そんな必要はないよ！」

　(2) の設問の後のイザベルの言葉は，Et j'ai décidé de ne porter que du noir parce que ça amincit.「で，ほっそり見せてくれるから，黒しか着ないって決めたのよ.」です．(3) の設問では，この言葉を受けてポールが Ah bon...「あぁ，そう…」と言った後で，(　) の言葉を言っています．その (　) の言葉を受けて，イザベルは Si ! と答えています．会話文で Si が使われる時は，相手が否定文で述べたり尋ねたりする時 (つまり動詞を否定形にして言っている時)，その動詞を肯定形にして，基本的に相手の言うことに同意をしないことを示します．したがって，日本語訳の候補としては「いいえ，そうよ！」や「いいえ，あるわよ！」などが考えられます．イザベルの黒しか着ないという決心と「いいえ，そうよ！」や「いいえ，あるわよ！」という言葉の間で，ポールが言ったと考えられる言葉を想像しながら，選択肢を見てみましょう.

　それぞれ，①は Mais c'est grave !「でも，それはたいへんなことだ！」，②は Mais ce n'est pas très intéressant, non ?「でも，それはたいして面白くないよ，ちがうかい？」，③は Mais ça fait longtemps.「でも，久しぶりだね.」，④は Mais ce n'est pas la peine !「でも，そんな必要はないよ！」です．この中で，否定文は②と④の2つです．さらに，次のイザベルの言葉を見ると，L'autre jour, je portais une robe beige et Arthur m'a dit que je ressemblais à un bouchon de champagne.「先日，ベージュのワンピースを着ていたら，アルチュールが私にシャンパンのコルクに似ているって言ったのよ.」と言っています．ここでは，イザベルがベージュの服を着ている時に，アルチュールに言われたことを気にしている様子が読み取れます．このような文の流れから見ても，②の Mais ce n'est pas très intéressant, non ? であれば，Si の意味は「いいえ，すごく面白いわ」となり，④の Mais ce n'est pas la peine ! であれば「いいえ，(気にする必要は) あるわよ」となるので，④がふさわしいと判断できますね.

　なお，ここで表現の確認をしておきましょう．①の C'est grave ! の否定文 Ce n'est [C'est] pas grave ! はよく会話で使われる表現です．また③で使われている Ça fait longtemps ! もよく使われます．Ça fait longtemps qu'on ne s'est pas vu(e)s.「しばらくお会いしませんでしたね.」の省略形です．④の Ce n'est [C'est] pas la peine ! も頻繁に使われる表現です.

(4)　③　Tu te rends compte ?
　　　「信じられる？」

　(　) の直前の言葉は，設問 (3) の解説で示したように，L'autre jour, je portais une robe beige et Arthur m'a dit que je ressemblais à un bouchon de champagne.「先日，ベージュの

ワンピースを着ていたら，アルチュールが私にシャンペンのコルクに似ているって言ったの
よ．」です．その言葉を受けて，ポールは Je suis sûr qu'il plaisantait !「彼はきっと冗談を言
ったんだよ！」と言っています．ここで想像できるのは，イザベルはアルチュールから言わ
れた言葉に腹を立てて何か言葉を発し，それに対して，ポールはアルチュールを擁護して，
「冗談を言ったのさ」と答えたという状況です．

　ここで選択肢を見ると，それぞれ①は Tu peux compter sur moi !「私を当てにしてよ！」，
②は Tu me raconteras !「私に話してよ！」，③は Tu te rends compte ?「信じられる？」，④
は Es-tu à l'aise ?「くつろいでいる？」です．この空欄の中には，イザベル自身のことを話題
にした言葉が入らなくてはいけませんが，①の「私を当てにしてよ！」や②の「私に話して
よ！」はポールを話題にした言葉ですし，④の「くつろいでいる？」も関連性が全くありま
せん．選択肢の中で，③の「信じられる？」だけが，その後のポールの「冗談を言っている
んだと思うよ」という感想を引き出す文です．したがって③が正答となります．

　選択肢に出てきた表現のうち，①の « compter sur ＋人 »「〜を当てにする」，③の « se
rendre compte de ＋名詞 »「〜を理解する，〜がわかる，〜に気づく」は第2問（本冊 p.34）
を参照してください．④の être à l'aise「楽にしている，くつろいでいる」も，第2問で出題
されてもおかしくない表現です．

(5)　④　je t'assure !
　　　「本当だよ！」

　イザベルが Alors, j'ai tout essayé : le jogging, les régimes, les soins esthétiques... Mais ça n'a
pas marché.「だから私は全部やってみたわ．ジョギング，ダイエット，エステのケア…　で
もうまくいかなかったの．」と言った後で，ポールが Tu es très bien comme ça「君はこのま
までとてもいいよ」と言い，その直後に（　）があります．最後のイザベルの言葉は En tout
cas, ce n'est pas ce qu'en pense Arthur.「いずれにしても，アルチュールはそうは考えていな
いわ．」です．この言葉から，イザベル自身はポールの言うことを否定はしないが，アルチュ
ールはそう考えていない，と言っていることがわかります．このような会話の流れから考え
ると，空欄に入る言葉は，その直前の Tu es très bien comme ça と同等の意味を持つか，それ
を強調するか補強する言葉だと想定できます．

　それでは，これから選択肢を見ていきましょう．①は je ne le crois pas.「ぼくはそれを信
じないよ．」，②は tu as tout à fait raison !「まったく君の言うとおりだよ！」，③は on n'en
sait rien !「我々には何もわからないよ！」，④は je t'assure !「本当だよ！」です．上記の想定
に合致するのは，④の je t'assure ! だけですね．これが正答となります．①も②も，ポールは
自分の言ったことを自分で否定することになってしまいます．③では全く意味が通じません．

　なお，②の avoir raison「正しい，〜の言うとおりだ」とその反対表現の avoir tort「間違
えている，〜の言うとおりではない」は仏検ではよく使われる表現です．また，③の On
n'en sait rien. や④の Je t'assure. も第2問にも出題されそうな表現ですので，覚えておくとよ
いでしょう．

　最後に以下の全訳で，内容を確認しましょう．

〈全訳〉
ポール　　：やぁ，イザベル！　どうしたの？
イザベル：何もないわ，どうして？
ポール　　：いやはや，君は真っ黒な服を着ているね…　葬式に行くのかい？
イザベル：ちがうわ，会社に行くのよ．で，ほっそり見せてくれるから，黒しか着ないって決め
　　　　　たのよ．

ポール　　：あぁ, そう… でも, そんな必要はないよ！
イザベル　：いいえ, あるわよ！ 先日, ベージュのワンピースを着ていたら, アルチュールが私
　　　　　　にシャンペンのコルクに似ているって言ったのよ. 信じられる？
ポール　　：彼はきっと冗談を言ったんだよ.
イザベル　：そうかもしれないけど, 私は傷ついたわ. だから私は全部やってみたわ. ジョギング,
　　　　　　ダイエット, エステのケア… でもうまくいかなかったの.
ポール　　：君はこのままでとってもいいよ, 本当だよ！
イザベル　：いずれにしても, アルチュールはそうは考えていないわ.

〈選択肢和訳〉

(1) ① それは何？
　　 ② いつ帰ってきたの？
　　 ③ どうしたの？
　　 ④ 元気？

(2) ① 全然ちがうわ
　　 ② どういたしまして
　　 ③ それだけじゃないわ
　　 ④ 必ずしもそうじゃないわよ

(3) ① でも, それはたいへんなことだ！
　　 ② でも, それはたいして面白くないよ, ちがうかい？
　　 ③ でも, 久しぶりだね.
　　 ④ でも, そんな必要はないよ！

(4) ① 私を当てにしてよ！
　　 ② 私に話してよ！
　　 ③ 信じられる？
　　 ④ くつろいでいる？

(5) ① ぼくはそれを信じないよ.
　　 ② まったく君の言うとおりだよ！
　　 ③ 我々には何もわからないよ！
　　 ④ 本当だよ！

練習問題 2 （▶本冊 p.136)

(1) ③　　(2) ④　　(3) ①　　(4) ③　　(5) ②

　空欄を除いた語数が106語で, 練習問題2も練習問題1と同様に短めの対話文です. 話題は
アンリがスマートフォンを紛失して, それがマルセイユで見つかったという話です. これから,
設問を1つずつ確認していきましょう.

(1)　③ j'ai perdu le mien
　　　「ぼくは自分のを失くしたんだ」

1つ目の（　）は文の途中にあります．まずは（　）の前後を見てみましょう．Eh bien, moi,（　）mais quelqu'un l'a retrouvé !「あのね，ぼくはね，（　），だけど誰かがそれを見つけたんだ！」となっています．（　）の直後の文に重要なヒントが隠されています．それは l' 「それ」で，これは目的語代名詞です．過去分詞 retrouvé を見ると e がないので，男性単数名詞を受けていることがわかります．しかも，話の流れから，男性単数名詞を再び見つけたと言っていますので，失くしたものが出てきたと言っていることがわかります．また，さかのぼってそれ以前の会話を見てみると，アンリが Tiens, tu as un nouveau smartphone ?「あれ，新しいスマートフォンを持っているね？」とオリヴィアに話しかけ，それに対してオリヴィアが Oui, je viens de l'acheter.「ええ，それを買ったばかりなの．」と答えています．

　では，選択肢を見ていきましょう．①は j'ai acheté le mien「ぼくは自分のを買ったんだ」，②は j'ai vu le mien「ぼくは自分のを見たよ」，③は j'ai perdu le mien「ぼくは自分のを失くしたんだ」，④j'ai donné le mien「ぼくは自分のをあげたんだ」となっています．すべての選択肢に le mien「自分のもの」が使われていますので，先ほどの l'「それ」の正体は，le mien であり，さらにさかのぼると le mien は mon smartphone であることがわかります．そうすると，アンリはスマートフォンを見つけたということになりますね．となると，文脈から考えると，③の j'ai perdu le mien が正答であることがわかります．

(2)　④　Tu aurais dû faire attention !

　　　「あなたは注意するべきだったわね！」

　次の（　）は，先ほどのアンリの mais quelqu'un l'a retrouvé !「だけど誰かがそれを見つけてくれたんだ！」を受けて，Il était où ?「それはどこにあったの？」というオリヴィアの問いかけの直前にあります．これだけでは，（　）でオリヴィアがどのような言葉を言ったのか，はっきりとはわかりません．しかし，ここで一度，選択肢を確認しておきましょう．①は Tu as fait trop attention !「あなたは注意しすぎたのよ！」，②は Il fallait attendre un peu.「少し待たなきゃいけなかったわね．」，③は Tu n'as qu'à travailler davantage.「あなたはもっと働く［勉強する］べきだわ．」，④は Tu aurais dû faire attention !「あなたは注意するべきだったわね！」です．①と③には attention が用いられています．スマートフォンを失くしたアンリに対して，オリヴィアが開口一番言うとしたら，常識的に考えてやはり注意するべきだったと言うほうでしょう．②の「待つ」や③の「働く［勉強する］」は全く関連性がないので，正答は④の Tu aurais dû faire attention ! しかありません．④は条件法過去形で，過去において実現しなかった事柄について「後悔，非難」を表現する用法です．

(3)　①　C'est incroyable !

　　　「信じられないわ！」

　3つ目の（　）は直前に，オリヴィアの Quoi ?「なんですって？」という言葉があります．これは，その直前のアンリの Maintenant, il est à Marseille !「今，それはマルセイユにあるよ！」を受けて，信じられない気持ち，あるいは驚いたことによって出た言葉です．（　）の直後は話者が代わり，アンリが J'ai essayé de localiser mon smartphone, j'ai contacté mon opérateur téléphonique...「ぼくは自分のスマートフォンの場所を（GPS 機能を使って）突きとめようとして，電話会社に連絡を入れたんだ…」と言っています．このように見ていくと，（　）に入る言葉は，「ありえない」という否定の言葉か，「どうしてそうなったのか」という疑問の言葉が入るだろうと想像できます．

　それでは，ここで選択肢を見てみましょう．それぞれ，①は C'est incroyable !「信じられないわ！」，②は C'est pas mal.「いいじゃない．」，③は C'est parfait !「完璧ね！」，④は

C'est normal!「もっともね！」です．これらの言葉はいずれも初級レベルで学習する表現なので，すべて理解できますね．この中で文脈に合う言葉は，唯一①の C'est incroyable!ということになり，これが正答です．

(4) ③ Bien sûr!
「もちろんさ！」

4つ目の（　）の前後には，前のオリヴィアの Tu as appelé la police?「警察には電話した？」と後ろのアンリの J'étais désespéré.「絶望したよ．」があります．このやり取りの間に入る言葉として想像できるのは，アンリが電話をしたかどうかの返答や，警察に電話したとしたら，その警察の対応のまずさなどです．

ここまで考えた時点で，選択肢を見てみましょう．①は Pas souvent.「しょっちゅうじゃないよ．」，②は Jamais!「一度もないよ！」，③は Bien sûr!「もちろんさ！」，④は Peut-être.「多分ね．」です．返答の短さから，これがオリヴィアの「警察に電話したの？」という質問に対するアンリの返事であることがわかります．対話の流れから考えると，相手の言うことに同意する表現と考えられるので，③の Bien sûr!が正答だと判断できるでしょう．

(5) ② Aucune idée.
「全然わからないよ．」

最後の（　）の前後には，直前のオリヴィアの Mais pourquoi ton téléphone est à Marseille?「でもどうしてあなたの携帯電話がマルセイユにあるの？」と直後のアンリの Ce qui est sûr, c'est qu'il a traversé la France en un week-end!「確実なことは，それが週末の間にフランスを縦断したってことさ！」の言葉があります．この２つの間の言葉として想像できるのは，アンリにはなぜ自分のスマートフォンが週末の間にフランスを縦断してマルセイユにまで運ばれたのかがわからない，という状況でしょう．

ここで，選択肢を見てみましょう．①は Bonne idée!「いい考えだね！」，②は Aucune idée.「全然わからないよ．」，③は C'est assez!「もうたくさんだ！」，④は Super!「すごい！」です．文脈から考えると，②の Aucune idée. を選ぶのが適切です．なお，Aucune idée. は Je n'ai aucune idée. の省略形です．

なお，選択肢のいずれも，よく会話に用いられる表現です．③の C'est assez!は他の問題でも問われることがありますので，同意表現の Ça suffit!「もうたくさんだ！」と併せて覚えておきましょう．

最後に以下の全訳で，内容を確認しましょう．
〈全訳〉
アンリ　　　：あれ，新しいスマートフォンを持っているね？
オリヴィア：ええ，買ったばかりなの．
アンリ　　　：あのね，ぼくはね，自分のを失くしてしまったんだけど，誰かが見つけたんだ！
オリヴィア：注意するべきだったわね！　それはどこにあったの？
アンリ　　　：金曜日，ぼくはリールにいたんだけど，地下鉄の中にそれ（＝スマートフォン）を置き忘れたんだ．今，それはマルセイユにあるよ！
オリヴィア：なんですって？　信じられないわ！
アンリ　　　：ぼくは自分のスマートフォンの場所を（GPS機能を使って）突きとめようとして，電話会社に連絡を入れたんだ…　でも見つけることはできなかったよ．
オリヴィア：警察には電話した？
アンリ　　　：うん，もちろんさ！　絶望したよ．写真を全部，動画も音楽も失くしたよ…　結局，

ぼくは何度か電話をして，それで月曜日の朝に，マルセイユのバーの女主人が電話をとってくれたんだ．

オリヴィア：でもどうしてあなたの携帯電話がマルセイユにあるの？

アンリ　　：全然わからないよ．確実なことは，それが週末の間にフランスを縦断したってことさ！

〈選択肢和訳〉

(1) ① ぼくは自分のを買ったんだ
　　② ぼくは自分のを見たよ
　　③ ぼくは自分のを失くしたんだ
　　④ ぼくは自分のをあげたんだ

(2) ① あなたは注意しすぎたのよ！
　　② 少し待たなきゃいけなかったわね．
　　③ あなたはもっと働く［勉強する］べきだわ．
　　④ あなたは注意するべきだったわね！

(3) ① 信じられないわ！
　　② いいじゃない．
　　③ 完璧ね！
　　④ もっともね！

(4) ① しょっちゅうじゃないよ．
　　② 一度もないよ！
　　③ もちろんさ！
　　④ 多分ね．

(5) ① いい考えだね！
　　② 全然わからないよ．
　　③ もうたくさんだ！
　　④ すごい！

書き取り試験 （解答・和訳と解説）

> 書き取り問題は、75 語程度からなる 5 行ぐらいの文章を書き取る試験問題です。フランス語を聞き取って正確に書く能力と文法的な理解力が求められます。
>
> まずは、「書き取り攻略のための 6 つのポイント」を改めて確認しておきましょう。
>
> ### 書き取り攻略のための 6 つのポイント
>
> 1) 読みのルール（リエゾン ‿、アンシェヌマン ⌢、エリジョン）に気をつける。
> 2) つづり字記号を忘れずにつける。
> 3) 句読点の名称 を把握する。
> 4) 複数形の **s** や **x** を忘れずにつける。
> 5) 形容詞、過去分詞の **性・数一致** に気をつける。
> 6) 動詞の 活用形 を正確に書く。

これから、順番に注目ポイントを解説していきます。最初にテキスト全文とその日本語訳を確認し、その後、「書き取り攻略のための 6 つのポイント」を参照しながら、書き取り問題を見直しましょう。

総合練習問題 ① （▶本冊 p.155）🔊 **18, 19**

Je me souviens très bien de mes vacances dans le Sud de la France. C'était en 2006. J'avais 10 ans. Mes parents, ma petite sœur Isabelle et moi, nous sommes allés à Nice. Nous avons logé dans une maison en location au bord de la mer. Tous les matins, Isabelle et moi, nous sommes allées à la mer pour nous baigner. Pendant ce temps-là, mon père nous regardait de la terrasse donnant sur la mer et ma mère faisait la cuisine.

「私は南仏でのヴァカンスのことをとてもよく覚えています。それは 2006 年のことでした。私は 10 歳でした。私の両親と妹のイザベルと私は、ニースに行きました。私たちは海沿いの貸し家に泊まりました。毎朝、イザベルと私は海に行って泳ぎました。その間、父は海に面したテラスから私たちを見ていて、母は料理をしていました。」

では、これから「書き取り攻略のための 6 つのポイント」の中でも、特に重要なポイントを記したテキストを見ながら、確認していきましょう。特に重要なポイントはリエゾン、アンシェヌマン、動詞の複合形の活用、性・数一致、特殊な句読点の記号です。

Je me souviens très bien de mes vacances dans le Sud de la France. C'était en 2006. J'avais 10 ans. Mes parents, ma peti**t**e sœur Isabelle et moi, nous sommes allés à Nice. Nous avons logé dans une maison en location au bord de la mer. Tous les matins, Isabelle et moi, nous sommes allé**es** à la mer pour nous baigner. Pendant ce temps-là, mon père nous regardait de la terrasse donnant sur la mer et ma mère faisait la cuisine.

まず、動詞は 9 つで時制は直説法現在形・複合過去形・半過去形の 3 つです。それに加えて、

77

現在分詞形が 1 つあります．主語が主に 1 人称単数・複数で，さらに 3 人称単数が混在しています．発音されない語尾や過去分詞の性・数一致があります．特に 1 人称の語り手は Renée「ルネ」という女性ですので，性・数一致には注意が必要です．あらかじめ問題文で語り手の性別をチェックしておきましょう．形容詞の性・数一致は 1 箇所（petite），過去分詞の性・数一致は 2 箇所（sommes allés, sommes allées）あります．リエゾンは 6 箇所です．最後に，目的語代名詞が 1 箇所（nous regardait の nous）あります．覚えておいてほしい表現に，« donner sur ＋名詞 »「〜に面している」があります．また，« tous [toutes] les ＋時の表現（jours, semaines, mois, ans）»「毎〜（毎日，毎週，毎月，毎年）」という表現を確認しておきましょう．

総合練習問題 **2**　(▶本冊 p.156)　🔊 **20, 21**

C'est l'histoire de Delphine et Mathis. Delphine est lyonnaise et Mathis parisien. Ils se sont rencontrés en 2001 à Paris où ils faisaient leurs études. Ils sont tombés amoureux tout de suite. 5 ans après, ils se sont quittés. Delphine est partie à l'étranger pour y travailler comme professeur(e) de français et Mathis, devenu médecin, travaillait dans un hôpital. En 2010, Delphine est allée au Mexique pour ses vacances et elle a retrouvé Mathis qui y était venu pour une conférence internationale. Quelle surprise !

「これはデルフィーヌとマティスの話です．デルフィーヌはリヨン出身でマティスはパリ出身です．彼らは 2001 年にパリで出会いました．その時，彼らはそこで学業をしていました．彼らはすぐに恋に落ちました．5 年後，2 人は別れました．デルフィーヌはフランス語の教師として働くために外国に行きました．医者になったマティスは病院で働いていました．2010 年に，デルフィーヌはヴァカンスでメキシコに行き，国際会議で来ていたマティスと再会しました．何という驚きでしょう！」

では，これから「書き取り攻略のための 6 つのポイント」の中でも，特に重要なポイントを記したテキストを見ながら，確認していきましょう．特に重要なポイントはリエゾン，アンシェヌマン，動詞の複合形の活用，性・数一致，特殊な句読点の記号です．

C'est l'histoire de Delphine et Mathis. Delphine est lyonnais**e** et Mathis parisien. Ils ⌐se sont rencontrés⌐ en 2001 à Paris où ils faisaient leurs études. Ils ⌐sont tombés⌐ amoureux tout de suite. 5 ans après, ils ⌐se sont quittés⌐. Delphine ⌐est partie⌐ à l'étranger pour y travailler comme professeur(**e**) de français et Mathis, devenu médecin, travaillait dans un hôpital. En 2010, Delphine ⌐est allée⌐ au Mexique pour ses vacances et elle ⌐a retrouvé⌐ Mathis qui y ⌐était venu⌐ pour une conférence internationa**le**. Que**lle** surprise ⌐!⌐

まず，活用している動詞の数は 11 で，時制は直説法現在形・複合過去形・半過去形・大過去形の 4 つです．Delphine est lyonnaise et Mathis parisien の後半の et Mathis parisien 部分は，同じ動詞 est が入るため，省略されています．主語は 3 人称単数・複数なので，動詞の発音されない語尾活用に気をつけましょう．性・数一致は太字で示されています．形容詞の性・数一致は 3 箇所（lyonnaise, internationale, Quelle）あり，過去分詞の性・数一致は 5 箇所（se sont rencontrés, sont tombés, se sont quittés, est partie, est allée）あります．リエゾンは 4 箇所，アンシェヌマンは 3 箇所です．そして，副詞的代名詞の y が 2 回使われています．発音で特に注意したいのは，tout de suite の de と médecin の de の部分です．ここは [t] の音になることがよ

くありますので，覚えておいてください．また，教師 professeur は男女同形の職業名と習った人も多いでしょうが，フランスの最近の傾向では男性形と女性形を区別していますので，professeure と書いても間違いではありません．

総合練習問題 ③ (▶本冊 p.157) 🔊 **22, 23**

Étant professeur(e) d'anglais, je consulte depuis plusieurs années un site internet qui propose des postes à l'étranger. Il y a 7 ans, j'ai commencé à donner des cours d'anglais à des étudiants coréens à Séoul. Je l'ai fait pendant 2 ans. Ensuite, j'ai obtenu un poste au Japon, à Tokyo, dans une maison culturelle. J'y suis restée 4 ans. J'aimais beaucoup ma vie au Japon. Je l'ai bien regrettée lorsque je suis partie pour la Chine.

「私は英語の教師なので，何年も前から外国での職を紹介するインターネットのサイトを見ています．7年前，ソウルで韓国人学生に英語の授業をし始めました．2年間，それ（＝英語の授業をすること）をしました．それから日本の東京の文化センターで職を得ました．そこには4年間いました．私は日本の生活が大好きでした．中国へ向けて発った時，それ（＝日本の生活）を名残り惜しく思いました．」

では，これから「書き取り攻略のための6つのポイント」の中でも，特に重要なポイントを記したテキストを見ながら，確認していきましょう．特に重要なポイントはリエゾン，アンシェヌマン，動詞の複合形の活用，性・数一致，特殊な句読点の記号です．

Étant professeur(**e**) d'anglais, je consulte depuis plusieurs années un site internet qui propose des postes à l'étranger. Il y a 7 ans, j' ⏐ai commencé⏐ à donner des cours d'anglais à des étudiants coréen**s** à Séoul. Je l' ⏐ai fait⏐ pendant 2 ans. Ensuite, j' ⏐ai obtenu⏐ un poste au Japon, à Tokyo, dans une maison culturel**le**. J'y ⏐suis restée⏐ 4 ans. J'aimais beaucoup ma vie au Japon. Je l' ⏐ai bien regrettée⏐ lorsque je ⏐suis partie⏐ pour la Chine.

まず，活用している動詞の数は11で，時制は直説法現在形・複合過去形・半過去形の3つです．それに加えて現在分詞形が1つあります．主語が主に1人称単数で，語り手は Catherine という女性なので性・数一致に注意しなければいけません．形容詞の性・数一致は2箇所 (coréen**s**, culturel**le**) あります．過去分詞の性・数一致は3箇所 (suis restée, l'ai bien regrettée, suis partie) あります．そして，目的語代名詞 (l'ai bien regrettée の l'), 中性代名詞 (l'ai fait の l'), 副詞的代名詞 (y) が1つずつあります．リエゾンは4箇所，アンシェヌマンは5箇所です．つながって読まれる部分が多いですね．donner des cours「授業をする」は覚えておきましょう．なお，cours は単複同形です．教師 professeur は，前述のように professeure と書いても間違いではありません．

総合練習問題 ④ (▶本冊 p.158) 🔊 **24, 25**

Aujourd'hui, Monsieur Martin a pris la parole à l'occasion de son départ à la retraite. Il a exprimé sa reconnaissance à chacun de ses collègues avec qui il avait travaillé pendant plus de 30 ans. Bien qu'il soit triste de les quitter, il a dit qu'il serait heureux de commencer une nouvelle vie et de consacrer son temps à d'autres activités comme la peinture, la pêche et les voyages avec sa famille.

「今日，マルタン氏は彼の定年退職の折に，挨拶の言葉を述べました．彼は30年以上ともに働いてきた同僚たちの一人ひとりに感謝の意を表しました．彼らのもとを去るのは悲しいけれど，新しい人生を始めることや，絵画や釣り，家族との旅行などの別の活動に時間を使うことができるのは幸せだと彼は言いました．」

最後の問題は聞き慣れない語彙や表現，さらに間接話法などもあり，少し難易度が高い問題でしたが，いかがでしたか．書き取れなかったところは，以下の重要なポイントを記したテキストを見ながら，しっかりと確認していきましょう．ここでは，複合形以外に接続法や条件法など単純形でも注意が必要な活用形は四角で囲みました．

Aujourd'hui, Monsieur Martin $\boxed{\text{a pris}}$ la parole à l'occasion de son départ à la retraite. Il $\boxed{\text{a exprimé}}$ sa reconnaissance à chacun de ses collègues avec qui il $\boxed{\text{avait travaillé}}$ pendant plus de 30 ans. Bien qu'il $\boxed{\text{soit}}$ triste de les quitter, il $\boxed{\text{a dit}}$ qu'il $\boxed{\text{serait}}$ heureux de commencer une nouvelle vie et de consacrer son temps à d'autres activités comme la peinture, la pêche et les voyages avec sa famille.

まず，動詞は6つで時制は直説法複合過去形・大過去形，接続法現在形，条件法現在形です．主語は3人称単数の男性なので，過去分詞の主語に対する性・数一致はありませんでした．その一方で，形容詞の性・数一致が2箇所（nouvelle, d'autres）あります．リエゾンは1箇所で，アンシェヌマンは4箇所です．目的語代名詞（de les quitter の les）は1箇所です．覚えておきたい表現は，prendre la parole「挨拶の言葉を述べる」，« à l'occasion de ＋名詞 »「〜の機会に」，le départ en retraite「定年退職」，« bien que ＋接続法現在 »「〜にもかかわらず」，« consacrer son temps à ＋名詞 »「〜に自分の時間を使う」などです．また条件法現在形は，間接話法で使われていますが，これは過去における未来の用法です．

また，2語と1語では発音が異なりますので，よく注意して a pris を appris と聞き間違えないようにしましょう．この語順でいきなり過去分詞形だけが来ることはないので，聞き間違えてしまった場合でも，落ち着いて見直しの時間で修正をしましょう．最後に，à d'autres activités では，リエゾンしていることに気がつけば，autres が複数形であることがわかり，activité にも複数形のs が必要になることが思いつきますね．

聞き取り試験 （解答と解説）

第 *1* 問　穴埋め問題

> 　ここでは，どこに着目して正解を導き出していけばよいかを中心に解説します．
> 　聞き取りの第1問は，質問に対する応答文の部分的な穴埋めです．具体的な解説に入る前に，もう一度，解き方のポイントを整理しておきましょう．
>
> 　1. 問題冊子に記載されている人物名を確認しておく．
> 　2. 対話文が読み上げられる前に与えられた時間を利用して，応答文に目を通し，（　　　）にどのような単語が入るか，簡単に予測する．
> 　3. 書き取りの要領で，対話文（2回とも）をできるだけ書き取る．数字は必ずメモを取る．
> 　4. 対話文を念頭に質問文（1回目）のメモを取る．
> 　5. 自分の予測と質問文（2回目）の意図を照らし合わせて，解答欄に適切な単語を書き入れる．その際，（　　　）の前後を確認して，特に性・数一致に注意する．
> 　6. 対話文（3回目）をよく聞いて，解答欄に記入した単語をもう一度チェックする．
> 　7. 見直しのための30秒間で，つづりや性・数一致の確認など，最終チェックを行う．

　それでは，実際に解答の方法を見てみましょう．

(練習問題 1) （▶本冊 p.167）

(1) découverts, supermarché　　(2) patron, propre　　　(3) épicerie
(4) valeurs　　　　　　　　　　(5) vente, cosmétiques

　総ワード数が157のインタビュー形式の対話文です．ジャーナリストとオーガニック製品を扱う自然食品店の店主ニコラとの対話文で，ニコラがオーガニック製品に興味を持ったきっかけや彼の店で扱っている商品について je, nous と vous を用いて話をしています．動詞の時制は，直説法の現在形・複合過去形・単純未来形です．
　まず，読まれるテキストとその全訳を示します．読まれるテキストにはリエゾンとアンシェヌマンの箇所を明示しておきますので，**音読練習**をして音のつながりに慣れておきましょう．また太字は，解答に対応しています．

〈読まれるテキスト〉　◀)) 29

La journaliste : Vous tenez un magasin Bio à Paris. Comment avez-vous découvert les produits
　　　　　　　　biologiques ?

Nicolas　　　 : Je les ai **découverts** en travaillant dans un **supermarché** pendant les vacances
　　　　　　　　scolaires.

La journaliste : Quel a été votre parcours ?

Nicolas　　　 : Après avoir commencé comme caissier à l'âge de 18 ans, je suis maintenant
　　　　　　　　patron de mon **propre** magasin depuis 2018.

La journaliste : Quels types de produits proposez-vous à vos clients ?

Nicolas　　　　　: Nous leur proposons essentiellement des produits alimentaires comme des fruits, des légumes.　Nous avons aussi un rayon produits frais, boulangerie, **épicerie** et surgelés.　Ce sont quasiment tous des produits locaux fabriqués dans la région.

La journaliste : Pourquoi avez-vous choisi de travailler dans cette filière ?

Nicolas　　　　　: Consommer du Bio, c'est manger sainement en respectant les producteurs, les animaux et l'environnement.　Ça correspond à mes **valeurs** et à celles de mes collaborateurs.

La journaliste : Avez-vous des projets ?

Nicolas　　　　　: Bien sûr !　Nous mettrons en **vente** des **cosmétiques** 100% naturels l'année prochaine.

〈全訳〉

ジャーナリスト：あなたはパリで自然食品店を経営しています．あなたはどのようにしてオーガニック製品を知りましたか？

ニコラ　　　　：学校の休みの間，スーパーで働いた時，それ（＝オーガニック製品）のことを知りました．

ジャーナリスト：あなたのこれまでの歩みを教えてください．

ニコラ　　　　：18歳でレジ打ちから始めて，今では，2018年から自分の店の店主です．

ジャーナリスト：お客様にはどんな製品を提供しているのですか？

ニコラ　　　　：私たちは主に果物や野菜など食品を提供しています．冷蔵食品，パン，乾物食品，冷凍食品の売場もあります．これらは，ほぼすべてこの地方で生産された地域の産物です．

ジャーナリスト：なぜこの業界で働こうと決めたのですか？

ニコラ　　　　：オーガニック製品を消費することは，生産者，家畜，環境を尊重しながら，健康的に食べることです．このことは，私の価値観や取引先の価値観に合致しています．

ジャーナリスト：(今後の) 計画はありますか？

ニコラ　　　　：もちろんです！　来年，100％天然の化粧品を販売するつもりです．

〈読まれる質問文〉　🔊 30, 31

(1) Comment Nicolas a-t-il découvert les produits biologiques ?

(2) Quelles sont les responsabilités de Nicolas ?

(3) Le magasin de Nicolas ne propose que des fruits et des légumes ?

(4) Pourquoi a-t-il choisi de travailler dans le Bio ?

(5) Qu'est-ce qu'ils vendront dans le magasin l'année prochaine ?

〈質問文和訳〉

(1) ニコラはどのようにオーガニック製品を知ったのですか？

(2) ニコラの職位は何ですか？

(3) ニコラの店は果物や野菜しか提供していないのですか？

(4) なぜ彼はオーガニック業界で働くことを決心したのですか？

(5) 来年，彼らは店で何を販売するつもりですか？

それでは，質問文と応答文を改めて順番に検討していきましょう．

(1) 質問文　Comment Nicolas a-t-il découvert les produits biologiques ?
　　　　　ニコラはどのようにオーガニック製品を知ったのですか？

　　応答文　Il les a (**découverts**) en travaillant dans un (**supermarché**) pendant les vacances scolaires.
　　　　　彼は，学校の休みの間，スーパーで働いた時，それ（＝オーガニック製品）を知りました．

　　まずは，設問の応答文 Il les a (　　) en travaillant dans un (　　) pendant les vacances scolaires.「彼は，学校の休みの間，(　　) で働いた時，それ（＝オーガニック製品）を (　　).」を見て，空欄に入る語がどのようなものか，候補を考えておきましょう．1つ目の空欄については，主語 il の後に les，その次に a が来ていますので，これが直接目的語代名詞 les を伴う複合過去形である可能性を考えておきましょう．次に2つ目の空欄ですが，直前の語が不定冠詞 un なので男性単数名詞が入ること，また不定冠詞の前に dans があることから場所の名詞が入る可能性があることを想定しておきましょう．

　　一方の質問文 Comment Nicolas a-t-il découvert les produits biologiques ?「ニコラはどのようにオーガニック製品を知ったのですか？」は，読まれる対話文の中でも類似の表現が出てきました．違いは設問の質問文で主語が3人称単数の Nicolas だったのに対して，読まれるテキストでは2人称の vous を使って，Comment avez-vous découvert les produits biologiques ?「あなたはどのようにオーガニック製品を知りましたか？」と聞いていることです．この部分に対するニコラの答えが設問の応答文に関係していることに気がつけば，Je les ai découverts en travaillant dans un supermarché pendant les vacances scolaires.「私は，学校の休みの間，スーパーで働いた時，それ（＝オーガニック製品）のことを知りました．」の部分を聞き取ることで，正答を導き出すことができます．というのも，読まれる対話文のニコラの応答文は，主語の違いを除けば，設問の応答文と全く同じだからです．設問の応答文にあらかじめ目を通しておけば，対話文を1回目に聞いた時点ですでに空欄に入る語が，**découverts** と **supermarché** であることがわかるはずです．

　　なお，過去分詞の découvert は前にある直接目的語 les に対して性・数一致するので，複数形の s をつけ忘れないようにしましょう．

(2) 質問文　Quelles sont les responsabilités de Nicolas ?
　　　　　　ニコラの職位は何ですか？

　　応答文　Il est (**patron**) de son (**propre**) magasin Bio depuis 2018.
　　　　　　彼は 2018 年から自分の自然食品店の店主です．

　　設問の応答文 Il est (　　) de son (　　) magasin Bio depuis 2018.「彼は 2018 年から彼の (　　) 自然食品店の (　　) です．」を見てみましょう．最初の空欄の前後が être と de であることから，形容詞や無冠詞名詞が入る可能性があることを想定しておきましょう．2つ目の空欄については，前後の son と magasin を見た段階で，propre という語が候補の1つになることを想定しておきましょう．というのも propre は「自分自身の～」という意味の形容詞で，名詞の前に置いて所有形容詞とともに用いる語であること，文脈から考えても propre を入れても何ら齟齬が生じないからです．

　　次に質問文を見てみましょう．これは疑問形容詞 quel「何」を使った疑問文です．この疑

問文はシンプルですが，les responsabilités の意味がわからないと，何が問われているかを正確に掴むことはできません．la responsabilité を「責任，責務」という意味だけで覚えている人が多いと思いますが，この語には「職位」という意味もあります．

とはいえ，設問の質問文の意味が理解できなくても，応答文の Il est（　）de son（　）magasin Bio depuis 2018．「彼は 2018 年から自分の自然食品店の（　）です．」は，読まれるテキストの je suis maintenant patron de mon propre magasin depuis 2018「今では，2018 年から自分の店の店主です」の部分にほぼ一致していますので，書き取りの要領で聞くことで，空欄に **patron** と **propre** が入ることがわかります．両者の違いは主語が je から il に変わっていることと maintenant が省略されていることだけです．

(3) 質問文　Le magasin de Nicolas ne propose que des fruits et des légumes ?
　　　　　ニコラの店は果物や野菜しか提供していないのですか？
　　応答文　Non, il a aussi un rayon produits frais, boulangerie, (**épicerie**) et surgelés.
　　　　　いいえ，冷蔵食品，パン，乾物食品，冷凍食品の売場もあります．

まずは設問の応答文 Non, il a aussi un rayon produits frais, boulangerie, (　) et surgelés.「いいえ，冷蔵食品，パン，(　)，冷凍食品の売場もあります．」を見てみましょう．空欄の前後にヴィルギュル［,］et があることを考えると，これは無冠詞名詞の羅列であることが想定できます．とすると produits が無冠詞でも変ではありません．むしろそう考えると，2 つ目の空欄には名詞が入ることが想定できます．

次に質問文を見てみましょう．この質問文は ne 〜 que「しか〜ない」を使った限定表現を用いた疑問文です．これは否定疑問文ではありませんので，oui と答えると果物と野菜しか提供していないということになり，non と答えると他に提供しているものがあるということになります．これは対話の内容を把握しないといけない問題ですね．読まれるテキストでは，ジャーナリストの Quels types de produits proposez-vous à vos clients ?「お客様にはどんな製品を提供しているのですか？」の質問に対して，ニコラは Nous leur proposons essentiellement des produits alimentaires comme des fruits, des légumes.「私たちは主に果物や野菜など食品を提供しています．」と答えた後で，Nous avons aussi un rayon produits frais, boulangerie, épicerie et surgelés.「冷蔵食品，パン，乾物食品，冷凍食品の売場もあります．」と答えています．この最後の言葉が，応答文の Non, il a aussi un rayon produits frais, boulangerie, (　) et surgelés.「いいえ，冷蔵食品，パン，(　)，冷凍食品の売場もあります．」に対応しています．主語人称代名詞以外はまったく同じ文ですので，この問題も書き取りの要領で聞くことで，空欄には **épicerie** が入ることがわかります．épicerie は「食料品」の意味で使う場合は，単数にするのが一般的です．

rayon という語ですが，「光線」という意味もあり，le rayon du jour「日光」や le rayon du soleil「陽光」という表現も覚えておきましょう．

(4) 質問文　Pourquoi a-t-il choisi de travailler dans le Bio ?
　　　　　なぜ彼はオーガニック業界で働くことを決心したのですか？
　　応答文　Parce que ça correspond à ses (**valeurs**) et à celles de ses collaborateurs.
　　　　　このことは彼の価値観や取引先の価値観に合致しているからです．

設問の応答文の Parce que ça correspond à ses (　) et à celles de ses collaborateurs.「このことは彼の（　）や取引先のそれに合致しているからです．」の空欄にどのような語が入るかを考えましょう．空欄の前にある語 ses から空欄が複数名詞であり，また文の後半部の celles de mes collaborateurs の celles が空欄と同じ語の指示代名詞だと考えられます．celles は女性複数形なので，空欄には女性複数名詞が入ることを想定しておきましょう．

次に設問の質問文を検討します．これは pourquoi を用いてニコラがオーガニック業界で働くことを決めた理由を尋ねている文ですが，読まれるテキストの中に類似の質問 Pourquoi avez-vous choisi de travailler dans cette filière ?「なぜこの業界で働こうと決めたのですか？」がジャーナリストによってされていますので，比較的わかりやすい問題です．読まれるテキストの中のジャーナリストの質問と設問の質問文の違いは，主語が vous から il に変わったことと dans cette filière「この業界で」が dans le Bio「オーガニック業界で」になったことです．filière には「段階；手順；コース；産業部門」などいろいろな意味がありますので，この機会に覚えておきましょう．

質問文が読まれるテキストのどこに対応しているかさえわかれば，読まれるテキストのニコラの応答を注意深く聞くことで正答に近づきますね．ニコラの応答の中に，Ça correspond à mes valeurs et à celles de mes collaborateurs.「このことは私の価値観や取引先の価値観に合致しています．」という言葉がありますが，これが設問の応答文の Parce que ça correspond à ses (   ) et à celles de ses collaborateurs. にほぼ一致しています．違いは文頭に Parce que がついたことと所有形容詞が mes から ses に変わったことです．書き取りの要領で注意深く聞くことで，空欄には **valeurs** が入ることがわかるでしょう．

(5)　質問文　Qu'est-ce qu'ils vendront dans le magasin l'année prochaine ?
　　　　　　来年，彼らは店で何を販売するつもりですか？
　　　応答文　Ils mettront en (**vente**) des (**cosmétiques**) 100% naturels l'année prochaine.
　　　　　　彼らは来年，100％天然の化粧品を販売するつもりです．

まず，設問の応答文 Ils mettront en (   ) des (   ) 100% naturels l'année prochaine.「彼らは来年，100％天然の (   ) を (   ) するつもりです．」を見てみましょう．最初の空欄の前には mettront en があり，後ろには des があります．このことから動詞を使った成句的表現が入る可能性を考えておきましょう．2 つ目の空欄については，前に des があり，後ろに 100% naturels という言葉があります．これは「100％（＝完全に）天然である〜」というように考えるのが自然です．とすれば，空欄には名詞が入ると想定できます．

次に設問の質問文を考えましょう．Qu'est-ce qu'ils vendront dans le magasin l'année prochaine ?「来年，彼らは店で何を販売するつもりですか？」は難しい質問文ではありませんが，読まれるテキストのどこに対応しているかを知るためには，対話文の内容を理解する必要があります．最後の部分でジャーナリストが Avez-vous des projets ?「（今後の）計画はありますか？」と聞いて，ニコラがそれに対して Nous mettrons en vente des cosmétiques 100% naturels l'année prochaine.「来年，100％天然の化粧品を販売するつもりです．」と答えています．mettre en vente が vendre の同意表現であることに気がつけば，ここが設問の質問文と応答文に対応する部分であることがわかります．したがって，空欄には **vente** と **cosmétiques** が入ります．

なお，cosmétiques は男性名詞です．la banque「銀行」や la technique「技術」，Pâques「復活祭」，la coque「殻」などのように語末が -que の名詞は女性名詞が多いですが，le Mexique「メキシコ」や le pique-nique「ピクニック」のように男性名詞もありますので注意が必要です．

練習問題 **2** （▶本冊 p.168）

(1) passionné, confiance　(2) soin, domicile　(3) promener
(4) dizaine, vacances　　(5) siens

これは総ワード数が 170 程度のインタビュー形式の対話文です．ジャーナリストとペットシ

ッターをしているセシルとの対話文で，ペットシッターの仕事内容や仕事の上で注意しなければ
ならないことなどについて，je と vous を用いて話をしています．文法事項も語彙もさほど難し
いものはありません．動詞の時制は，直説法現在形のみです．

　まず，読まれるテキストとその全訳を示します．読まれるテキストにはリエゾンとアンシェヌ
マンの箇所を明示しておきますので，**音読練習**をして音のつながりに慣れておきましょう．また
太字は，解答に対応しています．

〈読まれるテキスト〉　◀)) 32

Le journaliste : Votre travail consiste à garder des animaux de compagnie. Faut-il être **passionné**
par les animaux pour être pet sitter ?

Cécile　　　 : C'est primordial ! Il faut aussi savoir créer une relation de **confiance** avec
les animaux qu'on garde.

Le journaliste : En quoi consiste réellement votre travail ?

Cécile　　　 : Je prends **soin** des animaux chez moi ou au **domicile** de leur maître pendant
son absence.

Le journaliste : Quels animaux avez-vous l'habitude de garder ?

Cécile　　　 : Je m'occupe surtout des chiens. En général, je passe quelques heures par jour à
les **promener** et jouer avec eux.

Le journaliste : Est-il important de bien les connaître ?

Cécile　　　 : Oui, puisque ça m'arrive de garder un chien une **dizaine** de jours quand son
propriétaire part en **vacances**.

Le journaliste : À quoi faites-vous le plus attention ?

Cécile　　　 : Je m'adapte aux besoins du propriétaire mais également de son animal. Je
considère les animaux de mes clients comme les **miens**. Je leur apporte toute
mon affection.

〈全訳〉

ジャーナリスト：あなたの仕事はペットを預かることです．ペットシッターになるには，動物好
　　　　　　　　きである必要はありますか？

セシル　　　　：それは一番大切なことです！同様に預かるペットと信頼関係を築くことができ
　　　　　　　　なくてはいけません．

ジャーナリスト：実際に，あなたの仕事はどのようなものですか？

セシル　　　　：私は飼い主の不在の間，自宅か飼い主の家でペットの世話をします．

ジャーナリスト：ふだん，どんな動物を預かっていますか？

セシル　　　　：特に犬の世話をしています．たいてい，日に数時間彼ら（＝犬）を散歩させて，
　　　　　　　　彼ら（＝犬）と遊びます．

ジャーナリスト：彼ら（＝犬）のことをよく知るのは大切ですか？

セシル　　　　：はい，というのも飼い主がヴァカンスに出かける時，10 日ほど犬を預かるこ
　　　　　　　　ともあるからです．

ジャーナリスト：何に最も注意を払っていますか？

セシル　　　　：私は飼い主の要望に合わせますが，同様にペットの要望にも合わせます．私は
　　　　　　　　お客様のペットを自分のペットのように考えています．私は彼らに愛情のすべ
　　　　　　　　てを注いでいます．

〈読まれる質問文〉 🔊 33, 34

(1) Selon Cécile, qu'est-ce qui est primordial pour être pet sitter ?

(2) En quoi consiste réellement le travail de Cécile ?

(3) Que Cécile fait-elle en général ?

(4) Quand Cécile garde-t-elle un animal ?

(5) Comment Cécile considère-t-elle les animaux de ses clients ?

〈質問文和訳〉

(1) セシルによると，ペットシッターになるには何が一番大切ですか？
(2) 実際に，セシルの仕事はどのようなものですか？
(3) セシルはふだん何をしますか？
(4) いつセシルはペットを預かりますか？
(5) セシルは彼女のお客様のペットをどのように考えていますか？

　　それでは，質問文と応答文を改めて順番に検討していきましょう．

(1)　質問文　Selon Cécile, qu'est-ce qui est primordial pour être pet sitter ?
　　　　　　　セシルによると，ペットシッターになるには何が一番大切ですか？
　　応答文　C'est d'être (**passionné**) par les animaux et savoir créer une relation de
　　　　　　(**confiance**) avec eux.
　　　　　　動物好きであることとペットと信頼関係を築くことができることです．
　　まず設問の応答文 C'est d'être (　　) par les animaux et savoir créer une relation de (　　)
avec eux.「動物によって (　　) であることとペットと (　　) 関係を築くことができるこ
とです．」を検討します．1 つ目の空欄の前後は d'être と par です．être と par があることか
ら受け身の可能性を想定すると，1 つ目の空欄には過去分詞が入ることが考えられます．2 つ
目の空欄の前後は relation de と avec eux です．この avec eux は前の relation と繋がって，「彼
らとの (　　) 関係」と考えるのが自然です．しかも relation de とあるので (　　) には無
冠詞名詞が入ることや慣用的な言い回しであることまで想定できればよいでしょう．

　　次に質問文を見てみましょう．Selon Cécile, qu'est-ce qui est primordial pour être pet
sitter ?「セシルによると，ペットシッターになるには何が一番大切ですか？」は，qu'est-ce
qui で始まる疑問文で，ペットシッターになるために大切なことが何かを尋ねています．この
質問に対する答えは読まれるテキストの内容を理解しないと見つけられません．これは最初
の質問ですので，読まれるテキストの冒頭部分に関係しているはずです．対話文の冒頭では，
Faut-il être passionné par les animaux pour être pet sitter ?「ペットシッターになるには，動
物好きである必要はありますか？」C'est primordial !「それは一番大切なことです！」と読
まれます．ここで être passionné par les animaux という表現が使われていますが，これが設
問の応答文中の d'être (　　) par les animaux に対応しています．その後，Il faut aussi savoir
créer une relation de confiance avec les animaux qu'on garde.「同様に預かるペットと信頼関
係を築くことができなくてはいけません．」が読まれます．ここで使われている une relation

de confiance avec les animaux が設問の応答文中の une relation de (　　) avec eux に対応しています．書き取りの要領でこの部分をメモできれば，1つ目の空欄に **passionné**，2つ目の空欄に **confiance** が入ることがわかるでしょう．

(2)　質問文　En quoi consiste réellement le travail de Cécile ?
　　　　　　実際に，セシルの仕事はどのようなものですか？

　　　応答文　Cécile prend (　**soin**　) des animaux chez elle ou au (　**domicile**　) de leur maître pendant son absence.

　　　　　　セシルは飼い主の不在の間，自宅か飼い主の家で，ペットの世話をします．

　　設問の応答文は Cécile prend (　　) des animaux chez elle ou au (　　) de leur maître pendant son absence.「セシルは飼い主の不在の間，自宅か飼い主の (　　) で，ペットの (　　) をします．」です．1つ目の空欄の前後は動詞の prend と des animaux です．prendre を使った熟語表現が入る可能性を考えましょう．その場合は無冠詞名詞が入ると想定できます．あるいは副詞が入るかもしれません．2つ目の空欄の前後は chez elle ou au と de leur maître です．この部分からわかることは，空欄の直前が au なので男性単数名詞が入ること，そしてそれが ou とともに chez elle と並列してもう1つのオプションを示していることです．また空欄の後ろが de leur maître なので，空欄はペットの飼い主が所有している何かであることがわかります．

　　次に設問の質問文を見ましょう．En quoi consiste réellement le travail de Cécile ?「実際にセシルの仕事はどのようなものですか？」は，前置詞＋疑問代名詞の en quoi で始まる疑問文で，主語は le travail de Cécile です．これは熟語表現の « consister en ＋名詞 »「〜でできている，〜に存する」を疑問文にしたものです．成句表現として « En quoi consiste ＋主語 » の形で覚えておきましょう．

　　この質問文が理解できなくても，読まれるテキストの中に設問の応答文によく似た文がありますので，書き取り問題の要領で聞くことで正答を導くこともできます．対応する箇所は，Je prends soin des animaux chez moi ou au domicile de leur maître pendant son absence.「私は飼い主の不在の間，自宅か飼い主の家でペットの世話をします．」です．違いは，読まれるテキストの主語 je が設問の応答文では Cécile に，chez moi が chez elle に変わっていることです．対応する箇所を書き取ることができれば，それぞれの空欄に **soin** と **domicile** が入ることがわかるでしょう．

(3)　質問文　Que Cécile fait-elle en général ?
　　　　　　セシルはふだん何をしますか？

　　　応答文　Elle passe quelques heures par jour à (　**promener**　) des chiens et jouer avec eux.

　　　　　　彼女は日に何時間か犬たちを散歩させ，彼ら（＝犬）と遊びます．

　　設問の応答文 Elle passe quelques heures par jour à (　　) des chiens et jouer avec eux.「彼女は日に何時間か犬を (　　)，彼ら（＝犬）と遊びます．」の空欄に何が入るか，その候補を考えましょう．空欄の前後は à と des chiens です．まず前置詞 à が何と関わりがあるのかを見極めます．この à は « passer ＋時の表現＋ à ＋不定詞 »「〜して時を過ごす」の一部ではないかと考えるのが自然です．不定詞が入っても，空欄の後ろの des chiens と矛盾は生じません．ですので，候補として不定詞が入ると想定しておきましょう．

　　次に設問の質問文を見てみましょう．この質問文 Que Cécile fait-elle en général ?「セシルはふだん何をしますか？」はシンプルなので，質問の意味は簡単にわかるでしょう．この質問文に用いられている en général がヒントになって，読まれるテキストのどこが設問の応答文に対応しているかがわかります．というのも対応箇所にも en général が使われているから

です．対応箇所は En général, je passe quelques heures par jour à les promener et jouer avec eux.「たいてい，日に数時間彼ら（＝犬）を散歩させて，彼ら（＝犬）と遊びます．」です．この箇所は設問の応答文とほぼ同じです．違うのは読まれるテキストでは，主語 je が設問の質問文では elle になり，目的語代名詞 les が des chiens になっているだけです．ここも書き取りの要領で注意して聞けば，空欄に **promener** を入れることができるでしょう．

(4) 質問文　Quand Cécile garde-t-elle un animal ?
　　　　　　いつセシルはペットを預かりますか？
　　応答文　Ça lui arrive de garder un chien une (**dizaine**) de jours quand son propriétaire part en (**vacances**).
　　　　　　飼い主がヴァカンスに出かける時，10 日ほど犬を預かることがあります．

　　まずはいつものように設問の応答文を見ましょう．Ça lui arrive de garder un chien une ( ) de jours quand son propriétaire part en ( ).「飼い主が（　　）に出かける時，（　　）犬を預かることがあります．」の 1 つ目の空欄の前後には，une と de jours があります．une がありますので，空欄には女性単数名詞が入ることがわかります．しかも後ろには de jours が続いています．候補として，« une ＋数量を表す名詞＋ de ＋複数名詞 » ではないかと考えることができます．この段階で，可能であれば dizaine「約 10」や douzaine「約 12」，quinzaine「約 15」，vingtaine「約 20」などの数量を表す名詞が思い浮かべられるとよいでしょう．2 つ目の空欄の前は，en です．さらにその前には動詞の part があります．ここで，partir en vacances「休暇に出かける」という熟語を思い出すことができれば，正解に近づきます．

　　次に設問の質問文を見てみましょう．Quand Cécile garde-t-elle un animal ?「いつセシルはペットを預かりますか？」はシンプルでわかりやすい質問文なので，問題はありませんね．とはいえ，読まれるテキストには，「いつ」を尋ねる質問はありません．したがって，この問題は全体の大意を掴んだうえで，書き取りの要領で正答を見つける問題です．読まれる対話文の後半に，Oui, puisque ça m'arrive de garder un chien une dizaine de jours quand son propriétaire part en vacances.「はい，というのも飼い主がヴァカンスに出かける時，10 日ほど犬を預かることもあるからです．」という文があります．この文中の ça m'arrive de garder un chien une dizaine de jours が設問の質問文とほぼ同じです．違うのは読まれるテキストでは間接目的語 m' が使われているのに対し，設問の応答文では lui になっているだけです．この部分を聞き取ることができれば，**dizaine** と **vacances** を解答することができるでしょう．ただし，partir [aller] en vacances という表現では，vacances が常に複数形で使われることに注意が必要です．複数形にすることを忘れないようにしましょう．

　　なお，« 主語＋ arriver à ＋人＋ de ＋不定詞 »「〜には…することがある」という構文は日常会話でもよく使われるので，覚えておきましょう．

(5) 質問文　Comment Cécile considère-t-elle les animaux de ses clients ?
　　　　　　セシルは彼女のお客様のペットをどのように考えていますか？
　　応答文　Elle les considère comme les (**siens**).
　　　　　　彼女はお客様のペットを自分のペットのように考えています．

　　まずは設問の応答文 Elle les considère comme les ( ).「彼女は彼ら（＝お客様のペット）を（　　）のように考えています．」を見てみましょう．空欄の前には les がありますので，ここには候補として複数名詞が入ると想定できます．次に設問の質問文を見ましょう．この質問文 Comment Cécile considère-t-elle les animaux de ses clients ?「セシルは彼女のお客様のペットをどのように考えていますか？」に使われている表現が応答文に使われており，カ

ギとなるのは « considérer A comme B »「A を B のように考える，A を B とみなす」という表現です．この同じ表現が読まれるテキストの最後の方にも出てきますので，この部分に正答があると考えましょう．その部分とは Je considère les animaux de mes clients comme les miens.「私はお客様のペットを自分のペットのように考えています．」です．ただし，読まれるテキストでは，1 人称が使われているので，文末の語が miens となっています．設問の応答文は 3 人称が使われているので，それに合わせて解答は 3 人称の **siens** とします．所有代名詞の前にも定冠詞が置かれますので，こうしたケースも頭に入れておきましょう．

聞き取り問題の第 1 問はいかがでしたか．リスニング問題で高得点を取るには，日頃からたくさんのフランス語を聞くことが欠かせません．自分の身の回りのフランス語教材を活用して，聞く練習をしましょう．その際，話の流れを掴み，重要な単語をメモしながら聞く練習をするとよいでしょう．

質問文で問われている内容が空欄になっていることも多いので，その点を踏まえて練習問題を解いていきましょう．また，本冊の解説にも書きましたが，時間を見つけて書き取り訓練の要領で聞く練習をしておきましょう．最後に，聞き取ることができても，単語が正しく書けなくては，正解に到ることはできません．そのため，つづりを正確に書くという基本的な練習も忘れないでください．

第2問　内容一致問題

　　聞き取り問題の第2問は，長文テキストについて内容が一致しているかどうかを判断する問題です．具体的な解説に入る前に，もう一度，解き方のポイントを整理しておきましょう．質問文 (1) 〜 (10) は，通常，テキストの内容に沿って順番になるように設問されていますから，その点を頭に入れてリスニングに臨みましょう．この問題では，まず長文のテキストが2回読まれます．その後，読まれたテキストに関する質問文が2回通して読まれます．最後にもう1回，長文のテキストが読まれます．

1. 問題冊子に記載されている人物名を確認しておく．
2. 長文テキストの読み上げでは，1回目のリスニングで主題やおおよその内容を把握する．2回目のリスニングでは，英語の5W1Hを念頭におき，誰が，何を，いつ，どうしたか，なぜそうしたのかなどに注意しながら，簡単なメモを取る．
3. 10問の問題文の読み上げでは，1回目のリスニングからすぐに①（一致する），②（一致しない）をメモする．2回目のリスニングでは，1回目の確認をするつもりで聞く．
4. 最後にもう1回，長文テキストが読まれるので，全体を確認する．正誤の判断に迷う問題文があれば，この時にしっかりと確認をして修正をする．

　それでは，どこに着目して正解を導き出していけばよいかを中心に，問題を1つずつ見ていきましょう．

練習問題 **1**　(▶本冊 p.175)

(1) ②　(2) ②　(3) ①　(4) ①　(5) ②　(6) ①　(7) ②　(8) ①　(9) ①　(10) ②

　総ワード数が196の平均的な長さのテキストです．1人称を中心に3人称が混在するテキストです．内容は，ベルナールが妻からクリスマスに贈られた赤いマフラーをタクシーの中に忘れ，その後マフラーが自宅の玄関の扉にかかっていたというエピソードを語ったものです．こうした個人的な主題のテキストの特徴は，je が語り手となっていること，身の回りのことや日常生活の中で起きた少し不可思議なエピソードを語っていることです．したがって，人称は1人称を中心に，3人称単数・複数が用いられることが多く，本テキストでも主にこれらの人称代名詞が使われています．また，2級の長文では直接話法と間接話法の文がたびたび挿入されていますが，本テキストでも直接話法と間接話法が両方とも見られます．本テキストの直接話法では2人称単数の tu が使われています．

　時制については，本テキストでは直説法複合過去形を中心に，直説法の半過去形・大過去形・現在形・単純未来形，条件法現在形が使われています．また条件法過去形も一度使われました．

　一方，問題文の方は固有名詞を使って問われることが多いので，問題冊子に記されている人物名を確認しておく必要があります．それでは，各設問を丁寧に見ていきましょう．

　まず，読まれるテキストとその全訳を示しておきます．読まれるテキストには，リエゾンとアンシェヌマンの箇所を明示しますので，**音読練習**をして音のつながりに慣れておきましょう．

聞き取り試験 **2**

91

Ma femme m'a offert une écharpe rouge pour Noël. Je l'ai mise pour la première fois hier. Après le travail, je suis allé dîner chez des amis qui habitent près de mon bureau. Quand j'y suis arrivé, ils m'ont dit que le rouge m'allait bien et que je devrais porter des couleurs vives plus souvent. C'est vrai que je m'habille toujours en noir ou en gris.

Après le dîner, j'ai décidé de rentrer en taxi parce que j'étais trop fatigué pour prendre le métro. J'ai donné mon adresse au chauffeur et je me suis endormi. Je me suis rendu compte qu'en descendant, j'avais oublié mon écharpe dans le taxi ! Comme je n'avais pas pris de reçu, il m'était impossible de retrouver le chauffeur. Ce matin, ma femme m'a dit : « Tu aurais dû faire attention... Ne fais pas cette tête ! Je t'offrirai une autre écharpe l'année prochaine ! ». J'étais très triste d'autant plus que je n'oublie rien d'habitude. Cependant, en partant de la maison, j'ai trouvé mon écharpe accrochée sur la porte d'entrée ! Ma femme est sûre que c'est le chauffeur de taxi qui l'a rapportée.

〈全訳〉

　私の妻がクリスマスに赤いマフラーを贈ってくれました．昨日，初めてそれを身につけました．終業後，私は会社の近くに住んでいる友人宅に夕食に行きました．友人宅に着いた時，彼らが赤色は私によく似合う，もっと頻繁に鮮やかな色を身につけるべきだと言いました．確かに私はいつも黒色か灰色を身につけています．

　夕食後，地下鉄に乗るには疲れすぎていたので，タクシーで帰宅することに決めました．運転手に住所を告げて，私は眠ってしまいました．降りる時にタクシーの中にマフラーを置き忘れたことに気がつきました！私は領収書を貰わなかったので，運転手を見つけることができませんでした．今朝，妻が私に「あなたはもっと注意すべきだったわ… そんな顔をしないで！来年，別のマフラーを贈ってあげるわ！」と言いました．私はふだんは何も置き忘れたりしないので，なおさらとても悲しかったです．でも家を出る時，マフラーが玄関の扉にかけてあるのを見つけました！妻はタクシーの運転手がそれを持ってきてくれたのだと確信しています．

〈問題文〉 ◀》 38

(1) La femme de Bernard lui a offert une écharpe rose pour son anniversaire.

(2) Bernard et sa femme sont allés dîner chez des amis qui habitent près de leur domicile.

(3) Les amis de Bernard lui ont conseillé de s'habiller avec des couleurs vives plus fréquemment.

(4) Habituellement, Bernard porte du noir ou du gris.

(5) Bernard est rentré en taxi, car il n'y avait plus de métro après le dîner.

(6) Bernard a laissé son écharpe en descendant du taxi.

(7) Bernard pouvait retrouver le taxi qu'il avait pris puisqu'il avait gardé le reçu.

(8) La femme de Bernard a dit qu'elle lui offrirait une autre écharpe l'année suivante.

(9) Bernard a vu son écharpe accrochée sur la porte d'entrée en sortant de la maison.

(10) La femme de Bernard ne sait pas du tout qui a rapporté l'écharpe.

〈問題文和訳〉

(1) ベルナールの妻は彼の誕生日にピンク色のマフラーを贈った.
(2) ベルナールと妻は彼らの家の近くに住んでいる友人宅に夕食を食べに行った.
(3) ベルナールの友人たちは彼にもっと頻繁に鮮やかな色を着るように勧めた.
(4) ベルナールはいつも黒色か灰色を着る.
(5) 夕食後,地下鉄がもうなかったので,ベルナールはタクシーで帰宅した.
(6) ベルナールはタクシーから降りる時に,彼のマフラーを置き忘れた.
(7) ベルナールは領収書をとっておいたので,彼が乗ったタクシーを見つけることができた.
(8) ベルナールの妻は彼に翌年,別のマフラーを贈ると言った.
(9) ベルナールは家から出た時,玄関の扉に自分のマフラーがかけてあるのを見た.
(10) ベルナールの妻は誰がマフラーを持ってきたか全くわからない.

(1) ② La femme de Bernard lui a offert une écharpe rose pour son anniversaire.
　　　「ベルナールの妻は彼の誕生日にピンク色のマフラーを贈った.」

　　読まれたテキストの冒頭で Ma femme m'a offert une écharpe **rouge** pour Noël.「私の妻が**クリスマス**に**赤い**マフラーを贈ってくれました.」と言っています.これは1人称が3人称になっただけなので,文の構造としては同じです.問題文では,**rouge** の代わりに **rose** が,**Noël** の代わりに **anniversaire** が使われているので,明らかに (1) の問題は内容が一致していません.この問題は,人称を換えて語彙を入れ替えた比較的単純な問題です.

(2) ② Bernard et sa femme sont allés dîner chez des amis qui habitent près de leur domicile.
　　　「ベルナールと妻は彼らの家の近くに住んでいる友人宅に夕食を食べに行った.」

　　読まれたテキストでは,Après le travail, **je suis allé** dîner chez des amis qui habitent près de **mon bureau**.「終業後,**私は会社**の近くに住んでいる友人宅に夕食に**行きました**.」が関係する部分です.問題文のほうでは,主語が **je** から **Bernard et sa femme** になり,**mon bureau** の代わりに **leur domicile** が使われています.これは主語を換え,語彙を入れ替えた問題です.集中して聞けば,正誤の判断が比較的簡単にできる問題です.したがって,これも内容が一致していません.

(3) ① Les amis de Bernard lui ont conseillé de s'habiller avec des couleurs vives plus fréquemment.
　　　「ベルナールの友人たちは彼にもっと頻繁に鮮やかな色を着るように勧めた.」

　　読まれたテキストでは,Quand j'y suis arrivé, ils m'ont dit que le rouge m'allait bien et que **je devrais porter des couleurs vives plus souvent.**「友人宅に着いた時,彼らが赤色は私によく似合う,**もっと頻繁に鮮やかな色を身につける**べきだと言いました.」の部分が関係しています.問題文は読まれたテキストを短くして,文の構造を変えたものです.« conseiller de + 不定詞 »「〜することを勧める」を使い,**porter des couleurs vives** の代わりに **s'habiller avec des couleurs vives** としていますが,これは全く同じことを言い表しています.さらに **souvent** の代わりに **fréquemment** が使われていますが,この2語は同義語です.したがって,(3) の問題は内容が一致しています.

　　最後に,fréquemment や évidemment の語尾 emment は [amã] と発音するので,発音する時も,つづりを書く時も注意するようにしてください.

(4) ① Habituellement, Bernard porte du noir ou du gris.
　　　「ベルナールはいつも黒色か灰色を着る.」

　　読まれたテキストでは,C'est vrai que je **m'habille toujours en noir ou en gris**.「確かに

聞き取り試験
2

93

私は**いつも黒色か灰色を身につけています**．」と言っています．つまり読まれたテキストでは，« s'habiller en ＋色 »「〜色を着る」という表現を使い，問題文 **Habituellement, Bernard porte du noir ou du gris** では，« porter du ＋色 »「〜色を身につける」という同義表現を使っています．ここで使われている du は部分冠詞ですが，これは特定のものの一部を示すという用法です．**habituellement**「頻繁に，しょっちゅう」と **toujours** は同意表現ですから，この問題は内容が一致しています．

(5)　② Bernard est rentré en taxi, car il n'y avait plus de métro après le dîner.
　　　「夕食後，地下鉄がもうなかったので，ベルナールはタクシーで帰宅した．」

　　読まれたテキストでは，Après le dîner, j'ai décidé de rentrer en taxi parce que **j'étais trop fatigué pour prendre le métro.**「夕食後，**地下鉄に乗るには疲れすぎていたので**，タクシーで帰宅することに決めました．」と言っています．これは « trop ＋形容詞＋ pour ＋不定詞 »「〜するにはあまりに…すぎる，あまりに〜なので…しない」を使った構文で，ベルナールがタクシーで帰宅した理由が述べられています．したがって，問題文の **il n'y avait plus de métro**「地下鉄がなくなっていた」が理由ではなく，ベルナールの疲労が理由だったので，(5) の問題は内容が一致していません．

(6)　① Bernard a laissé son écharpe en descendant du taxi.
　　　「ベルナールはタクシーから降りる時に，彼のマフラーを置き忘れた．」

　　読まれたテキストで関係しているのは，Je me suis rendu compte qu'**en descendant, j'avais oublié mon écharpe dans le taxi**！「降りる時にタクシーの中にマフラーを置き忘れたことに気がつきました！」のところです．問題文はこの一文の従属節のみを取り出して，主語を **Bernard** にして，動詞を **oublier** から同義語の **laisser** に換えたものです．また時制も読まれたテキストの主節の部分がなくなったことにより，大過去形から複合過去形になっています．問題文は読まれたテキストの関係箇所を短くして言い換えた文です．しっかりと全体の流れを掴んでいれば，正誤の判断は難しくありませんね．(6) の問題は内容が一致しています．

(7)　② Bernard pouvait retrouver le taxi qu'il avait pris puisqu'il avait gardé le reçu.
　　　「ベルナールは領収書をとっておいたので，彼が乗ったタクシーを見つけることができた．」

　　読まれたテキストでは，Comme **je n'avais pas pris de reçu, il m'était impossible de retrouver le chauffeur.**「私は領収書を貰わなかったので，**運転手を見つけることはできませんでした．**」と言っています．テキストで，comme や parce que などを使って理由を述べる文が出て来たら，それを問われる可能性が高いと思ってください．この文は comme を使った従属節で理由を述べ，« il est impossible à ＋人＋ de ＋不定詞 »「〜にとって…するのは不可能だ」の構文を使って，タクシーの運転手を見つけることができなかったことを言い表しています．一方の問題文は，少々リスニングがしにくい構造になっています．というのも関係代名詞が使われた前半部分と理由を示す接続詞 puisque を使った後半部で，qu'il や puisqu'il の音が続きますので，集中して聞かないと文の意味が掴みにくいからです．ですが，主節で Bernard **pouvait retrouver le taxi**「ベルナールは**タクシーを見つけることができた**」さえ，きちんと聞き取れれば正誤の判断はできます．ただし **le chauffeur**「運転手」の意味を知らないと，判断に迷うかもしれませんので，必ず覚えておきましょう．(7) の問題は内容が一致していません．

(8)　① La femme de Bernard a dit qu'elle lui offrirait une autre écharpe l'année suivante.
　　　「ベルナールの妻は彼に翌年，別のマフラーを贈ると言った．」

　　読まれたテキストで関係している箇所は，直接話法で語られた Ce matin, **ma femme m'a dit** : « Tu aurais dû faire attention... Ne fais pas cette tête ! **Je t'offrirai une autre écharpe** l'année prochaine ！ ».「今朝，妻が私に『あなたはもっと注意すべきだったわ… そんな顔をしないで！　来年，別のマフラーを贈ってあげるわ！』と言いました．」のところです．問題文はこの箇所を短くして，La femme de Bernard a dit qu'elle (= La femme de Bernard) lui (= à Bernard) offrirait une autre écharpe l'année suivante.「ベルナールの妻は彼（＝ベルナール）に翌年，別のマフラーを贈ると言った．」のように間接話法に言い換えたものです．直接話法と間接話法では主語の人称が異なりますので，その点に注意しながら聞き取りをしましょう．読まれるテキストを聞きながら，誰が何を言ったのかを整理してメモをしておくとよいでしょう．(8) の内容は一致しています．

(9)　① Bernard a vu son écharpe accrochée sur la porte d'entrée en sortant de la maison.
「ベルナールは家から出た時，玄関の扉に自分のマフラーがかけてあるのを見た．」

　　　読まれたテキストでは，en partant de la maison, j'ai trouvé mon écharpe accrochée sur la porte d'entrée「家を出る時，私のマフラーが玄関の扉にかけてあるのを見つけました」と言っている箇所がありますが，ここが問題文の Bernard a vu son écharpe accrochée sur la porte d'entrée「ベルナールは玄関の扉に自分のマフラーがかけてあるのを見た」とほぼ同じであることがわかりますね．人称代名詞が異なることと，動詞が trouver から voir に換わっただけの比較的単純な言い換えです．(9) も内容が一致しています．

(10) ② La femme de Bernard ne sait pas du tout qui a rapporté l'écharpe.
「ベルナールの妻は誰がマフラーを持ってきたか全くわからない．」

　　　読まれたテキストで関係しているのは，最後の Ma femme est sûre que c'est le chauffeur de taxi qui l'a rapportée.「妻はタクシーの運転手がそれを持ってきてくれたのだと確信しています．」のところです．ベルナールの妻はマフラーを持ってきたのがタクシーの運転手だと確信していますから，問題文 La femme de Bernard ne sait pas du tout qui a rapporté l'écharpe.「ベルナールの妻は誰がマフラーを持ってきたか全くわからない．」は，内容が一致していません．落ち着いてメモを取りながら聞き取りをすれば，正誤の判断はつきますね．

練習問題 ② （▶ 本冊 p.176）

(1) ②　(2) ①　(3) ①　(4) ①　(5) ①　(6) ②　(7) ②　(8) ②　(9) ②　(10) ①

総ワード数が 224 の少し長めの文章です．内容は，家族とリヨン郊外で生活する 14 歳の少女エリーズが，母親の提案でスマートフォンなしの週末を過ごしたという話です．人称は 1 人称複数を中心として，3 人称単数・複数が用いられています．また，本テキストでも直接話法と間接話法の両方が使用されています．時制については，直説法現在形を中心に，直説法の複合過去形・半過去形・大過去形，条件法現在形が使われています．

それでは，各設問を丁寧に見ていきましょう．

まず，読まれるテキストとその全訳を示しておきます．読まれるテキストには，リエゾンとアンシェヌマンの箇所を明示しますので，音読練習をして音のつながりに慣れておきましょう．

〈読まれるテキスト〉　◀) 39

J'ai 14 ans. Je vis en banlieue lyonnaise avec mes parents. Mon père est informaticien et ma mère est vendeuse. J'ai un grand frère qui habite à Marseille pour ses études. En rentrant du collège, je fais toujours mes devoirs. Après avoir pris une douche, je passe le reste de la soirée sur mon smartphone. J'adore suivre l'actualité de mes stars préférées sur les réseaux sociaux.

95

Vendredi soir, ma mère a proposé : « Ça vous dirait de passer un week-end sans smartphone ? ». L'idée ne m'a pas particulièrement plu mais j'ai accepté.

Samedi matin, je commençais déjà à m'ennuyer au bout de quelques heures sans smartphone. Je ne pouvais même pas envoyer de messages à mes copines ! J'ai supplié ma mère de me rendre mon smartphone. Elle m'a alors proposé de faire une mousse au chocolat. Puis, mon père m'a fait réciter mon cours d'histoire. Pendant le dîner, nous nous sommes raconté notre journée. Je leur ai parlé de mes projets d'avenir. On a aussi téléphoné à mon frère avec le téléphone fixe. Ça faisait si longtemps que je n'avais pas discuté avec ma famille ! Dimanche, on a fait le grand ménage. Mon père a retrouvé des jeux de société. On y a joué le reste du week-end. Je suis prête à renouveler l'expérience mais pas toutes les semaines !

〈全訳〉

私は14歳です．両親とともにリヨン郊外で暮らしています．父はIT技術者で，母は店員です．私には兄が1人いて，学業のためにマルセイユに住んでいます．中学校から帰ると，私はいつも宿題をします．シャワーを浴びた後，スマートフォンを見て夜の残りの時間を過ごします．ソーシャル・ネットワークでお気に入りのスターのニュースをフォローするのが大好きです．金曜日の夜，母が「週末をスマートフォンなしで過ごすのはどうかしら？」と提案しました．そのアイデアは特に気に入ったわけではなかったけど，私は受け入れました．

土曜日の朝，スマートフォンがなかったので，私は数時間ですでに退屈し始めました．友だちにメッセージすらも送れませんでした！ 私は母にスマートフォンを返してと頼みました．その時，母は私にチョコレート・ムースを作ろうと提案しました．それから，父が私に歴史の授業を暗唱させました．夕食の間，私たちは互いにそれぞれの一日を話しました．私は将来の計画について彼ら（＝両親）に話しました．私たちは固定電話から兄に電話もしました．家族と話をしたのはとても久しぶりでした！ 日曜日に，私たちは大掃除をしました．父がボードゲームを見つけました．週末の残りはそれで遊びました．私はこの経験をもう一度してもいいけど，毎週は嫌だわ！

〈問題文〉 🔊 40

(1) Élise vit en banlieue lyonnaise avec son père, informaticien, et sa mère, femme au foyer.

(2) Le grand frère d'Élise fait ses études à Marseille.

(3) D'habitude, Élise termine ses devoirs avant de prendre une douche.

(4) Élise aime beaucoup connaître les nouvelles de ses stars favorites.

(5) La mère d'Élise a proposé de se passer de smartphone pendant un week-end.

(6) Élise n'a pas accepté parce que la proposition de sa mère ne lui a pas plu.

(7) Samedi, Élise a pu facilement passer la matinée sans smartphone.

(8) Pendant le dîner, Élise n'a communiqué aucun de ses projets d'avenir à ses parents.

(9) La famille d'Élise n'a pas téléphoné pendant ce week-end-là.

(10) Dimanche, Élise a joué à des jeux de société avec ses parents.

〈問題文和訳〉

(1) エリーズはIT技術者の父親と専業主婦の母親と一緒に，リヨン郊外に住んでいる．

(2) エリーズの兄はマルセイユで学業をしている．

(3) ふだん，エリーズはシャワーを浴びる前に宿題を終わらせる．

(4) エリーズはお気に入りのスターのニュースを知ることが大好きである．

(5) エリーズの母親は週末の間，スマートフォンなしで済ますことを提案した．

(6) エリーズは母親の提案が気に入らなかったので，受け入れなかった．

(7) 土曜日，エリーズは午前中をスマートフォンなしでたやすく過ごすことができた．

(8) 夕食の間，エリーズは両親に将来の計画を何一つ話さなかった．

(9) エリーズの家族は，その週末は電話をしなかった．

(10) 日曜日，エリーズは両親とともにボードゲームで遊んだ．

(1)　②　Élise vit en banlieue lyonnaise avec son père, informaticien, et sa mère, femme au foyer.

　　　　「エリーズはIT技術者の父親と専業主婦の母親と一緒に，リヨン郊外に住んでいる．」

　　　読まれたテキストの冒頭で，**Je vis en banlieue lyonnaise avec mes parents. Mon père** est **informaticien** et ma mère est **vendeuse.**「**両親とともにリヨン郊外で暮らしています．父は IT 技術者で，母は店員です．**」と言っています．問題文はこの2つの文を1つの文にしたものです．ここでの正誤判断のポイントは，母親の職業です．読まれたテキストは **vendeuse** でしたが，問題文では **femme au foyer**「専業主婦」になっています．これは母親の職業を変えただけの単純な言い換えですね．当然，(1)の問題は内容が一致していません．

(2)　①　Le grand frère d'Élise fait ses études à Marseille.

　　　　「エリーズの兄はマルセイユで学業をしている．」

　　　読まれたテキストでは，**J'ai un grand frère qui habite à Marseille pour ses études.**「**私には兄が1人いて，学業のためにマルセイユに住んでいます．**」とあります．問題文は，faire ses études「学業をする」という慣用表現を使っていますが，読まれたテキストのこの箇所を短くしたものです．シンプルな書き換えですので，落ち着いて聞けばすぐに正誤の判断はできますね．(2)の問題の内容は一致しています．

(3)　①　D'habitude, Élise termine ses devoirs avant de prendre une douche.

　　　　「ふだん，エリーズはシャワーを浴びる前に宿題を終わらせる．」

　　　読まれたテキストで関係しているのは，En rentrant du collège, **je fais toujours mes devoirs. Après avoir pris une douche,**「中学校から帰ると，**私はいつも宿題をします．シャワーを浴びた後，**」のところです．問題文は，この箇所の je fais toujours mes devoirs「私はいつも宿題をします」と Après avoir pris une douche「シャワーを浴びた後」をつなげて，**après** の代わりに **avant** を使い動詞を **terminer** にすることで「シャワーを浴びる前に宿題を終わらせる」という意味の文にしたものです．読まれたテキストの全体の流れを把握していれば，正誤の判断に迷うことはないでしょう．(3)の問題は内容が一致しています．

(4)　①　Élise aime beaucoup connaître les nouvelles de ses stars favorites.

　　　　「エリーズはお気に入りのスターのニュースを知ることが大好きである．」

　　　読まれたテキストでは，J'adore **suivre l'actualité** de mes **stars préférées** sur les réseaux sociaux.「ソーシャル・ネットワークで**お気に入りのスターのニュースをフォローする**のが大好きです．」とあります．問題文は読まれたテキストと同じ構造の文です．同義語を使った単純な言い換えですが，同義語や同意表現の意味がわかっていないと判断に迷いますね．この機会に，**l'actualité** と **les nouvelles**，**préféré** と **favori** が同義語であることを確認しておきま

しょう．なお，favori の女性形は特殊な形で favorite になりますので，覚えておきましょう．また，suivre には「欠かさず〜する」という意味がありますので，suivre les cours「授業に欠かさず出席する」という語とともに覚えておくといいですね．(4) の問題は内容が一致しています．

(5) ① La mère d'Élise a proposé de se passer de smartphone pendant un week-end.
　　　「エリーズの母親は週末の間，スマートフォンなしで済ますことを提案した．」
　　　読まれたテキストで関係しているのは，Vendredi soir, **ma mère a proposé** : « ça vous dirait de **passer un week-end sans smartphone ?** ».「金曜日の夜，**母が『週末をスマートフォンなしで過ごすのはどうかしら？』と提案しました．**」と直接話法で書かれたところです．« ça vous [te] dit de + 不定詞 »「あなたは〜することに興味がある」は条件法現在で使われて，「〜するのはどうかしら？」という提案の表現になっています．問題文では，« se passer de + 名詞［不定詞］»「〜（すること）なしで済ます」という慣用表現が使われて，**a proposé de se passer de smartphone** は「**スマートフォンなしで過ごすことを提案した**」という意味になります．したがって，問題文はテキストとほぼ同じ意味になっています．« se passer de + 名詞［不定詞］» はよく使われるので，忘れないようにしてください．(5) の問題は内容が一致しています．

(6) ② Élise n'a pas accepté parce que la proposition de sa mère ne lui a pas plu.
　　　「エリーズは母親の提案が気に入らなかったので，受け入れなかった．」
　　　読まれたテキストでは，L'idée ne m'a pas particulièrement plu mais **j'ai accepté**.「そのアイデアは特に気に入ったわけではなかったけど，**私は受け入れました．**」と言っています．これは文の構造をひっくり返したものですが，全体の流れさえ掴んでいれば簡単に正誤の判断がつきますね．問題文では **Élise n'a pas accepté**「エリーズは受け入れなかった」となっていますので，この問題は内容が一致していません．

(7) ② Samedi, Élise a pu facilement passer la matinée sans smartphone.
　　　「土曜日，エリーズは午前中をスマートフォンなしでたやすく過ごすことができた．」
　　　読まれたテキストで関係しているのは，Samedi matin, je commençais déjà à **m'ennuyer au bout de quelques heures sans smartphone**. Je ne pouvais même pas envoyer de messages à mes copines ! **J'ai supplié** ma mère **de me rendre mon smartphone**.「土曜日の朝，**スマートフォンがなかったので，私は数時間ですでに退屈し始めました．**友だちにメッセージすらも送れませんでした！　私は母にスマートフォンを返してと頼みました．」のところです．この問題文は，読まれたテキストの該当箇所を短くして表現したものです．このような状況では，スマートフォンなしでたやすく過ごしたとは言えませんね．これは全体の流れを把握していないとわからない問題です．つまり，文脈で正誤を判断する問題ということになります．(7) の問題は内容が一致していません．

(8) ② Pendant le dîner, Élise n'a communiqué aucun de ses projets d'avenir à ses parents.
　　　「夕食の間，エリーズは両親に将来の計画を何一つ話さなかった．」
　　　読まれたテキストでは，Je leur (= à ses parents) **ai parlé de mes projets d'avenir**.「私は**将来の計画について彼ら（＝両親）に話しました．**」が関係しています．問題文では parler de の同義語 communiquer を使い，それを不定代名詞を使った構文 « ne 〜 aucun de ses + 複数名詞 »「彼［彼女］の〜の何一つも…ない」を使って否定しています．読まれたテキストの該当箇所に対して，少々長い言い回しとなっていますが，ne と aucun が聞き取れれば，否定していることがわかりますね．したがって，(8) の問題の内容は一致していません．

(9) ② La famille d'Élise n'a pas téléphoné pendant ce week-end-là.

98

「エリーズの家族は，その週末は電話をしなかった．」

　読まれたテキストでは，On **a aussi téléphoné** à mon frère **avec le téléphone fixe**.「私たちは**固定電話から兄に電話もしました．**」と言っています．エリーズたち家族はスマートフォンなしで週末を過ごしていましたが，固定電話から電話をしたので，(9)の問題は内容が一致していません．

(10) ① Dimanche, Élise a joué à des jeux de société avec ses parents.
　　　「日曜日，エリーズは両親とともにボードゲームで遊んだ．」

　読まれたテキストで関係しているのは，**Dimanche**, on a fait le grand ménage. **Mon père a retrouvé des jeux de société**. On y (= à des jeux de société) **a joué le reste du week-end**.「**日曜日**に，私たちは大掃除をしました．**父がボードゲームを見つけました．週末の残りはそれ**（＝ボードゲーム）**で遊びました．**」のところです．問題文は，読まれたテキストの該当箇所を短くしたものです．この問題は文の流れを把握して正誤を判断する問題です．日曜日に父親がボードゲームを見つけて，家族で週末の残りの時間をそれで遊んだということですから，これはテキストに対して内容が一致していることになります．

　いかがでしたか．長文のリスニングではとにかく落ち着いて，全体の流れを把握することが重要です．また，聞きながらメモを取る能力も磨いておくとよいですね．家にいる時は，フランス語の音声を流して，なるべくフランス語を自然な形で聞く習慣をつけておきましょう．そして，少しリスニングに慣れたら，同じ音声を使って，今度は5W1Hを念頭におき，誰が，何を，いつ，どうしたか，なぜそうしたのかなどに注意しながら，メモを取る練習をしておきましょう．この習慣を身につけておくと，長文テキストのリスニングで大いに役立ちます．

2 次 試 験

2次試験は，受験者と面接委員との個別面接形式の口頭試験です．面接委員が日常生活に関連するテーマを1つ提示し，それについて話すように求めます．受験者が話した内容をもとに面接委員が質問をし，それに受験者が答えるという形で会話が進行します．したがって，想定問答を作ったり，複数のテーマをもとにあらかじめ話す内容を準備したりすることが大切です．ここで，事前準備のポイントをもう一度確認しておきましょう．

事前準備
① 過去問題などを利用して，質問文のそれぞれについて自分で書いて覚えるという準備をします．各テーマについて，5文程度のフランス語の作文をしましょう．幸運にも添削を頼める先生や先輩，あるいは身近にフランス人の知り合いがいたら，自分が書いたフランス語文を見てもらいましょう．
② そのフランス語文を音読して発音に問題がないか確認をしましょう．この時，フランス語の発音を確認してもらえる先生や先輩，あるいは身近にフランス人の知り合いがいたら，自分のフランス語を聞いてもらうとよいでしょう．そうした環境にない時は，本書の模範応答例を繰り返し聞いてください．
③ 上記の①，②を経て作った文章を暗記します．この時，自然に話ができるように，何度も繰り返し練習しましょう．

各練習問題の中から質問を3つ選び，その応答例を以下に示しますので，参考にしてください．応答例は自分の状況に合わせて変更してください．

練習問題 ① (▶本冊 p.192)

〈質問文の和訳〉

1. Voulez-vous vivre en ville ou à la campagne ?
   「都市か田舎かどちらで生活したいですか？」

2. Comment est-ce que vous êtes venu(e) ici ?
   「どのように（＝どんな交通手段を使って）ここまで来ましたか？」

3. Qu'est-ce que vous avez fait hier ?
   「昨日は何をしましたか？」

4. Vous préférez voyager en train ou en voiture ? Pourquoi ?
   「あなたは電車か車かどちらで旅行をするのが好きですか？　それはなぜですか？」

5. Allez-vous souvent sur Internet ?
   「よくインターネットをしますか？」

6. Qu'est-ce que vous faites avant de dormir ?
   「眠る前に何をしますか？」

7. Présentez-nous un membre de votre famille.

「あなたの家族の 1 人を紹介してください．」

8. Avec qui parlez-vous le plus souvent dans votre famille ?

「家族の中では，誰と一番よく話しますか？」

9. Quelle ville du Japon aimeriez-vous le plus visiter ? Pourquoi ?

「日本のどの町を一番訪れたいですか？ それはなぜですか？」

10. Allez-vous souvent au restaurant ? Pourquoi ?

「レストランによく行きますか？ それはなぜですか？」

〈模範応答例と全訳及びポイント〉

質問文：Comment est-ce que vous êtes venu(e) ici ? 🔊 44

「どのように（＝どんな交通手段を使って）ここまで来ましたか？」

応答例：Je suis venue à pied, en train et en métro. Ça a pris (または Il a fallu または J'ai mis) 1 heure et demie pour venir ici. Comme j'habite loin de la gare, je prends le bus jusqu'à la gare quand je vais au bureau en semaine. Mais aujourd'hui, je suis partie très tôt de la maison pour marcher. Mon mari n'aime pas du tout marcher. Il me dit que c'est ennuyeux. Mais moi, j'adore ça ! Quand il fait beau, j'aime beaucoup me promener en écoutant de la musique.

「私は徒歩，電車，地下鉄で来ました．ここまで来るのに 1 時間半かかりました．駅から遠くに住んでいるので，平日会社に行く時は駅までバスに乗ります．でも今日は，とても早く家を出て歩きました．夫は歩くことが全く好きではありません．彼は，それは面倒だと言います．でも私は大好きです！ 天気がよい時は，音楽を聴きながら散歩をするのがとても好きです．」

〈ポイント〉

1. この応答例は女性が話しているという設定です．
2. 徒歩，電車，地下鉄で移動するという設定で，話者は歩くのが好きな女性です．
3. 家族（夫）は歩くのが好きではない，音楽を聴きながら散歩をするのが好きだという話題を加えています．

質問文：Présentez-nous un membre de votre famille. 🔊 45

「あなたの家族の 1 人を紹介してください．」

応答例：J'aimerais vous présenter mon père. Il s'appelle Ryuichi et il a 67 ans. Il est timide et très cultivé. Il aime le vélo et les voyages. Avant, il travaillait dans une grande entreprise japonaise. Il n'avait pas beaucoup de temps pour la famille et ses loisirs. Mais il y a 2 ans, il a pris sa retraite. Maintenant, il fait du vélo tous les jours ! Il a aussi commencé à faire la cuisine. On aimerait aller voir le Tour de France ensemble un jour.

「私は父を紹介したいと思います．彼の名前は竜一で，67 歳です．彼は内気で，とても教養があります．彼は自転車と旅行が好きです．以前，彼は日本の大企業で働いていました．家族や余暇のための時間はあまりありませんでした．でも 2 年前に定年退職をしました．今では，毎日サイクリングをしています！ 彼は料理も始めました．いつか一緒にフランスにツール・ド・フラ

ンスを見に行きたいです.」

〈ポイント〉
1. 父親を紹介するという設定です.
2. 紹介する家族の名前, 年齢, 職業, 趣味を中心に話をしています.
3. 父親と一緒にフランスに行ってツール・ド・フランスを観戦したいなど, 将来の夢や計画を語って, 発展的な話題を提供しています.

質問文：Quelle ville du Japon aimeriez-vous le plus visiter ? Pourquoi ? 🔊 46
「日本のどの町を一番訪れたいですか？ それはなぜですか？」

応答例： J'aimerais aller à Kamakura au printemps pour y admirer les fleurs de cerisier. Kamakura est une ville historique qui se trouve tout près de Tokyo. On peut y visiter le Grand Bouddha et de très beaux temples et sanctuaires. Si j'ai le temps, je ferai une promenade sur la plage et je me rendrai sur l'île d'Enoshima pour goûter des spécialités locales. Je voudrais prendre le petit train de la ligne Enoden qui longe le bord de la mer.

「私は春に桜を鑑賞しに鎌倉に行きたいです. 鎌倉は東京のすぐ近くにある歴史的な街です. そこでは, 大仏や美しい寺社を訪れることができます. 時間があれば, 浜辺を散歩し, 江の島に行って, 地元の名物を味わいます. 海沿いを走る江ノ電のかわいい電車に乗りたいです.」

〈ポイント〉
1. この応答例は鎌倉を訪れたいという設定です.
2. 訪れたい町の地理的位置, 魅力, 観光スポットなどを話しています.
3. 花見, 寺社や大仏の見学, 江の島に行くことなど, そこで何をしたいかを具体的に話しています.

練習問題 ② (▶本冊 p.193)

〈質問文の和訳〉

1. Vous prenez le petit déjeuner tous les matins ?
「毎朝, 朝食をとりますか？」

2. Avez-vous des animaux chez vous ?
「あなたの家では動物を飼っていますか？」

3. Comment avez-vous passé le Nouvel An ?
「(今年の) 新年はどのように過ごしましたか？」

4. Pouvez-vous vivre sans télévision ? Pourquoi ?
「テレビなしで生活できますか？ それはなぜですか？」

5. Qu'est-ce qui est le plus important dans votre vie ?
「あなたの人生で最も大切なものは何ですか？」

6. Quand et comment écoutez-vous de la musique ?
「いつ, どのように音楽を聴きますか？」

7. Faites-vous quelque chose de spécial pour votre santé ?

「あなたは自分の健康のために何か特別なことをしていますか？」

8. Quelle est votre saison préférée ? Pourquoi ?

「お気に入りの季節はどの季節ですか？　それはなぜですか？」

9. Racontez-nous un souvenir d'enfance.

「子ども時代の思い出を話してください.」

10. Vous sortez souvent avec vos amis ? Si oui, où aimez-vous aller ?

「友人とよく出かけますか？　もし出かけるなら，どこに行くのが好きですか？」

〈模範応答例と全訳及びポイント〉
質問文：Vous prenez le petit déjeuner tous les matins ? 🔊 47
　　　「毎朝，朝食をとりますか？」

応答例：Oui, je le prends tous les matins ! C'est très important pour moi de commencer ma journée par un petit déjeuner équilibré. En général, je mange du pain avec du jambon, du fromage et de la confiture, un fruit ou un yaourt et je bois du café au lait. Le week-end, quand j'ai le temps, je prépare un petit déjeuner japonais avec du riz, de la soupe de miso, du poisson et des légumes. Par contre, mon fils ne prend qu'un café le matin parce qu'il se lève toujours très tard. Je pense que ce n'est pas bon pour la santé.

「はい，私は毎朝朝食をとります！　一日をバランスの取れた朝食で始めることは，私にとってとても大切なことです．たいてい，パンと一緒に，ハム，チーズ，ジャム，果物かヨーグルトを食べ，カフェオレを飲みます．週末は，時間がある時には，ごはん，味噌汁，魚と野菜の和食の朝食を用意します．私とは反対に，息子は，朝はコーヒーしか飲みません．というのも彼はいつもとても遅く起きるからです．私は，それは健康によくないと思います.」

〈ポイント〉
1. この応答例は朝食を毎日とるという設定です.
2. 朝食の内容を具体的に話しています.
3. 家族の中で誰が何を作り，何を食べるか，誰が朝食を食べないのかなど話題を広げています.

質問文：Quand et comment écoutez-vous de la musique ? 🔊 48
　　　「いつ，どのように音楽を聴きますか？」

応答例：J'en écoute souvent dans le train ou dans le métro quand je me déplace. J'adore la pop et le rock ! En général, j'écoute des morceaux sur YouTube parce que c'est gratuit et parce qu'il y a beaucoup de choix. Quand une chanson me plaît, je l'achète sur Internet. C'est pour cette raison que je n'achète plus de CD. Le soir, j'écoute parfois de la musique à la maison pour me relaxer avant de dormir.

「私は移動する時には，電車や地下鉄の中でよく音楽を聴きます．私はポップスとロックが大好きです！　無料でたくさんの選択肢があるので，たいてい，ユーチューブで音楽を聴きます．気

に入った歌がある時は，インターネットでそれを購入します．だからもう CD は買わなくなりました．夜は寝る前にリラックスするために，時々家で音楽を聴きます.」

〈ポイント〉
1. この応答例は移動中や就寝前に音楽を聴くという設定です．
2. よく聴く音楽のジャンル，どのような聴き方をしているのかなど具体的な内容を話しています．
3. 音楽の入手方法など話題に広がりがあります．

質問文：Vous sortez souvent avec vos amis ? Si oui, où aimez-vous aller ? 🔊) 49

「友人とよく出かけますか？　もし出かけるなら，どこに行くのが好きですか？」

応答例：Quand j'étais étudiant, je sortais tout le temps avec mes amis après les cours à l'université. Mais maintenant, je ne peux pas les voir aussi souvent parce que je suis très occupé par mon travail. Quand je vois mes amis, j'adore aller dans de nouveaux restaurants. La dernière fois, nous sommes allés dans un restaurant libanais. C'était original et très bon ! Sinon, j'aime aller voir des matches de baseball avec eux parce que nous faisions du baseball ensemble quand nous étions à l'université.

「学生だった頃は，大学の授業が終わった後，いつも友人たちと出かけていました．でも今は，それほどしょっちゅう彼らに会うことができなくなりました．というのも私は仕事で忙しいからです．友人たちに会う時は，新しいレストランに行くのが大好きです．前回，私たちはレバノン料理のレストランに行きました．個性的でとても美味しかったです！　そうでなければ，彼らと野球の試合を見に行くのが好きです．というのも私たちは大学時代，一緒に野球をしていたからです.」

〈ポイント〉
1. この応答例は，かつては友人たちとよく出かけていたが，今はそれほど出かけなくなったという男性の設定です．
2. レストランや野球観戦など出かける場所，していることなどを，具体例を交えて話しています．
3. よく出かけていた場所やしていたことなど過去の思い出を話し，話題を広げています．

　いかがでしたか？　なるべく多くの応答例を作り，暗記しておきましょう．事前準備をしっかりしておけば，当日は落ち着いて試験に臨むことができます．余裕があれば，自ら提供した話題や情報をもとに，例えば Quelles sont les spécialités de Kamakura ? —Kamakura est connu pour les fruits de mer.「鎌倉の名物は何ですか？ — 鎌倉は海産物で有名です．」など，想定問答集を作っておくのもよいでしょう．

1 (▶本冊 p.197)

(1) ⑦　(2) ⑧　(3) ②　(4) ③

(1)　Mon père travaille (**dans**) l'Administration.「私の父は公務員です．」

　　ここでの dans は「分野」ということから，従事している職業や所属を表しています（administration は「行政機関」を意味し，このように多くは大文字で表されます）．être dans les voitures なら，「自動車の商売をしている」ということになります．

(2)　Le prix des fruits varient (**selon**) les saisons.「果物の値段は季節によって異なる．」

　　ここでの selon は「〜に応じて，〜次第で」ということで，ここでは季節に応じてということを示しています．selon を用いたそのほかの表現は本冊 p.15 を参照してください．

(3)　Les crayons se vendent en général (**par**) douzaines.「鉛筆は一般にダース単位で売られている．」

　　ここでの par は「〜ずつ，〜ごとに」ということで，par douzaine(s) なら「ダース単位で，ダースで」となり，par dizaine なら「10 本単位で，10 本ずつ」となります．jour par jour なら「日ごとに」ですね．なお，同義語の à la douzaine「ダース単位で」も覚えておくとよいでしょう．

(4)　Mon intention est (**de**) gagner 5 000 euros par mois.「月に 5 千ユーロ稼ぐことが私の目標です．」

　　de は属詞となる不定詞の構文を作り，「〜すること」とまとめる働きがあります．ここでは主語の intention「意図する目的」が「月に 5 千ユーロ稼ぐことである」ということですね．Mon problème est de me lever tôt.「私の問題は早く起きなければいけないことだ．」など，よく見かける構文ですので，確認しておいてください．

2 (▶本冊 p.198)

(1) impression　(2) sens　(3) ainsi　(4) haute　(5) courant

(1)　J'ai l' (**impression**) d'avoir vu cet homme quelque part.

　　「あの男性はどこかで見たような気がする．」

　　avoir l'impression de ＋不定詞［que ＋直説法］は，「〜のような気がする，〜と思う」という意味でよく使われます（別冊 p.11 参照）．前にエリジョンがあるので，母音で始まる語ということで air を書いてはいけません．avoir l'air は人から見て「〜のように見える，〜のような様子をしている」という意味なので，注意してください．

(2)　Cette rue est à (**sens**) unique.「この通りは一方通行です．」

　　名詞 sens には「感覚，意味，意識」のほか，「方向，向き」の意味があります（本冊 p.40 参照）．観光地で Sens de la visite と書いてあれば，「（見学の）順路」を示すことになりますし，Sens interdit なら「進入禁止」（車道であれば「車両進入禁止」）ということです．

(3)　L'espagnol, l'italien (**ainsi**) que le français sont des langues issues du latin.

　　「スペイン語，イタリア語ならびにフランス語はラテン語から出た言葉です．」

　　ainsi que 〜で「〜と同様に」という使い方があるので，よく覚えておいてください（別冊

p.21 参照). この場合 et と同様に考えて前から訳してよいですし、動詞は複数形で受けます.

(4) Jean m'a appelé à voix (**haute**). 「ジャンは私を大声で呼んだ.」

　　フランス語で「大声で」は「高い声で」と言い換えられるので、「高い」を意味する形容詞の女性形 haute が正解です.「大声」という日本語に引きずられて grande などとしないようにしましょう.「小声で」なら à voix basse となりますね.

(5) Je ne suis pas au (**courant**). 「聞いてないよ.」

　　名詞 courant は「流れ、経過」という意味のほか、être au courant (de 〜)「(〜を) 知っている」という成句的表現で非常によく用いられます (本冊 p.38、別冊 p.16 参照). ここは「聞いてないよ」というぶっきらぼうな日本語が、「私はそれに通じていない、それを知らない」ということに対応していることに気づけばよいですね.

3 (▶本冊 p.199)

(1) tenez / tiendrez　(2) tentait　(3) ait　(4) ai dit　(5) aurais agi

まず、選択肢の動詞の一般的な意味を確認しましょう.

agir　行動する　　　　　　rendre　返す　　　tenir　つかんでいる；保つ　　dire　言う
tenter　試みる；誘惑する　avoir　持つ　　　se connaître　知り合う　　　se conduire　振舞う

(1) A　Prenez en considération ce problème.
　　B　Vous (**tenez / tiendrez**) compte de ce problème.
　　A　「その問題を考慮に入れてください.」
　　B　「その問題を (考慮してください).」

　　A が vous の命令文であることを踏まえたうえで A と B の両文を比較すると、ともに同じような構造をとっていることに気がつきます. となると、B で使われている動詞表現が、A で使われている動詞表現 prendre 〜 en considération「〜を考慮に入れる」と同じような意味であろうと推測できます. 空欄の後に compte de という語句が続いていることから、tenir compte de「〜を考慮する」という熟語を作ることができる tenir を選択することができます.

　　あとは A が命令文ですので、B もこれに合わせる必要があります. 2 人称の文は、動詞を単純未来形にすることでも軽い命令口調を表すことができるので、この場合は tenir を直説法現在形にしても単純未来形にしても両方正解となります.

　　なお compte を使った熟語に、rendre compte de「〜の報告をする」や se rendre compte de「〜を納得する、〜がわかる」もあります. それぞれの意味の違いをしっかりと押さえたうえで覚えておきましょう.

(2) A　J'avais envie d'acheter cette voiture, mais son prix n'était pas tout à fait accessible.
　　B　Cette voiture me (**tentait**), mais elle était un peu trop chère.
　　A　「この車を買いたかったのだけれど、値段があまり手頃じゃなかったんだよね.」
　　B　「この車を (ほしかった) のだけれど、ちょっと値が張ったんですよ.」

　　A と B の双方の後半にある、mais 以降の内容は同じですから、問題は両文の前半部となります. A の cette voiture が B では主語となり、A の主語である je が目的語として B の空欄の直前に位置し、「この車は私を (　　　) のだが」という内容になっています. つまり、両文が肯定文で、かつ空欄の前後の語句が入れ替わっているパターンに当てはまります. ということは A の avoir envie d'acheter と同義で、さらにこの受け身的な意味 (ここでは「ほしい気を起こさせる」) を持つ動詞が空欄に入ると予想されます. 選択肢の中からそのようなもの

を探してみると，無生物主語をとった時「〜の気をそそる，〜の心を惹く」という意味になる tenter を見つけることができるでしょう．あとは A に合わせてこれを半過去形にしてください．なお，dire にも « dire à ＋人 » で「〜に訴えかける，〜の関心を惹く」という表現がありますが，設問 (4) の解答に dire を使うことになるので，ここでは選択できません．

　ちなみに，A の accessible には「近づける，接近可能な」といった意味の他に，「手頃な（値段）」という意味があります．

(3)　A　Je crois qu'on la regarde par méprise comme une actrice talentueuse.
　　　B　Il semble qu'elle (**ait**) la réputation d'une actrice talentueuse, mais je ne le crois pas.
　　　A　「皆は勘違いして，彼女を才能豊かな女優扱いしていると思う．」
　　　B　「彼女は才能豊かな女優との評判が（ある）ようだが，私はそう思わない．」

　　A では « croire que ＋直説法 »「〜と思う」が使われ，B では非人称構文の « il semble que ＋接続法 »「〜であるように思われる」が使われています．両者の que の節内を見比べると，A の que 節では regarder 〜 comme ...「〜を…と見なす」が用いられ，「皆は勘違いして彼女を才能豊かな女優と見なしている」という内容になっています．他方，B の que 節内はと言うと，A の regarder の目的語に当たる la が主語 (elle) となっていて，「彼女は才能豊かな女優という評判が（　　　）だが，私はそう思わない」といった内容です．A の par méprise「勘違いして」と，B の文末にある mais je ne le crois pas「私はそう思わない」は内容的に対応しているので，これもまた除いて読み比べると，空欄には「〜という評判がある」といった意味の動詞表現が最も適していると考えられます．選択肢を検討すると，avoir ならば avoir la réputation de「〜という評判［噂］がある」という表現を作れることに気づくと思います．あとは，B の空欄が « il semble que ＋接続法 » の que 節内にあるので，忘れずに avoir を接続法現在形にしましょう．

(4)　A　Je l'ai informée de l'avancement de mon projet.
　　　B　Je lui (**ai dit**) où j'en étais dans mon projet.
　　　A　「私は彼女に自分のプロジェクトの進展を知らせた．」
　　　B　「私は自分のプロジェクトがどの段階にあるかを彼女に（言った）．」

　　A の文で informer 〜 de ...「…を〜に知らせる」という構文が使われていることを，まずは確認しておきましょう．そのうえで「彼女」に知らせる内容（「プロジェクトの進み具合」），つまり l'avancement de mon projet が B のどこに相当するかを探してみます．すると，en être là「そこまでいって［進んで］いる」という表現の一ヴァリエーションを含んだ，où j'en étais dans mon projet「私は自分のプロジェクトがどの段階まで進んでいるのか」が，A の l'avancement de mon projet の内容に相当するとわかります．すなわち A と B の双方は同じ構造を取っているわけです．

　　さらに B の où で始まる節についてよく見てみると，これが空欄の直後にあることから，où の節は空欄に入る動詞の目的語となるのではないかと推測できるのではないでしょうか．これらをまとめると，A の「知らせる」に近い意味を持ち，かつ疑問詞節（ここでは où の節）を直接後ろにとれる動詞を選択肢の中から探せばよい，と見当がつきます．選択肢の中では dire がこれに一番ふさわしいと言えるでしょう．最後に，A の文と時制を合わせるため，これを複合過去形にすることも忘れないでください．

(5)　A　Comme je manquais de confiance en mes capacités, je ne suis pas passée à l'action.
　　　B　Si j'avais été sûre de mes capacités, j'(**aurais agi**) immédiatement.
　　　A　「自分の才能に自信がなかったので，私は行動に移らなかった．」
　　　B　「自分の才能に自信があったら，私は即座に（行動したのですが）．」

A では manquer de confiance en「〜に自信がない」という動詞表現や，passer à l'action「行動に移る」などが用いられ，「自分の才能に自信がなかったので，私は行動に移らなかった」という内容になっています．これに対して B はどうでしょうか．まず，si で始まる条件節には大過去形が用いられ，さらに être sûr de「〜を信頼している，（能力など）に自信がある」といった表現が登場し，「自分の才能に自信があったら，私は即座に（　　　　）」という内容です．以上から，B では過去に関わる非現実的な仮定の話をしているのに対し，A では「でも実際には〜」と事実あるいは実情を話していることが理解できます．となると空欄の部分の内容は「動く，行動する」といった意味の動詞が，条件法過去形で入りそうだ，と想像できます．ということで選択肢の中では agir と se conduire が候補となりそうですが，空欄の直前に j' とエリジョンがありますので，前者の agir が最適です．あとはこれを条件法過去形にしましょう．

　なお，manquer de confiance en の対義表現は，avoir confiance en「〜に自信がある」ですので，これもこの際に覚えておくとよいでしょう．

4 (▶本冊 p.200)

(1) ③　(2) ①　(3) ②　(4) ③　(5) ②

　女性であるがゆえに味わったさまざまな苦労を乗り越えて，ブルキナファソの首都，ワガドゥグで女性として初の整備士となり，成功を収めているアイシャという女性について述べられた文章で，総ワード数が 250 のテキストです．

　第4問の文章は普通，新聞の雑報 variétés もしくは社会面の記事で目にするような，さまざまなテーマを扱った取材記事です．したがって3人称が基調となり客観的に語られます．

　この文章は直説法現在が基調となって，それに直説法複合過去が9つ，同半過去3つ（(3) の選択肢の解答1つを含む），同大過去1つ，同単純未来0，条件法現在1つ，加えて接続法現在が1つ，不定詞が7つ（(5) の選択肢の解答1つを含む）となっています．このように時制が混在する文章では，語られているそれぞれの事柄や出来事が現在のことなのか，過去のことなのか，未来のことなのかという点をしっかり把握しておくことが必要です．

　では，まず全体の流れを見ていきましょう．文章の空欄を気にせずに，大意を把握することから始めます．

　「34歳のアイシャは，ブルキナファソの首都，ワガドゥグで初の女性整備士で，10年ほど前に自分の修理工場を開業した．両親の意向に逆らい，彼女は16歳で整備士になる修行を始めた．最初の頃は同僚や顧客から女性蔑視的な対応を繰り返し受けたものの，今となっては女性従業員を3人抱え，顧客からの人気と信頼も勝ち取り，成功を収めている」といった感じでしょう．

　それでは，空欄が含まれる文を1つずつ見ていきましょう．

(1)　③ Regardez, c'est (**comme un puzzle**) » explique-t-elle en nous montrant une moto qu'elle répare.

　　　「『見てください，（ジグソーパズルのようなもの）なんですよ』と，自分が修理している1台のバイクを見せながら，我々に説明してくれる．」

　第1段落では，ブルキナファソの女性整備士であるアイシャについての紹介がされています．そして，La mécanique est une vraie passion pour elle「彼女はメカが本当に好きである」と語られた後，それを裏づけるようなアイシャの発言の最後に空欄があります．「機械を分解して，組み立て直すのが大好きなんです」と話した彼女は，Regardez「見てください」と言っています．ということは，前言の内容を証明するようなことが空欄で述べられている可能

性が高い，と考えられます．しかもこの後ろを見ると，彼女は実際に修理中のバイクを記者に見せながらこの発言をしていることがわかります．

ここで，選択肢を見てみましょう．まず① une œuvre peu intéressante「面白味のない作品」，② à vous de le refaire「今度はあなたがこれをやり直す番だ」，③ comme un puzzle「ジグソーパズルのようなもの」となっています．まず，①では La mécanique est une vraie passion pour elle と内容的に矛盾します．②についてですが，« C'est à vous de ＋不定詞 »「あなたが〜する番だ［するべきだ］」や，中性代名詞 le が使われています．前者の vous については，ここがアイシャの発言であることから，取材しているジャーナリストを指します．後者については，前文の内容である「機械を分解して，組み立て直す」ことを le が受けていると考えられます．アイシャがジャーナリスト（vous）に対して「今度はあなたがこれをやり直す番ですよ」，つまり「今度はあなたがやってみてください」と，冗談めかして勧めることも全くあり得なくはないですが，整備士ではないジャーナリストに対してバイクの解体と組み立てを実際にさせることは現実的ではありません．それよりはむしろ③のほうが，「機械を分解して，組み立て直す」＝「ジグソーパズル」という連想からいっても，前文との繋がりがしっくりといきます．というわけで，正解は③ comme un puzzle がよいでしょう．

(2) ① (**En dépit de l'opposition de**) ses parents, qui voulaient qu'elle travaille dans le secteur bancaire, elle a commencé comme apprentie dans un petit garage du quartier à l'âge de 16 ans.
   「彼女には銀行業の分野で仕事をしてほしいと願っていた両親（の反対にもかかわらず），彼女は 16 歳で街の小さな修理工場で整備士見習いとして仕事を始めた．」

第 2 段落では，両親を何とか説得して整備士の修行を始めたアイシャが一人前となるまでに体験してきた，女性ゆえのさまざまな苦労が語られています．空欄を含んだ一文を読んでみると，空欄を除いた前半部では，彼女の両親が彼女に銀行業の分野で仕事をしてほしかった，ということが語られています．それに対して後半部，つまりこの文の主節では，「彼女は 16 歳で街の小さな修理工場で整備士見習いとして仕事をし始めた」とあります．つまり，前半部と後半部が内容的に対立関係にあることがわかります．このことを頭に入れて，選択肢を検討していきましょう．

まず① En dépit de l'opposition de「〜の反対にもかかわらず」（en dépit de「〜にもかかわらず」），② Pour répondre aux attentes de「〜の期待に応えるために」（pour répondre aux attentes de「〜の期待に添えるように」），③ Avec l'aide de「〜の助けを借りて」（avec l'aide de「〜の助けを借りて，〜の助力によって」）とあります．②については，彼女の両親は彼女に銀行業の分野で仕事をしてほしかったのですから，まず消えます．③にしても，②と同じ理由で選択できないでしょう．さらに同じ段落の冒頭では，女性が整備士という職業で男性と同じようにやっていけることを自分の家族に認めさせるのは容易ではなかった，ということが語られています．空欄を含む文に続く彼女の言葉，Mes parents m'ont dit que j'avais fait un mauvais choix「両親は，私が仕事を選び間違えた，と私に言ってましたね」を読めば，いっそう選び難いでしょう．よって，正解には① En dépit de l'opposition de を選びます．

(3) ② Mais j'ai appris avec l'expérience que ma petite taille (**présentait aussi des avantages dans**) ce métier.
   「でも，経験とともに学んだんです，自分の背の低さがこの職業（において強みにもなるってことにね）．」

同じく第 2 段落ですが，彼女の修行時代における苦労とその過程で確認し直した，自分の長所が述べられています．段落の後半を見てみると，周囲からの冷たい対応のせいで何度も

辞めようと思った，とネガティブな内容が語られた後，Mais j'ai appris avec l'expérience「でも，経験とともに学んだんです」と空欄を含んだ文が続きます．ここの Mais で話題の転換がなされていると考えられますが，こうした流れから空欄のある que 以下の内容はポジティブなものになることが察せられるでしょう．そのうえで ma petite taille「私の背の低さ」と ce métier「この職業」がどう関係しているのかを問われていることがわかります．

　では，選択肢をそれぞれ検討してみましょう．まずは選択肢がすべて半過去形であり，時制の違いが問われているのではないことを確認しておきます．それを踏まえて，① pouvait être fatale pour「〜にとって致命的であるかもしれない」，② présentait aussi des avantages dans「〜において強みにもなる」(avantage「利点，長所」)，③ ne devait pas être propice à「〜に打ってつけであるはずがない」(propice à「〜に適した，〜に好都合な」) となっています．上で述べたことから，ネガティブな内容である①や③は正解とは考えにくく，②ならばこの逆接の関係性が活きて次の第3段落にスムーズに繋がっていきます．というわけで，正解は ② présentait aussi des avantages dans となります．

(4) ③ Les clients, dont certains (**viennent de très loin**), déjeunent ou prennent le café avec elles pendant les pauses.
　　　「お客たちは，中には（とても遠いところからやって来る）者もいるのだが，休憩時間に彼女らと昼ごはんを食べたり，コーヒーを飲んだりしている．」

　第3段落では，アイシャが一人前となり，従業員もしっかりと育成し，事業自体も順調にいっている，そのような現在の状況が述べられています．空欄を含む一文では，彼女の職場環境が描かれているようです．もう少し詳しく見てみると，空欄を含んだ部分が2つのヴィルギュル［, ］で挟まれています．ここで，2つのヴィルギュルで挟まれた部分は挿入句である場合が多いことを思い出しましょう．このケースもまさに挿入句だと考えられます．ですのでいったん « dont certains (　　　　) » の部分を外してみると，この問題となる文が「お客たちは，休憩時間に彼女らと昼ごはんを食べたり，コーヒーを飲んだりしている」という内容であることが理解できます．では空欄を含む挿入句のほうはというと，空欄の前には dont certains とあります．これは dont を使った定番の表現で，「〜のうちの何人か」という意味です．先行詞は直前の Les clients ですから，この部分は「お客たちのうちの何人かは」という意味になります．

　それでは，選択肢をそれぞれ見てみましょう．まず① se moquent toujours d'elle「相変わらず彼女を馬鹿にしている」，② travaillent dans son garage「彼女の修理工場で働いている」，③ viennent de très loin「とても遠いところからやって来る」とあります．真っ先に②は消せるでしょう．①に関しても，その前の文を読めば職場の雰囲気がアットホームでよいことがわかりますし，それに続くこの挿入句を含んだ文でも彼女と顧客との距離の近さが表現され，アイシャがすっかり顧客から信頼を得て，商売がうまくいっていることがわかるでしょう．もしも彼女を馬鹿にしている＝信用していないのならば，こういった打ち解けた雰囲気にもなりませんし，そもそも来店しません．残るは③ですが，これを選べば，遠方からわざわざ来店してくれる顧客がいるくらいにアイシャの修理工場は評判がよい＝彼女の仕事が上手くいっている，ということが表現できるので，前文からの流れを考え合わせると，③ viennent de très loin が最適だと言えるでしょう．

(5) ② Aïcha devrait (**agrandir son garage**) bientôt pour y accueillir 2 nouvelles apprenties.
　　　「アイシャは2名の新しい整備士見習いの女性を迎え入れるために，近々，きっと（自分の修理工場を大きくする）だろう．」

　第3段落の最後の一文，いわばこの文章の締めくくりの一文の中に空欄があります．アイ

シャの仕事が顧客の信頼を得て，従業員もでき，自動車修理工場も順調にいっていることがここまでで語られている，というのは前にも述べたとおりです．空欄の前を見ると，Aïcha devrait「アイシャはきっと〜するだろう」（devoir は「推定」で「きっと〜だろう，〜にちがいない」という意味になる）とあり，空欄では不定詞が含まれていることがまずわかります．他方，空欄の後ろを読むと，2 nouvelles apprenties「2 名の新しい整備士見習いの女性」が増えることに伴い，アイシャが bientôt「近々」に行うはずの行動が空欄の内容になると想像できます．ここまで見当をつけた段階で，選択肢をそれぞれ当てはめてみましょう．

　まず① prendre sa retraite「引退［定年退職］する」，② agrandir son garage「自分の修理工場を大きくする」（agrandir「〜を大きくする」），③ ouvrir une cafétéria「カフェテリアを開業する」となっています．この文の大意をしっかり把握せずに前文の内容（「お客たちは，休憩時間に彼女らと昼ごはんを食べたり，コーヒーを飲んだりしている」）に引きずられてしまうと③を選びかねませんが，これはまず消去できるでしょう．①にしても，文末に pour y accueillir 2 nouvelles apprenties「2 名の新しい整備士見習いの女性を迎え入れるために」とあるので，正解として選びづらいのではないでしょうか．というのも，2 名の新人が入って来るのにそのタイミングで 34 歳とまだ若い彼女が引退するとは少し考えにくく，普通に考えればむしろ規模を拡張して備えることでしょう．第 2 段落の冒頭で，両親や顧客に une femme pouvait aussi bien réussir dans le métier de mécanicien qu'un homme「女性が整備士という職業で男性と同じようにやっていける」ということを説得するのに苦労した，といったことが述べられていましたが，彼女の夢，野心はまさにこのことを具現化することのはずです．「引退する」よりも「事業を拡張する」ほうが文意に沿うと考えられます．こういったことをすべて考慮に入れると，やはり正解は② agrandir son garage となります．

〈全訳〉

　ますます多くの女性たちが，建設業とか自動車修理業のような，伝統的に男性でほぼ占められていた分野で働くようになっている．34 歳のアイシャは，ブルキナファソの首都，ワガドゥグで初の女性整備士である．彼女はバイクの修理を専門とし，10 年ほど前に自分の修理工場を開業した．彼女はメカが本当に好きである．「機械を分解して，組み立て直すのが大好きなんです．見てください，ジグソーパズルのようなものなんですよ」と，自分が修理している 1 台のバイクを見せながら，我々に説明してくれる．

　しかし，女性が整備士という職業で男性と同じようにやっていけるのだということを，自分の家族や顧客に認めさせるのは容易ではなかった．彼女には銀行業の分野で仕事をしてほしいと願っていた両親の反対にもかかわらず，彼女は 16 歳で街の小さな修理工場で整備士見習いとして仕事を始めた．「両親は，私が仕事を選び間違えた，と私に言ってましたね．最初の頃は，同僚とかお客さまから馬鹿にされたり，女性蔑視的なことを言われたりしたせいで，何度も諦めそうになりました．でも，経験とともに学んだんです，自分の背の低さがこの職業において強みにもなるってことにね」．

　アイシャは自らの情熱を 3 人の女性従業員に注いだ，全員，アイシャが時を重ねつつ育成してきた女性たちである．彼女の修理工場では一日中，皆がおしゃべりし，冗談を言い，笑って過ごしている．お客たちは，中にはとても遠いところからやって来る者もいるのだが，休憩時間に彼女らと昼ごはんを食べたり，コーヒーを飲んだりしている．アイシャは 2 名の新しい整備士見習いの女性を迎え入れるために，近々，きっと自分の修理工場を大きくするだろう．

〈選択肢和訳〉
  (1) ① 面白味のない作品
      ② 今度はあなたがこれをやり直す番だ
      ③ ジグソーパズルのようなもの

  (2) ① ～の反対にもかかわらず
      ② ～の期待に応えるために
      ③ ～の助けを借りて

  (3) ① ～にとって致命的であるかもしれない
      ② ～において強みにもなる
      ③ ～に打ってつけであるはずがない

  (4) ① 相変わらず彼女を馬鹿にしている
      ② 彼女の修理工場で働いている
      ③ とても遠いところからやって来る

  (5) ① 引退［定年退職］する
      ② 自分の修理工場を大きくする
      ③ カフェテリアを開業する

5 (▶本冊 p.202)

(1) ⑤ (2) ⑥ (3) ② (4) ⑦ (5) ④
....
　これは総ワード数が 140 弱の比較的短いインタビュー形式の対話文です．ヨットで大西洋を横断したヤンとジャーナリストとの間の対話文で，大西洋横断の経験が彼にもたらしたもの，海に対する情熱の理由，航海中に心に残ったこと，今後の計画などについて，je と vous を用いて話をしています．動詞の時制は，直説法の現在形・複合過去形・半過去形・単純未来形です．

　それでは，質問文と応答文を順番に検討していきましょう．

(1)　⑤ Qu'est-ce que ce voyage vous a apporté ?
　　　「この横断はあなたに何をもたらしましたか？」
　まずは，（　　）の後の応答文を見てみましょう．J'ai beaucoup appris sur moi et sur mes capacités physiques. Ça a été une expérience passionnante !「自分自身と自分の身体的能力について多くのことを学びました．それは夢中になるような経験でした！」とあります．ここで語られているのは，自分自身について知ったことであり，これが素晴らしい経験だったことです．この部分から想像できるのは，大西洋横断で何を経験したか，何を知ったかという内容の質問文です．
　　それでは，選択肢を見てみましょう．応答文との整合性を考えると，②の Qu'est-ce qui vous a le plus marqué pendant la traversée ?「横断中，いちばん心に残ったことは何ですか？」か⑤の Qu'est-ce que ce voyage vous a apporté ?「この横断はあなたに何をもたらしましたか？」が候補としてあがります．これは似たような質問ですね．前者は大西洋横断中に最も

112

印象に残ったことを尋ね，後者は大西洋横断によって得たこと，それがどのようなことだったかを尋ねています．答えの文が J'ai beaucoup appris「多くのことを学んだ（＝得た）」となっているので，a apporté「もたらした」と尋ねている⑤の Qu'est-ce que ce voyage vous a apporté ? が正答であると判断ができますが，もしすぐに判断できない場合はいったん保留にして，次の問題にいきましょう．なお voyage には「移動」という意味があり，ここではヨットでの横断を意味します．

(2)　⑥ D'où vous vient cette passion pour la mer ?
　　　「どうしてあなたは海に対してこれほどの情熱をお持ちなのですか？」

　　（　　）の後の応答文は，J'ai grandi en Bretagne près d'un port. Il y avait beaucoup de bateaux. J'aimais les (- les bateaux) regarder, ça me faisait rêver.「私はブルターニュ地方の港の近くで育ちました．たくさんの船がありました．私はそれら（＝船）を眺めるのが好きでした．それは私に夢を見させてくれました．」です．ここで語られている内容は，ブルターニュ地方の港の近くで育ち，船や海を見て暮らしていたこと，それが彼の夢を育んでいたことです．ここから想定できる質問文は，「なぜ大西洋横断をしたのか？」や「幼い頃の思い出は何か？」，「どのような所で育ったか？」などです．

　　これらの想定をもとに選択肢を見てみると，上記のような質問文はありません．しかし，1つ候補にあがる質問文があります．それは⑥の D'où vous vient cette passion pour la mer ?「どうしてあなたは海に対してこれほどの情熱をお持ちなのですか？」です．海に対する情熱の源を尋ねる質問ですが，応答文に照らしてみると会話として成立します．したがって，この設問の解答は⑥の D'où vous vient cette passion pour la mer ? ということになります．なお，« d'où venir ＋主語＋à＋人 »「どのように［どうして］人が～を思いついたのか，どのように［どうして］人が～をしたのか」の表現はしばしば使われていますので，必ず覚えておきましょう．

(3)　② Qu'est-ce qui vous a le plus marqué pendant la traversée ?
　　　「横断中，いちばん心に残ったことは何ですか？」

　　（　　）の後の応答文は，Je n'oublierai jamais les couchers de soleil et les nuits étoilées loin des problèmes de la vie quotidienne... mais je me souviens aussi des tempêtes !「日常生活のいろいろな問題から遠く離れて見た，夕陽と星が瞬く夜空を決して忘れないでしょう… でも，私は嵐のことも覚えています！」です．応答文で語られているのは，夕陽や星の輝く夜空の美しさが忘れられないということと嵐の思い出です．これを基に質問文を考えると，「思い出は何か」というようなことを尋ねている質問文が想定できます．

　　上記の想定を考慮に入れて選択肢を見てみると，②の Qu'est-ce qui vous a le plus marqué pendant la traverse ?「横断中，いちばん心に残ったことは何ですか？」が候補になります．これは「心に残ったこと」＝「思い出」を尋ねる質問ですので，②が応答文に対して最もふさわしい質問文であると判断できます．となると，保留にしておいた設問 (1) の正答は⑤になるとわかりますね．なお，marquer を「印をつける」という意味で覚えている人が多いと思いますが，この語は物を主語にして「～が…の心に刻印を残す，～が…の記憶に焼きつく」という意味になります．

(4)　⑦ Cela ne vous a pas découragé ?
　　　「それで気持ちがくじけませんでしたか？」

　　（　　）の後の応答文は，Pas du tout ! Il faut savoir s'adapter dans toutes les situations. Je n'ai qu'une envie, c'est de recommencer !「ぜんぜん！　あらゆる状況に対応する術を知らなくてはなりません．唯一私が願っているのは，もう一度これ（＝ヨットでの横断）をするこ

113

とです！」です．ここで注目したいのは，Pas du tout！です．これは non の代わりに使う受
け答えですので，質問文は疑問詞のない疑問文になります．この点を考慮して選択肢を見て
みると，③の Ça ne vous a pas plu ?「それは気に入りませんでしたか？」か⑦の Cela ne
vous a pas découragé ?「それで気持ちがくじけませんでしたか？」の２つが候補になります．
　　この２つの質問文は正反対の内容です．判断をするためには，Je n'ai qu'une envie, c'est de
recommencer！に注目しなければなりません．空欄に入るのが③だと仮定した場合，Pas du
tout の意味は「まったく気に入らなかった」となり，⑦だと仮定すると Pas du tout の意味は
「まったく気持ちはくじけなかった」となります．Pas du tout の後に，もう一度トライした
いということが語られていますので，正答は⑦の Cela ne vous a pas découragé ?になります．

(5)　④　Quand comptez-vous repartir ?
　　　　「いつ再び出発するつもりですか？」
　　（　　）の後の応答文は，J'envisage de traverser l'océan Pacifique cet été.「今夏，太平洋を
横断する予定です．」です．この文から想定できる質問文は，「今夏は何をするのか？」か「い
つ太平洋を横断するのか？」，「今後の計画は何か？」という質問になります．これらの想定
文を基に選択肢を見ると，④の Quand comptez-vous repartir ?「いつ再び出発するつもりで
すか？」が合致します．したがって，正答は④ということになります．
　　なお，envisager「検討する，計画する」，compter「考慮する，〜するつもりである」とい
う類語を覚えておくとよいでしょう．

〈全訳〉
ジャーナリスト：あなたはヨットで大西洋を横断したところです．この横断はあなたに何をもた
　　　　　　　　らしましたか？
ヤン　　　　　：自分自身と自分の身体的能力について多くのことを学びました．それは夢中に
　　　　　　　　なるような経験でした！
ジャーナリスト：どうしてあなたは海に対してこれほどの情熱をお持ちなのですか？
ヤン　　　　　：私はブルターニュ地方の港の近くで育ちました．たくさんの船がありました．
　　　　　　　　私はそれら（＝船）を眺めるのが好きでした．それは私に夢を見させてくれま
　　　　　　　　した．
ジャーナリスト：横断中，いちばん心に残ったことは何ですか？
ヤン　　　　　：日常生活のいろいろな問題から遠く離れて見た，夕陽と星が瞬く夜空を決して
　　　　　　　　忘れないでしょう… でも，私は嵐のことも覚えています！
ジャーナリスト：それで気持ちがくじけなかったのですか？
ヤン　　　　　：ぜんぜん！ あらゆる状況に対応する術を知らなくてはなりません．唯一私が
　　　　　　　　願っているのは，もう一度これ（＝ヨットでの横断）をすることです！
ジャーナリスト：いつ再び出発するつもりですか？
ヤン　　　　　：今夏，太平洋を横断する予定です．まずは数か月，休息します．

〈選択肢和訳〉
　①　いったい，何をするためですか？
　②　横断中，いちばん心に残ったことは何ですか？
　③　それは気に入りませんでしたか？
　④　いつ再び出発するつもりですか？
　⑤　この横断はあなたに何をもたらしましたか？

⑥　どうしてあなたは海に対してこれほどの情熱をお持ちなのですか？

⑦　それで気持ちがくじけませんでしたか？

6 (▶本冊 p.204)

(1) ①　(2) ②　(3) ②　(4) ②　(5) ①　(6) ①　(7) ①

　総ワード数が 219 の平均的な長さのテキストです．内容は，コロナウイルス感染症が拡大しつつある中，飛行機がキャンセルされたため，自転車でギリシャに帰省したクレオンの話です．社会面で取り上げられるような新聞記事風のテキストで，主として 3 人称で書かれています．とはいえ，直接話法でクレオンの言葉が引用されているので，1 人称単数での叙述があります．時制は直説法複合過去形が中心で，直説法半過去形と大過去形が混在しています．また条件法現在形が 1 回だけ使われています．このテキストでは日常的な語彙や表現が使用されているので，内容を理解するのはそう難しくはないでしょう．それでは，各設問を丁寧に見ていきましょう．

(1)　①　問題文 **En raison de la propagation de l'épidémie du coronavirus**, Kleon **n'a pas pu regagner son pays natal en mars 2020.** の訳は，「**コロナウイルスの感染拡大が理由で**，クレオンは **2020 年 3 月に故国に戻ることができませんでした**．」です．長文テキストで関係しているのは，**Fin mars 2020**, Kleon, étudiant grec de 20 ans, **s'est retrouvé bloqué en Écosse** où il faisait ses études. En effet, **le pays a fermé ses frontières face à la pandémie du coronavirus**. Quand le jeune étudiant a voulu prendre l'avion **pour retrouver sa famille en Grèce**, tous les vols qu'il avait réservés ont été annulés. 「**2020 年 3 月末**，20 歳のギリシャ人学生クレオンは，学業をしていた**スコットランドで足止めされていました**．というのも**スコットランドはコロナウイルスの感染拡大を前に，国境を封鎖した**からです．その若い学生（＝クレオン）が**ギリシャの家族に会いに飛行機に乗りたい**と思っていた時，彼が予約した飛行機はすべてキャンセルになりました．」のところです．

　この問題文は，数行にわたる長文テキストの対応する部分を短くしたものです．これは文脈で判断する問題です．長文テキストで，スコットランドに留学中のクレオンが，コロナウイルス感染症の拡大でスコットランドの国境が封鎖されたため，3 月にギリシャに帰国できなかったということが，問題文では手短に書かれています．したがって，(1) の問題は内容が一致しています．

　語彙と表現については，« en raison de ＋名詞 » 「〜の理由で」，regagner「取り戻す，戻る」，la propagation de l'épidémie「感染症の拡大」，la pandémie「大流行，汎流行」，« face à ＋名詞 » 「〜に直面して」などを覚えておきましょう．

(2)　②　問題文 Kleon, fan de cyclisme, **voulait assister** à une course cycliste. 「自転車競技ファンのクレオンは，自転車レースに**参加したい**と思っていました．」です．長文テキストで関係するのは，Il avait **réalisé une course à vélo** en 2019 et s'était bien entraîné depuis. 「2019 年に**自転車レースに参加した**ことがあり，それ以来彼はしっかりとトレーニングをしていました．」です．

　フランス語文を一見すると似通っているように思えますが，voulait assister は「参加したい」で，ここでは実際に参加したのではなく，参加したかったことが書かれています．一方の réaliser は「実現する」と覚えている人が多いと思いますが，「実行する」という意味があり，faire の同義語です．つまり，réaliser une course à vélo は「自転車レースに参加する」ということです．また，長文テキストにはクレオンが自転車競技のファンであることは記されてい

ません. したがって, (2) の問題は内容が一致していません.

(3) ② 問題文 **Faute d'entraînement**, Kleon ne pouvait avancer que moins de 120 kilomètres par jour. の訳は,「**トレーニング不足で [トレーニングをしなかったので]**, クレオンは 1 日に 120 キロメートル未満しか進めませんでした.」です. 長文テキストで関係しているのは, Il avait réalisé une course à vélo en 2019 et **s'était bien entraîné** depuis. Le 10 mai, il est parti d'Écosse pour effectuer entre 50 et 120 km par jour.「2019 年に自転車レースに参加したことがあり, それ以来**彼はしっかりとトレーニングをしていました**. 5 月 10 日, 彼はスコットランドを出発し, 1 日に 50 キロメールから 120 キロメートルを走行しました.」のところです.

問題文で使われている «faute de ＋名詞»「～なしで, ～不足で」がカギとなります.「トレーニング不足 [トレーニングをしていない]」という表現が, 長文テキストの il s'était bien entraîné「彼はしっかりと練習していた」と矛盾しますので, この問題は内容が一致していません. この機会に同意表現の «à défaut de ＋名詞»「～なしで, ～不足で」も覚えておきましょう. また, effectuer「実行する, 行う」は réaliser や faire の同義語ですので, 覚えておくと第 3 問の対策になります.

(4) ② 問題文 Kleon a parcouru **toute l'Europe durant trois mois** avant de retrouver sa famille. の訳は,「クレオンは, 家族に再会する前に, **3 か月をかけてヨーロッパ中**を駆け巡りました.」です. 長文テキストで関係しているのは, **Le 10 mai, il est parti** d'Écosse「**5 月 10 日, 彼はスコットランド**を出発し」, **Après avoir traversé l'Angleterre et les Pays-Bas**, il **a longé le Rhin en Allemagne**. Il a ensuite poursuivi son voyage **en Autriche et en Italie** avant de prendre un bateau pour rejoindre la Grèce.「彼は**イギリスとオランダを縦断した後, ライン川に沿ってドイツを進み**ました. その後, ギリシャに戻るために乗船するまで, **オーストリア, イタリア**と旅を続けました.」, Kleon **est** enfin **arrivé à Athènes le 27 juin, 48 jours après** son départ.「**クレオンは出発から 48 日後の 6 月 27 日, ついにアテネに到着しました.**」のところです.

この問題文は, 数行にわたる長文テキストを短くまとめたものですが, 大きな違いがありますね. クレオンはヨーロッパの複数の国を通ってギリシャに到着しましたが, toute l'Europe「ヨーロッパ中」というわけではありません. また, クレオンが帰省に要した日数は 48 日で, 3 か月もかかっていません. したがって, (4) も内容は一致していません. テキストの関係する部分が何行にもわたっているので, 少々わかりづらいように感じますが, 実際は, 判断のカギとなる箇所に気がつけば, 正誤を見分けるのは難しくありません.

特にこの問題のように日付や数字がカギとなる場合があるので, その点を覚えておきましょう. さらに, この設問では複数の意味を持つ動詞が多数使われています. 意味の違いをきちんと確認しておきましょう. parcourir「走破する;(本などに)ざっと目を通す」, traverser「縦(横)断する;考えなどがよぎる」, retrouver「再会する;失くしたものを見つける」, rejoindre「合流する;戻る」, poursuivre「続ける;言葉を続ける」は, 覚えておくと第 3 問の対策になります.

(5) ① 問題文 Kleon **passait la nuit** tantôt **en plein air** tantôt **chez des amis**. の訳は,「クレオンは時に**野外で**, 時に**友人宅で夜を明か**しました.」です. 長文テキストで関係しているのは, **La nuit**, il **faisait du camping sauvage** dans un champ ou dans une forêt. Il **a été** également **hébergé chez des amis**.「夜は野原や森で**野営**しました. また, 友人宅に泊めてもらうこともありました.」のところです.

問題文では, «tantôt A, tantôt B»「ある時は A, ある時は B」, passer la nuit「夜を過ごす, 夜を明かす」, en plein air「屋外で, 野外で」という表現が使われています. 一方の長文テキ

116

ストでは faire du camping sauvage「野外キャンプをする，野営する」，être hébergé chez des amis「友人宅に泊めてもらう」という記述がありますので，これは内容が一致していると判断できます．この問題は文脈から正誤を判断する問題ですね．

(6) ① 問題文 **En arrivant à Athènes le 27 juin**, Kleon **a été accueilli par sa famille et ses amis qui l'attendaient.** の訳は，「**6月27日にアテネに到着すると，クレオンは彼を待っていた彼の家族や友人たちによって出迎えられました．**」です．長文テキストで関係しているのは，Kleon **est enfin arrivé à Athènes le 27 juin**, 48 jours après son départ.「**クレオンは出発から48日後の6月27日，ついにアテネに到着しました．**」Sa famille et ses amis l'attendaient pour l'accueillir.「**彼の家族と友人たちが彼を出迎えるために待っていました．**」のところです．

問題文は，長文テキストの2つの文を短くして一文にしたものです．その際，構造を受動態に変えてジェロンディフ，関係代名詞を用いて書いています．これは，構造こそ変わっていますが，使われている語彙はほとんど同じです．(6) の問題は内容が一致しています．

(7) ① 問題文 Kleon a dit qu'**il voudrait renouveler cette expérience** pour partir **pour une autre destination**. の訳は，「クレオンは，**別の目的地に向けて，この経験を再びしたい**と言いました．」です．長文テキストで関係しているのは，問題文と同様に間接話法で書かれている Le jeune homme a ajouté qu'**il aimerait faire un nouveau voyage à vélo vers un autre pays étranger** si l'occasion se présentait.「その若者（＝クレオン）はもし機会があれば，**別の外国に向けて再度，自転車旅行をしたい**と言い添えました．」です．

問題文は長文テキストの対応箇所とほぼ同じ構造です．違いは，voudrait = aimerait「〜したい」，renouveler cette expérience「この経験（＝自転車旅行）をもう一度する」= faire un nouveau voyage à vélo「新たな自転車旅行をする」，pour une autre destination「別の目的地に向けて」= vers un autre pays étranger「別の外国に向けて」ですが，これらはすべて同意表現による書き換えです．したがって，(7) の問題は内容が一致していると判断できます．

それでは以下に全訳を示しますので，最後にもう一度，テキストの内容を確認しましょう．

〈全訳〉

2020年3月末，20歳のギリシャ人学生クレオンは，学業をしていたスコットランドで足止めされていました．というのもスコットランドはコロナウイルスの感染拡大を前に，国境を封鎖したからです．その若い学生（＝クレオン）がギリシャの家族に会いに飛行機に乗りたいと思っていた時，彼が予約した飛行機はすべてキャンセルになりました．

そのためクレオンは，自転車で帰省することに決めました．2019年に自転車レースに参加したことがあり，それ以来彼はしっかりとトレーニングをしていました．5月10日，彼はスコットランドを出発し，1日に50キロメールから120キロメートルを走行しました．彼はイギリスとオランダを縦断した後，ライン川に沿ってドイツを進みました．その後，ギリシャに戻るために乗船するまで，オーストリア，イタリアと旅を続けました．夜は野原や森で野営しました．また，友人宅に泊めてもらうこともありました．

クレオンは出発から48日後の6月27日，ついにアテネに到着しました．彼は3500キロメートルを自転車で走破したのです！ 彼の家族と友人たちが彼を出迎えるために待っていました．「ぼくは自分の限界，自分の強さや弱さなど，自分自身について多くのことを学びました」と，彼はその内心を語りました．その若者（＝クレオン）はもし機会があれば，別の外国に向けて再度，自転車旅行をしたいと言い添えました．

〈問題文和訳〉

(1) コロナウイルスの感染拡大が理由で，クレオンは 2020 年 3 月に故国に戻ることができませんでした．

(2) 自転車競技ファンのクレオンは，自転車レースに参加したいと思っていました．

(3) トレーニング不足で［トレーニングをしなかったので］，クレオンは 1 日に 120 キロメートル未満しか進めませんでした．

(4) クレオンは，家族に再会する前に，3 か月をかけてヨーロッパ中を駆け巡りました．

(5) クレオンは時に野外で，時に友人宅で夜を明かしました．

(6) 6 月 27 日にアテネに到着すると，クレオンは彼を待っていた家族や友人たちによって出迎えられました．

(7) クレオンは，別の目的地に向けて，この経験を再びしたいと言いました．

7 (▶本冊 p.206)

(1) ① (2) ④ (3) ① (4) ③ (5) ④

　空欄を除いた語数が 160 以上ありますが，平均的な長さの対話文です．解説に進む前に，再度，第 7 問を解く 2 つのカギを思い出しましょう．それは，①空欄の前と後ろの意味を確実に理解することと②対話全体の流れをつかむことです．

　内容は，オスカーが母親にゲーム機を買ってほしいとねだり，最初は否定的だった母親が最後にはゲーム機の効用に興味を示すようになったというものです．それでは，さっそく 1 つずつ順番に見ていきましょう．

(1) ① 最初の（　　）の前後は，オスカーの言葉で，Maman, tous mes copains jouent aux jeux vidéo（　　）! Je veux une console !「ママ，友だちがみんなテレビゲームで遊んでいる（　　）！　ゲーム機がほしいよ！」です．この部分だけで空欄の言葉を想像するのは容易ではありませんが，少なくとも空欄には文の一部が入ることだけは確認しておきましょう．

　ここで，選択肢を見てみます．①は sauf moi「ぼく以外」，②は pour moi「ぼくにとって」，③は après moi「ぼくの後で」，④は avec moi「ぼくと一緒に」です．文脈を考えると，すぐにわかりますね．自分以外の友だちがみな，テレビゲームで遊んでいるのに，自分だけが遊べない．自分もゲーム機がほしいという流れですね．正答は①の sauf moi です．

(2) ④ 2 つ目の（　　）は，オスカーの Je veux une console !「ゲーム機がほしいよ！」に対する母親の返答です．そして母親は，（　　）に続けて，Si je t'en achète une, tu vas y passer toutes tes soirées.「私があなたに 1 つ買ってあげたら，毎晩それをして過ごすでしょうね．」と言っています．この 2 人のやり取りの間で，（　　）に入ると想定できる言葉は，母親のゲーム機に対する否定的な見解でしょう．

　ここで，選択肢を検討しましょう．①は Pourquoi pas「いいわよ」，②は C'est une excellente idée「それはすばらしい考えね」，③は N'importe où「どこだって」，④は Hors de question「問題にならないわ」です．オスカーのゲーム機がほしいというおねだりに対して，①も②も肯定的な返答となるので，空欄の言葉としては不適当です．③では意味が通りません．したがってこの設問の正答は，④の Hors de question であることがわかります．

　なお，①の Pourquoi pas は「どうしてちがうの？⇒いいじゃない」という肯定的な表現です．また，④の表現で使われている hors は第 2 問の**その他の前置詞を用いた表現**にも挙がっていますので確認しておいてください．いくつか熟語表現がありますので，この機会に覚え

118

ておきましょう．ここでは，Hors d'ici !「出ていけ！」，hors de soi「かっとなって，ひどく
腹を立てて」などを挙げておきます．

(3) ① 3つ目の（　）も，1つ目の（　）と同様に，文の中に空欄が置かれているケース
です．（　）を含む一文は，Pourtant, Luc m'a dit（　）pour le développement intellectuel
des enfants...「でもね，リュックがぼくに（　）は子どもの知的成長に（　）って言っ
てたよ…」です．この文は，Luc m'a dit の後が（　）になっているので，構造の上からは
« dire de ＋不定詞 »，« dire que ＋直説法 » のどちらかが想定できます．

　この点を踏まえて，選択肢を見てみましょう．①は que les jeux vidéo étaient très bons「テ
レビゲームはとてもよい」，②は que les jeux vidéo étaient très mauvais「テレビゲームはとて
も悪い」，③は que les jeux vidéo étaient très amusants「テレビゲームはとても面白い」，④は
que les jeux vidéo étaient très inutiles「テレビゲームはとても無駄だ」です．ゲーム機を買っ
てほしいオスカーは，テレビゲームに対して肯定的なことを伝えると考えられるので，②と
④は該当しないと判断できます．①と③を見ると，一方が bons で他方が amusants という形
容詞が使われています．空欄の後ろの pour le développement intellectuel des enfants を考慮
すると，正答は①の que les jeux vidéo étaient très bons であることがわかります．

(4) ③ 4つ目の（　）は母親の言葉で，その前後には直前の母親の Ah bon ?「あら，そうな
の？」と オスカーの Il m'a expliqué qu'il avait appris à lire plus vite et à être plus concentré
en jouant aux jeux vidéo.「彼（＝リュック）はテレビゲームで遊んでいると，読むのがずっ
と早くなって，ずっと集中できるようになったって説明してくれたよ．」とあります．これだ
けでは，母親がどのような言葉を発したかを想定するのは難しいので，もう少しさかのぼっ
て見てみる必要があります．母親の Ah bon ? の言葉の前に，オスカーは Il n'a que des 20 sur
20 en français depuis que sa mère lui a acheté une console à Noël.「彼のお母さんがクリスマ
スにゲーム機を買ってあげてから，フランス語で 20 点満点中 20 点しかとってないよ．」と
言っています．このことに対して，母親は Ah bon ? と返事しているわけですから，オスカー
の言っていることが本当なのか疑っているようなニュアンスがあります．

　こうした点を踏まえて，選択肢を1つずつ見ていきましょう．①は Et quand c'est arrivé ?
「で，それはいつ起こったの？」，②は Et qu'est-ce que tu en penses ?「で，あなたはそれにつ
いてどう思うの？」，③は Et comment ça se fait ?「で，どうしたらそうなるの？」，④は Et
comme c'est gentil !「で，なんてご親切なんでしょう！」です．文脈から考えて，①と④は
明らかに不適当です．もし空欄に②の Et qu'est-ce que tu en penses ? が入るとしたら，オス
カーの応答が母親の質問に対して少しずれてしまいます．オスカーの返答は自分の考えを述
べているのではなく，リュックが彼に言ったことを持ち出しているからです．したがって，
正答は③の Et comment ça se fait ? となります．

(5) ④ 最後の（　）は母親の言葉で，その前には C'est intéressant...「それは興味深いわね…」
という言葉があります．ここで想定できるのは，母親がオスカーに説得されつつあることが，
C'est intéressant... という言葉に表れていることです．

　この点を踏まえて，選択肢を見てみましょう．①は Je ne sais pas où aller「どこに行けばよ
いかわからないわ」，②は Je t'assure que c'est non「はっきり言って，だめよ」，③は
Certainement pas「絶対にちがうわね」，④は Je vais y réfléchir「考えてみましょう」です．オ
スカーに説得されつつあるという流れが理解できれば，②と③は文脈に合わないことがわか
ります．また①はまったく意味がつながりませんので，該当しません．したがって，正答は
④の Je vais y réfléchir です．なお，Je vais y réfléchir. の同意表現は Je vais voir. です．

119

〈全訳〉

オスカー：ママ，友だちがみんなテレビゲームで遊んでいるのに，ぼくだけはちがうんだ！　ゲーム機がほしいよ！

イネス　：問題にならないわ．私があなたに1つ買ってあげたら，毎晩それをして過ごすでしょうね．

オスカー：ママ，お願いだよ．学校から帰ったら宿題をするよ．

イネス　：だめ，だめったら，だめよ！　しつこく言っても無駄よ．それにあなたはまだ小さすぎるわ．

オスカー：でもリュックがぼくにテレビゲームは子どもの知的成長にとてもよいって言ったよ…

イネス　：まさか！　リュックは学校でとても成績が悪いことを忘れないで．

オスカー：うそだよ！　彼のお母さんがクリスマスにゲーム機を買ってあげてから，フランス語で20点満点中20点しかとってないよ．

イネス　：あら，そうなの？　で，どうしてそうなるのかしら？

オスカー：彼（＝リュック）はテレビゲームで遊んでいると，読むのがずっと早くなって，ずっと集中できるようになったって説明してくれたよ．

イネス　：それは興味深いわね…　考えてみましょう．

〈選択肢和訳〉

(1)　① ぼく以外
　　　② ぼくにとって
　　　③ ぼくの後で
　　　④ ぼくと一緒に

(2)　① いいわよ
　　　② それはすばらしい考えね
　　　③ どこだって
　　　④ 問題にならないわ

(3)　① テレビゲームはとてもよい
　　　② テレビゲームはとても悪い
　　　③ テレビゲームはとても面白い
　　　④ テレビゲームはとても無駄だ

(4)　① で，それはいつ起こったの？
　　　② で，あなたはそれについてどう思うの？
　　　③ で，どうしたらそうなるの？
　　　④ で，なんてご親切なんでしょう！

(5)　① どこに行けばよいかわからないわ
　　　② はっきり言って，だめよ
　　　③ 絶対にちがうわね
　　　④ 考えてみましょう

書き取り試験 (▶本冊 p.208)　🔊 50

Ça a été le plus beau jour de notre vie ! Mon mari et moi, nous avons enfin acheté notre propre maison à la campagne ! Pendant plusieurs années, nous avions travaillé dur et économisé beaucoup d'argent. Nous sommes très contents de notre petite maison qui est proche d'une jolie forêt. Nous avons hâte d'y vivre car nous voulons mener une vie paisible et nous aimons surtout nous promener en forêt.

「それは私たちの人生で最も素晴らしい日でした！　夫と私はとうとう田舎に自分たちの家を買いました！　私たちは何年間も懸命に働き，たくさん貯金をしました．私たちは，美しい森の近くにある私たちの小さな家にとても満足しています．私たちはそこで暮らすのが待ち遠しいです．というのも，私たちは静かな生活を送ることを望んできましたし，とりわけ森を散歩するのが好きだからです．」

では，まずは「書き取り攻略のための 6 つのポイント」に沿って，具体的に見ていきましょう．特に重要なポイントについては，項目ごとにマークをつけて区別しやすくしました．重要なポイントとは，リエゾン，アンシェヌマン，動詞の活用形（複合形）と性・数一致です．

Ça a été le plus beau jour de notre vie ! Mon mari et moi, nous avons enfin acheté notre propre maison à la campagne ! Pendant plusieurs années, nous avions travaillé dur et économisé beaucoup d'argent. Nous sommes très contents de notre petite maison qui est proche d'une jolie forêt. Nous avons hâte d'y vivre car nous voulons mener une vie paisible et nous aimons surtout nous promener en forêt.

まず，活用している動詞の数は 9 つで，時制は直説法現在形・複合過去形・大過去形です．過去分詞 économisé は主語と助動詞が省略されている形です．ですので，ここは直前の avions travaillé と同様に直説法大過去形です．主語は主に 1 人称複数です．過去分詞の主語に対する性・数一致はありません．形容詞の性・数一致は 3 箇所（sommes très contents, notre petite maison, d'une jolie forêt）あります．リエゾンは ⌣ の部分で 5 箇所あります．副詞的代名詞は 1 箇所で y です．覚えておきたい表現は，« avoir hâte de ＋不定詞 »「早く〜したいと思う」，« mener une vie ＋形容詞 »「〜な生活を送る」です．

聞き取り試験
1 (▶本冊 p.209)　🔊 51

(1) fonctionnaire, retraite　　(2) amoureuse　　(3) accueillir, douzaine
(4) certains　　(5) variées, précis

総ワード数が 160 程度のインタビュー形式の対話文です．ジャーナリストと民宿を経営するマリオンとの対話文で，マリオンの前職や民宿の部屋数，収容人数，お客さんの反応などについて，主に je と vous を用いて話しています．動詞の時制は，直説法現在形・複合過去形・半過

去形です．この問題は書き取りの要領で聞きながらメモを取ることが攻略のポイントになりますので，なるべく多くメモを取るようにしましょう．

　　対話文は3回，質問文は2回読まれます．

　まず，読まれる対話文とその全訳を示します．読まれる対話文にはリエゾンとアンシェヌマンの箇所を明示しておきますので，**音読練習**をして音のつながりに慣れておきましょう．また太字は，解答に対応しています．

〈読まれるテキスト〉

Le journaliste : Vous êtes propriétaire d'une maison d'hôtes à la campagne. Que faisiez-vous avant de l'ouvrir ?

Marion : J'étais **fonctionnaire** à Paris et je venais de prendre ma **retraite** quand j'ai décidé de m'installer ici.

Le journaliste : Avez-vous trouvé une maison tout de suite ?

Marion : Oui ! Je suis tombée **amoureuse** de celle-ci. Elle était parfaite pour mon projet de maison d'hôtes.

Le journaliste : Combien de chambres louez-vous ?

Marion : J'en loue 4 et je peux **accueillir** une **douzaine** de personnes en tout.

Le journaliste : Que pensent vos clients de leur séjour ?

Marion : Je pense qu'ils sont satisfaits puisque **certains** clients reviennent tous les ans.

Le journaliste : Comment expliquez-vous votre succès ?

Marion : En proposant des activités touristiques **variées** avec un calendrier des activités aussi **précis** que possible. Les activités simples comme cuisiner des légumes du potager ont aussi du succès. Notre maison d'hôtes est surtout réputée pour sa convivialité.

〈全訳〉

ジャーナリスト：あなたは田舎の民宿のオーナーですね．それ（＝民宿）をオープンさせる前は何をしていましたか？

マリオン　　　：パリで公務員をしていました．ここに身を落ち着けようと決心した時，定年退職したばかりでした．

ジャーナリス　：すぐに家は見つかりましたか？

マリオン　　　：ええ！　これ（＝この家）に恋してしまったからです．これ（＝この家）は私の民宿の計画にぴったりでした．

ジャーナリスト：何部屋を貸して（＝宿泊させて）いますか？

マリオン　　　：4部屋を貸して（＝宿泊させて）いて，合計で12人ほどを受け入れています．

ジャーナリスト：宿泊客は彼らの滞在についてどう思っていますか？

マリオン　　　：宿泊客の中には毎年いらっしゃる方がいるので，彼らは満足していると思います．

ジャーナリスト：あなたの成功をどのように説明しますか？

マリオン　　　：可能な限り正確な活動スケジュールとともに，多様な観光活動を提案している

からです．家庭菜園の野菜を使って料理を作ることなど，シンプルな活動もまた成功を収めています．うちの民宿は何よりも和やかな交流で評判をとっています．

〈読まれる質問文〉

(1) Que faisait Marion avant d'ouvrir une maison d'hôtes à la campagne ?

(2) Pourquoi Marion a-t-elle acheté cette maison ?

(3) Combien de personnes Marion peut-elle loger dans sa maison d'hôtes ?

(4) Les clients sont-ils satisfaits de leur séjour ?

(5) Quels types d'activités Marion propose-t-elle à ses clients ?

〈質問文和訳〉

(1) マリオンは田舎に民宿をオープンさせる前は何をしていましたか？

(2) なぜマリオンはこの家を購入したのですか？

(3) マリオンは何人の人を彼女の民宿に宿泊させることができますか？

(4) 宿泊客は彼らの滞在に満足していますか？

(5) マリオンはお客様にどんな種類の活動を提案していますか？

それでは，設問を1つずつ順番に検討していきましょう．

(1) 質問文　Que faisait Marion avant d'ouvrir une maison d'hôtes à la campagne ?
　　　　　　「マリオンは田舎に民宿をオープンさせる前は何をしていましたか？」
　　応答文　Elle était (**fonctionnaire**) à Paris et elle venait de prendre sa (**retraite**).
　　　　　　「彼女はパリで公務員をしていて，定年退職をしたばかりでした．」

まず，設問の応答文 Elle était (　　) à Paris et elle venait de prendre sa (　　).「彼女はパリで (　　) をしていて，(　　) をしたばかりでした．」を検討しましょう．1つ目の空欄の前後は était と à Paris です．この場合，主語 elle の属詞となる形容詞か無冠詞名詞，または受け身や大過去の過去分詞などが入ることが想定できます．いずれの場合も，主語に対して性・数一致をすることに注意しましょう．次に2つ目の空欄ですが，前に sa があります．後ろには何もないので，この空欄には女性単数名詞が入ることが想定できます．

次に設問の質問文を見てみましょう．疑問代名詞 que を使った疑問文 Que faisait Marion avant d'ouvrir une maison d'hôtes à la campagne ?「マリオンは田舎に民宿をオープンさせる前は何をしていましたか？」は，シンプルでわかりやすい質問です．この質問文は，読まれる対話文では冒頭のジャーナリストの質問文 Que faisiez-vous avant de l'ouvrir ?「それ（＝民宿）をオープンさせる前は何をしていましたか？」に対応しています．主語が2人称の vous から3人称の Marion に変わったことと読まれる対話文中の直接目的語代名詞 l' が設問の質問文で une maison d'hôtes に戻っていること以外，読まれる対話文中の質問文と設問の質問文はほぼ同じです．したがって，読まれる対話文中のマリオンの最初の答えが，本設問の応答文になっていることがわかります．

読まれる対話文中で，マリオンは J'étais fonctionnaire à Paris et je venais de prendre ma retraite quand j'ai décidé de m'installer ici.「パリで公務員をしていました．ここに身を落ち着けようと決心した時，定年退職したばかりでした．」と答えています．この受け答えの前半部分は，人称以外，設問の応答文と同じです．したがって，この応答文は，書き取りの要領

で正答の **fonctionnaire** と **retraite** に到達することができます．

この機会に prendre sa retraite「定年退職する，引退する」，être en [à la] retraite「引退している，年金暮らしをしている」など，retraite を使った慣用表現を覚えておくとよいでしょう．

(2) 質問文　Pourquoi Marion a-t-elle acheté cette maison ?
　　　　　　「なぜマリオンはこの家を購入したのですか？」
　　応答文　C'est parce qu'elle est tombée (**amoureuse**) de celle-ci.
　　　　　　「彼女はこれ（＝この家）に恋してしまったからです．」

設問の応答文 C'est parce qu'elle est tombée (　) de celle-ci.「彼女はこれ（＝この家）に（ 　 ）しまったからです．」を見ましょう．空欄の前後は est tombée と de celle-ci です．tomber は複合過去では être を助動詞にとります．すぐ後ろに空欄がありますので，tomber は，「転ぶ，倒れる」ではなく，« tomber ＋属詞（主に形容詞）» の形で「〜になる」という意味になると想定することができます．

次に設問の質問文 Pourquoi Marion a-t-elle acheté cette maison ?「なぜマリオンはこの家を購入したのですか？」を確認しましょう．疑問副詞 pourquoi で始まるこの質問文は，家の購入理由について尋ねています．読まれる対話文で家が話題になっているところは，Je suis tombée amoureuse de celle-ci.「私はこの家に恋してしまったからです．」です．この部分は，文頭が異なっていることと主語の人称が変わっていること以外，設問の応答文と同じです．この応答文もまた，書き取りの要領で正答の **amoureuse** を導き出しましょう．

なお tomber amoureux の後に de 〜が来れば「〜と恋に落ちる，〜に恋する」となり，tomber malade なら「病気になる」です．

(3) 質問文　Combien de personnes Marion peut-elle loger dans sa maison d'hôtes ?
　　　　　　「マリオンは何人の人を彼女の民宿に宿泊させることができますか？」
　　応答文　Elle peut (**accueillir**) une (**douzaine**) de personnes en tout dans 4 chambres.
　　　　　　「彼女は 4 部屋に合計で約 12 人を受け入れることができます．」

まずは設問の応答文 Elle peut (　) une (　) de personnes en tout dans 4 chambres.「彼女は 4 部屋に合計で（ 　 ）人を（ 　 ）ことができます．」を見てみましょう．1 つ目の空欄の前後は peut と une です．後ろの une は 2 つ目の空欄の前にあるので，2 つ目の空欄に関わる不定冠詞または数詞と想定するのが自然です．となると peut の後の空欄には不定詞が入ると仮定するのが妥当でしょう．2 つ目の空欄の後ろには de personnes があります．候補として，« une ＋数量を表す名詞＋ de ＋複数名詞 » ではないかと考えることができます．この段階で，可能であれば dizaine「約 10」や douzaine「約 12」，quinzaine「約 15」，vingtaine「約 20」，centaine「約 100」などの数量を表す名詞を頭の隅に置いて，読まれる対話文を聞くとよいでしょう．

次に設問の質問文 Combien de personnes Marion peut-elle loger dans sa maison d'hôtes ?「マリオンは何人の人を彼女の民宿に宿泊させることができますか？」から，マリオンの民宿の収容人数が問われていることがわかります．読まれる対話文中で，この質問に関係する箇所は J'en loue 4 et je peux accueillir une douzaine de personnes en tout.「4 部屋を貸して（＝宿泊させて）いて，合計で 12 人ほどを受け入れています．」のところです．この文の後半部分が，設問の応答文に対応しています．したがって，これも書き取りの要領で正答の **accueillir** と **douzaine** に到達することができます．なお，accueillir の c の後は ue です．eu と同じ発音になるので，つづり字に気をつけましょう．

(4) 質問文　Les clients sont-ils satisfaits de leur séjour ?
　　　　　　「宿泊客は彼らの滞在に満足していますか？」

応答文　Oui, ils le sont puisque (**certains**) reviennent tous les ans.
　　　　「はい，何人かは毎年いらっしゃるので，彼らは満足しています。」

設問の応答文 Oui, ils le sont puisque (　　) reviennent tous les ans.「はい，(　　) は毎年いらっしゃるので，彼らはそうです（＝満足しています）。」の検討からしましょう．空欄の前後は puisque と reviennent です．明らかに空欄には主語が入ること，その主語が3人称複数形であることがわかります．次に設問の質問文 Les clients sont-ils satisfaits de leur séjour ?「宿泊客は彼らの滞在に満足していますか？」から，読まれる対話文中のどこに設問の応答文が対応するかを予測しましょう．これは読まれる対話文中の Que pensent vos clients de leur séjour ?「宿泊客は彼らの滞在についてどう思っていますか？」の質問と同様の質問です．つまり読まれる対話文中での応答が，設問の応答文に対応することがわかります．

　読まれる対話文中の対応箇所は，Je pense qu'ils sont satisfaits puisque certains clients reviennent tous les ans.「宿泊客の中には毎年いらっしゃる方がいるので，彼らは満足していると思います。」です．この文中の puisque certains clients reviennent が設問の応答文の空欄の前後の部分である puisque (　　) reviennent とほぼ同じです．ここで注意したいのが，空欄が1つに対して，読まれる対話文中の主語は certains clients と2つであることです．ここでうっかり clients を解答欄に書いてしまうかもしれません．しかし空欄に入る語は clients ではなく，**certains** になります．というのもこの場合，clients は冠詞なしで使うことができないからです．なお，certains clients の certains は不定形容詞ですが，単独で使われる解答の certains は不定代名詞です．動詞が3人称複数になっていることに注意して，複数形の s を忘れないようにしましょう．

(5)　質問文　Quels types d'activités Marion propose-t-elle à ses clients ?
　　　　「マリオンはお客様にどんな種類の活動を提案していますか？」

　　応答文　Elle leur propose des activités touristiques (**variées**) avec un calendrier des activités aussi (**précis**) que possible.
　　　　「彼女は彼らに可能な限り正確な活動スケジュールとともに多様な観光活動を提案しています。」

　まず設問の応答文 Elle leur propose des activités touristiques (　　) avec un calendrier des activités aussi (　　) que possible.「彼女は彼らに可能な限り (　　) 活動スケジュールとともに (　　) 観光活動を提案しています。」を見ましょう．1つ目の空欄の前後は des activités touristiques と avec un calendrier です．まず空欄に入る可能性のある語として，activités を修飾する形容詞が想定されます．その際は性・数一致が必要になることを頭の隅においておきましょう．次に2つ目の空欄ですが，前後には un calendrier des activités aussi と que possible があります．aussi と que possible を見た段階で，すぐに慣用表現の « aussi ＋形容詞［副詞］que possible »「可能な限り〜」を思い浮かべたいものです．今回の応答文では aussi の前に名詞がありますので，« aussi ＋形容詞＋ que possible » を想定しておきましょう．その際，問題になるのは形容詞が calendrier と activités のどちらを修飾しているかです．この2つの名詞は男女が異なっているので，その点を注意して聞くことで，どちらを修飾しているかがわかる可能性があります．

　次に設問の質問文 Quels types d'activités Marion propose-t-elle à ses clients ?「マリオンはお客様にどんな種類の活動を提案していますか？」を見てみましょう．読まれる対話文中に，この質問文と同様のものはありません．したがって，設問の応答文に対応する箇所は全体の大意を捉えた上で，どこにあるかを推測しましょう．これは最後の設問ですので，読まれる対話文中の最後の部分が対応すると想定できます．読まれる対話文中の最後に，設問の応答

模擬試験

文によく似た箇所があります．それは En proposant des activités touristiques variées avec un calendrier des activités aussi précis que possible.「可能な限り正確な活動スケジュールとともに，多様な観光活動を提案しているからです．」です．冒頭以外の部分 des activités touristiques variées avec un calendrier des activités aussi précis que possible は，設問の応答文 des activités touristiques （　　） avec un calendrier des activités aussi （　　） que possible とそっくり同じです．したがって，これも書き取りの要領で正答の **variées** と **précis** に到達することができるでしょう．なお，1つ目の空欄に入る語は activités に関係しているので，女性複数形にするのを忘れないようにしましょう．また2つ目の空欄に入る語は「プレシ」と発音されるので，calendrier に関係していることがわかります．activités に関係している場合は，précises となり発音が「プレシーズ」になります．

この聞き取り第1問は，落ち着いて，読まれるフランス語を聞き取ることが大切です．聞きながらできるだけメモを取りましょう．最後に，読まれる対話文（3回目）を聞きながら解答をチェックして，見直しの30秒間で，性・数の一致やつづり字記号などを確かめることを忘れないようにしましょう．

2 (▶本冊 p.210)　🔊 52

(1) ①　(2) ①　(3) ②　(4) ②　(5) ②　(6) ②　(7) ①　(8) ①　(9) ①　(10) ①

総ワード数が215の少し長めの文章です．内容は，40歳の誕生日を家族とともに祝ったガエルが，その祝宴で従姉妹のロールがキウイのアレルギーで病院に運ばれたという出来事を語ったものです．主語は1人称を中心に3人称の単数・複数で構成されています．直接話法と間接話法が使われ，直接話法の話者はロールに変わっています．これは過去の出来事を語ったものなので，時制は直説法複合過去形を中心に，直説法の半過去形・大過去形・現在形・単純未来形が使われています．

まず，読まれるテキストとその全訳を示しておきます．読まれるテキストには，リエゾンとアンシェヌマンの箇所を明示しますので，**音読練習**をして音のつながりに慣れておきましょう．

〈読まれるテキスト〉

Je viens d'avoir 40 ans. Une grande fête a été organisée pour mon anniversaire. Ma cousine Laure est allergique au kiwi. Nous faisons donc très attention quand nous dînons ensemble. La veille du dîner, j'ai vu Laure qui m'a demandé en rigolant : « Il n'y aura pas de kiwis dans le dessert, j'espère ». Je lui ai répondu que non puisqu'on avait commandé un gâteau au chocolat.

Le 9 octobre, toute la famille s'est rassemblée dans un restaurant thaïlandais. Pendant le repas, mon oncle Claude nous a fait beaucoup rire en nous racontant des souvenirs d'enfance. Nos neveux et nièces ont chanté des chansons qu'ils avaient apprises à l'école. À la fin du repas, Laure a commencé à se sentir mal. Elle est devenue toute rouge et elle avait des difficultés à respirer. Affolés, nous avons appelé une ambulance qui l'a amenée à l'hôpital. Les médecins nous ont expliqué qu'elle avait fait une réaction allergique au kiwi. Nous avons demandé au restaurant s'ils en avaient mis dans le gâteau d'anniversaire. En fait, ce n'était pas dans le dessert mais dans le curry thaïlandais qu'il y avait de la purée de kiwi ! Laure est sortie en pleine forme de l'hôpital quelques jours plus tard. Je me souviendrai toute ma vie de cette fête d'anniversaire !

〈全訳〉

　私は40歳になったばかりです．私の誕生日に大きなパーティーが開かれました．私の従姉妹のロールはキウイにアレルギーがあります．なので，一緒に夕食をとる時は，私たちはとても注意をしています．夕食会の前日に，私はロールに会いましたが，彼女は笑いながら「デザートにキウイがないことを願うわ」と言いました．チョコレートケーキを頼んでいたので，私はそれはないわよと答えました．

　10月9日，家族全員がタイ料理店に集まりました．食事の間，伯父のクロードが子どもの頃の思い出を語って，私たちを大いに笑わせてくれました．甥や姪たちが学校で習った歌を歌いました．食事会の最後に，ロールは気分が悪くなり始めました．彼女は真っ赤になって，呼吸困難になりました．私たちは慌てて救急車を呼び，彼女を病院に運びました．医者は私たちに彼女がキウイのアレルギー反応を起こしたと説明してくれました．私たちはバースデーケーキの中にキウイを入れたかをレストランに尋ねました．実際は，デザートの中ではなく，タイカレーの中にキウイのピューレが入っていたのです！　数日後，ロールはとても元気に退院しました．私はこの誕生日パーティーのことを生涯覚えているでしょう！

〈問題文〉

(1) On a organisé une grande fête en famille pour l'anniversaire de Gaëlle.

(2) Laure, la cousine de Gaëlle, est allergique au kiwi.

(3) Laure a téléphoné à Gaëlle pour confirmer qu'il n'y aurait pas de kiwi dans le dessert.

(4) C'était le 19 octobre que toute la famille de Gaëlle s'est réunie dans un restaurant thaïlandais.

(5) Le père de Laure a fait rire tout le monde en disant des plaisanteries.

(6) Au milieu du repas, Laure, devenue toute pâle, a fait un malaise.

(7) On a tout de suite appelé une ambulance pour hospitaliser Laure.

(8) Il y avait de la purée de kiwi dans le curry que Laure avait mangé.

(9) Étant complètement guérie, Laure est sortie de l'hôpital.

(10) Gaëlle n'oubliera jamais cette fête d'anniversaire.

〈問題文和訳〉

　(1) ガエルの誕生に家族で大きなパーティーを開いた．
　(2) ガエルの従姉妹のロールは，キウイのアレルギーがあります．
　(3) ロールはガエルに電話して，デザートの中にキウイが入っていないか確認した．
　(4) ガエルの家族全員がタイ料理の店に集まったのは10月19日でした．
　(5) ロールの父親は冗談を言って，皆を笑わせた．
　(6) 食事の途中で，ロールは真っ青になり，気分が悪くなった．
　(7) すぐに救急車を呼び，ロールを入院させた．
　(8) ロールが食べたカレーにキウイのピューレが入っていた．
　(9) 完治したロールは退院した．
　(10) ガエルはこの誕生日パーティーを絶対に忘れないでしょう．

(1) ① On a organisé une grande fête en famille pour l'anniversaire de Gaëlle.
「ガエルの誕生日に家族で大きなパーティーを開いた.」

　　読まれたテキストでは冒頭で，**Une grande fête a été organisée** pour **mon anniversaire.**「**私の誕生日**に**大きなパーティーが**開かれました.」と受動態で言われています. 問題文は on を使って能動態で同じことを言っています. ここで注意が必要なのは，**en famille**「家族で」の文言です. この祝宴が家族で行ったものかどうかは，実は少し後で語られる Le 9 octobre, **toute la famille s'est rassemblée** dans un restaurant thaïlandais.「10 月 9 日, **家族全員が**タイ料理店に**集まりました.**」がカギになります. 家族全員が祝宴会場であるタイ料理店に集まったことが書かれています. これは全体の流れで正誤を判断する問題ですね. したがって, (1) の問題は内容が一致しています.

(2) ① Laure, la cousine de Gaëlle, est allergique au kiwi.
「ガエルの従姉妹のロールは，キウイにアレルギーがあります.」

　　読まれたテキストでは，Ma cousine Laure est allergique au kiwi.「私の従姉妹のロールはキウイにアレルギーがあります.」と言っています. これは **Ma cousine Laure** を問題文で **Laure, la cousine de Gaëlle** と言い換えた, とても単純な言い換え文です. それ以外は全く同じですので, これは内容が一致しています. この問題は一種のサービス問題ですので, 間違えないようにしたいですね.

(3) ② Laure a téléphoné à Gaëlle pour confirmer qu'il n'y aurait pas de kiwi dans le dessert.
「ロールはガエルに電話して, デザートの中にキウイが入っていないか確認した.」

　　読まれたテキストで関係しているのは, 直接話法で語られている La veille du dîner, **j'ai vu Laure** qui m'a demandé en rigolant : « Il n'y aura pas de kiwis dans le dessert, j'espère ».「夕食会の前日に, **私はロールに会いましたが,** 彼女は笑いながら『デザートにキウイがないことを願うわ』と言いました.」のところです. 問題文は, この長い一文を短くして, 間接話法に書き換えたものです. 語彙の上での違いは demander を confirmer「確認する」に換えていますが, 同意表現です. 決定的な違いは読まれたテキストの **j'ai vu Laure** と問題文の **Laure a téléphoné à Gaëlle** ですね. したがって, (3) の問題は内容が一致していません.

(4) ② C'était le 19 octobre que toute la famille de Gaëlle s'est réunie dans un restaurant thaïlandais.
「ガエルの家族全員がタイ料理の店に集まったのは 10 月 19 日でした.」

　　読まれたテキストでは, **Le 9 octobre,** toute la famille s'est rassemblée dans un restaurant thaïlandais.「**10 月 9 日,** 家族全員がタイ料理店に集まりました.」と言っています. 問題文は, この部分を強調構文 « C'est ＋主語以外の強調語句＋ que ＋主語＋動詞 » に変えて, 動詞は同義語の se réunir「集まる」を使っています. この問題文は強調構文にしたために, 読まれたテキストよりも長く複雑になっていますが, そうした点に惑わされないようにしましょう. 正誤の判断は, 日付の部分でできます. 祝宴は 10 月 19 日ではなく, 9 日でしたね. したがって, この問題は内容が一致していません. 数字に関わる事柄は出題されることがありますので, 必ずメモをとっておきましょう.

(5) ② Le père de Laure a fait rire tout le monde en disant des plaisanteries.
「ロールの父親は冗談を言って, 皆を笑わせた.」

　　読まれたテキストで関係するところは, Pendant le repas, **mon oncle Claude** nous a fait beaucoup rire en nous racontant **des souvenirs d'enfance.**「食事の間, **伯父のクロードが子どもの頃の思い出を語って,** 私たちを大いに笑わせてくれました.」です. 問題文は読まれたテキストの該当箇所と同じ構文の言い換えです. 違いは **mon oncle Claude** と **Le père de**

Laure, nous a fait beaucoup rire と a fait rire tout le monde, en nous racontant des souvenirs d'enfance と en disant des plaisanteries です. 1つずつ確認しましょう. クロードはガエルの伯父さんですが, 従姉妹のロールの父親とは言われていません. ここで正誤の判断をするのは保留にしましょう. 次の「私たちを大いに笑わせた」と「皆を笑わせた」の違いは「私たち」と「皆」ですが, ここでいう tout le monde「皆」は nous「私たち」ですので同意表現だと判断できます. 最後の話題ですが, des souvenirs d'enfance「子どもの頃の思い出」と des plaisanteries「冗談」では明らかに違うと判断できますね. したがって, (5) の問題は内容が一致していません.

(6)　②　Au milieu du repas, Laure, devenue toute pâle, a fait un malaise.
　　　　「食事の途中で, ロールは真っ青になり, 気分が悪くなった.」

　　読まれたテキストで関係するのは, À la fin du repas, Laure a commencé à se sentir mal. Elle est devenue toute rouge et elle avait des difficultés à respirer.「食事会の最後に, ロールは気分が悪くなり始めました. 彼女は真っ赤になって, 呼吸困難になりました.」のところです. 問題文は, この該当箇所を短くしたものです. まず大きな違いは, 問題文では Au milieu du repas「食事の途中で」と言っているところですね. これだけでも正誤の判断をすることはできますが, その他にも devenue toute rouge と devenue toute pâle が大きな違いです. とはいえ, pâle「蒼白な, 真っ青な」という言葉を知らないと, 正誤の判断はできないですね. pâle には, 「(色が) 薄い」や「(光が) 弱い」という意味もありますので, le bleu pâle「ライトブルー」や la pâle clarté d'une lampe「ランプのほのかな明かり」などの表現で覚えておくとよいでしょう. したがって, (6) の問題は内容が一致していません.

(7)　①　On a tout de suite appelé une ambulance pour hospitaliser Laure.
　　　　「すぐに救急車を呼び, ロールを入院させた.」

　　読まれたテキストでは, Affolés, nous avons appelé une ambulance qui l'a amenée à l'hôpital.「私たちは慌てて救急車を呼び, 彼女を病院に運びました.」と言っています. 問題文は複文から単文に構造を変えたものです. 問題文で使われている前置詞 pour は「結果, 継起」を示し, 「そして〜した」と訳すことができるものです. したがって, (7) の問題は内容が一致しています. なお, 名詞 l'hôpital は動詞では, hospitaliser のようにつづりが変わりますので, 覚えておきましょう.

(8)　①　Il y avait de la purée de kiwi dans le curry que Laure avait mangé.
　　　　「ロールが食べたカレーにキウイのピューレが入っていた.」

　　読まれたテキストでは, En fait, ce n'était pas dans le dessert mais dans le curry thaïlandais qu'il y avait de la purée de kiwi !「実際は, デザートの中ではなく, タイカレーの中にキウイのピューレが入っていたのです!」と言っています. 読まれたテキストでは強調構文が使われていますが, 問題文では読まれたテキストの後半部分だけを関係代名詞 que を使った複文にしています. 使われている語彙もほぼ同じですので, 迷うことなく正誤の判断ができるでしょう. (8) の問題の内容は一致しています.

(9)　①　Étant complètement guérie, Laure est sortie de l'hôpital.
　　　　「完治したロールは退院した.」

　　読まれたテキストで関係しているのは, Laure est sortie en pleine forme de l'hôpital quelques jours plus tard.「数日後, ロールはとても元気に退院しました.」のところです. 問題文は現在分詞を使って主語を修飾する文に書き換えてありますが, 文の核となる部分は Laure est sortie de l'hôpital で同じです. 正誤を判断するのにカギとなるのは, 現在分詞の Étant complètement guérie が読まれたテキストの en pleine forme の同意表現になってい

るかどうかです．この場合，「完治した」と「とても元気に，元気いっぱいに」は，同意表現と判断できます．したがって，(9) の問題の内容は一致しています．なお，guérir「治す，癒す，治る」は基本的な動詞ですので，しっかり覚えておいてください．仏検の上位級ではしばしば見られる動詞です．

(10) ① Gaëlle n'oubliera jamais cette fête d'anniversaire.
「ガエルはこの誕生日パーティーを絶対に忘れないでしょう．」

　読まれたテキストでは，Je **me souviendrai toute ma vie** de cette fête d'anniversaire !「私はこの誕生日パーティーのことを**生涯覚えているでしょう！**」と言っています．これは « ne jamais oublier ＋名詞 »「～を決して忘れない」と « se souvenir toute sa vie de ＋名詞 »「～を生涯覚えている」という同意表現を使った単純な言い換えです．この同意表現は，第 3 問でも出る可能性がありますので，覚えておきましょう．(10) の問題の内容は一致しています．

2 次 試 験

　各練習問題の中から質問を3つ選び，その応答例を以下に示しますので，参考にしてください．応答例は自分の状況に合わせて変更してください．また，最後の質問文については，試験場でのやり取りの一例を模擬会話として紹介していますので，試験前に聞いておくとよいでしょう．

〈質問文の和訳〉

1. Quel est votre passe-temps favori ?
   「あなたの趣味は何ですか？」

2. Présentez-nous le quartier où vous habitez.
   「あなたが住んでいる地区（界隈）を紹介してください．」

3. Préférez-vous (travailler) le matin ou le soir ? Pourquoi ?
   「朝と夜とどちらが（どちらに働くのが）好きですか？ それはなぜですか？」

4. Quelle(s) sorte(s) de livres aimez-vous ?
   「どんな種類の本が好きですか？」

5. Comment passez-vous votre week-end en général ?
   「ふだん，どのように週末を過ごしていますか？」

6. Le matin, quand vous vous levez, qu'est-ce que vous faites en premier ?
   「毎朝，起床した時に，あなたは最初に何をしますか？」

7. Est-ce que vous faites quelque chose pour protéger l'environnement ?
   「あなたは環境保護のために何かしていますか？」

8. Aimez-vous faire du sport ?
   「スポーツをするのは好きですか？」

9. Quel est votre plat préféré ?
   「お好きな料理は何ですか？」

10. Si vous devenez très riche, qu'est-ce que vous voulez faire ?
    「もしあなたが大金持ちになったら，何をしたいですか？」

〈模範応答例と全訳及びポイント〉
質問文：Présentez-nous le quartier où vous habitez. 🔊 53
　　　「あなたが住んでいる地区（界隈）を紹介してください．」

応答例：J'habite à Kotake-Mukaihara, dans l'arrondissement de Nerima, à Tokyo. C'est très pratique parce que c'est à 3 stations d'Ikebukuro et c'est direct pour se rendre à Yokohama.

C'est un quartier résidentiel avec beaucoup de parcs. Il y a une bonne boulangerie dans mon quartier. Les gens viennent de loin pour y acheter du pain. D'autre part, on peut aller à Ekoda à pied. Ekoda est un quartier étudiant très animé avec beaucoup de petits restaurants. Le seul inconvénient, c'est que mon quartier est assez loin de mon bureau.

「私は、東京都練馬区の小竹向原に住んでいます．池袋から3駅で，横浜には直通で行けるのでとても便利です．公園がたくさんある住宅街です．私の住む界隈にはとてもおいしいパン屋があります．遠くから人々がそこにパンを買いに来ます．そのうえ，江古田には徒歩で行けます．江古田は，たくさんの小さなレストランがあってとても活気のある学生街です．唯一不便なことは，私の住んでいる界隈は私の会社からかなり遠いことです．」

〈ポイント〉
1. この応答例は東京都練馬区小竹向原を紹介するという設定です．
2. 住んでいる地区の地理的位置，魅力，利点，不便な点などを話しています．
3. 近隣の別の地区のことも紹介して，話題を広げています．

質問文：Comment passez-vous votre week-end en général ? 🔊 54
「ふだん，どのように週末を過ごしていますか？」

応答例：Le week-end, je ne fais rien de spécial. Le samedi, je dors beaucoup et je fais les tâches ménagères. Je fais le ménage, les courses, la lessive, la cuisine. Le dimanche, s'il fait beau, j'aime bien sortir avec des amis. En général, on fait du shopping et on va au restaurant. J'aimerais bien faire du sport le week-end parce que c'est agréable mais je suis trop fatiguée !

「週末は，特別なことは何もしません．土曜日はよく眠って，家事をします．掃除，買い物，洗濯，料理をします．日曜日は，天気がよければ，友人と出かけるのが好きです．たいてい，ショッピングをしてレストランに行きます．気持ちがよいので，週末にはスポーツをしたいのですが，私はあまりにも疲れすぎています！」

〈ポイント〉
1. この応答例は独身女性が話している設定です．
2. 土曜日と日曜日に分けて，家事やショッピングなど具体的にどう過ごしているかを話しています．
3. 今後したいこと，あるいは事情があってできないことなどを加えて，話題を広げています．

応答例2（大学生バージョン）🔊 55：Le samedi matin, je dors parce que je me couche tard le vendredi soir. L'après-midi, je participe aux activités de mon club à l'université. Après, je sors avec mes amis et on dîne au restaurant. Le dimanche, je fais le ménage et j'étudie à la maison. Je fais mes devoirs et je révise mes cours. Parfois, je sors avec ma famille. J'aime bien faire du shopping avec ma mère et ma sœur.

「金曜日の夜は遅くに就寝するので，土曜日の朝は眠っています．午後は大学のサークル活動に参加します．その後，友人たちと出かけて，夕食はレストランで食べます．日曜日は家事をして，家で勉強をします．宿題をしたり，授業の復習をしたりします．時々，家族と出かけます．私は母と姉妹と一緒にショッピングをするのが好きです．」

〈ポイント〉

1. この応答例は女子大生が話している設定です.
2. 土曜日，日曜日，午前，午後に分けて，家事やショッピング，サークル活動など具体的に何をして，どう過ごしているかを話しています.
3. 家族の話をして，話題を提供しています.

質問文：Aimez-vous faire du sport ? 🔊 56

「スポーツをするのは好きですか？」

応答例：Oui, j'adore ça ! Je faisais du volleyball au lycée et à l'université. Maintenant, je fais du jogging le week-end. Quand il pleut, je vais parfois à la piscine. Ça me fait beaucoup de bien de me dépenser. J'aime aussi faire de la randonnée en montagne. L'été dernier, je suis allée à Nagano. Cette année, j'aimerais commencer le yoga parce qu'on peut en faire facilement à la maison. Je viens de trouver un professeur de yoga qui donne des cours en ligne.

「はい，大好きです！　高校時代と大学時代，バレーボールをしていました．今は週末にジョギングをしています．雨の時は，プールに行くこともあります．運動をするのは，私の心身にとてもいいのです．山歩きをするのも好きです．昨夏，長野に行きました．今年は，家で簡単にできるので，ヨガを始めたいと思っています．オンラインでレッスンをしてくれる先生を見つけたところです．」

〈ポイント〉

1. この応答例は女性が話している設定です.
2. 日常的にしているスポーツを，過去にしていたスポーツ，現在しているスポーツに分けて具体的に話しています.
3. 山歩きなど非日常の活動の話をして，新たな話題を提供しています.

〈試験場での模擬会話〉 🔊 57

La candidate ： Bonjour, monsieur.

L'examinateur ： Bonjour, madame. Asseyez-vous.

La candidate ： Merci.

L'examinateur ： Présentez-vous, s'il vous plaît.

La candidate ： Oui, je m'appelle Mari Tomioka. J'ai 40 ans et je travaille dans une entreprise japonaise. Je suis née et j'ai grandi à Saitama. Maintenant, j'habite à Tokyo avec ma famille. J'ai commencé le français à l'université parce que je m'intéressais à la mode et à l'architecture. J'ai repris l'apprentissage du français il y a 5 ans à l'occasion d'un voyage en Europe.

L'examinateur ： Merci. Aimez-vous faire du sport ?

La candidate ： Oui, j'adore ça ! Je faisais du volleyball au lycée et à l'université. Maintenant, je fais du jogging le week-end. Quand il pleut, je vais parfois à la piscine. Ça me fait beaucoup de bien de me dépenser. J'aime aussi faire de la randonnée en

模擬試験

133

montagne. L'été dernier, je suis allée à Nagano. Cette année, j'aimerais commencer le yoga parce qu'on peut en faire facilement à la maison. Je viens de trouver un professeur de yoga qui donne des cours en ligne.

L'examinateur : Très bien... Préférez-vous faire du sport seule ou en équipe ?

La candidate : Euh... Pardon, je ne comprends pas votre question. Vous pouvez répéter, s'il vous plaît ?

L'examinateur : Bien sûr ! Préférez-vous faire du sport seule ou en équipe ?

La candidate : Ah ! Merci ! Je préfère faire du sport en équipe. C'est pour cette raison que je faisais du volleyball au lycée et à l'université. Je pense que c'est plus amusant que de faire du sport seule. Cependant, depuis la crise sanitaire, c'est moins facile de faire du sport en équipe. Alors, ça m'arrive de faire du jogging ou de la natation seule.

L'examinateur : D'accord... Vous êtes allée à Nagano l'été dernier. Vous y êtes allée avec qui ?

La candidate : J'y suis allée avec mon mari et des amis. Nous avons un groupe d'amis passionnés de montagne. Avant, nous faisions de la randonnée tous les 2 ou 3 mois.

L'examinateur : Et quelles sont les spécialités de Nagano ?

La candidate : Excusez-moi, qu'est-ce que ça veut dire « spécialité » ?

L'examinateur : Ça désigne quelque chose de connu dans cette région. Qu'est-ce qu'on peut manger ou voir à Nagano ?

La candidate : Euh... Un moment, s'il vous plaît... La préfecture de Nagano est connue pour les nouilles de sarrasin qu'on appelle les « soba ». Elles se mangent froides ou chaudes et elles sont excellentes pour la santé.

L'examinateur : Vous en mangez souvent ?

La candidate : Oh, oui ! J'en mange au moins une fois par semaine. J'aime beaucoup ça ! En plus, il y a un très bon restaurant de soba près de mon bureau. J'y vais parfois à midi avec mes collègues.

L'examinateur : C'est la dernière question : comment avez-vous trouvé votre professeur de yoga ?

La candidate : Je l'ai trouvé par hasard en regardant Instagram. Il y a beaucoup d'informations utiles sur les réseaux sociaux.

L'examinateur : Très bien. C'est fini.

La candidate : Merci, monsieur. Au revoir !

L'examinateur : Merci, madame. Bonne journée !

〈全訳〉

受験者：こんにちは．

試験官：こんにちは．お座りください．

受験者：ありがとうございます．

試験官：自己紹介をしてください．

受験者：はい，私の名前は富岡まりです．私は40歳で，日本の企業で働いています．私は埼玉で生まれて育ちました．今は家族と一緒に東京に住んでいます．私はファッションと建築に興味があったので，大学でフランス語を始めました．ヨーロッパ旅行をきっかけに，5年前にフランス語の学習を再開しました．

試験官：ありがとう．スポーツをするのは好きですか？

受験者：はい，大好きです！　高校時代と大学時代，バレーボールをしていました．今は週末にジョギングをしています．雨の時は，プールに行くこともあります．運動をするのは，私の心身にとてもいいのです．山歩きをするのも好きです．昨夏，長野に行きました．今年は，家で簡単にできるので，ヨガを始めたいと思っています．リモートでレッスンをしてくれる先生を見つけたところです．

試験官：結構です…スポーツは1人でするのと，チームでするのとではどちらが好きですか？

受験者：えーと…すみません，質問がわかりません．質問を繰り返していただけますか？

試験官：もちろんです！　スポーツは1人でするのと，チームでするのとではどちらが好きですか？

受験者：あぁ！　ありがとうございます！　私はチームでスポーツをするほうがいいです．だから高校時代と大学時代，バレーボールをしていました．そのほうが，1人でスポーツをするよりも楽しいと思います．でも，公衆衛生上の危機以来，チームでスポーツをするのは以前ほど簡単ではなくなりました．だから1人でジョギングをしたり，水泳をしたりすることもあります．

試験官：わかりました…昨年の夏に，長野に行きましたね？　そこには誰と一緒に行ったのですか？

受験者：夫と友人たちと一緒に行きました．私たちには山が大好きなグループがあるんです．以前は，私たちは2，3か月毎に山歩きをしていました．

試験官：では，長野の名物は何ですか？

受験者：すみません，spécialité とはどういう意味ですか？

試験官：それは何か，その地方で有名なもののことです．長野で何を食べることができますか，あるいは何を見ることができますか？

受験者：えーと…少し待ってください…長野県は「蕎麦」という名前の蕎麦粉の麺で有名です．それは冷やしても温かくしても食べられて，健康にとてもよいものです．

試験官：あなたはそれをよく食べますか？

受験者：あぁ，はい！　1週間に1回以上食べています．それが大好きなのです！　それに私の会社の近くにとても美味しい蕎麦屋さんがあるのです．そこには時々，同僚と一緒に昼食に行きます．

試験官：これが最後の質問です．あなたはどうやってヨガの先生を見つけたのですか？

受験者：インスタグラムを見ていて，偶然見つけました．ソーシャルネットワークには，たくさんの有用情報があります．

試験官：結構です．これで終わりです．

受験者：ありがとうございます．さようなら！

試験官：ありがとう．よい一日を！

2022. 9.10 初版発行